CONTABILIDADE PÚBLICA

O GEN | Grupo Editorial Nacional – maior plataforma editorial brasileira no segmento científico, técnico e profissional – publica conteúdos nas áreas de ciências sociais aplicadas, exatas, humanas, jurídicas e da saúde, além de prover serviços direcionados à educação continuada e à preparação para concursos.

As editoras que integram o GEN, das mais respeitadas no mercado editorial, construíram catálogos inigualáveis, com obras decisivas para a formação acadêmica e o aperfeiçoamento de várias gerações de profissionais e estudantes, tendo se tornado sinônimo de qualidade e seriedade.

A missão do GEN e dos núcleos de conteúdo que o compõem é prover a melhor informação científica e distribuí-la de maneira flexível e conveniente, a preços justos, gerando benefícios e servindo a autores, docentes, livreiros, funcionários, colaboradores e acionistas.

Nosso comportamento ético incondicional e nossa responsabilidade social e ambiental são reforçados pela natureza educacional de nossa atividade e dão sustentabilidade ao crescimento contínuo e à rentabilidade do grupo.

HEILIO KOHAMA

CONTABILIDADE PÚBLICA

Teoria e Prática

Contém a aplicação prática dos conceitos teóricos, legais e dos principais dispositivos:

– Da Lei nº 4.320/64, que estatui normas gerais de direito financeiro para elaboração e controle dos orçamentos e balanços da União, dos Estados, dos Municípios e do Distrito Federal
– Da Lei Complementar nº 101/2000, que estabelece normas de finanças voltadas para a *responsabilidade na gestão fiscal*
– Das normas gerais editadas com base no art. 50 da Lei de Responsabilidade Fiscal, como:
  - Manual de Contabilidade Aplicada ao Setor Público
  - Manual de Receita Nacional
  - Manual de Despesa Nacional

15ª Edição

O autor e a editora empenharam-se para citar adequadamente e dar o devido crédito a todos os detentores dos direitos autorais de qualquer material utilizado neste livro, dispondo-se a possíveis acertos caso, inadvertidamente, a identificação de algum deles tenha sido omitida.

Não é responsabilidade da editora nem do autor a ocorrência de eventuais perdas ou danos a pessoas ou bens que tenham origem no uso desta publicação.

Apesar dos melhores esforços do autor, do editor e dos revisores, é inevitável que surjam erros no texto.
Assim, são bem-vindas as comunicações de usuários sobre correções ou sugestões referentes ao conteúdo ou ao nível pedagógico que auxiliem o aprimoramento de edições futuras. Os comentários dos leitores podem ser encaminhados à **Editora Atlas Ltda.** pelo e-mail faleconosco@grupogen.com.br.

Direitos exclusivos para a língua portuguesa
Copyright © 2016 by
Editora Atlas Ltda.
Uma editora integrante do GEN | Grupo Editorial Nacional

Reservados todos os direitos. É proibida a duplicação ou reprodução deste volume, no todo ou em parte, sob quaisquer formas ou por quaisquer meios (eletrônico, mecânico, gravação, fotocópia, distribuição na internet ou outros), sem permissão expressa da editora.

Rua Conselheiro Nébias, 1384
Campos Elísios, São Paulo, SP – CEP 01203-904
Tels.: 21-3543-0770/11-5080-0770
faleconosco@grupogen.com.br
www.grupogen.com.br

Designer de capa: MSDE | MANU SANTOS Design

Projeto Gráfico e Editoração Eletrônica: Lino Jato Editoração Gráfica

CIP-BRASIL. CATALOGAÇÃO NA PUBLICAÇÃO
SINDICATO NACIONAL DOS EDITORES DE LIVROS, RJ

---

15. ed.

Kohama, Heilio

Contabilidade pública: teoria e prática / Heilio Kohama. –
15. ed. – [3. Reimpr.]. – São Paulo: Atlas, 2019.

Apêndice
Inclui bibliografia e índice
ISBN 978-85-970-0631-5

1. Contabilidade pública. I. Título

95-0026 CDU: 657.61

A
*Nellida, Ana e Helio,
minha esposa e filhos,
respectivamente.*

*"Amar ainda e sempre para nós todos,
os obreiros da Terra, é incessante desa-
fio. Isso porque amar é dar-se, no que
possuamos ou sejamos de melhor."*

EMMANUEL

Sumário

Prefácio à Décima Quinta Edição, xv

Prefácio à Décima Quarta Edição, xvi

Prefácio à Décima Terceira Edição, xvii

Prefácio à Décima Segunda Edição, xviii

Prefácio à Décima Primeira Edição, xix

Prefácio à Nona Edição, xx

Apresentação, xxi

1 Serviço Público, 1
- 1 Conceito, 1
- 2 Serviço privativo do Estado, 2
- 3 Serviço de utilidade pública, 3
  - 3.1 Prestação de serviço de utilidade pública por concessão, 3
  - 3.2 Prestação de serviço de utilidade pública por permissão, 5
- 4 Prestação de serviço mista, 6

2 Administração Pública, 9
- 1 Conceito, 9
- 2 Organização político-administrativa brasileira, 10
- 3 Organização da administração pública, 12
  - 3.1 Preâmbulo, 12
  - 3.2 Estruturação, 14
    - 3.2.1 Administração direta ou centralizada, 14
    - 3.2.2 Administração indireta ou descentralizada, 15
  - 3.3 Entidades que compõem a administração indireta ou descentralizada, 15
    - 3.3.1 Autarquias, 15

3.3.2 Entidades paraestatais, 17
3.3.2.1 Empresas públicas, 19
3.3.2.2 Sociedades de economia mista, 19
3.3.2.3 Fundações, 20
3.3.2.4 Serviços sociais autônomos, 21
3.3.3 Análise comparativa, 21

3 Contabilidade Pública, 24
1 Conceito, 24
2 Campo de atuação, 25
  2.1 Subsistema de Informações Orçamentárias, 26
  2.2 Subsistema de Informações Patrimoniais, 26
  2.3 Subsistema de Compensação, 26
  2.4 Considerações, 27
3 Abrangência, 28

4 Regimes Contábeis, 33
1 Conceito, 33
2 Princípios, 33
3 Regimes, 34
  3.1 Regime de caixa, 36
  3.2 Regime de competência, 36
4 Regime contábil adotado no Brasil, 36
  4.1 Considerações, 37
  4.2 Conclusão, 38

5 Orçamento Público, 40
1 Significado, 40
2 Processo de planejamento-orçamento, 40
  2.1 Plano plurianual, 41
  2.2 Lei de diretrizes orçamentárias, 42
  2.3 Lei de orçamentos anuais, 44
3 Definição, 46
4 Princípios orçamentários, 46
  4.1 Programação, 47
  4.2 Unidade, 47
  4.3 Universalidade, 47
  4.4 Anualidade, 48
  4.5 Exclusividade, 48
  4.6 Clareza, 48
  4.7 Equilíbrio, 49
5 Ciclo orçamentário, 49
  5.1 Elaboração, 49
  5.2 Estudo e aprovação, 51
  5.3 Execução, 52
  5.4 Avaliação, 53

6 A importância da Contabilidade no ciclo orçamentário, 54

7 Orçamento por programas, 55

7.1 Determinação da situação, 56

7.2 Diagnóstico da situação, 57

7.3 Apresentação de soluções, 57

7.4 Estabelecimento de prioridades, 57

7.5 Definição de objetivos, 58

7.6 Determinação de atividades para concretização dos objetivos, 58

7.7 Determinação dos recursos humanos, materiais e financeiros, 59

7.8 Categorias de programação, 60

8 Orçamento base zero, 63

8.1 Consequências da não execução daquela função, 63

8.2 Rumos alternativos de ação, 63

8.3 Custos e benefícios, 64

8.4 Medidas de desempenho, 64

8.5 Tipos de alternativas, 64

8.5.1 Diferentes formas de executar a mesma função, 64

8.5.2 Diferentes níveis de esforço para executar a mesma função, 64

6 Receita Pública, 66

1 Conceito, 66

2 Classificação, 67

3 Receita orçamentária, 68

3.1 Classificação econômica, 70

3.1.1 Receitas correntes, 70

3.1.2 Receitas de capital, 74

4 Receita extraorçamentária, 77

4.1 Escrituração contábil da receita extraorçamentária, 79

5 Codificação, 80

5.1 Códigos de arrecadação, 81

5.2 Códigos orçamentários, 81

5.3 Códigos de escrituração contábil, 82

6 Estágios, 83

6.1 Previsão, 83

6.1.1 Escrituração contábil da receita orçamentária – previsão, 84

6.2 Lançamento, 85

6.2.1 Escrituração Contábil da Receita Orçamentária – Lançamento, 86

6.3 Arrecadação e recolhimento, 87

6.3.1 Escrituração contábil da receita orçamentária – arrecadação e recolhimento, 89

7 Restituição e anulação de receitas, 91

7.1 Escrituração contábil da restituição e anulação de receitas, 92

8 Dívida ativa, 94

8.1 Escrituração contábil da dívida ativa, 95

7 Despesa Pública, 98

1 Conceito, 98
2 Classificação, 98
  2.1 Despesa orçamentária, 99
  2.2 Despesa extraorçamentária, 99
    2.2.1 Escrituração contábil da despesa extraorçamentária, 99
3 Classificação da despesa orçamentária segundo a natureza, 100
  3.1 Categorias econômicas, 101
    3.1.1 Despesas correntes, 101
    3.1.2 Despesas de capital, 102
  3.2 Grupos de natureza de despesa, 102
  3.3 Modalidades de aplicação, 103
  3.4 Elementos de despesa, 107
4 Classificação funcional-programática, 109
5 Codificação, 111
6 Licitação, 113
  6.1 Garantia contratual, 113
    6.1.1 Escrituração contábil das garantias contratuais, 114
7 Estágios, 116
  7.1 Fixação, 116
    7.1.1 Escrituração contábil da fixação da despesa (1º estágio), 119
  7.2 Empenho, 120
    7.2.1 Empenho ordinário ou normal, 124
    7.2.2 Empenho por estimativa, 124
    7.2.3 Empenho global, 127
    7.2.4 Escrituração contábil do empenho (2º estágio), 129
    7.2.5 Escrituração contábil da anulação de empenho, 131
  7.3 Liquidação, 131
    7.3.1 Escrituração contábil da liquidação da despesa orçamentária (3º estágio), 133
  7.4 Pagamento, 138
    7.4.1 Escrituração contábil do pagamento da despesa orçamentária (4º estágio), 138

8 Restos a Pagar, 142

1 Conceito, 142
2 Considerações gerais, 146
  2.1 Escrituração contábil da Inscrição dos Restos a Pagar, 151
  2.2 Escrituração contábil da baixa de restos a pagar, 153

9 Dívida Pública, 157

1 Conceito, 157
  1.1 Considerações, 161
  1.2 Escrituração contábil da constituição da dívida pública, 163
  1.3 Escrituração contábil do ajustamento da dívida pública, 166
  1.4 Escrituração contábil do resgate da dívida pública, 167

10 Regime de Adiantamento, 172

1 Conceito, 172

2 Finalidades do regime de adiantamento, 173

3 Operacionalização do regime de adiantamento, 176

   3.1 Quanto à formalização, 176

   3.2 Quanto à prestação de contas, 177

      3.2.1 De adiantamento comum, 177

      3.2.2 De adiantamento referente aos gastos de representação, 178

4 Controle dos adiantamentos, 179

   4.1 Escrituração contábil do regime de adiantamento, 184

   4.2 Escrituração contábil da prestação de contas no regime de adiantamento, 189

11 Patrimônio Público, 193

1 Conceito, 193

2 Bens públicos (das entidades públicas), 194

3 Direitos das entidades públicas, 196

4 Obrigações das entidades públicas, 196

5 Consolidação do patrimônio público, 197

6 Variações patrimoniais, 198

   6.1 Conceito, 198

   6.2 Classificação, 198

      6.2.1 Variações patrimoniais qualitativas, 198

         6.2.1.1 Provenientes da receita orçamentária, 199

         6.2.1.2 Provenientes da despesa orçamentária, 200

      6.2.2 Variações patrimoniais quantitativas, 201

         6.2.2.1 Variações patrimoniais aumentativas, 201

         6.2.2.2 Variações patrimoniais diminutivas, 201

7 Variações Patrimoniais Aumentativas, 202

   7.1 Escrituração contábil das variações aumentativas do patrimônio público, 207

8 Variações Patrimoniais Diminutivas, 209

   8.1 Escrituração contábil das variações patrimoniais diminutivas, 214

12 Créditos Adicionais, 217

1 Conceito, 217

2 Classificação, 218

3 Autorização e abertura, 220

4 Vigência, 221

5 Indicação e especificação de recursos, 222

   5.1 Escrituração contábil dos créditos adicionais, 224

13 Fundos Especiais, 226

1 Conceito, 226

2 Classificação, 227

3 Do funcionamento, 230

4 Da operacionalização, 234

5 Considerações finais, 247

14 Assuntos Específicos, 249
  1 Avaliação dos elementos patrimoniais, 249
  2 Apropriação do valor dos bens ao produto da alienação (venda), 249
    2.1 Das reavaliações, 249
        2.1.1 Da valorização, 250
        2.1.2 Da desvalorização, 251
    2.2 Casos práticos, 254
        2.2.1 Quando ocasionam valorização, 254
        2.2.2 Quando ocasionam desvalorização, 256
  3 Controle dos bens de almoxarifado, 257
  4 Diversas incorporações e desincorporações, 259
  5 Empréstimo e cessão de bens, 262
  6 Classificação econômica da despesa orçamentária, 264
  7 Questão da classificação dos convênios, 269

15 Levantamento de Balanços, 272
  1 Conceito, 272
  2 Considerações, 273
    2.1 Procedimentos preliminares, 275
    2.2 Dos balancetes, 275
  3 Balanço orçamentário, 276
    3.1 Do balancete, 277
    3.2 Dos procedimentos para o encerramento, 278
    3.3 Observações, 280
    3.4 Do Balanço Orçamentário, 284
    3.5 Considerações sobre o Balanço Orçamentário, 285
  4 Balanço financeiro, 285
    4.1 Apreciações preliminares, 286
    4.2 Busca e apropriação de dados, 287
    4.3 Do balanço financeiro, 289
    4.4 Considerações sobre o balanço financeiro, 289
  5 Do balanço patrimonial, 290
    5.1 Apreciações preliminares, 291
    5.2 Do balancete, 292
    5.3 Dos procedimentos para o encerramento das variações patrimoniais, 294
        5.3.1 Da demonstração das variações patrimoniais, 294
            5.3.1.1 Considerações, 294
            5.3.1.2 Da apuração do resultado patrimonial, 295
            5.3.1.3 Apreciação, 297
            5.3.1.4 Da demonstração das variações patrimoniais, 297
    5.4 Das contas de compensação, 298
        5.4.1 Do balancete do subsistema de compensação, 299
        5.4.2 Dos procedimentos para o encerramento do exercício, 299
        5.4.3 Apreciação, 299
        5.4.4 Do quadro demonstrativo das contas de compensação, 302

5.5 Dos procedimentos para o levantamento do balanço patrimonial, 302

5.6 Do balanço patrimonial, 303

5.7 Considerações sobre o balanço patrimonial, 304

Apêndice – Plano de Contas, 306

1 Conceito de plano de contas, 306

a) Relação das Contas do Ativo e do Passivo e Patrimônio Líquido, 306

b) Relação das Contas de Variação Patrimonial Diminutiva e Aumentativa, 321

c) Relação das Contas de Controles da Aprovação e Execução do Planejamento e Orçamento, 349

d) Relação das Contas de Controles Devedores e Credores, 358

ANEXO 3 (da Lei nº 4.320/64) Discriminação das Naturezas de Receita Orçamentária, 368

ANEXO 4 (da Lei nº 4.320/64) Discriminação das Naturezas de Despesa Orçamentária, 373

ANEXO 5 (da Lei nº 4.320/64) Classificação Funcional – Programática – Funções e Subfunções de Governo, 381

Bibliografia, 385

Índice dos Lançamentos, 389

Índice Remissivo, 407

Prefácio à
Décima Quinta Edição

Nesta edição, estamos incorporando as alterações que foram objeto de textos regulamentares e normativos editados por órgãos governamentais que possuem a obrigação de fazê-lo, atendendo à necessidade de padronizar os procedimentos contábeis e instituir instrumento eficiente de orientação comum aos gestores nos três níveis de governo, mediante consolidação de conceitos, regras e procedimentos de reconhecimento e apropriação contábil de operações típicas do setor público, de forma a garantir a consolidação das contas na forma estabelecida na Lei Complementar nº 101, de 4 de maio de 2000, Lei de Responsabilidade Fiscal.

As principais alterações decorreram: das modificações introduzidas no Anexo 3 – Discriminação das Naturezas de Receitas Orçamentárias e no Anexo 4 – Discriminação das Naturezas de Despesa Orçamentária, da Lei nº 3.420/64, consoante disposto na Portaria Interministerial nº 163/2001, de acordo com as atualizações recentes. As alterações mencionadas originaram modificações no Manual de Contabilidade Aplicada ao Setor Público, no Anexo IV do Plano de Contas Aplicado ao Setor Público; e, também, por consequência, provocaram a necessidade de adequar os registros contábeis, através das modificações necessárias na escrituração/lançamentos dos atos e fatos que aludem.

A revisão precisou ser abrangente, pois as alterações procedidas visaram proporcionar o melhor entendimento dos assuntos e adequar metodologicamente o seu conteúdo, portanto, mantê-lo em condições de ser utilizado por aqueles que necessitarem.

Heilio Kohama

Prefácio à Décima Quarta Edição

Em razão da necessidade de alguns reparos e alterações no texto anterior, procedemos a uma ampla revisão de toda a obra no sentido de mantê-la atualizada, para melhor adequá-la aos dispositivos legais vigentes e aos padrões internacionais.

Nesta edição, obviamente, essas restaurações e alterações foram efetuadas apenas na redação dos textos, no sentido de melhor explicitar a aplicação das normas originadas em razão da Lei de Responsabilidade Fiscal, que foram introduzidas pelo Manual de Contabilidade Aplicada ao Setor Público, de modo que fossem apresentadas juntamente com as normas gerais de direito financeiro, para elaboração e controle dos orçamentos e balanços da União, dos Estados, dos Municípios e do Distrito Federal, de que trata a Lei nº 4.320, de 17 de março de 1964, visando ao melhor entendimento do ponto de vista didático, teórico e prático, que é a finalidade precípua desta obra.

As restaurações e alterações procedidas, portanto, visam proporcionar o melhor entendimento dos assuntos aqui tratados, adequar metodologicamente o texto e, portanto, mantê-lo em condições de ser utilizado por aqueles que necessitarem.

Heilio Kohama

Prefácio à Décima Terceira Edição

Em razão da necessidade de revisão ocorrida nas normas editadas, algumas alterações se fizeram necessárias e, como consequência, procedemos a uma ampla revisão de toda a obra, em que alguns adendos foram introduzidos, para melhor adequá-la às mais recentes inovações e mantê-la atualizada.

Assim, procedemos a alterações dos seguintes textos:

1. no Capítulo 7 – Despesa Pública, relativas aos ajustes nas partes 3.1 Categorias econômicas, 3.2 Grupos de natureza da despesa, 3.3 Modalidades de aplicação e 3.4 Elementos de despesa;

2. no Capítulo 8 – Restos a Pagar, relativas a atualização do tratamento na forma de utilização no Estado de São Paulo;

3. no Capítulo 10 – Regime de Adiantamento, relativas às novas normas, utilizadas na administração paulista, com o intuito de obter mais eficiência e eficácia na utilização desse processamento especial da despesa pública;

4. no Capítulo 11 – Patrimônio Público, relativas à modificação e complementação ocorrida no texto das Variações Patrimoniais, especialmente no que se refere às Variações Patrimoniais, com destaque conceitual das partes relativas à classificação das Variações Patrimoniais Qualificativas e Quantitativas.

Outras ocorreram, no sentido de facilitar o entendimento dos assuntos, adequar metodologicamente o trabalho e mantê-lo atualizado.

Heilio Kohama

Prefácio à
Décima Segunda Edição

Nesta edição, estamos incorporando as alterações que foram objeto de textos regulamentares e normativos editados por órgãos governamentais que possuem a obrigação de fazê-lo, atendendo à necessidade de padronizar os procedimentos contábeis nos três níveis de governo, com o objetivo de orientar e dar apoio à gestão patrimonial na forma estabelecida na Lei Complementar nº 101, de 4 de maio de 2000, que estabelece normas de finanças públicas voltadas para a responsabilidade fiscal, destacando-se o Manual de Contabilidade Aplicada ao Setor Público, o Manual de Receita Nacional e o Manual de Despesa Nacional.

Obviamente, essas normas, regulamentos, conceitos e procedimentos guardam conformidade com o que a Lei nº 4.320, de 17 de março de 1964, estatui nas normas gerais de direito financeiro, para elaboração e controle dos orçamentos e balanços da União, dos Estados, dos Municípios e do Distrito Federal, e abordam o registro do patrimônio público, adequando-o aos dispositivos legais vigentes e aos padrões internacionais, visando ampliar a transparência sobre as contas públicas.

Nesta edição, o objetivo foi o de incorporar as alterações que foram introduzidas, principalmente pelos manuais citados, de modo que fossem apresentadas juntamente com as normas gerais de direito financeiro (Lei nº 4.320/64) para melhor aproveitamento do ponto de vista didático, teórico e prático, que é a finalidade precípua desta obra.

Para tanto, a revisão precisou ser completa, tendo sido praticamente refeitos todos os capítulos, pois as alterações procedidas visaram proporcionar o melhor entendimento do assunto e adequar metodologicamente o texto e, portanto, mantê-lo em condições de ser utilizado por aqueles que necessitarem.

Heilio Kohama

Prefácio à Décima Primeira Edição

Nesta edição, estamos cumprindo o dever de incorporar as alterações que foram objeto de textos regulamentares e normativos editados por órgãos governamentais que possuem a obrigação de fazê-lo, atendendo à necessidade de padronizar os procedimentos contábeis e instituir instrumento eficiente de orientação comum aos gestores nos três níveis de governo, mediante consolidação de conceitos, regras e procedimentos de reconhecimento e apropriação contábil de operações típicas do setor público de forma a garantir a consolidação das contas na forma estabelecida na Lei Complementar nº 101, de 4 de maio de 2000, Lei de Responsabilidade Fiscal.

As principais alterações ocorreram no Capítulo 4 – Regimes Contábeis, especificamente na parte relativa ao Regime Contábil Adotado no Brasil.

Isso ocorreu em razão da Portaria Conjunta nº 3, de 14 de outubro de 2008, editada pelo Secretário do Tesouro Nacional do Ministério da Fazenda e pela Secretária de Orçamento Federal do Ministério do Planejamento, Orçamento e Gestão que, em seu artigo 6º, diz: "A despesa e a receita serão reconhecidas por critério de competência patrimonial, visando conduzir a contabilidade do setor público brasileiro aos padrões internacionais e ampliar a transparência sobre as contas públicas."

As alterações procedidas visaram proporcionar o melhor entendimento do assunto e adequar metodologicamente o texto e, portanto, mantê-lo em condições de ser utilizado por aqueles que necessitarem.

Heilio Kohama

Prefácio à Nona Edição

Em razão da necessidade de proceder a algumas alterações no texto anterior, não só procedemos a uma ampla revisão de toda a obra, para melhor adequá-la às mais recentes inovações, como também introduzimos novo tema no sentido de mantê-la atualizada.

Assim, fizemos as alterações necessárias, procurando atender aos principais dispositivos da Lei Complementar nº 101, de 4 de maio de 2000 (Lei de Responsabilidade Fiscal).

Por outro lado, foi introduzido um novo capítulo, que trata do assunto dos Fundos Especiais, em razão de termos percebido, por meio de cursos, reuniões e seminários, que existem muitas dificuldades de entendimento a respeito do conceito, funcionamento e operacionalização. Procuramos abordá-los, do ponto de vista teórico e legal, aplicados na prática, aliás, seguindo a metodologia adotada desde a 1ª edição.

Por último, fizemos uma alteração no Capítulo 7 – Despesa Pública – especificamente na seção 6 – Licitação –, retirando a parte legal relativa à Lei nº 8.666/93, atualizada pela Lei nº 8.883/94, pois seu conteúdo está afeto a áreas próprias da Administração e eventuais consultas podem ser feitas com mais segurança, diretamente no texto da lei.

Com essas alterações, procuramos facilitar o entendimento dos assuntos e adequar metodologicamente o texto e, portanto, mantê-lo atualizado.

Heilio Kohama

Apresentação

Este livro tem como escopo facilitar o estudo e a consulta daqueles que, por algum motivo, tenham necessidade de conhecer ou introduzir-se na matéria, e propiciar maior acesso aos próprios funcionários públicos, no conhecimento e funcionamento prático da Contabilidade Pública para, assim procedendo, terem possibilidade de desempenhar as suas funções com maior eficiência.

O que nos motivou a escrever sobre o assunto é o fato de termos concluído, após vários contatos com colegas, professores e acadêmicos, que o ensino, de modo geral, nas faculdades, tem sofrido profundas alterações, quer nos currículos, quer nas formas de seleção dos candidatos, ou nas programações das disciplinas, trazendo inegáveis efeitos benéficos para o sistema educacional, assim como, para alguns cursos, dada a complexidade técnica em que se estruturam, maiores sacrifícios dos seus participantes.

O ensino da contabilidade enquadra-se perfeitamente nas assertivas descritas, pois, se de um lado propicia a arregimentação de um número diversificado de estudantes dos cursos técnicos, de segundo grau, para ingresso nas faculdades, por outro lado exige maior esforço, dedicação e sacrifício para aqueles oriundos de cursos diversos que não o Técnico em Contabilidade, porque, na maioria das vezes, de forma genérica, não possuem o desejado conhecimento de escrituração, lançamento e levantamento de balancetes e balanço.

Daí por que, conhecendo essa realidade e sendo a Contabilidade Pública disciplina obrigatória nos cursos de Ciências Contábeis, em cujos currículos não são seguidos programas de ensino padronizados, é que nos dispusemos a escrever este livro. Algumas faculdades adotam apenas o Orçamento Público, outras a Técnica de Programação e Execução do Orçamento Público, e outras ainda ensinam a interpretação da Lei nº 4.320/64. Esperamos amenizar os esforços e os sacrifícios daqueles que, por qualquer motivo, tenham de obter informações ou operacionalizar a Contabilidade Pública e, na medida do possível, apresentamos a obra de forma simples, prática e objetiva procurando, acima de tudo, buscar a integração do contador com a prática profissional.

Outrossim, apresentamos o assunto de forma abrangente, principalmente no que se relaciona com a escrituração dos lançamentos contábeis, pois utilizamos uma metodologia diversa da que tem sido usada nos livros e escritos existentes. Nesses trabalhos, nota-se, metodologicamente, a preocupação em fazer a apresentação dos sistemas de escrituração orçamentária, financeira, patrimonial e de compensação, individualizadamente, isto é, os atos e os fatos são escriturados através dos lançamentos, em cada sistema, isoladamente.

Em face dessa forma de exposição, constatamos a dificuldade de entendimento das repercussões desses atos e fatos, de forma ampla, pois, embora se consiga perceber as implicações ocorridas em cada sistema de escrituração contábil, não se permite a visualização global de conjunto, de todas as implicações desses atos ou fatos ocorridos em todos os sistemas.

Procuramos, destarte, utilizar uma forma metodológica que permita essa compreensão panorâmica, de tal sorte que cada ato ou fato contábil contenha a indicação dos sistemas que estão envolvidos com os respectivos lançamentos, para possibilitar a visualização de todas as implicações ocorridas. Teremos, então, a visão geral de todas as implicações contábeis ocorridas, de cada ato ou fato, de forma abrangente, por todos os sistemas envolvidos.

Ao final, para o levantamento das peças necessárias à apresentação dos resultados serão as mesmas elaboradas, obrigatoriamente, por sistemas, mesmo porque cada sistema terá de apresentar o seu resultado correspondente. Entretanto, também aqui procuramos possibilitar, tanto quanto nos foi possível, a visualização e compreensão individualizada do resultado dos sistemas, assim como as suas implicações no conjunto.

O Autor

1

Serviço Público

1 Conceito

Consideram-se serviços públicos o conjunto de atividades e bens que são exercidos ou colocados à disposição da coletividade, visando abranger e proporcionar o maior grau possível de bem-estar social ou "da prosperidade pública".[1]

Observa-se, pela definição exposta de serviço público, que o Estado – que é a organização do poder político da comunidade[2] – é organizado com a finalidade de harmonizar sua atividade, de forma que atinja o objetivo de promover e satisfazer à prosperidade pública, ou seja, o bem comum.

O bem-estar da comunidade é, pois, a organização de todos os seus bens particulares, e não a simples soma dos bens individuais, como faz crer o liberalismo, nem a absorção dos bens pelo Estado, como induz o socialismo, residindo a missão do Estado nessa tarefa organizadora e coordenadora.

Por serviços públicos, em sentido amplo, entendem-se todos aqueles prestados pelo Estado ou delegados por concessão ou permissão sob condições impostas e fixadas por ele, visando à satisfação de necessidades da comunidade. Daí concluir-se que não se

---

[1] CATHEREIN, Victor. *Philosophia moralis*. Herder, 1913. "Prosperidade Pública", ou bem comum, é o conjunto de condições para que todos os membros orgânicos da sociedade possam adquirir diretamente e por si uma felicidade temporal e quanto possível completa e subordinada ao fim último. Destaca-se, dentre essas condições, a abundância suficiente de bens espirituais e materiais necessários para tornar efetiva a referida felicidade, e que não possam ser alcançados somente pela atividade dos particulares.

[2] In: *Enciclopédia Conhecer*, p. 202.

justifica a existência do Estado senão como entidade prestadora de serviços e utilidades aos indivíduos que o compõem.[3]

Nessa ordem de ideias, verifica-se que os serviços públicos podem abranger atividades que competem exclusivamente ao Estado, e por ele são exercidas diretamente, e atividades exercidas por delegações do poder público, atendendo a interesses coletivos ou ao bem-estar geral.

Os serviços que competem exclusivamente ao Estado são considerados "serviços públicos" propriamente ditos, pois a sua prestação visa satisfazer "necessidades gerais da coletividade" para que ela possa subsistir e desenvolver-se, enquanto os prestados por delegação consideram-se "serviços de utilidade pública", em virtude de tais serviços visarem "facilitar a existência do indivíduo na sociedade", pondo à sua disposição utilidades que lhe proporcionam mais comodidade, conforto e bem-estar.[4]

2 Serviço privativo do Estado

Assim, na essência das atividades exercidas diretamente pelo Estado, existem serviços que pela sua natureza exigem centralização e competem-lhe exclusivamente, dentre os quais podemos mencionar: os que dizem respeito às relações diplomáticas e consulares; os que se referem a defesa e segurança do território nacional; os concernentes a emissão de moeda e os de controle e fiscalização de instituições de crédito e de seguros; os de manutenção do serviço postal e do Correio Aéreo Nacional; os relativos ao estabelecimento e execução de planos nacionais de educação e de saúde, bem como planos regionais de desenvolvimento; os que se relacionam com o poder de polícia e segurança pública; os que garantem a distribuição da justiça e outros que exigem medidas compulsórias em relação aos indivíduos.[5]

Os serviços descritos são serviços públicos que a Administração presta diretamente à sociedade, por serem considerados próprios do Estado e, como tal, competir-lhe exclusiva e privativamente, em virtude do reconhecimento de sua característica de atendimento de necessidades coletiva e permanente que envolve a sua prestação e que, por via de consequência, podem exigir medidas compulsórias em relação aos indivíduos, aliás medidas compulsórias impostas através de preceitos constitucionais e por isso mesmo incontestáveis.

Consoante se deduz, consideram-se serviços públicos próprios do Estado no sentido que lhe compete prestá-los, privativamente, aqueles que se relacionem intimamente ao bem-estar coletivo e por isso mesmo só podem ser executados diretamente pelo Poder Público, a quem incumbe provê-los, sem delegação a particulares.

---

[3] MEIRELLES, Hely Lopes. *Direito administrativo brasileiro*. São Paulo: Revista dos Tribunais, 1966.

[4] MEIRELLES, Hely Lopes. *Direito administrativo brasileiro*. São Paulo: Revista dos Tribunais, 1966.

[5] *Constituição Federal*, art. 21, incisos I, III, VII, VIII, IX, X, XIII e XXII; e artigos 142 e 144.

Pode-se concluir, objetivamente, que ao Estado cabe a promoção dos serviços que proporcionam à sociedade bens que não possam ser alcançados pela atividade de particulares. Daí a primazia que lhe cabe no concernente à ordem jurídica, a qual, nos povos modernos e nas atuais condições das sociedades políticas, deve pertencer ao Estado com superioridade efetiva (por exemplo: elaboração de normas de direito) e, por vezes, com exclusividade (por exemplo: polícia, forças armadas).[6]

3 Serviço de utilidade pública

Serviços de utilidade pública são os serviços públicos prestados por delegação do Poder Público, sob condições fixadas por ele, onde dado o princípio da boa-fé e lealdade para com os administrados, que se impõe em toda a atividade administrativa, ao prestador do serviço é vedado forjar ardis comumente urdidos na vida comercial ordinária, para obter vantagens ou lucros em detrimento da coletividade, ainda quando dentro das possibilidades legais, pois a razão e o sentido do serviço público é o proveito dos beneficiários e não o benefício do prestador. Entende-se, portanto, que o serviço público, por envolver interesse coletivo, não pode ser observado da ótica de simples comércio e, consequentemente, visar a lucro.

A ideia central é que serviço público envolve atividade que supera a esfera do interesse da comunidade, por ser de interesse da comunidade devendo subordinar-se às suas exigências, ajustar-se às conveniências do todo social e manter-se na conformidade de satisfação das necessidades do indivíduo na coletividade.

Tanto isto é verdadeiro, que assiste ao usuário não só o direito de obtenção e fruição do serviço, mas também a sua regular e permanente prestação. Para tanto, necessário se torna que tal prestação de serviço seja consubstanciada num direito de fruição individual pelo usuário, ainda que extensivo a toda uma comunidade. São exemplos típicos os serviços prestados a consumidores domiciliares, como eletricidade, telefone, água encanada, gás etc.

3.1 Prestação de serviço de utilidade pública por concessão

A concessão de serviços é um procedimento pelo qual uma pessoa de direito público, denominada autoridade concedente, confia mediante delegação contratual a uma pessoa física ou jurídica, chamada concessionário, o encargo de explorar um serviço público. Em contrapartida, o concessionário deve sujeitar-se a certas obrigações impostas pelo Poder Público.

Nem poderia ser diferente, de vez que a organização do serviço corre exclusivamente por conta da Administração. São as entidades públicas, e unicamente elas, as que têm

---

[6] SOUZA, José Pedro Galvão de. *Iniciação à teoria do estado*. São Paulo: Revista dos Tribunais, 1976.

competência para decidir como organizar o serviço público e como funcionar. Portanto, esta organização pode modificar-se em qualquer momento, segundo as necessidades econômicas da hora.[7]

A concessão é um ato que deve ser amparado por autorização legislativa, onde fiquem claramente definidas as condições de execução dos serviços, em conformidade com o edital de concorrência. Entretanto, o contrato de concessão não transfere propriedade alguma ao concessionário, porque um particular jamais retém um serviço público, sendo-lhe delegada, somente, a prática da atividade pública.

Observa-se que o concessionário é selecionado em função de um conjunto de requisitos entre os quais, obviamente, se incluem sua capacitação técnica para o desempenho da atividade, sua idoneidade financeira para suportar os encargos patrimoniais, sua competência administrativa para gerir o empreendimento e sua integridade moral, medida nas empresas pela correção com que responde aos compromissos assumidos. Por conseguinte, não pode o concessionário, sob nenhum título ou pretexto, transferir, total ou parcialmente, a concessão, nem mesmo se o concedente autorizar ou concordar, pois, se isto ocorrer, haverá burla ao princípio da licitação.[8]

Entretanto, como o serviço, apesar de concedido, continua público, o poder concedente nunca se despoja do direito de explorá-lo direta ou indiretamente, por seus órgãos, suas autarquias e entidades paraestatais, desde que o interesse coletivo assim o exija.[9]

O Poder Público reserva-se o direito de fiscalizar e também regulamentar os serviços, fixando unilateralmente o funcionamento, organização e forma de prestação de serviço. Se houver necessidade, essas atribuições podem ser modificadas pelo Estado, sempre que o interesse público o exigir, para melhor atendimento e adequação dos serviços, bem como pode também revogar a concessão, caso o concessionário não cumpra eficientemente a delegação concedida.

Aliás, sobre o poder unilateral de modificação da concessão, Guido Zanobini descreve que "de tais poderes estes sujeitos não têm nunca a propriedade, mas podem ter somente o exercício, por força de uma concessão feita pelo Estado e sempre por ele revogável, sem que ao ente caiba interpelação".[10]

Entretanto, como a concessão é um ato contratual pelo qual o Estado atribui ao concessionário a prestação de um serviço público, também lhe é concedido o direito de remuneração através de cobrança de tarifas, diretamente dos usuários, dando-lhe, assim, a garantia de um equilíbrio econômico-financeiro.

---

[7] JEZÉ, Caston. *Les principes generaux du droit administratif*. Paris, 1926.

[8] MELLO, Celso Antonio Bandeira de. *Prestação de serviços públicos e administração indireta*. São Paulo: Revista dos Tribunais, 1979.

[9] MEIRELLES, Hely Lopes. *Direito administrativo brasileiro*. São Paulo: Revista dos Tribunais, 1966.

[10] ZANOBINI, Guido. *Corso di diritto administrativo*. Milão: A. Giuffrè, 1958. "Di tali poteri questi soggetti non hanno mai la titolatirà, ma possono avvere soltanto l'esercizio, in forza di una concessione fatta dello Stato e sempre da questo revocabile senza che l'ente venga meno."

Fica claro que para o concessionário a prestação do serviço é um meio através do qual obtém o fim que almeja: o lucro. Reversamente, para o Estado, o lucro que propicia ao concessionário é o meio por cuja via busca sua finalidade, que é a boa prestação do serviço.[11]

O equilíbrio financeiro é condição essencial de legalidade na concessão de serviço público, cabendo ao Estado o dever de sua preservação. Sempre que o Estado modificar, unilateralmente, os encargos do concessionário, é obrigado a compensar, mediante revisão da tarifa sob forma de contribuição financeira direta, o abalo da parte econômica da concessão.[12]

Outro fato que merece destaque nos Serviços de Utilidade Pública prestados por concessionários é que, por tratar-se de serviços que pela sua natureza devem ser obrigatoriamente oferecidos ininterrupta e permanentemente, cabe também ao usuário, e não somente ao poder concedente, o direito de fiscalizar e exigir do concessionário o correto fornecimento do serviço. Por isso, caso haja falha na prestação ou mesmo interrupção, ou ainda lhe seja negado o serviço, o usuário que se sentir prejudicado pode exigir judicialmente o cumprimento da prestação do serviço.

Finalizando, os serviços de utilidade pública que comumente são objeto de delegação através de contrato de concessão são: os de transportes coletivos, fornecimento de energia elétrica, abastecimento de água, comunicações telefônicas, radiodifusão,[13] exploração de jazidas e fontes minerais, a utilização de terrenos nos cemitérios com túmulos de família, a instalação de indústrias de pesca às margens de rios e outros.[14]

3.2 Prestação de serviço de utilidade pública por permissão

Prestação de serviço por permissão é o procedimento através do qual uma pessoa de direito público, denominada autoridade permitente, faculta mediante delegação a título precário a uma pessoa física ou jurídica, chamada permissionário, a execução de obras e serviços de utilidade pública, ou o uso excepcional de bem público, podendo ser outorgada de forma gratuita ou remunerada, atendendo a condições estabelecidas pelo Poder Público.

Por ser ato unilateral da Administração, de delegação de um serviço ou permissão de uso de um bem público, com característica de precariedade, em vista do fato de que ao permissionário não se impõe a necessidade de dispor de grandes importâncias para exer-

---

[11] MELLO, Celso Antonio Bandeira de. *Prestação de serviços públicos e administração indireta*. São Paulo: Revista dos Tribunais, 1979.

[12] TACITO, Caio. O equilíbrio financeiro na concessão de serviço público. *Revista de Direito Administrativo*, 63/1, 64/ 15 e 65/1.

[13] MEIRELLES, Hely Lopes. *Direito administrativo brasileiro*. São Paulo: Revista dos Tribunais, 1966.

[14] MELLO, Oswaldo Aranha Bandeira de. *Princípios gerais de direito administrativo*. Rio de Janeiro: Forense, 1979.

cer a atividade, quer por já possuir instalações e equipamentos adequados ou facilmente adaptáveis, quer quando seja imprescindível a aquisição de aparelhamento que se firme no solo, mas perfeitamente compensável pela rentabilidade que proporcione, ainda que considerado o curto prazo que em muitos casos os serviços são permitidos.

Outra consequência advinda da característica de precariedade, que possui o ato unilateral da Administração, é o fato de que a esta é conferido o poder leonino, que lhe permite a possibilidade de revogar a permissão a qualquer momento, sem que caiba ao permissionário qualquer direito a indenização. E isto é uma consequência lógica, pois se atentarmos para o fato de que a permissão é um ato unilateral da Administração, delegado a título precário, onde o permissionário, ao assumir tal encargo, avoca os riscos da precariedade, e por isso mesmo procura despender o valor financeiro mínimo possível, o que minimizaria as consequências econômicas, eventualmente advindas da revogação da permissão, que seria um ato discricionário da Administração.

Daí por que toda permissão traz implícita a condição de ser, em todo o momento, compatível com o interesse público e, por conseguinte, revogável ou modificável pela Administração, sem recurso algum por parte do permissionário.[15]

A permissão de serviço ou de uso de bens públicos, sempre a título precário e transitório, será outorgado por decreto, após edital de chamamento de interessados para escolha do melhor pretendente.[16]

E, para finalizar, são exemplos típicos de serviço ou uso de bens públicos, delegados e outorgados através de permissão: os serviços de transportes coletivos, facultados por esta via, ao invés de outorgados pelo ato convencional denominado concessão;[17] os atos dos capitães de navios de fazerem casamento, em dadas circunstâncias, durante a viagem, em caráter excepcional em vista da urgência, e a de colocação de banca para venda de jornais na via pública[18] etc.

4 Prestação de serviço mista

Preliminarmente, vamos posicionar o entendimento que pretendemos externar, a respeito da prestação de serviço mista, ou seja, aquela prestada pela Administração, por seu dever de Estado e, entretanto, pode ser executada também por pessoa física ou jurídica de caráter privado, independentemente de delegação para tanto.

Isto acontece em virtude de existirem alguns mandamentos constitucionais que atribuem certos direitos aos cidadãos, e outros há que atribuem certas obrigações ao

---

[15] BASAVILBASO, Benjamin Villegas. *Derecho administrativo*, 1952.

[16] Lei Orgânica do Município de São Paulo, § 4º do art. 114 e art. 128.

[17] MELLO, Celso Antonio Bandeira de. *Elementos de direito administrativo*. São Paulo: Revista dos Tribunais, 1981.

[18] MELLO, Oswaldo Aranha Bandeira de. *Princípios gerais de direito administrativo*. Rio de Janeiro: Forense, 1979.

Estado, sem, entretanto, vedar a execução de tais serviços a pessoas físicas ou jurídicas de direito privado.

Vamos, a seguir, trazer ao estudo alguns aspectos relevantes que achamos merecer uma abordagem mais detalhada, porquanto, através dela, procuraremos demonstrar claramente a existência da prestação de serviço público e ao mesmo tempo particular; note-se que estamos nos referindo a serviço público e não a serviço de utilidade pública. Esta explicação é de fundamental importância, uma vez que, se tratasse de serviço de utilidade pública, haveria a delegação por concessão ou permissão da Administração, para que o particular pudesse prestá-lo, enquanto, tratando-se de serviço público não vedado à iniciativa privada, é desnecessária essa delegação.

Iniciando, vamos trazer alguns serviços assegurados pela Constituição, e que traduzem em direitos dos trabalhadores, que visam à melhoria de sua condição social, configurados na nossa Carta Magna, ou seja: assistência sanitária, hospitalar e médica preventiva; previdência social, nos casos de doença, velhice, invalidez e morte, seguro--desempenho, seguro contra acidente do trabalho e proteção da maternidade, assistência gratuita aos filhos desde o nascimento até seis anos de idade, em creches e pré-escolas; e garantia de acesso do trabalhador adolescente à escola.

Há, ainda, outros aspectos constitucionais que mereceriam ser analisados; entretanto, este trabalho não pretende e nem tem a finalidade de teoria jurídica, mas tão somente bem delimitar o entendimento de serviço público, visando, objetivamente, circunscrevê--lo ao estudo da administração pública, em alguns de seus aspectos, configurados como direito financeiro, ou seja, planejamento, orçamento e controle pela contabilidade pública, daí por que mencionaremos somente mais um fato, também inserido na Constituição, que especifica o dever do Estado, onde textualmente se vê:

> **Art. 205.** A educação, direito de todos e dever do Estado e da família, será promovida e incentivada com a colaboração da sociedade, visando ao pleno desenvolvimento da pessoa, seu preparo para o exercício da cidadania e sua qualificação para o trabalho.

> **Art. 209.** O ensino é livre à iniciativa privada, atendidas as seguintes condições:

> I – cumprimento das normas gerais da educação nacional;

> II – autorização e avaliação de qualidade pelo Poder Público.

Vislumbra-se pela simples leitura dos aspectos constitucionais expostos a evidente e cristalina dubiedade de possibilidade de prestação de tais serviços, quer pelo Estado, por lhe incumbir obrigação, e também por iniciativa particular, subsidiariamente.

Outra interpretação indubitável é ditada e calcada no fato de que se trata de um serviço cuja prestação pode ser feita pelo Poder Público, e também pela iniciativa de particulares; porém, quando executada pelo Estado, estaremos diante de um serviço público, e quando exercida por particulares, serão considerados serviços privados, sem que para tanto seja necessária delegação via concessão ou permissão. Identifica-se a ambiguidade da prestação de tais serviços, motivo pelo qual o denominamos de prestação de serviço mista.

Concluindo, para se ajustar as assertivas das descrições feitas, basta que se verifiquem as entidades que prestam os serviços enumerados, para constatarmos a sua veracidade, senão vejamos: em termos de educação, tais serviços são prestados pelas Secretarias de Educação e também por entidades particulares; em termos de previdência social, seguro contra acidentes do trabalho e proteção da maternidade são serviços afetos ao Instituto de Previdência Social – Autarquia Federal, porém, também a iniciativa privada através das companhias de seguro e entidades de assistência médico-hospitalar têm prestado tais serviços.

2

Administração Pública

1 Conceito

Administração Pública é todo o aparelhamento do Estado, preordenado à realização de seus serviços, visando à satisfação das necessidades coletivas.[1]

Administrar é gerir os serviços públicos; significa não só prestar serviço, executá-lo, como também, dirigir, governar, exercer a vontade com o objetivo de obter um resultado útil.[2]

Verifica-se a existência de uma íntima sintonia entre a Administração Pública e o Serviço Público, fazendo pressupor, clara e nitidamente, que a execução deste seja feita privativamente por aquela, quer diretamente, quer por delegação. Aliás, Jezé diz: "O fim do Estado é organizar e fazer funcionar os serviços públicos".[3] Outrossim, supõe, igualmente, que a Administração Pública executa o Serviço Público, porque considera indispensável à sociedade a sua existência e, consequentemente, o seu funcionamento.[4]

Depreende-se, por dedução, o princípio da obrigatoriedade do desempenho da atividade pública, em que a Administração Pública sujeita-se ao dever de continuidade da prestação dos serviços públicos. Neste particular, mencionamos Celso Antonio Bandeira de

---

[1] MEIRELLES, Hely Lopes. *Direito administrativo brasileiro*. São Paulo: Revista dos Tribunais, 1984.

[2] MELLO, Oswaldo Aranha Bandeira de. *Princípios gerais de direito administrativo*. Rio de Janeiro: Forense, 1979.

[3] JEZÉ, Gaston. *Les príncipes generaux du droit administratif*. Paris, 1926 "le but de l'État est d'organiser et de faire fonctionner dês services publics".

[4] LIMA, Ruy Cirne. Organização administrativa e serviço público no direito administrativo brasileiro. *Pareceres RDP*.

Mello, quando descreve: "O interesse público que à Administração incumbe zelar, encontra-se acima de quaisquer outros e, para ela, tem o sentido de dever, de obrigação. É obrigada a desenvolver atividade contínua, compelida a perseguir suas finalidades públicas."[5]

Pelo exposto, fica claramente delineada e caracterizada a grande distinção existente entre a Administração Pública e a particular, que consiste, segundo o ilustre professor Hely Lopes Meirelles, no seguinte: "Na Administração Pública não há liberdade pessoal. Enquanto na administração particular é lícito fazer tudo o que a lei não proíbe, na Administração Pública só é permitido fazer o que a lei autoriza."[6]

Verifica-se, pois, que é através do conjunto de órgãos, convencionalmente chamados Administração, que o Estado pratica a gestão de atividades que lhe são próprias, por corresponderem a interesse público.

Por ser o Estado perpétuo, por natureza, todos os compromissos assumidos ou tratados assinados em seu nome perduram, mesmo que se altere sua forma de governo. Sobre a perpetuidade do Estado, Paul Leroy Beaulieu diz: "O Estado é o representante da perpetuidade social: ele deve velar para que as condições gerais da existência da nação não se deteriorem jamais."[7]

Pode-se dizer, portanto, que o Estado não é o fim dos homens, mas um meio para proporcionar-lhes a satisfação de bem-estar, mediante uma organização, propícia ao regime de liberdade, prosperidade e justiça, o que equivale dizer que "o Estado é uma sociedade (nação), politicamente organizada em um território e no uso de sua soberania".[8]

Concluindo, vamos apresentar a definição de Duez que, de uma forma objetiva, delineia-se como um resumo de tudo quanto já foi exposto e se consubstancia no seguinte: "Administração é a atividade funcional concreta do Estado que satisfaz as necessidades coletivas em forma direta, contínua e permanente, e com sujeição ao ordenamento jurídico vigente."[9]

2 Organização político-administrativa brasileira

Primeiramente, devemos dizer que no exercício de sua função fundamental de promover o bem-comum, o Estado é a organização política do poder. Pode-se definir, portanto, o Estado como a Nação politicamente organizada.[10]

---

[5] MELLO, Celso Antonio Bandeira de. *Elementos de direito administrativo*. São Paulo: Revista dos Tribunais, 1981.

[6] MEIRELLES, Hely Lopes. Idem nota 1.

[7] BEAULIEU, Paul Leroy. *L'État moderne et ses fonctions*. Paris, 1900: "L'État est le representant de la perpetuité sociale; il doit viller a ce que le conditions générales d'existence de la nation ne se deteriorent pas."

[8] MATTOS FILHO, José Dalmo Belfort de. Apostila de Ciência da Administração, Faculdade Estudos Econômicos Liceu Coração Jesus – PUC, 1954.

[9] DUEZ, Paul. *Les actes de gouvernement*. Paris: Librairie du Recueli Sirey, 1935.

[10] MATTOS, José Dalmo Belfort de. Apostila de Direito Público, PUC, 1955.

Cabe neste ponto uma explicação mais detalhada sobre o Estado e aqui, especificamente, o Estado brasileiro.

O limite espacial dentro do qual o Estado exerce de modo efetivo e exclusivo o poder de império sobre as pessoas e bens é o conceito de território.[11] Território pode também ser considerado como o âmbito de validez da ordenação jurídica chamada Estado.[12]

A forma com a qual se exerce o poder político em função do território pode ser de **Unidade**, em que se configuraria o Estado Unitário, ou, como no caso em que se divide por organizações governamentais regionais, em que estaríamos diante do Estado Federal.

O Brasil, consoante dispositivo inserido no primeiro artigo da Constituição, define-se como Estado Federal, através do seguinte texto: "A República Federativa do Brasil, formada pela união indissolúvel dos Estados e Municípios e do Distrito Federal, constitui-se em Estado Democrático de Direito e tem como fundamentos: I – a soberania; II – a cidadania; III – a dignidade da pessoa humana; IV – os valores sociais do trabalho e da livre iniciativa; V – o pluralismo político."

Verifica-se pela expressão textual do artigo constitucional que a União constitui-se em pessoa de direito público interno, autônoma em relação aos Estados, tendo por missão o exercício das prerrogativas da soberania do Estado brasileiro, pois configura-se como entidade federal resultante da reunião dos Estados-membros, Municípios e do Distrito Federal.

Consequentemente, os Estados-membros são entidades federativas que compõem a União, dotados de autonomia e também se constituem em pessoas de direito público interno.

Em seguida, surgem dois tipos de pessoas de direito público, identificadas no Estado Federativo Brasileiro, que são o Distrito Federal e os Territórios.

O Distrito Federal é o local onde se acha instalada a Capital da República, que desde 21 de abril de 1960, em face da reestruturação administrativa federal, está instalada na cidade de Brasília. Há algumas curiosidades sobre esta forma de entidade de direito público, até certo ponto excepcional, por ser diferente em sua organização e funcionamento.

O Distrito Federal é administrado por um governador, eleito, portanto, em tese com organização de Estado; em sua estruturação, é vedada a sua divisão em municípios, mas a sua parte legislativa é composta por atribuições reservadas aos Estados e Municípios, exercidas em *câmaras legislativas, por deputados distritais*.[13]

Os Territórios são limites espaciais, ou seja, divisões territoriais do território nacional, adstritos e subordinados à administração da União. São administrados por um governador, nomeado pelo Presidente da República.

---

[11] TAVARES, A. de Lira. *Territórios nacional*. Rio de Janeiro: Americana, 1955.

[12] KELSEN, Hans. *Teoria general del derecho e del estado*. México: Mexicana, 1950.

[13] *Constituição Federal*, artigo 32 e §§ 1º, 2º, 3º e 4º.

"Não dispondo os Territórios Federais de Poder ou Órgão Legislativo, nem desfrutando de autonomia político-administrativa, portanto os seus governadores são agentes executivos da União, apresentam-se como verdadeiras autarquias territoriais, bem diferenciadas dos municípios e do Distrito Federal, que são entidades político-administrativas com autonomia governamental e poder normativo próprio."[14]

Os Territórios podem, ainda, ser divididos em Municípios, ficando a cargo do governador do Território a nomeação dos seus prefeitos.

Aparece ainda como peculiaridade nacional brasileira a figura dos municípios, que é uma entidade integrante da especial forma de federação. Os Municípios (que são pessoas de direito público interno e administradas por prefeitos) são componentes da União, mas, por se encontrarem dentro dos Estados, integram de forma singular o sistema federativo brasileiro, possuem autonomia político-administrativa, fato que os distingue das demais federações, onde são divisões territoriais, meramente administrativas.[15]

Resumindo, pode-se afirmar que a Organização Político-administrativa Brasileira é a de um Estado Federal e caracteriza-se pela união indissolúvel dos Estados-membros, dos Municípios e do Distrito Federal, destacando-se, ainda, no sistema brasileiro, a existência dos Territórios, não caracteristicamente entidades federativas, mas unidades político-administrativas, que integram a União, reconhecidas pela Constituição.

3 Organização da administração pública

3.1 Preâmbulo

Para exercer ou colocar à disposição da coletividade o conjunto de atividades e de bens, visando abranger e proporcionar o maior grau possível de bem-estar social ou "da prosperidade pública", o Estado, aqui entendido como a organização do poder político da comunidade nacional, distribui-se em três funções essenciais, quais sejam: função normativa ou legislativa; função administrativa ou executiva; e função judicial. Aliás, essas funções originam-se dos chamados Poderes do Estado,[16] inerentes ao Estado de Direito e entre nós consagrados na Carta Magna, onde se vê textualmente: "São Poderes da União, independentes e harmônicos entre si, o Legislativo, o Executivo e o Judiciário."

Desta forma, a função normativa ou legislativa, isto é, aquela relativa a elaboração de leis, é exercida especificamente pelo Poder Legislativo; a função administrativa ou executiva, ou seja, a conversão da lei em ato individual e concreto, cabe ao Poder Execu-

---

[14] MEIRELLES, Hely Lopes. Idem nota 1.

[15] *Constituição Federal*, artigo 18.

[16] MEIRELLES, Hely Lopes. Idem nota 1.

tivo; e a função judicial, ou a que se refere à aplicação aos litigantes, pertence ao Poder Judiciário. Salvo as exceções previstas na Constituição, é vedado a qualquer dos Poderes delegar atribuições, pois quem for investido na função de um deles não poderá exercer a de outro.

Consoante se verifica, há uma distribuição das três funções estatais precípuas entre órgãos independentes, mas harmônicos e coordenados no seu funcionamento, mesmo porque o poder estatal é uno e indivisível, resultante da interação dos três Poderes de Estado (Legislativo, Executivo e Judiciário).

A Administração Pública, como todas as organizações administrativas, é baseada numa estrutura hierarquizada com graduação de autoridade, correspondente às diversas categorias funcionais, ordenada pelo Poder Executivo de forma que distribua e escalone as funções de seus órgãos e agentes, estabelecendo a relação de subordinação.

Como a Administração Pública é fundamentada numa estrutura de poder, que é a relação de subordinação entre órgãos e agentes com distribuição de funções e graduação de autoridade de cada um e, como se sabe, no Poder Judiciário e no Poder Legislativo não há hierarquia, porquanto esta é privativa da função executiva, como elemento típico da organização e ordenação dos serviços administrativos.[17]

De fato, os agentes dos Poderes Legislativo e Judiciário exercem funções na área de sua atuação, com independência nos assuntos de sua competência, pois, não sendo hierarquizados, sujeitam-se apenas aos graus e limites constitucionais e legais de jurisdição, tendo plena liberdade funcional, equiparável à independência dos juízes nos seus julgamentos e, para tanto, ficam a salvo de responsabilização civil por seus eventuais erros de atuação, a menos que tenham agido com culpa grosseira, má-fé ou abuso do poder. Incluem-se nesse caso, como é óbvio, senadores, deputados e vereadores, integrantes do Poder Legislativo, e os magistrados em geral, membros do Poder Judiciário e também os membros do Ministério Público (procuradores da República e da Justiça, procuradores e curadores públicos); os membros dos Tribunais de Contas (ministros e conselheiros); os representantes diplomáticos; os chefes de Executivo (presidente da República, governadores e prefeitos), seus auxiliares imediatos (ministros e secretários de Estado e de Município) e demais autoridades que atuem com independência funcional no desempenho de atribuições governamentais, judiciais ou quase judiciais, estranhas ao quadro do funcionalismo estatutário.[18]

Por conseguinte, a Organização da Administração Pública circunscreve-se ao Poder Executivo, nas três esferas em que a administração do País se processa, ou seja, as pessoas jurídicas de direito público interno – a União, cada um dos Estados e o Distrito Federal, e cada um dos Municípios legalmente constituídos – suas respectivas entidades autárquicas, fundacionais e entidades dotadas de personalidade jurídica de direito privado, por elas instituídas, onde a totalidade ou maioria do capital com direito a voto lhe pertença.

---

[17] MAZAGÃO, Mario. *Curso de direito administrativo*. São Paulo: Max Limonad, 1959/1960.

[18] MEIRELLES, Hely Lopes. Idem nota 1.

3.2 Estruturação

O campo de atuação da Administração Pública, conforme delineado pela organização da execução dos serviços, compreende os órgãos da Administração Direta ou Centralizada e os da Administração Indireta ou Descentralizada.

A legislação federal sobre o assunto, ou seja, o Decreto-lei nº 200, de 25 de fevereiro de 1967, alterado pelo Decreto-lei nº 900, de 29 de setembro de 1969, que dispõe sobre a Organização da Administração Federal, diz que a ela compreende a administração direta e a administração indireta.

No Estado de São Paulo temos o Decreto-lei Complementar nº 7, de 6 de novembro de 1969, que dispõe sobre a Organização da Administração Estadual, e diz que é compreendida pela administração centralizada e a administração descentralizada.

Existe, entre os termos *administração direta*, mencionado na legislação federal, e *administração centralizada*, mencionado na legislação do Estado de São Paulo, a identificação de um mesmo objetivo, qual seja, o de determinar o chefe do Executivo e a estrutura que se lhe integra de forma hierárquica, pelos órgãos que lhes são próprios, Ministérios e Secretarias de Estado, respectivamente, no âmbito federal e estadual.

A mesma intenção é verificada quanto aos termos *administração indireta*, mencionado na legislação federal, e *administração descentralizada*, mencionado na legislação do Estado de São Paulo, onde o objetivo identifica-se na criação ou autorização de entidades, onde o Estado lhes transfere uma atividade administrativa caracterizada como serviço público ou serviço de interesse público.

3.2.1 Administração direta ou centralizada

A administração direta ou centralizada é a constituída dos serviços integrados na estrutura administrativa da Presidência da República e dos Ministérios, no âmbito federal, e do Gabinete do Governador e Secretarias de Estado, no âmbito estadual, e, na administração municipal, deve seguir estrutura semelhante.

Conforme se observa, administração direta ou centralizada é aquela que se encontra integrada e ligada, na estrutura organizacional, diretamente ao chefe do Poder Executivo.

Os serviços prestados pela administração direta ou centralizada, embora sejam serviços cuja competência para decidir sobre eles esteja distribuída entre diferentes unidades, estas, graças à relação hierárquica, prendem-se sempre às unidades superiores num afunilamento crescente e contínuo, chegando, como estreitamento final, sob o comando último do Chefe do Executivo.[19]

---

[19] MELLO, Celso Antonio Bandeira de. *Prestação de serviços públicos e administração indireta*. São Paulo: Revista dos Tribunais, 1979.

A administração direta ou centralizada, portanto, tem a estrutura de uma pirâmide, e no seu ponto mais alto encontra-se a Presidência[20] – no âmbito federal – que do topo dirige todos os serviços.

3.2.2 Administração indireta ou descentralizada

A administração indireta ou descentralizada é aquela atividade administrativa, caracterizada como serviço público ou de interesse público, transferida ou deslocada do Estado, para outra entidade por ele criada ou cuja criação é por ele autorizada.

Na administração indireta ou descentralizada, portanto, o desempenho da atividade pública é exercido de forma descentralizada, por outras pessoas jurídicas de direito público ou privado, que, no caso, proporcionarão ao Estado a satisfação de seus fins administrativos.

A legislação existente que dispõe sobre a administração indireta (Decreto-lei federal nº 200/67, alterado pelo Decreto-lei federal nº 900/69) e a descentralizada (Decreto-lei complementar do Estado de São Paulo nº 7/69), contempla uma série de entidades, quer de direito público (autarquias), quer de direito privado (empresas públicas, sociedades de economia mista e fundações), através das quais o Estado pode descentralizar os serviços públicos ou de interesse público.

3.3 Entidades que compõem a administração indireta ou descentralizada

Dentre as entidades que compõem a chamada administração indireta ou descentralizada, o Estado pode utilizar-se de instituições com personalidade jurídica de direito público ou de direito privado, dependendo dos serviços que pretende transferir, quer por força de contingência ou de conveniência administrativa.

As entidades de personalidade jurídica de direito público podem ser constituídas para execução de atividades típicas da Administração Pública, ou seja, atividades estatais específicas.

Por sua vez, as entidades de personalidade jurídica de direito privado, também chamadas *entidades paraestatais*, por estarem ao lado do Estado, geralmente podem ser constituídas ou autorizadas para a execução de atividades de interesse público, mas dificilmente, para serviço privativo do Estado, pela sua própria natureza.

3.3.1 Autarquias

Autarquia é a forma de descentralização administrativa, através da personificação de um serviço retirado da administração centralizada e, por essa razão, à autarquia só deve

---

[20] Na área federal, o chefe do Executivo é o presidente da República, na área estadual o governador do Estado, e na área municipal, o prefeito municipal.

ser outorgado serviço público típico e não atividades industriais ou econômicas, ainda que de interesse coletivo.

À autarquia, geralmente, são indicados serviços que requeiram maior especialização e, consequentemente, organização adequada, autonomia de gestão e pessoal técnico especializado.

I – Conceito

Autarquia é o serviço autônomo, criado por lei, com personalidade de direito público interno, com patrimônio e receita próprios, para executar atividades típicas da administração pública, ou seja, atribuições estatais específicas.

Por ser entidade com personalidade de direito público interno, a autarquia recebe a execução de serviço público por transferência, não agindo por delegação, e sim por direito próprio e com autoridade pública, da competência que lhe for outorgada pela lei que a cria. Daí por que dizer-se que, embora seja uma forma de descentralização administrativa, a autarquia integra o organismo estatal, está no Estado, é um prolongamento do Estado, não é outra coisa senão uma forma específica da capacidade de direito público, própria daqueles sujeitos auxiliares do Estado, que exercem função pública por um interesse próprio que seja igualmente público.[21]

II – Características

As principais características das autarquias podem ser descritas da seguinte forma:

a) a sua criação é feita por lei, mas a organização e regulamentação se fazem por decreto;

b) o patrimônio inicial da autarquia é oriundo da entidade estatal a que se vincula;

c) seus bens e rendas constituem patrimônio próprio (público);

d) o orçamento é idêntico ao das entidades estatais, obedecido o disposto nos arts. 107 a 110 da Lei nº 4.320/64;

e) os atos dos seus dirigentes equiparam-se aos atos administrativos e, portanto, sujeitos a mandado de segurança e a ação popular;

f) as despesas relativas a compras, serviços e obras estão sujeitas às normas de licitação;

g) o pessoal sujeita-se a regime estatutário próprio ou pode adotar o regime de funcionários ou servidores públicos, ou ainda a Consolidação das Leis Trabalhistas; entretanto, seus atos para efeito criminal equiparam-se aos praticados por funcionários públicos;

---

[21] LENTINI, Arturo. *Instituzioni di diritto amministrativo*. Milão, 1939.

h) está sujeita ao controle de vigilância, orientação e correção que a entidade estatal a que está vinculada exerce sobre os atos e conduta dos dirigentes, bem como ao controle financeiro, que se opera nos mesmos moldes da Administração Direta, inclusive pelo Egrégio Tribunal de Contas; e

i) adquirem os privilégios tributários e prerrogativas dos entes estatais, além de outros que lhe forem conferidos na lei.[22]

Sendo a autarquia serviço público descentralizado, personalizado e autônomo, não se acha integrada na estrutura orgânica do Executivo, nem hierarquizada a qualquer unidade administrativa, mas vincula-se à Administração Direta, compondo o que se chamou de Administração Indireta ou Descentralizada, com outras entidades autônomas. Daí por que não se sujeita hierarquicamente ao órgão estatal a que está vinculada, porém deve fornecer esclarecimentos quanto aos objetivos e fins, para adequar-se às normas regulamentares e ao plano global de Governo.

E, finalizando, devemos esclarecer que os orçamentos das autarquias, conquanto devam ser idênticos aos das estatais, consoante o disposto nos arts. 107 a 110 da Lei nº 4.320/64, o são em seus aspectos formais e de obediência às normas regulamentares; entretanto, uma vez adequados ao Plano Geral do Governo, são por ele aprovados mediante a edição de decreto, onde são discriminadas as tabelas explicativas da receita e da despesa.

3.3.2 Entidades paraestatais

O significado da palavra *paraestatal* indica que se trata de ente disposto paralelamente ao Estado, ao lado do Estado, para executar atividades de interesse do Estado, mas não privativo do Estado.

A entidade paraestatal é de caráter quase público, pois não exerce serviços públicos, mas serviços de interesse público, reconhecidos ou organizados pelo Estado e entregues a uma administração privada, que, se não é desmembramento do Estado, não goza de privilégios estatais, salvo quando concedidos expressamente em lei.

Às entidades paraestatais podem ser conferidas prerrogativas estatais, como por exemplo a arrecadação de taxas ou contribuições parafiscais, destinadas à manutenção de seus serviços.

A competência para instituir entidades paraestatais é ampla, cabendo à União, aos Estados-membros e aos Municípios o direito de descentralizar seus serviços de interesse coletivo, através da criação de qualquer de suas formas.

Desde que o ente paraestatal receba e passe a gerir dinheiro público, deve ficar sujeito à prestação de contas ao órgão competente da entidade estatal a que esteja vinculado, à qual incumbe, também, cuidar do controle e supervisão de suas atividades.

---

[22] MEIRELLES, Hely Lopes. Idem nota 1.

I – Conceito

Entidades paraestatais são pessoas jurídicas de direito privado, cuja criação é autorizada por lei, com patrimônio público ou misto, para a realização de atividades, obras ou serviços de interesse coletivo, sob normas e controle do Estado.

Regem-se por estatutos ou contratos sociais registrados nas repartições competentes – Junta Comercial ou Registro Civil –, segundo a natureza e os objetivos de suas atividades.

Ressalte-se que, do ponto de vista de enquadramento no entendimento de administração indireta ou descentralizada, existem algumas formas de constituição de entidades paraestatais, como tais configuradas, quais sejam:

- Empresas Públicas.
- Sociedades de Economia Mista.
- Fundações.

Deve-se ressalvar, quanto às Fundações, o fato de a legislação federal tê-las reincluído na administração indireta e de a legislação do Estado de São Paulo tê-las incluído como entidade da administração descentralizada. É o fato de serem todas instituídas por iniciativa do Poder Público que as coloca como integrantes da Administração Pública Indireta ou Descentralizada.

Entretanto, outras formas de entidades paraestatais existem cujas constituições são autorizadas, por intermédio de lei, denominadas Serviços Sociais Autônomos, sem fins lucrativos, mas, em virtude do interesse coletivo dos serviços que prestam, o poder público as autoriza e as ampara, através de dotações orçamentárias ou contribuições parafiscais.

II – Características Gerais

As características gerais das entidades paraestatais consubstanciam-se no seguinte:

1. a organização depende de autorização legislativa, mas obedece às normas das pessoas jurídicas de direito privado;
2. regem-se por seus estatutos ou contratos sociais, registrados na Junta Comercial ou Registro Civil, conforme a natureza dos seus objetivos;
3. o patrimônio dessas entidades pode ser constituído por recursos do poder público, de particulares, ou por ambos os recursos conjugados;
4. a administração de tais entidades varia conforme o tipo e modalidade que a lei determinar, sendo possível a direção unipessoal ou colegiada, com ou sem elementos do Estado;
5. possuem autonomia administrativa e financeira, e são apenas supervisionadas pela entidade estatal a que estiverem vinculadas, através da ação de orientação, coordenação e controle, para ajustar-se ao Plano Geral de Governo;

6. não possuem privilégios tributários ou processuais, a não ser que sejam especialmente concedidos por lei;

7. a realização de despesas com compras, serviços ou obras sujeita-se a sistema licitatório especial, através da edição de regulamentos próprios, devidamente publicados, com procedimentos seletivos simplificados e observância dos princípios básicos da licitação estabelecida para as entidades públicas;

8. o pessoal sujeita-se ao regime da Consolidação das Leis do Trabalho; os atos dos empregados, para fins criminais, por determinação do Código Penal, equiparam-se aos de funcionários públicos, e os dos dirigentes são equiparados a atos de autoridade e sujeitos a mandado de segurança e a ação popular.

As entidades paraestatais, como se verifica, são entidades de personalidade de direito privado, com finalidade de executar atividades de interesse ou utilidade pública, que tanto podem ser atividades econômicas com fins lucrativos, como podem perseguir fins não lucrativos e para tanto deverá ser escolhida a estrutura e organização adequadas a cada finalidade.

3.3.2.1 Empresas públicas

Entidade dotada de personalidade jurídica de direito privado, com patrimônio próprio e capital exclusivamente governamental, criação autorizada por lei, para exploração de atividade econômica ou industrial, que o governo seja levado a exercer por força de contingência ou conveniência administrativa.

É uma empresa, mas uma empresa estatal por excelência, e suas atividades regem-se pelos preceitos comerciais, constituída, organizada e controlada pelo poder público, e por este através da entidade a que estiver vinculada, supervisionada, com a finalidade de ajustar-se ao Plano Geral de Governo.

A existência da empresa pública depende do Estado, que a institui e, precisamente, em virtude dessa instituição, introduz no setor de economia pública uma estrutura descentralizada. A conservação dessa descentralização supõe o respeito à autonomia da empresa pública, isto é, que não seja colocada sob autoridade hierárquica de órgãos do Estado.

A característica específica das empresas públicas é o seu capital, exclusivamente público, de uma só ou de várias entidades, mas sempre governamental. As demais características gerais, já descritas para as entidades paraestatais, como é óbvio, aplicam-se a este tipo de empresa.

3.3.2.2 Sociedades de economia mista

Entidade dotada de personalidade jurídica de direito privado, com patrimônio próprio, criação autorizada por lei para a exploração de atividade econômica ou serviço, com participação do poder público e de particulares no seu capital e na sua administração.

Embora o conceito seja de participação governamental e de particulares, na constituição do seu capital o Decreto-lei nº 900/1969 diz que as ações com direito a voto pertencem em sua maioria à União ou a entidades da administração indireta.

Como pessoa jurídica privada, a sociedade de economia mista deve realizar atividades de utilidade pública, de natureza técnica, industrial ou econômica, outorgada pelo Estado a uma organização empresarial privada, com a sua participação no capital e na direção, tornando-a mista, incentivando desta forma atividades úteis ao público em geral, nos setores em que a sua atuação direta seria desaconselhável.

São espécie do gênero paraestatal, porque dependem do Estado para a sua criação e integram a Administração Indireta ou Descentralizada, como instrumentos de descentralização de serviços, que antes competiam ao poder público.

A principal característica das Sociedades de Economia Mista é a participação governamental e particular na constituição do seu capital, onde se conciliam os objetivos de interesse público com a estrutura das empresas privadas. As demais características gerais já descritas para as entidades paraestatais, é evidente, aplicam-se também a estas entidades.

3.3.2.3 Fundações

As fundações instituídas pelo poder público são dotadas de personalidade jurídica de direito privado, com patrimônio próprio, criação autorizada por lei, escritura pública e estatuto registrado e inscrito no Registro Civil das Pessoas Jurídicas, com objetivos de interesse coletivo, com a personificação de bens públicos, sob o amparo e controle permanente do Estado.

Aliás, o Código Civil (Lei nº 10.406, de 10 de janeiro de 2002), no parágrafo único do art. 62, alterado pela Lei nº 13.151, de 28 de julho de 2015, diz: "a fundação somente poderá constituir-se para fins de:

I – assistência social;

II – cultura, defesa e conservação do patrimônio histórico e artístico;

III – educação;

IV – saúde;

V – segurança alimentar e nutricional;

VI – defesa, preservação e conservação do meio ambiente e promoção do desenvolvimento sustentável;

VII – pesquisa científica, desenvolvimento de tecnologias alternativas, modernização de sistemas de gestão, produção e divulgação de informações e procedimentos técnicos e científicos;

VIII – promoção da ética, da cidadania, da democracia e dos direitos humanos; e,

IX – atividades religiosas.

A fundação instituída pelo poder público é uma entidade paraestatal, embora constituída para prestar serviço de utilidade pública, não perde a sua característica privada, mas se coloca como ente auxiliar do Estado, e deste recebe recursos para a consecução de seus fins estatutários. Assim, as fundações não dispensam a fiscalização institucional do Ministério Público, que velará pela observância de seus Estatutos e denunciará as irregularidades ao órgão estatal a que estiver vinculada. Por receberem contribuições públicas, deverão prestar contas da gestão financeira ao órgão estatal incumbido dessa fiscalização, qual seja, o Egrégio Tribunal de Contas.

Neste particular, as fundações que haviam sido excluídas da administração indireta pelo Decreto-lei nº 900/69, foram reincluídas por força da Lei Federal nº 7.596/87; são compreendidas como *Fundações Públicas* e, no Estado de São Paulo, integram a administração descentralizada, consoante o Decreto-lei Complementar nº 7/69, e vinculam-se e colocam-se sob supervisão do Ministério em cuja área de competência estiver enquadrada sua principal atividade; portanto, são entidades paraestatais do tipo *cooperação*.

As demais características gerais dos entes paraestatais, antes descritas, também se aplicam às fundações instituídas pelo poder público.

3.3.2.4 *Serviços sociais autônomos*

Serviços Sociais Autônomos são aqueles autorizados por lei, com personalidade de direito privado, com patrimônio próprio e administração particular, com finalidade específica de assistência ou ensino a certas categorias sociais ou determinadas categorias profissionais, sem fins lucrativos.

Os Serviços Sociais Autônomos são entes paraestatais, de cooperação com o poder público, e sua forma de instituição particular pode ser Fundação, Sociedade Civil ou Associação. Embora entidades paraestatais, oficializadas pelo Estado, os Serviços Sociais Autônomos não fazem parte integrante da Administração Indireta ou Descentralizada, mas trabalham ao lado do Estado, e em virtude do interesse coletivo dos serviços que prestam, o poder público as autoriza e as ampara, através de dotações orçamentárias ou contribuições parafiscais, para a sua manutenção.

Como entidades paraestatais que recebem dinheiro público, sujeitam-se a prestação de contas ao órgão estatal a que estejam vinculadas e por ele são supervisionadas.

Os Serviços Sociais Autônomos organizam-se nos moldes das empresas privadas; compõem suas diretorias sem ingerência estatal; administram o seu patrimônio e aplicam as suas rendas livremente; e não possuem fins lucrativos. Estas são as características principais dos Serviços Sociais Autônomos que, como são entes de cooperação, e, portanto, paraestatais, também se lhes aplicam as características gerais descritas para esse tipo de entidades.

Em seguida, relacionamos alguns exemplos de entidades de cooperação, compreendidos entre os Serviços Sociais Autônomos:

SESI – Serviço Social da Indústria
SESC – Serviço Social do Comércio
SENAI – Serviço Nacional de Aprendizagem Industrial
SENAC – Serviço Nacional de Aprendizagem Comercial
SEBRAE – Serviço Brasileiro de Apoio às Micro e Pequenas Empresas
APS – Associação das Pioneiras Sociais

3.3.3 Análise comparativa

Preliminarmente, procuramos ordenar os assuntos dentro de uma forma sequencial lógica, destacando-se em primeiro plano o Serviço Público, onde a nossa intenção é esclarecer, deixando bem transparente que a sua organização compete ao poder público, porém a sua prestação, não necessariamente, cabe às entidades públicas.

Em seguida, apresentamos a estrutura da Administração Pública, onde fica bem demonstrada a existência de entidades de direito público interno, que são as administrações diretas ou centralizadas, e as autarquias, que pertencem ao grupo das entidades que compõem a administração indireta ou descentralizada, juntamente com as entidades de direito privado denominadas "paraestatais", que o poder público cria ou autoriza, mediante autorização legislativa, para executarem atividades de interesse do Estado.

Em termos comparativos, podemos observar que os chamados serviços privativos do Estado são prestados diretamente pelo Estado, e à sua administração cabe, basicamente, a estrutura administrativa compreendida na administração centralizada ou direta, pois são serviços que devem ser prestados exclusivamente pelo Estado. Se verificarmos os tipos de serviços que são privativos do Estado, como o poder de polícia e segurança pública, podemos inferir que tais prestações de serviços somente poderão ser feitas pela administração direta ou centralizada, ou seja, sob a subordinação direta ou centralizada do Poder Executivo, por sua característica de poder exigir medidas compulsórias em relação aos indivíduos.

Já para os demais serviços, em virtude de não serem privativos do Estado, pode a administração se valer da contribuição de outras entidades para a sua consecução.

Quando o serviço público típico possui como característica maior grau de especialização, a sua prestação é mais bem atendida por uma organização adequada configurada na Autarquia, que é um serviço autônomo, criado por lei, onde o poder público lhe transfere a prestação do serviço. Ainda convém ressaltar que a autarquia é uma entidade de direito público; aliás, a única que não se encontra subordinada diretamente ao Poder Executivo, criada por ele para ser um prolongamento do Estado.

Existem, também, determinados serviços que a Administração organiza, mas confia a sua prestação a pessoas físicas ou jurídicas de caráter privado, através de delegação, sob condições fixadas por ela, que são chamados Serviços de Utilidade Pública, e prestados por Concessão ou Permissão. Por serem serviços de interesse coletivo prestados por particulares, passam a denominar-se de Utilidade Pública, e como é óbvio, não vamos encontrar na estrutura da administração pública o órgão correspondente, uma vez que o executor dos serviços é particular.

Na prestação de serviço mista, vamos encontrar uma situação dicotômica ou ambígua, em vista de envolver entidades da administração pública e, também, entidades particulares. O que desejamos deixar bem claro é que, quando a prestação do serviço envolver uma entidade pública, esta poderá estar na administração direta ou centralizada, como também poderá estar na administração indireta ou descentralizada, pois não se tratará de um serviço privativo do Estado. Exemplificando, podemos mencionar que a Educação pode ser ministrada pela administração direta ou centralizada – Secretaria da Educação, quando relativa ao ensino de 1º e 2º graus – e, também, pelas entidades da administração indireta ou descentralizada – Autarquia (Universidades Estatais) quando relativa ao ensino de 3º grau –, assim como por entidades paraestatais – Fundações de Ensino instituídas pelo poder público, quando relativa a cursos profissionalizantes, de treinamento e aperfeiçoamento e outros.

Todavia, como a educação pode ser ministrada também pela iniciativa privada, sem necessidade de delegação, quando isto ocorrer, estaremos diante de um serviço privado e, portanto, não inserido na administração pública.

Destarte, feita a análise comparativa entre as diversas formas de prestação dos diversos serviços públicos, relacionados com as respectivas entidades componentes da estrutura organizacional pública, direta ou centralizada e indireta ou descentralizada, ou ainda com as entidades da iniciativa privada, devemos procurar, através de uma abordagem objetiva, vincular as entidades da administração pública, obrigadas à prática da Contabilidade Pública, em toda a sua plenitude e essência, e as que não devem praticá-la, obrigatoriamente, ou apenas praticar parte de seus preceitos.

Assim é que devem, obrigatoriamente, praticar a Contabilidade Pública as entidades que compõem a chamada administração direta ou centralizada, como sejam: o gabinete da Presidência da República e os Ministérios, em nível federal; o gabinete do Governador e as secretarias de Estado, em nível estadual; e o gabinete dos Prefeitos e as secretarias ou Diretorias, dependendo da organização de cada Município, em nível municipal; bem como toda a estrutura administrativa a eles subordinada.

Outrossim, a obrigatoriedade se estende às autarquias, que são as únicas entidades da administração indireta ou descentralizada regidas pelo direito público.

As demais entidades que compõem a administração indireta ou descentralizada, denominadas paraestatais por serem criadas para executar atividades de interesse coletivo sob normas e controle do Estado, mas instituídas com base no direito privado não devem, obrigatoriamente, por isso, praticar a Contabilidade Pública. Entretanto, algumas há, como é o caso das Fundações,[23] que a utilizam em vista dos controles eficientes que propicia.

Por último, de qualquer forma, as entidades da administração indireta ou descentralizada, criadas ou instituídas pelo poder público, chamadas paraestatais, por receberem ou passarem a gerir recursos financeiros provenientes do Tesouro Público, devem ficar sujeitas à prestação de contas ao órgão competente da entidade estatal a que estiverem vinculadas legalmente, e também ao Tribunal de Contas, principalmente quando se tratar de contribuições.

---

[23] Muita celeuma tem surgido com respeito às *Fundações Públicas*, em alguns casos, sendo objeto de textos que as enquadram como instituições de direito público. Para melhor esclarecer o assunto, a seguir vamos descrever dispositivos da Lei Federal nº 7.596, de 10 de abril de 1987, que altera o Decreto-lei nº 200/67, introduzindo no seu artigo 5º, o inciso IV e o § 3º, nos seguintes termos:

"IV – Fundação Pública – entidade dotada de personalidade jurídica de direito privado, sem fins lucrativos, criada em virtude de autorização legislativa, para o desenvolvimento de atividades que não exijam execução por órgãos ou entidades de direito público, com autonomia administrativa, patrimônio próprio gerido pelos respectivos órgãos de direção, e funcionamento custeado por recursos da União e de outras fontes.

....

§ 3º As entidades de que trata o inciso IV deste artigo adquirem personalidade jurídica com a inscrição da escritura pública de sua constituição no Registro Civil das Pessoas Jurídicas, não se lhes aplicando as demais disposições do Código Civil concernentes às fundações."

Portanto, fica explícito que, em razão de serem as Fundações Públicas entidades dotadas de personalidade jurídica de direito privado, inscritas no Registro Civil das Pessoas Jurídicas, não devem, obrigatoriamente, praticar a Contabilidade Pública.

3

Contabilidade Pública

1 Conceito

A Contabilidade é uma ciência que foi alvo de conceituação por diversas escolas, como as que defendem o Contismo, o Personalismo, o Controlismo, o Aziendalismo e o Patrimonialismo, porém a que o professor Frederico Herrmann Júnior apresentou, complementando a exposta por Vicenzo Masi, da corrente patrimonialista, dentre outras, nos parece ser uma das mais importantes.

Segundo Vicenzo Masi, o conceito de contabilidade é o seguinte:

> "Contabilidade é a ciência que estuda o patrimônio à disposição das *Aziendas*."[1]

A complementação apresentada por Frederico Herrmann Júnior contém a seguinte conceituação:

> "Contabilidade é a ciência que estuda o patrimônio à disposição das aziendas, em seus aspectos estáticos e em suas variações, para enunciar, por meio de fórmulas racionalmente deduzidas, os efeitos da administração sobre a formação e a distribuição dos **réditos**."[2]

---

[1] Azienda – entidade que se caracteriza pela autonomia administrativa, financeira e contábil, que se movimenta aparentemente como entidade personalizada, sem, entretanto, constituir autarquia e não estar separada da entidade administrativa a que pertence.

[2] Rédito – rendimento ou produto do capital ou do trabalho. Lucro.

Entende-se, nos tempos atuais, a Contabilidade como uma técnica capaz de produzir, com oportunidade e fidedignidade, relatórios que sirvam à administração no processo de tomada de decisões e de controle de seus atos, demonstrando, por fim, os efeitos produzidos por esses atos de gestão no patrimônio da entidade.

A Contabilidade Pública, como uma das divisões da Ciência Contábil, obviamente, recebeu conceituações diversas dessas mesmas escolas; entretanto, sendo possuidora de características especiais, que devem ser observadas e controladas, mereceu um estudo da Divisão de Inspeção da Contabilidade – Contadoria Central do Estado, em 1954, tendo chegado à seguinte conceituação:

> "É o ramo da contabilidade que estuda, orienta, controla e demonstra a organização e execução da Fazenda Pública; o patrimônio público e suas variações."

Como procuraremos demonstrar, esse conceito, feito de forma abrangente, ainda está perfeitamente adequado e atende plenamente às normas legais vigentes, e o atingimento desses objetivos é feito pela utilização de contas, através das quais são escriturados os atos e os fatos administrativos.

Através das contas, a contabilidade faz evidenciar a "situação de todos quantos, de qualquer modo, arrecadem receitas, efetuem despesas, administrem ou guardem bens pertencentes ou confiados à Fazenda Pública".[3]

Portanto, a contabilidade serve-se das contas para os registros, os controles e as análises de fatos administrativos ocorridos na Administração Pública e "a escrituração contábil das operações financeiras e patrimoniais efetuar-se-á pelo método das partidas dobradas".[4]

O método das partidas dobradas foi criado pelo frei Luca Pacioli, em 1494, através da obra "Summa Aritmetica", e baseia-se no princípio de que haja pelo menos uma conta devedora em contrapartida com uma ou mais contas credoras. Ou, o inverso, uma ou mais contas devedoras em contrapartida com pelo menos uma conta credora.

2 Campo de atuação

A Contabilidade Pública é um dos ramos mais complexos da ciência contábil e tem por objetivo captar, registrar, acumular, resumir e interpretar os fenômenos que afetam as situações orçamentárias, financeiras e patrimoniais das entidades de direito público interno, ou seja, a União, Estados, Distrito Federal e Municípios, através de metodologia especialmente concebida para tal, que se utiliza de contas escrituradas segundo normas específicas que constituem o Sistema Contábil Público.

---

[3] Artigo 83, da Lei Federal nº 4.320/64.

[4] Artigo 86, idem.

"O Sistema Contábil[5] é a estrutura de informações para identificação, mensuração, avaliação, registro, controle e evidenciação dos atos e dos fatos da gestão do patrimônio público, com o objetivo de orientar o processo de decisão, a prestação de contas e a instrumentalização do controle social."

Esse sistema é organizado em subsistemas de informações, que oferecem produtos diferentes em razão das especificidades demandadas pelos usuários e facilitam a extração de informações.

Conforme as Normas Brasileiras de Contabilidade Aplicadas ao Setor Público, o sistema contábil público estrutura-se nos seguintes subsistemas:

2.1 Subsistema de Informações Orçamentárias

Registra, processa e evidencia os atos e os fatos relacionados ao planejamento e à execução orçamentária, tais como:

I – orçamento;

II – programação e execução orçamentária;

III – alterações Orçamentárias; e

IV – resultado Orçamentário.

2.2 Subsistema de Informações Patrimoniais

Registra, processa e evidencia os fatos financeiros e não financeiros relacionados com as variações do patrimônio público, subsidiando a administração com informações, tais como:

I – alterações nos elementos patrimoniais;

II – resultado econômico;

III – resultado nominal.

2.3 Subsistema de Compensação

Registra, processa e evidencia os atos de gestão cujos efeitos possam produzir modificações no patrimônio da entidade do setor público, bem como aqueles com funções específicas de controle, subsidiando a administração com informações, tais como:

---

[5] Deve-se entender por Sistema Contábil o Sistema Contábil Brasileiro.

I – alterações potenciais nos elementos patrimoniais; e

II – acordos, garantias e responsabilidades.

2.4 Considerações

Os subsistemas contábeis devem ser integrados entre si e a outros subsistemas de informações de modo a subsidiar a administração pública sobre:

a) o desempenho da unidade contábil no cumprimento da sua missão;

b) a avaliação dos resultados obtidos na execução dos programas de trabalho com relação à economicidade, à eficiência, à eficácia e à efetividade;

c) a avaliação das metas estabelecidas pelo planejamento; e

d) a avaliação dos riscos e das contingências.

"O conhecimento do conceito do sistema contábil e de seus subsistemas, apesar de essencialmente teórico, facilita o pleno entendimento da estrutura e funcionamento do Plano de Contas Aplicado ao Setor Público."[6]

Conforme se observa, o Sistema Contábil Público brasileiro está intimamente ligado ao Plano de Contas Aplicado ao Setor Público.

A Secretaria do Tesouro Nacional do Ministério da Fazenda (STN/MF) e a Secretaria de Orçamento Federal do Ministério do Planejamento, Orçamento e Gestão (SOF/MP) editaram a aprovação do instrumento do Manual de Contabilidade Aplicada ao Setor Público, Parte I – Procedimentos Contábeis Orçamentários, norma geral que diz: "A contabilidade no âmbito da União, dos Estados, do Distrito Federal e dos Municípios, observará as orientações contidas na Parte I – Procedimentos Contábeis Orçamentários, sem prejuízo do atendimento dos instrumentos normativos vigentes".

A STN/SOF, ao aprovarem a Parte I – Procedimentos Contábeis Orçamentários, observa-se, em princípio, forte motivação objetivada pela necessidade de normatizar a padronização dos procedimentos relativos à receita e à despesa orçamentárias.

A Secretaria do Tesouro Nacional editou, também, através do Manual de Contabilidade Aplicada ao Setor Público os seguintes instrumentos:

"Parte II – Procedimentos Contábeis Patrimoniais;

Parte III – Procedimentos Contábeis Específicos;

Parte IV – Plano de Contas Aplicado ao Setor Público;

---

[6] *Manual de Contabilidade Aplicada ao Setor Público*, in: Parte IV – Plano de Contas Aplicado ao Setor Público.

Parte V – Demonstrações Contábeis Aplicadas ao Setor Público;

Parte VI – Perguntas e Respostas; e

Parte VII – Exercício Prático."

O Manual de Contabilidade Aplicada ao Setor Público, tem por finalidade:

"A Parte II – Procedimentos Contábeis Patrimoniais, aborda os aspectos relacionados ao reconhecimento, mensuração, registro, apuração, avaliação e controle do patrimônio público, adequando-os aos dispositivos legais vigentes e aos padrões internacionais de contabilidade do setor público."

"As variações patrimoniais serão reconhecidas pelo regime de competência patrimonial, visando garantir o reconhecimento de todos os ativos e passivos das entidades que integram o setor público, conduzir a contabilidade do setor público brasileiro aos padrões internacionais e ampliar a transparência sobre as contas públicas."

"A Parte III – Procedimentos Contábeis Específicos, padroniza os conceitos e procedimentos contábeis relativos ao Fundeb, às Parcerias Público-Privadas, às Operações de Crédito, ao Regime Próprio de Previdência Social, à Dívida Ativa e a outros procedimentos de que trata."

"A Parte IV – Plano de Contas Aplicado ao Setor Público, padroniza o plano de contas do setor público em âmbito nacional, adequando-o aos dispositivos legais vigentes e aos padrões internacionais de contabilidade do setor público".

"A Parte V – Demonstrações Contábeis Aplicadas ao Setor Público, padroniza as demonstrações contábeis a serem apresentadas pelos entes na divulgação das contas anuais."

3 Abrangência

Convém ainda uma vez ressaltar que a Contabilidade Pública utiliza-se dessa metodologia especial de escrituração e, pela aplicação da Lei nº 4.320, de 17-3-1964, que estatui normas gerais de direito financeiro para elaboração e controle dos orçamentos e balanços da União, dos Estados, dos Municípios e do Distrito Federal, a sua abrangência atendendo aos dispositivos legais nela contidos, aliás, como descrito na sua ementa, é que seja praticada pelas entidades públicas, ou seja, aquelas de direito público interno, como a União, os Estados, os Municípios e o Distrito Federal.

E também a Lei Complementar nº 101, de 4-5-2000, que estabelece normas de finanças públicas voltadas para a responsabilidade na gestão fiscal e dá outras providências, diz no § 2º do art. 1º: "As disposições desta Lei complementar obrigam a União, os Estados, o Distrito Federal e os Municípios."

Porém, a Lei Complementar nº 101, no § 3º , desse art. 1º diz:

"§ 3º Nas referências:

I – à União, aos Estados, ao Distrito Federal e aos Municípios, estão compreendidos:

a) o Poder Executivo, o Poder Legislativo, neste abrangidos os Tribunais de Contas, o Poder Judiciário e o Ministério Público;

b) as respectivas administrações diretas, fundos, autarquias, fundações e empresas estatais dependentes;

c) a Estados entende-se considerado o Distrito Federal;

d) a Tribunais de Contas estão incluídos: Tribunal de Contas da União, Tribunal de Contas do Estado e, quando houver, Tribunal de Contas dos Municípios e Tribunal de Contas do Município."

Observa-se por esses dispositivos da Lei Complementar nº 101, de 4-5-2000, que a abrangência foi estendida, com a inclusão da obrigatoriedade de utilização das normas, também pelas autarquias, fundações e empresas estatais dependentes, portanto, além das entidades de direito público interno, como a União, os Estados, o Distrito Federal e os Municípios, foram incluídas as entidades da administração indireta, ainda que de direito privado, mas, que recebam recursos financeiros do Tesouro necessários à sua manutenção e funcionamento.

Aliás, a Lei Complementar nº 101, de 4-5-2000, que estabelece normas de finanças públicas voltadas para a responsabilidade na gestão fiscal e dá outras providências, na realidade, atende ao disposto na Constituição Federal, que em seu art. 163 diz:

"Lei complementar disporá sobre:

I – finanças públicas;

II – dívida pública externa e interna, incluída a das autarquias, fundações e demais entidades controladas pelo Poder Público;

III – concessão de garantias pelas entidades públicas;

IV – emissão e resgate de títulos da dívida pública;

V – fiscalização financeira da administração pública direta e indireta;

VI – operações de câmbio realizadas por órgãos e entidades da União, dos Estados, do Distrito Federal e dos Municípios;

VII – compatibilização das funções das instituições oficiais de crédito da União, resguardadas as características e condições operacionais plenas das voltadas ao desenvolvimento regional."

Como se observa, a Lei de Responsabilidade Fiscal teve a finalidade de regulamentar uma série de questões relacionadas à administração pública brasileira e para assegurar à sociedade que, a partir de sua vigência, os Poderes da União, dos Estados, do Distrito Federal e dos Municípios, estão obrigados a cumprir todas as suas disposições.

E, consoante o disposto no § 2º do art. 50, a Lei de Responsabilidade Fiscal, diz:

> "A edição de normas gerais para consolidação das contas públicas caberá ao órgão central de contabilidade da União, enquanto não for implantado o conselho de que trata o art. 67."

Por outro lado, deve-se ressaltar a competência que foi concedida à Secretaria de Orçamento Federal do Ministério do Planejamento, Orçamento e Gestão, para estabelecer a classificação da receita e da despesa.

Observa-se que as normas gerais relativas ao Manual de Contabilidade Aplicada ao Setor Público, dependendo dos assuntos, poderá ser editada pela Secretaria do Tesouro Nacional do Ministério da Fazenda (STN/MF), naquilo que for de sua competência e, à Secretaria de Orçamento Federal (SOF/MPOG), quando se referir à receita e despesa orçamentárias e, também, poderá ser feita, quando necessário, através de edição de Portarias Conjuntas com a participação da STN/MF e SOF/MPOG.

A Secretaria do Tesouro Nacional do Ministério da Fazenda, na condição de órgão central do Sistema de Contabilidade Federal, cumprindo sua competência, vem desde o ano de 2001, editando as normas gerais para consolidação das contas públicas, com a seguinte diretriz:

> "a) padronizar os procedimentos contábeis nos três níveis de governo, com o objetivo de orientar e dar apoio à gestão patrimonial na forma estabelecida na Lei Complementar nº 101, de 4 de maio de 2000, Lei de Responsabilidade Fiscal;
>
> b) elaborar demonstrações contábeis consolidadas e padronizadas com base no Plano de Contas Aplicado ao Setor Público, a ser utilizado por todos os entes da Federação;
>
> c) instituir instrumento eficiente de orientação comum aos gestores nos três níveis de governo, mediante consolidação de conceitos, regras e procedimentos de reconhecimento e apropriação contábil de operações típicas do setor público dentre os quais se destacam aquelas relativas às Operações de Crédito, à Dívida Ativa, às Parcerias Público-Privadas (PPP), ao Regime Próprio de Previdência Social (RPS), e ao Fundo de Manutenção e Desenvolvimento da Educação Básica e de Valorização dos Profissionais da Educação (Fundeb)."

A contabilidade, no âmbito da União, dos Estados, do Distrito Federal e dos Municípios, atenderá ao disposto no Manual de Contabilidade Aplicado ao Setor Público, consoante se vê das normas da STN, que diz:

Contabilidade Pública **31**

"O campo de aplicação do Plano de Contas Aplicado ao Setor Público abrange todas as entidades governamentais, exceto as estatais independentes, cuja utilização é facultativa.

O Plano de Contas Aplicado ao Setor Público (PCASP) deve ser utilizado por todos os Poderes de cada ente da Federação, seus fundos, órgãos e autarquias, inclusive especiais, e fundações instituídas e mantidas pelo Poder Público, bem como pelas empresas estatais dependentes. As entidades abrangidas pelo campo de aplicação devem observar as normas e as técnicas próprias da Contabilidade Aplicada ao Setor Público.

Entende-se por empresa estatal dependente, conforme disposto no art. 2º, inciso III da Lei de Responsabilidade Fiscal, a empresa controlada que recebe do ente controlador recursos financeiros para pagamento de despesas com pessoal, de custeio em geral ou de capital, excluídos, no último caso, aqueles provenientes de aumento de participação acionária."

Na parte relativa aos Procedimentos Contábeis Orçamentários fica clara a intenção da participação da SOF/MPOG na Portaria Conjunta[7] que visa dar continuidade ao processo que busca reunir conceitos, regras e procedimentos relativos aos atos e fatos orçamentários e seu relacionamento com a contabilidade. Também tem como objetivo a harmonização, por meio do estabelecimento de padrões a serem observados pela administração Pública, no que se refere à receita e despesa orçamentária, suas classificações, destinações e registros, para permitir a evidenciação e a consolidação das contas públicas nacionais.

A receita e a despesa orçamentárias assumem, na Administração Pública, fundamental importância, pois representam o montante que o Estado se apropria da sociedade por intermédio da tributação e a sua contrapartida aos cidadãos por meio da geração de bens e serviços. Também se torna importante em face de situações legais específicas, como a distribuição e destinação da receita entre as esferas governamentais e cumprimento dos limites legais para a realização de despesas, impostos pela Lei Complementar nº 101/2000 – Lei de Responsabilidade Fiscal.

Pelo exposto, pode-se inferir que a Contabilidade Pública, utilizando-se de metodologia especial de escrituração, deve ser obrigatoriamente praticada pelas entidades públicas, como a União, os Estados, o Distrito Federal e os Municípios, e, as suas entidades autárquicas, fundos, fundações e empresas estatais dependentes.

Por outro lado, a Contabilidade Pública não deve ser entendida apenas como destinada ao registro e escrituração contábil, mas, também, à observação da legalidade dos atos da execução orçamentária, através do controle e acompanhamento, que será prévio, concomitante e subsequente,[8] além de verificar a exata observância dos limites das cotas

---

[7] *Manual de Contabilidade Aplicada ao Setor Público.* Parte I – Procedimentos Contábeis Orçamentários. In: Introdução.

[8] Art. 77, da Lei nº 4.320/64.

trimestrais atribuídas a cada unidade orçamentária, dentro do sistema que for instituído para esse fim.[9]

Portanto, na administração pública, os serviços de contabilidade devem ser organizados de forma que seja permitido o acompanhamento da execução orçamentária desde o seu início, registrando os limites das cotas trimestrais (e, quando for o caso, das cotas mensais) atribuídas a cada unidade orçamentária e controlando e acompanhando, à medida que ela for se desenvolvendo. Atualmente, existem os sistemas de administração financeira, como o Siafi e o Siafem, que fazem esse acompanhamento.

Deve também verificar a legalidade dos atos da execução orçamentária, como sejam: se o empenho da despesa obedeceu à legislação vigente, relativa à licitação, autorização competente; se não se trata de despesa já realizada etc.; se na liquidação da despesa foram atendidos todos os aspectos da legislação sobre o assunto; se a ordem de pagamento foi exarada em documentos processados pelo serviço de contabilidade e se a determinação para o pagamento da despesa foi despachada pela autoridade competente.

Obviamente para proceder à verificação da legalidade dos atos da execução orçamentária, prévia, concomitante e subsequente, há necessidade de se conhecer quando o empenho, a liquidação e a ordem de pagamento da despesa foram legalmente formalizados; daí por que cabe à Contabilidade Pública o estudo dos vários aspectos que envolvem a execução orçamentária e financeira da receita e da despesa pública e toda a gama de repercussões que por ela é produzida. Por isso, serão apresentados em capítulos especiais, por uma abordagem abrangente, onde procuraremos expor todos os aspectos indispensáveis à boa compreensão dos assuntos.

---

[9] Art. 80, idem.

4

Regimes Contábeis

1 Conceito

Nos tempos atuais, fala-se e utiliza-se, até com muita ênfase, dos chamados "Princípios e Convenções Contábeis Geralmente Aceitos" que, na realidade, também são chamados regimes contábeis de escrituração, que podem ser conceituados como premissas acerca dos fenômenos econômicos refletidos pela contabilidade e que são a cristalização de análises e observações.

O campo de atuação da contabilidade é exercido através da escrituração pelas instituições e entidades dos mais diversos ramos de atividade, sejam elas de finalidade lucrativa ou não, procurando captar e evidenciar as variações ocorridas na estrutura patrimonial e financeira, em face das decisões da administração e também das variáveis exógenas que escapam ao controle e ao poder de decisão da administração.

2 Princípios

Dentro desse contexto, pode-se verificar com clareza que dentre as variáveis que mais têm preocupado os administradores, uma é a inflação e outra, a grande divergência de preços existentes, especificamente nos bens e serviços.

Vivenciando no âmbito dessa complexa realidade, o observador analisa e estuda as principais características do sistema contábil e chega a certas conclusões quanto ao seu funcionamento.[1] Tais conclusões, se geralmente aceitas pela classe contábil, acabam por

---

[1] Princípios e Convenções Contábeis Geralmente Aceitos. In: Equipe de Professores da FEA da USP. *Contabilidade Introdutória*. São Paulo: Atlas, 1977.

tornar-se "princípios" os quais toda a prática contábil e também de auditoria contábil passam a adotar.[2]

Portanto, para que um princípio se transforme de conclusões de funcionamento, analisadas e estudadas por observador, para ser geralmente aceito e consequentemente incorporado à doutrina contábil, necessário se torna que seja, no consenso profissional, considerado de utilidade e perfeitamente praticável, além de estar adequado à realidade contábil.

É óbvio que todo o princípio adaptado a certa realidade prática factível deve, como consequência, sofrer nova análise e estudo da realidade toda vez que se verifiquem alterações significativas que indiquem a necessidade de revisão para melhor adaptá-lo à nova realidade, num processo dinâmico que, além de necessário, parece-nos ideal e lógico.

O processo evolutivo exposto, conquanto seja necessário, nem sempre é seguido. É sabido que alguns dos princípios e convenções, ainda que geralmente aceitos, tiveram sua origem em épocas passadas, quando as condições econômicas, sociais e institucionais eram reconhecidamente diferentes das que hoje vigoram e, no entanto, continuam sendo aceitos, na maioria dos casos, mais por tradição e conservadorismo do que pela convicção de sua extrema validade.

3 Regimes

Aqueles princípios considerados de profunda validade, e que têm conseguido ultrapassar a análise e estudos feitos em atendimento ao processo evolutivo relatado, transformaram-se em utilidades perenes, de uso constante e até obrigatório, passando a constituir-se em *regime*.

Por conseguinte, regime contábil define-se como um sistema de escrituração contábil. Pressupõe-se, portanto, que os regimes contábeis de escrituração tenham sido considerados úteis pelo consenso profissional, de tal sorte que o seu uso seja constante e até obrigatório.

Toda essa explanação tem o objetivo de melhor orientar no entendimento de alguns artigos da Lei nº 4.320/64, que se referem ao exercício financeiro a ser obedecido pelas entidades da Administração Pública.

Primeiramente, vamos abordar um artigo da citada lei, que diz o seguinte: "O exercício financeiro coincidirá com o ano civil."[3]

Ano financeiro "é o período em que se executa o orçamento".[4] Quando o ano financeiro não coincide com o ano civil, existe a necessidade de um período adicional.

---

[2] Ibidem.

[3] Artigo 34 da Lei Federal nº 4.320/64.

[4] ALOE, Armando. *Técnica orçamentária e contabilidade pública*. São Paulo: Atlas, 1963.

Período adicional é o espaço de tempo adicionado ao ano financeiro e empregado na liquidação e no encerramento das operações relativas a rendas lançadas e não arrecadadas, e a despesas empenhadas e não pagas durante o ano financeiro.[5] Geralmente, o período adicional era de 1º a 31 de janeiro do exercício seguinte.

Como é fácil deduzir, esta prática causava muitos transtornos, pois executava-se o orçamento do exercício e, paralelamente, procedia-se ao encerramento das receitas e despesas do exercício anterior. Felizmente, através da promulgação da Lei nº 869, de 16-10-1949, extinguiu-se o período adicional, passando o exercício financeiro a coincidir com o ano financeiro.

Exercício financeiro é o período de tempo durante o qual se exercem todas as atividades administrativas e financeiras relativas à execução do orçamento. Pode, por conseguinte, englobar o ano financeiro e o período adicional ou ocorrer como no Brasil, onde o *exercício financeiro coincide com o ano civil*, não existindo o período adicional, e os termos *exercício financeiro* e *ano financeiro* possuem o mesmo significado.

Outrossim, cumpre ressaltar que o artigo supramencionado atende ao mandamento constitucional[6] que estabelece que a lei complementar disporá sobre o exercício financeiro; consequentemente, a Lei nº 4.320/64, através desse artigo, o cumpre em parte, sendo necessária sua confirmação.

Já o outro artigo da mesma lei diz:

"Pertencem ao exercício financeiro:

I – as receitas nele arrecadadas;

II – as despesas nele legalmente empenhadas."[7]

Para bem compreendermos essas disposições, já fizemos uma breve explicação sobre o exercício financeiro e, agora, passaremos a abordar os regimes contábeis de escrituração que, acreditamos, esclarecerão convenientemente o assunto.

A escrituração contábil do exercício financeiro, especificamente no que se relaciona com as receitas e despesas, pode ser elaborada pelo regime de gestão anual, também denominado regime financeiro, mais comumente, ainda, conhecido como caixa e pelo regime de competência ou exercício.

Alguns consideram como princípio e não como regime a escrituração contábil do regime financeiro de caixa ou de competência. Aliás, já descrevemos minuciosamente sobre o assunto e, por serem considerados de uso constante, e no caso da Contabilidade Pública, obrigatórios, tornaram-se sistemas de escrituração contábeis e intitulados de regimes contábeis.

---

[5] ANDRADE, Benedicto de. *Contabilidade pública*. São Paulo: Atlas, 1967.

[6] *Constituição Federal*, § 9º, art. 165.

[7] Artigo 35 da Lei Federal nº 4.320/64.

3.1 Regime de caixa

Podemos dizer que é aquele em que, como norma geral, a receita é reconhecida no período em que é arrecadada e a despesa paga nesse mesmo período. Portanto, regime de caixa é o que compreende, exclusivamente, todos os recebimentos e pagamentos efetuados no exercício, mesmo aqueles relativos a períodos contábeis anteriores.

Pelo regime de caixa, tanto as receitas por arrecadar, ainda que lançadas, como as despesas empenhadas e as liquidadas, porém não pagas, devem ser transferidas para o orçamento do exercício financeiro seguinte, fazendo parte integrante dele, sem deixar resíduos ativos ou passivos. Como curiosidade, informamos que esse regime é adotado na Inglaterra.

3.2 Regime de competência

Define-se como, em resumo, aquele em que as receitas e as despesas são atribuídas aos exercícios de acordo com a real incorrência, isto é, de acordo com a data do fato gerador, e não quando são recebidos ou pagos em dinheiro. Pelo regime de competência, toda receita e toda despesa do exercício pertencem ao próprio exercício, embora já empenhadas; uma vez terminada a vigência do orçamento, passam para o exercício seguinte, a fim de serem arrecadadas ou pagas, continuando, entretanto, a pertencer ao orçamento que lhes deu origem.

Desse modo, a receita lançada e não arrecadada no exercício é considerada como receita desse exercício, passando a constituir resíduos ativos cobrados em anos posteriores na conta *receita a arrecadar*, assim como a despesa legalmente empenhada e não paga dentro do exercício é considerada despesa desse exercício, passando a constituir *resíduos passivos*, que serão pagos em exercícios posteriores, como *restos a pagar*. Também como curiosidade, podemos dizer que este regime é adotado na Itália.

4 Regime contábil adotado no Brasil

A questão relativa ao regime contábil adotado no Brasil, em razão da legislação existente, como sejam, a Lei nº 4.320/64 que estatui normas de Direito Financeiro para elaboração e controle dos Orçamentos e Balanços da União, dos Estados, dos Municípios e do Distrito Federal e, a Lei Complementar nº 101/2000, que estabelece normas de finanças públicas voltadas para a responsabilidade de gestão fiscal, está sendo objeto de apresentação de nova interpretação dos conceitos e, consequentemente, dos procedimentos contábeis.

As normas gerais, que mencionamos, são editadas pela Secretaria do Tesouro Nacional do Ministério da Fazenda (STN/MF) e Secretaria de Orçamento Federal do Ministério do Planejamento, Orçamento e Gestão (SOF/MPOG).

4.1 Considerações

As normas gerais, editadas introduziram um novo entendimento no reconhecimento da Receita, e consiste:

I) no reconhecimento da receita, sob o enfoque orçamentário

A Lei nº 4.320/64, em seu art. 35, diz:

> Art. 35. Pertencem ao exercício financeiro:
>
> I – as receitas nele arrecadadas;
>
> II – as despesas nele legalmente empenhadas.

Segundo as normas gerais mencionadas, diz:

"a) na realidade o art. 35, refere-se ao regime orçamentário e não ao regime contábil, pois a contabilidade é tratada em título específico, no qual determina-se que as variações patrimoniais devem ser evidenciadas, sejam elas independentes ou resultantes da execução orçamentária;

b) o reconhecimento da receita orçamentária ocorre no momento da arrecadação, conforme o artigo 35, da Lei nº 4.320/64 e decorre do enfoque orçamentário dessa lei, que determina o reconhecimento da receita sob a ótica de **caixa** e deve observar os Princípios Fundamentais de Contabilidade."[8]

II) no reconhecimento da receita sob o enfoque patrimonial

"c) o reconhecimento da receita sob o enfoque patrimonial, consiste na aplicação dos Princípios Fundamentais de Contabilidade para o reconhecimento da variação ativa ocorrida no patrimônio, em contrapartida ao registro do direito no momento da ocorrência do fato gerador, antes da efetivação do correspondente ingresso de disponibilidades."[9]

d) Deve-se observar que a "*contabilidade, evidenciará os fatos ligados à administração orçamentária, financeira, patrimonial e industrial*",[10] por isso, além do registro dos fatos ligados à execução orçamentária, deve-se cuidar, também, dos registros dos fatos ligados à execução financeira e patrimonial, de maneira que os fatos modificativos sejam levados à conta de resultado e que elas permitam o conhecimento da composição patrimonial e dos resultados econômicos e financeiros.

---

[8] In: *Manual de Receita Nacional.*

[9] In: *Manual de Receita Nacional.*

[10] Artigo 89, da Lei nº 4.320/64.

e) Neste sentido, as normas editadas especificam que as "variações patrimoniais serão reconhecidas pelo **regime de competência patrimonial**, visando garantir o reconhecimento de todos os ativos e passivos das entidades que integram o setor público, conduzir a contabilidade do setor público brasileiro aos padrões internacionais e ampliar a transparência sobre as contas públicas".

4.2 Conclusão

1) "o reconhecimento da receita orçamentária ocorre no momento da arrecadação, conforme art. 35 da Lei nº 4.320/64 e decorre do enfoque orçamentário dessa lei, tendo por objetivo evitar que a execução da despesa orçamentária ultrapasse a arrecadação efetiva."[11]

   Pode-se inferir pelas descrições que a contabilidade aplicada ao setor público efetua o registro orçamentário da receita, **sob o enfoque orçamentário** atendendo ao disposto na Lei nº 4.320/1964, que determina o **reconhecimento da receita sob a ótica de caixa**.

   No que se refere à despesa orçamentária, o art. 35 da Lei nº 4.320/64, ao dispor em seu inciso II, que "pertencem ao exercício financeiro, *as despesas nele legalmente empenhadas*" especificou que as *despesas orçamentárias, devem ser registradas pelo regime de competência.*

2) "No entanto, há que se destacar que, o art. 35 refere-se ao regime orçamentário e não ao regime contábil, pois, a contabilidade é tratada em título específico, no qual determina-se que as variações patrimoniais devem ser evidenciadas, sejam elas independentes ou resultantes da execução orçamentária."[12]

   Portanto, com o objetivo de evidenciar os fatos modificativos do patrimônio, deve haver o registro da receita sob o enfoque patrimonial (variação patrimonial aumentativa) em função do fato gerador, em obediência aos princípios da competência e da oportunidade.

   Fica claramente evidente que a contabilidade aplicada ao setor público, ao proceder o registro da receita orçamentária sob o enfoque patrimonial o faz através do **reconhecimento da receita sob o regime de competência**.

   E a despesa orçamentária, conforme ficou demonstrado, **deve ser registrada pelo regime de competência**.

---

[11] *Manual de Contabilidade Aplicada ao Setor Público*. Parte I – Procedimentos Contábeis Orçamentários. In: Parte 01.03.03 – Reconhecimento da Receita Orçamentária.

[12] *Manual de Contabilidade Aplicada ao Setor Público*. Parte I – Procedimentos Contábeis Orçamentários. In: Parte 01.03.03.01 – Relacionamento do Regime Orçamentário com o Regime Contábil.

Finalizando, pode-se dizer que, no Brasil, a Contabilidade Aplicada ao Setor Público obedece aos princípios fundamentais de contabilidade. Podemos dizer que o reconhecimento da receita e despesa orçamentária, em relação ao reconhecimento do regime contábil, deve ser entendido:

a) **sob o enfoque orçamentário**: entende-se que o regime contábil é o *misto*, pois a *receita orçamentária é reconhecida pelo regime de caixa* e a *despesa orçamentária é reconhecida pelo regime de competência*;

b) **sob o enfoque patrimonial**: entende-se que a **receita orçamentária e a despesa orçamentária** *são reconhecidas pelo regime de competência*.

5

Orçamento Público

1 Significado

O Governo tem como responsabilidade fundamental o melhor nível dinâmico de bem-estar à coletividade. Para tanto, utiliza-se de técnicas de planejamento e programação de ações que são condensadas no chamado sistema de planejamento integrado.

Esse sistema busca, principalmente, analisar a situação atual – diagnóstico – para identificar as ações ou alterações a serem desenvolvidas visando atingir a situação desejada.

Para isto, num plano mais amplo e político-teórico, elaboram-se planos de longo prazo, ou seja, planos que contenham situações desejadas para os próximos dez a quinze anos, no mínimo. Obviamente, partindo do diagnóstico da situação atual, projeta-se para o futuro o que se pretende alcançar em termos ideais.

Para o início de uma determinação mais prática, elaboram-se planos de médio prazo, onde são esboçadas as ações a serem desenvolvidas para os próximos três a cinco anos, geralmente.

2 Processo de planejamento-orçamento

A adoção de um Sistema de Planejamento Integrado deveu-se a estudos técnicos e científicos, levados a efeito pela Organização das Nações Unidas (ONU), com o objetivo de determinar as ações a serem realizadas pelo poder público, escolhendo as alternativas prioritárias e compatibilizando-as com os meios disponíveis para colocá-las em execução.

Os estudos aludidos concluíram que nos países subdesenvolvidos os recursos financeiros gerados pelo governo, em geral, são escassos em relação às necessidades da coletividade, e o Sistema de Planejamento Integrado busca, através da escolha de alternativas prioritárias, o melhor emprego dos meios disponíveis para minimizar os problemas econômicos e sociais existentes.

A Lei Complementar nº 101, de 4 de maio de 2000 (Lei de Responsabilidade Fiscal), que estabelece normas de finanças públicas, por meio do § 1º do artigo 1º, diz textualmente:

> "§ 1º A responsabilidade na gestão fiscal pressupõe a *ação planejada e transparente*, em que se previnem riscos e corrigem desvios capazes de afetar o equilíbrio das contas públicas, mediante o cumprimento de metas de resultados entre receitas e despesas e a obediência a limites e condições no que tange a renúncia de receita, geração de despesas com pessoal, da seguridade social e outras, dívida consolidada e mobiliária, operações de crédito, inclusive por antecipação de receita, concessão de garantia e inscrição em Restos a Pagar."

Observa-se, claramente, que os governos devem utilizar a ação planejada e transparente na gestão fiscal, o que poderá ser obtido mediante a adoção do Sistema de Planejamento Integrado.

O Sistema de Planejamento Integrado, no Brasil também conhecido como Processo de Planejamento-Orçamento, consubstancia-se nos seguintes instrumentos, aliás, atendendo a mandamento constitucional:[1]

a) Plano Plurianual;

b) Lei de Diretrizes Orçamentárias;

c) Lei de Orçamentos Anuais.

2.1 Plano plurianual

O plano plurianual é um plano de médio prazo, através do qual procura-se ordenar as ações do governo que levem ao atingimento dos objetivos e metas fixados para um período de quatro anos, ao nível do governo federal, e também de quatro anos ao nível dos governos estaduais e municipais.

A lei que instituir o plano plurianual estabelecerá, de forma regionalizada, as diretrizes, objetivos e metas da administração pública para as despesas de capital e outras delas decorrentes e para as relativas aos programas de duração continuada.[2] E nenhum investimento cuja execução ultrapasse um exercício financeiro poderá ser iniciado sem

---

[1] Artigo 165, da *Constituição Federal*.

[2] § 1º, do art. 165, idem.

prévia inclusão no plano plurianual ou sem lei que autorize a inclusão, sob pena de crime de responsabilidade.[3]

Embora existam na Constituição dispositivos a serem observados na instituição do plano plurianual, verifica-se a existência de citações que remetem o assunto à lei complementar, descritas a seguir:

O § 9º, inciso I, do artigo 165 da Constituição Federal, diz:

"§ 9º Cabe à lei complementar:

I – dispor sobre o exercício financeiro, a vigência, os prazos, a elaboração e a organização do plano plurianual, da lei de diretrizes orçamentárias e da lei orçamentária anual."

O § 2º do artigo 35 do Ato das Disposições Constitucionais Transitórias diz:

"Até a entrada em vigor da lei complementar a que se refere o art. 165, § 9º, I e II, serão obedecidas as seguintes normas:

I – o projeto do plano plurianual, para vigência até o final do primeiro exercício financeiro do mandato presidencial subsequente, será encaminhado até quatro meses antes do encerramento do primeiro exercício financeiro e devolvido para sanção até o encerramento da sessão legislativa."

Portanto, o dispositivo constante do artigo 35 do Ato das Disposições Constitucionais aplica-se ao Governo Federal que o tem utilizado a partir da entrada em vigor da Constituição Federal, de 5 de outubro de 1988. Entretanto, esse dispositivo não obriga os Governos Estaduais, do Distrito Federal e Municipais, a não ser que tenham incluído em suas Constituições e Leis Orgânicas, respectivamente, regra semelhante.

A Lei Complementar nº 101/2000 (Lei de Responsabilidade Fiscal), a que se refere o § 9º, do artigo 165 da Constituição Federal, ao falar do Planejamento, introduziu no Capítulo II, Seção I e artigo 3º, que seria dedicado ao Plano Plurianual. Infelizmente, foi vetado e, consequentemente, ainda não possuímos um dispositivo normativo a respeito.

A Lei que aprova os Planos Plurianuais, não existindo as regras e normas que cabem à lei complementar, de que fala o § 9º, do artigo 165 da Constituição Federal, está sendo elaborada segundo as necessidades que cada nível de governo entende convenientes, utilizando critérios próprios.

2.2 *Lei de diretrizes orçamentárias*

A lei de diretrizes orçamentárias tem a finalidade de nortear a elaboração dos orçamentos anuais, compreendidos aqui o *orçamento fiscal*, o *orçamento de investimento das*

---

[3]   § 1º, do art. 167, idem.

empresas e o *orçamento da seguridade social*, de forma a adequá-los às diretrizes, objetivos e metas da administração pública, estabelecidos no plano plurianual.

A lei de diretrizes orçamentárias compreenderá as metas e prioridades da administração pública, incluindo as despesas de capital para o exercício financeiro subsequente, orientará a elaboração da lei orçamentária anual, disporá sobre as alterações na legislação tributária e estabelecerá a política de aplicação das agências financeiras oficiais de fomento.[4]

Além das disposições constitucionais, a Lei de Diretrizes Orçamentárias deverá dispor sobre:

"– equilíbrio entre receitas e despesas;

– critérios e forma de limitação de empenho, a ser efetivada nas hipóteses previstas no art. 9º e no inciso II do § 1º do art. 3º;

– normas relativas ao controle de custos e à avaliação dos resultados dos programas financiados com recursos dos orçamentos;

– demais condições e exigências para transferências de recursos a entidades públicas e privadas".[5]

Integrará o projeto de lei de diretrizes orçamentárias Anexo de Metas Fiscais, em que serão estabelecidas metas anuais, em valores correntes e constantes, relativos a receitas e despesas, resultados nominal e primário e montante da dívida pública, para o exercício a que se referirem e para os dois seguintes.[6]

O Anexo de Metas Fiscais conterá ainda:

– avaliação do cumprimento das metas relativas ao ano anterior;

– demonstrativo das metas anuais, instruído com memória e metodologia de cálculo que justifiquem os resultados pretendidos, comparando-as com as fixadas nos três exercícios anteriores, e evidenciando a consistência delas com as premissas e os objetivos da política econômica nacional;

– evolução do patrimônio líquido, também nos últimos três exercícios, destacando a origem e a aplicação dos recursos obtidos com a alienação de ativos;

– avaliação da situação financeira atuarial dos regimes geral de previdência social e próprio dos servidores públicos e dos demais fundos públicos e programas estatais de natureza atuarial;

– demonstrativo da estimativa e compensação da renúncia de receita e da margem de expansão das despesas obrigatórias de caráter continuado.[7]

---

[4] § 2º, do art. 165, da *Constituição Federal*.

[5] Alíneas *a*, *b*, *e* e *f* do inciso I, do artigo 4º, da Lei Complementar nº 101/2000 (Lei de Responsabilidade Fiscal).

[6] § 1º, do artigo 4º, da Lei de Responsabilidade Fiscal.

[7] § 2º, da Lei de Responsabilidade Fiscal.

"A lei de diretrizes orçamentárias conterá Anexo de Riscos Fiscais, onde serão avaliados os passivos contingentes e outros riscos capazes de afetar as contas públicas, informando as providências a serem tomadas, caso se concretizem."[8]

O anexo de riscos fiscais é aquele demonstrativo em que se destacam os passivos contingentes e outros riscos que possam provocar um aumento do endividamento, como, por exemplo, queda da arrecadação, decréscimo da atividade econômica, entre outros eventos que possam impactar negativamente nas contas públicas.

A Secretaria de Tesouro Nacional observa que os precatórios não se enquadram como riscos fiscais para efeito deste anexo, pois são previsíveis, e os valores relativos a esse tipo de dívida são informados antes do prazo de encaminhamento do projeto de Lei Orçamentária Anual, conforme dispositivo constitucional.

Em razão do fato de que a União, ao encaminhar o projeto de LDO, deve apresentar, em anexo específico, os objetivos das políticas monetária, creditícia, cambial e ainda as metas de inflação, para o exercício subsequente, os Estados, o Distrito Federal e os Municípios, ao apresentarem suas mensagens de LDO, devem observar e manter coerência com informações constantes desse anexo.

Por último, até a data do envio do projeto de lei de diretrizes orçamentárias, que é 15 de abril, conforme o inciso II, do § 2º, do artigo 35 do Ato das Disposições Constitucionais Transitórias, sendo que os Estados deverão seguir os prazos de suas Constituições e os Municípios, das suas Leis Orgânicas, se houver, o Poder Executivo encaminhará ao Legislativo relatório com as informações necessárias sobre o adequado atendimento dos projetos em andamento, contempladas as despesas de conservação do patrimônio público, nos termos em que dispuser a lei de diretrizes orçamentárias. Isso é condição para que a lei orçamentária e as de créditos adicionais só incluam novos projetos após adequadamente atendidos os em andamento.[9]

2.3 Lei de orçamentos anuais

Para viabilizar a concretização das situações planejadas no plano plurianual e, obviamente, transformá-las em realidade, obedecida a lei de diretrizes orçamentárias, elabora-se o Orçamento Anual, onde são programadas as ações a serem executadas, visando alcançar os objetivos determinados.

A lei orçamentária anual compreenderá:

    I – o *orçamento fiscal* referente aos poderes Executivo, Legislativo e Judiciário, seus fundos, órgãos e entidades da administração direta e indireta inclusive fundações instituídas e mantidas pelo poder público;

---

[8] § 3º, do artigo 4º, da Lei Complementar nº 101/2000 (Lei de Responsabilidade Fiscal).

[9] Artigo 45 e parágrafo único, da Lei de Responsabilidade Fiscal.

II – o *orçamento de investimento das empresas* em que o Estado, direta ou indiretamente, detenha a maioria do capital social com direito a voto; e

III – *o orçamento da seguridade social*, abrangendo todas as entidades e órgãos a ela vinculados, da administração direta ou indireta, bem como os fundos e fundações instituídos e mantidos pelo Poder Público.[10]

Alerte-se para o fato de se tratar de uma lei que contenha o orçamento fiscal, o orçamento de investimento das empresas estatais e o orçamento da seguridade social[11] e não de leis específicas para cada orçamento.

A Lei de Responsabilidade Fiscal traz algumas disposições que devem ser observadas na elaboração do projeto de lei orçamentária anual, como os seguintes (artigo 5º, da Lei Complementar nº 101/2000):

- deve estar compatível com o plano plurianual e com a lei de diretrizes orçamentárias;

- conter demonstrativo da compatibilidade da programação dos orçamentos com os objetivos e metas constantes do Anexo de Metas Fiscais da LDO;

- será acompanhado de demonstrativo do efeito sobre as receitas e despesas, decorrentes de isenções, anistias, remissões, subsídios e benefícios de natureza financeira, tributária e creditícia, bem como das medidas de compensação à renúncia de receitas e ao aumento de despesas obrigatórias de caráter continuado;

- deve conter reserva de contingência, que pode ser calculada utilizando-se percentual sobre a receita corrente líquida, destinada ao atendimento de passivos contingentes e outros riscos e eventos fiscais imprevistos;

- todas as despesas relativas à dívida pública, mobiliária ou contratual, e as receitas que as atenderão, constarão da lei orçamentária anual;

- o refinanciamento da dívida pública constará separadamente na lei orçamentária e nas de crédito adicional;

- é vedado consignar na lei orçamentária crédito com finalidade imprecisa ou com dotação ilimitada;

- não consignará dotação para investimento com duração superior a um exercício financeiro que não esteja previsto no plano plurianual ou em lei que autorize a sua inclusão."

Conforme já descrito na parte da LDO, há que se considerar a restrição de que a lei orçamentária anual só poderá incluir novos projetos após adequadamente atendidos os

---

[10] § 5º, do artigo 165, da *Constituição Federal*.

[11] Segundo o artigo 194 da *Constituição Federal*, "a seguridade social compreende um conjunto integrado de ações de iniciativa dos Poderes Públicos e da sociedade, destinadas a assegurar os direitos relativos à saúde, à previdência e à assistência social".

em andamento e contempladas as despesas de conservação do patrimônio público, nos termos em que dispuser a LDO.[12]

Finalizando, podemos dizer que a lei dos orçamentos anuais é o instrumento utilizado para a consequente materialização do conjunto de ações e objetivos que foram planejados visando ao melhor atendimento e bem-estar da coletividade.

3 Definição

O orçamento público tradicional tinha como finalidade principal o controle político das ações governamentais, que o Poder Legislativo exercia sobre as atividades financeiras do Poder Executivo, principalmente sob o aspecto contábil-financeiro. As informações e decisões várias sobre todos os assuntos concorrentes ao governo, contidas no orçamento, consubstanciavam-se, em resumo, na seguinte *definição*:

> "Orçamento é um ato de previsão de receita e fixação da despesa para um determinado período de tempo, geralmente, um ano, e constitui o documento fundamental das finanças do Estado, bem como da Contabilidade Pública."[13]

Modernamente, entretanto, em face do entendimento de que o orçamento integra o Sistema de Planejamento, há uma extensão de sua definição, que procura essa integração do processo de planejamento-orçamento.

Portanto, pela extensão, temos que:

> "O orçamento é o processo pelo qual se elabora, expressa, executa e avalia o nível de cumprimento da quase totalidade do programa de governo, para cada período orçamentário. É um instrumento de governo, de administração e de efetivação e execução dos planos gerais de desenvolvimento sócio-econômico."[14]

4 Princípios orçamentários

Para que o orçamento seja a expressão fiel do programa de um governo, como também um elemento para a solução dos problemas da comunidade; para que contribua eficazmente na ação estatal que busca o desenvolvimento econômico e social; para que seja um instrumento de administração do governo e ainda reflita as aspirações da sociedade,

---

[12] Artigo 45, da Lei Complementar nº 101/2000 (Lei de Responsabilidade Fiscal).

[13] *Manual do Contador da Administração Pública*. Edição da Imprensa Oficial do Estado, de 1954, comemorativa ao IV Centenário da Cidade de São Paulo.

[14] Definição de Orçamento-Programa, de autores do ILPES, contida em Apostila do II Curso Intensivo de Programação Orçamentária ministrado pelo Prof. Jorge Estupiñán, FGV, 1970.

na medida em que o permitam as condições imperantes, principalmente a disponibilidade de recursos, é indispensável que obedeça a determinados princípios, entre os quais destacamos alguns que refletem com fidedignidade os que são usados comumente nos processos orçamentários.[15]

4.1 Programação

O orçamento deve ter o conteúdo e a forma de programação.

Isto ocorre da própria natureza do orçamento, que é a expressão dos programas de cada um dos órgãos do setor público.

Programar é selecionar objetivos que se procuram alcançar, assim como determinar as ações que permitam atingir tais fins e calcular e consignar os recursos humanos, materiais e financeiros, para a efetivação dessas ações.

4.2 Unidade

Os orçamentos de todos os órgãos autônomos que constituem o setor público devem-se fundamentar em uma única política orçamentária estruturada uniformemente e que se ajuste a um método único.

Contrariamente ao que alguns autores têm descrito, refere-se à unidade, do ponto de vista global, para o setor público em seu conjunto; contudo, relaciona-se também com as propostas orçamentárias de cada instituição em particular, e não como querem fazer crer, que o orçamento deve compreender todas as receitas e despesas em uma única peça. Aliás, em vista da existência de um grande número de entidades autárquicas, em todos os níveis de governo, como sejam no Federal, no Estadual e no Municipal, faz com que cada uma delas possua um orçamento próprio, independente do aprovado pelo Poder Legislativo.

É necessário, portanto, que cada orçamento se ajuste ao princípio da unidade em seu conteúdo, metodologia e expressão, e com isto contribuirá para evitar a duplicação de funções ou superposição de entidades na realização de atividades correlatas, colaborando de maneira valiosa para racionalização na utilização dos recursos.

4.3 Universalidade

Deverão ser incluídos no orçamento todos os aspectos do programa de cada órgão, principalmente aqueles que envolvam qualquer transação financeira ou econômica.

---

[15] Os princípios orçamentários, bem como o Ciclo Orçamentário, seguem os conceitos de Planejamento e Orçamento por Programas contidos no Manual de Orçamento por Programas, ONU.

Verifica-se que a universalidade está intimamente ligada com a programação e que, se algo deve fazer parte do orçamento e nele não figura, os objetivos e os efeitos socioeconômicos que se procuram alcançar poderão ser afetados negativamente pela parte não incluída no orçamento, ou seja, não programada, assim como jamais será possível alcançar um elevado grau de racionalidade no emprego dos recursos, se parte dele for manipulada sem a devida programação.

Portanto, o documento orçamentário integrado deve conter todos os aspectos dos elementos programáveis que o constituem.

4.4 Anualidade

Utiliza-se, convencionalmente, o critério de um ano para o período orçamentário, por apresentar a vantagem de ser o adotado pela maioria das empresas particulares.

Outra vantagem é a que concilia duas condições opostas, que consistem no fato de que quanto mais distante a época para a qual se projeta, maior a possibilidade de erro; sob esse aspecto seria conveniente programar para períodos bem curtos, porém o ato de programar envolve uma soma de variedades de tarefas que seria impossível realizá-la em intervalos reduzidos.

De qualquer forma, o período de um ano para o orçamento é o que melhor atende à concretização dos objetivos sociais e econômicos.

4.5 Exclusividade

Deverão ser incluídos no orçamento, exclusivamente, assuntos que lhe sejam pertinentes.

Em outras palavras, quer dizer que se deve evitar que se incluam na lei de orçamento normas relativas a outros campos jurídicos e, portanto, estranhas à previsão da receita e da fixação da despesa.

4.6 Clareza

O orçamento deve ser expresso de forma clara, ordenada e completa.

Embora diga respeito ao caráter formal, tem grande importância para tornar o orçamento um instrumento eficiente de governo e administração. O poder de comunicação do documento terá influência em sua melhor e mais ampla utilização e sua difusão será tanto mais abrangente quanto maior for a clareza que refletir.

4.7 Equilíbrio

O orçamento deverá manter o equilíbrio, do ponto de vista financeiro, entre os valores de receita e despesa.

Procura-se consolidar uma salutar política econômico-financeira que produza a igualdade entre valores de receita e despesa, evitando desta forma déficits espirais, que causam endividamento congênito, isto é, déficit que obriga a constituição de dívida que, por sua vez, causa o déficit.

5 Ciclo orçamentário

Conforme já foi exposto, a responsabilidade básica do Estado consiste em buscar o nível máximo de satisfação das necessidades da população.

Do conjunto de necessidades da população, parte é satisfeita pela produção de bens e serviços realizada pelo governo e parte atendida e realizada pelos particulares.

O Estado produz essencialmente bens e serviços para satisfação direta das necessidades da comunidade, não atendidas pela atividade privada, orientando suas ações no sentido de buscar determinadas consequências que modifiquem, positivamente, as condições de vida da população, através de um processo acelerado e permanente, com o menor custo econômico e social possível.

Isto requer métodos científicos de investigação e técnicas operativas adequadas que possibilitem, racionalmente, a utilização de uma ação concreta.

O orçamento, embora seja anual, não pode ser concebido ou executado isoladamente do período imediatamente anterior e do posterior, pois sofre influências condicionantes daquele que o precede, assim como constitui uma base informativa para os futuros exercícios.

Daí a necessidade de compreensão do *Ciclo Orçamentário, que é a sequência das etapas desenvolvidas pelo processo orçamentário*, assim consubstanciadas:

a) elaboração;

b) estudo e aprovação;

c) execução; e

d) avaliação.

5.1 Elaboração

A elaboração do orçamento, de conformidade com o disposto na lei de diretrizes orçamentárias, compreende a fixação de objetivos concretos para o período considerado, bem como o cálculo dos recursos humanos, materiais e financeiros, necessários à sua materialização e concretização.

Como corolário desta etapa, devemos providenciar a formalização de um documento onde fique demonstrada a fixação dos níveis das atividades governamentais, através da formulação dos programas de trabalho das unidades administrativas, e que, em última análise, constituirá a proposta orçamentária.

As propostas parciais de orçamento guardarão estrita conformidade com a política econômico-financeira, o programa anual de trabalho do governo e, quando fixado, o limite global máximo para o orçamento de cada unidade administrativa.[16]

As propostas parciais das unidades administrativas, organizadas em formulário próprio, serão acompanhadas das tabelas explicativas da despesa realizada no exercício imediatamente anterior, da despesa fixada para o exercício em que se elabora a proposta, e da despesa prevista para o exercício a que se refere a proposta, e da justificação pormenorizada de cada dotação solicitada, com a indicação dos atos de aprovação de projetos e orçamentos de obras públicas, para cujo início ou prosseguimento ela se destina.[17]

Caberá aos órgãos de contabilidade ou de arrecadação organizar demonstrações mensais da receita arrecadada, segundo as rubricas, para servirem de base à estimativa da receita, na proposta orçamentária. Quando houver órgão central de orçamento, estas demonstrações lhe serão remetidas mensalmente.[18]

A estimativa da receita terá por base as demonstrações mencionadas, da arrecadação dos três últimos exercícios pelo menos, bem como as circunstâncias de ordem conjuntural e outras que possam afetar a produtividade de cada fonte de receita.[19]

As propostas orçamentárias parciais serão revistas e coordenadas na proposta geral, considerando-se a receita estimada e as novas circunstâncias.[20]

O Poder Executivo deverá enviar o projeto de lei orçamentária, ao Poder Legislativo, dentro dos prazos estabelecidos. No âmbito federal, o prazo termina em 31 de agosto, e o Estado de São Paulo deve obedecer ao prazo de entrega até o dia 30 de setembro, e os Municípios devem obedecer o prazo estabelecido na sua Lei Orgânica.[21]

A proposta orçamentária que o Poder Executivo encaminhará ao Poder Legislativo nos prazos estabelecidos nas Constituições e nas Leis Orgânicas dos Municípios compor-se-á de:

> I – Mensagem, que conterá: exposição circunstanciada da situação econômico-
> -financeira, documentada com demonstração da dívida fundada e flutuante,

---

[16] Artigo 27, da Lei Federal nº 4.320/64.

[17] Artigo 28, idem.

[18] Artigo 29, idem.

[19] Artigo 30, idem.

[20] Artigo 31.

[21] Artigo 35, § 2º inciso III, das *Disposições Transitórias da Constituição Federal* e artigo 39, inciso II, da Constituição do Estado de São Paulo.

saldos de créditos especiais, restos a pagar e outros compromissos financeiros exigíveis. Exposição e justificação da política econômico-financeira do Governo, justificação da receita e despesa, particularmente no tocante ao orçamento de capital;

II – projeto de Lei de Orçamento;

III – Tabelas Explicativas das quais, além das estimativas de receita e despesa, constarão, em colunas distintas para fins de comparação, a receita arrecadada nos últimos exercícios anteriores àquele em que se elabora a proposta; receita para o exercício em que se elabora a proposta; a receita prevista para o exercício a que se refere a proposta; e a despesa realizada no exercício imediatamente anterior; a despesa fixada para o exercício em que se elabora a proposta; e a despesa prevista para o exercício a que se refere a proposta;

IV – especificação dos programas especiais de trabalho custeados por dotações globais, em termos de metas visadas, decompostas em estimativas de custo das obras a realizar e dos serviços a prestar, acompanhadas de justificação econômica, financeira, social e administrativa.

Constará da proposta orçamentária, para cada unidade administrativa, descrição sucinta de suas principais finalidades, com indicação da respectiva legislação.[22]

5.2 Estudo e aprovação

Esta fase é de competência do Poder Legislativo, e o seu significado está configurado na necessidade de que o povo, através de seus representantes, intervenha na decisão de suas próprias aspirações, bem como na maneira de alcançá-las.

Conforme já foi mencionado, o Poder Executivo deverá enviar o projeto de lei orçamentária ao Poder Legislativo dentro dos prazos estabelecidos; entretanto, até o encerramento da sessão legislativa, o Poder Legislativo deverá devolvê-lo para sanção.[23]

Outrossim, se não receber a proposta orçamentária no prazo fixado, o Poder Legislativo considerará como proposta a Lei de Orçamento vigente.[24]

As emendas ao projeto de lei do orçamento anual ou aos projetos que o modifiquem somente podem ser aprovadas caso:

I – sejam compatíveis com o plano plurianual e com a lei de diretrizes orçamentárias;

II – indiquem os recursos necessários, admitidos apenas os provenientes de anulação de despesa, excluídas as que incidam sobre:

---

[22] Artigo 22, da Lei Federal nº 4.320/64.

[23] § 2º, Inciso III, do artigo 35, das Disposições Transitórias da Constituição Federal.

[24] Artigo 32, da Lei Federal nº 4.320/64.

a) dotações para pessoal e seus encargos;

b) serviço da dívida;

c) transferências tributárias constitucionais para Estados, Municípios e Distrito Federal; ou

III – sejam relacionadas:

a) com a correção de erros ou omissões; ou

b) com os dispositivos do texto do projeto de lei.[25]

Devidamente discutido, o projeto de lei orçamentário, uma vez aprovado pelo Poder Legislativo, merecerá de sua parte a edição de um autógrafo e logo após enviado para sanção pelo chefe do Poder Executivo.

5.3 Execução

A **execução do orçamento** constitui a concretização anual dos objetivos e metas determinados para o setor público, no processo de planejamento integrado, e implica a mobilização de recursos humanos, materiais e financeiros.

A etapa de execução deve, necessariamente, fundamentar-se na programação, não só para ajustar-se às orientações estabelecidas no orçamento aprovado, como também para alcançar a máxima racionalidade possível na solução de problemas que decorrem da impossibilidade de se fazer uma previsão exata sobre detalhes ligados à execução das modificações produzidas nas condições vigentes à época da elaboração do orçamento.

Ressalte-se a importância da coordenação das funções necessárias ao atingimento das finalidades, bem como da procura da máxima racionalidade possível no emprego dos recursos humanos, materiais e financeiros consignados para efetuar as ações e alcançar os fins colimados.

Imediatamente após a promulgação da Lei de Orçamento e com base nos limites nela fixados, o Poder Executivo aprovará um quadro de cotas trimestrais da despesa que cada unidade orçamentária fica autorizada a utilizar.[26]

A fixação dessas cotas atende aos seguintes objetivos:

a) assegurar às unidades orçamentárias, em tempo útil, a soma de recursos necessários e suficientes à melhor execução do seu programa anual de trabalho;

b) manter, durante o exercício, na medida do possível, o equilíbrio entre a receita arrecadada e a despesa realizada, para reduzir ao mínimo eventuais insuficiências de tesouraria.[27]

---

[25] Artigo 166, § 3º da *Constituição Federal*.

[26] Artigo 47, da Lei Federal nº 4.320/64.

[27] Artigo 48, idem.

As **cotas de despesa** têm o propósito de fixar as autorizações máximas em um subperíodo orçamentário para que as unidades executoras possam empenhar ou realizar pagamentos. *Constituem um instrumento de regulação* para condicionar os recursos financeiros às reais necessidades dos programas de trabalho.

Proporcionarão às unidades executoras a regularidade de recursos e evitarão a emissão de documentos sem garantia de cobertura financeira efetiva e o atraso de pagamento de empenhos emitidos sem considerar as reais possibilidades de caixa.

Já a Lei de Responsabilidade Fiscal diz:

> "até trinta dias após a publicação dos orçamentos, nos termos em que dispuser a lei de diretrizes orçamentárias, o Poder Executivo estabelecerá a programação financeira e o cronograma de execução mensal de desembolso. Os recursos legalmente vinculados a finalidade específica, como os fundos especiais, por exemplo, serão utilizados exclusivamente para atender ao objeto de sua vinculação, ainda que em exercício diverso daquele em que ocorrer o ingresso".[28]

Observa-se que existe uma complementação entre a Lei Federal nº 4.320/64 e a Lei Complementar nº 101/2000 (Lei de Responsabilidade Fiscal), pois, enquanto a primeira fala de um quadro de cotas trimestrais da despesa, portanto trata da cota do ponto de vista orçamentário, ou seja, da disponibilidade que cada unidade orçamentária possui para emitir empenhos, a segunda fala da programação financeira e do cronograma de execução mensal de desembolso, ou seja, trata da disponibilidade do ponto de vista financeiro.

5.4 Avaliação

A avaliação refere-se à organização, aos critérios e trabalhos destinados a julgar o nível dos objetivos fixados no orçamento e as modificações nele ocorridas durante a execução; à eficiência com que se realizam as ações empregadas para tais fins e o grau de racionalidade na utilização dos recursos correspondentes.

A constatação do que realizar, e do que deixar de fazer, não pode, como é óbvio, restringir-se somente ao julgamento *"a posteriori"*.

A avaliação deve ser ativa, desempenhar um papel importante como orientadora da execução e fixar em bases consistentes as futuras programações, por isso esta fase é simultânea à execução, e a informação que fornece deve estar disponível, quando dela se necessitar.

A avaliação impõe a necessidade de um sistema estatístico cuja informação básica se obtém em cada uma das repartições ou órgãos.

De posse dos dados coletados, o grupo de avaliação orçamentária deve elaborar tabelas, calcular indicadores e apresentar informes periódicos para uso e tomada de decisões dos dirigentes das unidades executoras.

---

[28] Artigo 8º e parágrafo único, da Lei Complementar nº 101/2000 (Lei de Responsabilidade Fiscal).

A avaliação deverá ser feita à vista de dados relativos à execução orçamentária que são apurados. Há uma obrigatoriedade constitucional que diz:

> "o Poder Executivo publicará, até trinta dias após o encerramento de cada bimestre, relatório resumido da execução orçamentária".[29]

Se verificado, ao final de um bimestre, que a realização da receita poderá não comportar o cumprimento das metas de resultado primário ou nominal estabelecidas no Anexo de Metas Fiscais, os Poderes e o Ministério Público promoverão, por ato próprio e nos montantes necessários, nos trinta dias subsequentes, limitação de empenho e movimentação financeira, segundo os critérios fixados na Lei de Diretrizes Orçamentárias. Não serão objeto de limitação as despesas que constituam obrigações constitucionais e legais do ente, inclusive as destinadas ao pagamento de serviço da dívida e as ressalvadas pela LDO e, no caso de os Poderes Legislativo e Judiciário e o Ministério Público não promoverem a limitação no prazo estabelecido, é o Poder Executivo autorizado a limitar os valores financeiros segundo os critérios fixados pela LDO.[30]

No caso de restabelecimento da receita prevista, ainda que parcial, a recomposição das dotações cujos empenhos foram limitados dar-se-á de forma proporcional às reduções efetivadas.[31]

Até o final dos meses de maio, setembro e fevereiro, o Poder Executivo demonstrará e avaliará o cumprimento das metas fiscais de cada quadrimestre, em audiência pública na Comissão mista permanente de senadores e Deputados ou equivalente nas Casas Legislativas estaduais e municipais.[32]

6 A importância da Contabilidade no ciclo orçamentário

A Contabilidade é um instrumento que proporciona à Administração as informações e controles necessários à melhor condução dos negócios públicos.

Isto quer dizer que a Contabilidade Pública deve abastecer de informações todo o processo de planejamento e orçamentação e, em especial, as etapas que compõem o Ciclo Orçamentário, como sejam: a elaboração, estudo e aprovação, execução e avaliação dos resultados, assim como o controle e o processo de divulgação da gestão realizada.

Conforme o Manual de Contabilidade do Governo,

> "a contabilidade é reconhecida cada vez mais no sentido absoluto da palavra, como um instrumento a serviço da Administração e, como tal, deverá ser desen-

---

[29] § 3º, do artigo 165, da *Constituição Federal*.

[30] *Caput* e §§ 2º e 3º, do artigo 9º, da Lei Complementar nº 101/2000 (Lei de Responsabilidade Fiscal).

[31] § 1º, idem, ibidem.

[32] § 4º, do artigo 9º, idem, ibidem.

volvida para satisfazer não somente os requisitos da contabilização, mas proporcionar os vários tipos de dados financeiros, de grande importância para a planificação, análise e seleção de programas, elaboração de orçamentos, administração eficaz nos diversos níveis de governo e controle de custos e atividades em relação aos planos aprovados".[33]

Por outro lado, a contabilidade é a principal fonte informativa dos instrumentos da chamada Transparência da Gestão Fiscal. Observa-se que são instrumentos de transparência da gestão fiscal, aos quais será dada ampla divulgação, inclusive em meios eletrônicos de acesso público: os planos, orçamentos e leis de diretrizes orçamentárias; as prestações de contas e o respectivo parecer prévio; o Relatório resumido da Execução Orçamentária e o Relatório de Gestão Fiscal; e as versões simplificadas desses documentos.[34]

Ainda, a contabilidade evidenciará perante a Fazenda Pública a situação de todos quantos, de qualquer modo, arrecadem receitas, efetuem despesas, administrem ou guardem bens a ela pertencentes ou confiados.[35]

A contabilidade é, pois, um instrumento de registro, controle, análise e interpretação de todos os atos e fatos da Administração Pública, através da escrituração sintética das operações financeiras e patrimoniais.

7 Orçamento por programas

Orçamento por programas é uma modalidade de orçamento em que, do ponto de vista de sua apresentação, os recursos financeiros para cada unidade orçamentária vinculam-se direta ou indiretamente aos objetivos a serem alcançados.

O processo de planejamento-orçamento desenvolve-se através dos seguintes passos:

- Determinação da situação.
- Diagnóstico da situação.
- Apresentação de soluções alternativas.
- Estabelecimento de prioridades.
- Definição de objetivos.
- Determinação das atividades para concretização dos objetivos.
- Determinação dos recursos humanos, materiais e financeiros.

O processo orçamentário resulta de um trabalho técnico, cuja finalidade é atingir a máxima racionalidade no emprego do dinheiro público, para o atingimento sempre

---

[33] Manual de Contabilidade do Governo, Subdireção Fiscal e Financeira, Nações Unidas – Provisional.

[34] Artigo 48, da Lei Complementar nº 101/2000 (Lei de Responsabilidade Fiscal).

[35] Artigo 83, da Lei Federal nº 4.320/64.

crescente de bens e serviços a serem colocados à disposição da coletividade, visando proporcionar-lhe o maior grau de bem-estar social possível.

E quando se utiliza desses procedimentos, começa-se a verificar que existem problemas, que observados de forma ordenada, através de uma técnica eficiente, poderão ser solucionados por diversas formas, escolhendo critérios baseados em estabelecimento de prioridades, adequando os recursos humanos, materiais e financeiros, de que se podem dispor, com a implementação das soluções apresentadas.

A conjugação desses procedimentos permitirá a tomada de decisão calcada em bases técnicas, cuja escolha de solução recairá sobre a que apresentar, no momento, melhores condições, segundo os critérios de prioridade estabelecidos.

Para melhor ilustrar a forma de adoção desses passos, vamos apresentar um exemplo que percorrerá, de forma abrangente, todos os procedimentos.[36]

PROBLEMA EXISTENTE

Um pequeno município possui como principal produto a laranja. Mas não há escoamento satisfatório de sua produção.

7.1 Determinação da situação

Preliminarmente, para se determinar a situação é necessário conhecer o problema existente, pois nele é que se baseia. Conhecido o problema, deve-se proceder à verificação das causas que o estão originando, isto é, por que o escoamento da produção de laranja não é satisfatório?

Imaginemos que, feita a verificação devida, foi constatado que o problema é causado em virtude de uma estrada de terra muito estreita e, por ser utilizada por carroças, dificulta sobremodo o transporte por caminhão, também agravado por uma ponte de madeira mal conservada.

Especificando um pouco mais o problema, foi constatado na verificação que a estrada de terra é muito ruim e, frequentemente, fica intransitável. Por outro lado, a ponte está estragada, é de madeira, não está conservada e não permite a passagem de caminhões. Como o transporte das laranjas é feito através da ponte, utilizam-se carroças para atravessá-la. Para agravar a situação, sabe-se que a safra de laranjas do próximo ano será 50% maior.

Portanto, podemos assim determinar a situação: uma produção de laranjas que não possui bom escoamento, por deficiência de uma estrada e de uma ponte.

---

[36] Este problema foi apresentado no "Texto Programado de Orçamento Programa", editado pela Secretaria da Fazenda do Estado de São Paulo.

7.2 Diagnóstico da situação

Após a determinação da situação, com base nas verificações feitas, pode-se, como consequência, inferir e diagnosticar a situação.

O diagnóstico da situação seria: estrada estreita, muito velha, de terra, com ponte de madeira velha e estragada, que não permite a passagem de caminhões. O transporte de laranjas é feito por carroças até o outro lado da ponte, para poder carregar o caminhão. A safra do próximo ano será maior, e 50% da safra – cerca de 20.000 caixas de laranjas – será perdida.

7.3 Apresentação de soluções

É a etapa que na sequência terá de ser realizada e consiste na procura de formas e maneiras pelas quais o problema poderá ser minimizado, contornado ou resolvido.

Não existe menor sombra de dúvidas de que um problema existente poderá ser visto sob várias formas alternativas, todas direcionadas na busca de soluções viáveis. É claro que a procura de opções tem em vista a diversificação econômica de custos, mesmo porque cada uma delas apresentará um orçamento financeiro adequado.

No caso do exemplo pressuposto podem-se apresentar três soluções viáveis, consubstanciadas no seguinte:

a) pavimentar a estrada e ampliá-la;

b) melhorar as condições da estrada, mantendo-a em terra;

c) construir nova ponte.

7.4 Estabelecimento de prioridades

Apresentadas as soluções possíveis, deve o assunto merecer por parte dos responsáveis uma escolha técnica em que as soluções sejam ordenadas com prioridade, isto é, qual deve ser a ordem a seguir, para o atendimento das soluções propostas.

O estabelecimento de prioridades significa que as soluções dentro das disponibilidades de recursos deverão ser escolhidas pela ordem técnica recomendada.

E no caso que estamos desenvolvendo, as prioridades poderiam ser ordenadas, tecnicamente, na seguinte conformidade:

1. construir nova ponte;

2. ampliar e asfaltar a estrada;

3. ampliar a estrada.

Pelo estabelecimento de prioridades anteriormente ordenado, verifica-se que a construção da nova ponte é premente para solucionar o problema. A estrada deverá ser ampliada; se existirem recursos, recomenda-se que seja asfaltada, mas se forem escassos, que impeçam ou inviabilizem a recomendação, deve pelo menos ser ampliada.

7.5 Definição de objetivos

Em vista do estabelecimento das prioridades de solução do problema, devem elas merecer uma definição de objetivos, qual seja, o detalhamento do que se pretende atingir e alcançar.

Seguindo a mesma ordem das prioridades, os objetivos poderiam ser assim definidos:

1. Construir nova ponte

   Construir ponte de concreto, para dar escoamento total da safra atual e dos próximos quatro anos. Construí-la em 6 meses, com largura mínima de 7 metros.

2. Ampliar e asfaltar a estrada

   Ampliar a estrada e asfaltá-la, com um mínimo de sete metros de largura, num trecho de 10 quilômetros em seis meses, para permitir o escoamento de 90% da safra atual e 80% das próximas safras.

3. Ampliar a estrada

   Ampliar a estrada para sete metros de largura, num trecho de 10 quilômetros em seis meses, para permitir o escoamento de 70% da safra atual e 60% das próximas safras.

7.6 Determinação de atividades para concretização dos objetivos

Definidos os objetivos, como são de caráter amplo, é necessário determinar as atividades a serem desenvolvidas, para melhor atingi-los.

A determinação das atividades consiste no detalhamento de todas as ações que deverão ser implementadas, e que poderão ser descritas, da seguinte forma:

1 – Localizar a posição da ponte
    1.1 – Elaborar o projeto
    1.2 – Contratar a obra
    1.3 – Construir a ponte

2 – Passar a motoniveladora
    2.1 – Contratar o asfaltamento
    2.2 – Asfaltar

3 – Passar a motoniveladora

7.7 Determinação dos recursos humanos, materiais e financeiros

Feito o detalhamento das ações, cabe a identificação e determinação dos recursos humanos, materiais e financeiros, necessários para o cumprimento e execução das atividades.

Para melhor visualização, apresentemos primeiro a determinação dos recursos humanos e materiais e em seguida os meios financeiros indispensáveis.

I – Recursos humanos e materiais

    1 Fiscal da obra

       1.1)

       1.2) Firma empreiteira

       1.3)

    2 Firma empreiteira

  2.1 Diretor Administrativo

  2.2 Firma empreiteira

    3 Equipamento

    Combustível

    Um Operador

II – Recursos Financeiros

    1 Remuneração do fiscal, durante 6 meses $ _____

       1.1)

       1.2 Custo da obra em 6 meses $ _____

       1.3)

    2 Custo da obra em 6 meses $ _____

    3 Combustível em 6 meses $ _____

    Remuneração de um operador de máquina por 6 meses $ _____

Para finalizar, pode-se dizer que, feitos os estudos técnicos, ordenadas as prioridades, definidos os objetivos a cada uma correspondente, bem como determinadas as atividades e os recursos humanos, materiais e financeiros indispensáveis, o assunto está em condições de merecer por parte dos responsáveis uma tomada de decisão, para escolha da solução que melhor atenda aos requisitos técnicos, adequados aos recursos existentes ou possíveis.

Na sequência, feita a escolha através da tomada de decisão, há que se proceder à devida classificação programática. Nas hipóteses definidas como objetivos (item 5), poderiam ser identificadas, para efeito da devida programação, as seguintes categorias:

a) No caso do objetivo CONSTRUIR NOVA PONTE

Teria de ser criado, na Classificação Funcional-Programática um PROJETO, denominado Construção de Ponte, e que obedeceria à seguinte estrutura:

FUNÇÃO 26 TRANSPORTE

SUBFUNÇÃO 782 TRANSPORTE RODOVIÁRIO

PROGRAMA 001 ESTRADAS VICINAIS[37]

PROJETO 1.001 CONSTRUÇÃO DE PONTE

b) No caso do objetivo AMPLIAR E ASFALTAR A ESTRADA

Teria de ser criado, na Classificação Funcional-Programática, um PROJETO, denominado AMPLIAÇÃO E ASFALTAMENTO DE ESTRADA, e que obedeceria à seguinte estrutura:

FUNÇÃO 26 TRANSPORTE

SUBFUNÇÃO 782 TRANSPORTE RODOVIÁRIO

PROGRAMA 001 ESTRADAS VICINAIS

PROJETO 3.001 AMPLIAÇÃO E ASFALTAMENTO DE ESTRADA

c) No caso do objetivo AMPLIAR A ESTRADA

Partindo-se do pressuposto de que exista um órgão de conservação de estradas e que a ampliação não implique nenhuma desapropriação, teríamos um serviço que consistiria em passar a motoniveladora, e a Classificação Funcional-programática utilizaria a ATIVIDADE denominada CONSERVAÇÃO DE ESTRADA, e que obedeceria à seguinte estrutura:

FUNÇÃO 26 TRANSPORTE

SUBFUNÇÃO 782 TRANSPORTE RODOVIÁRIO

PROGRAMA 001 ESTRADAS VICINAIS

ATIVIDADE 2.001 CONSERVAÇÃO DE ESTRADA

7.8 Categorias de programação

As categorias de programação são os diversos níveis de programação concreta, adotados para ordenar o processo de seleção dos objetivos e dos meios.

---

[37] *Estradas Vicinais* são estradas que ligam lugarejos vizinhos. Normalmente, diz-se das estradas que ligam, no interior, as pequenas comunidades, povoações e aldeias vizinhas.

Programar significa selecionar os objetivos que se procuram alcançar, determinar as ações que permitirão atingir tais fins, calcular e consignar os meios para efetivação das ações, como já foi dito.

As categorias de programação podem ser definidas em dois níveis:

I – Nível de objetivos

II – Nível de meios (atividades e ações)

I – **NÍVEL DE OBJETIVOS** – são as categorias de programação onde são definidos os fins ou produtos finais a serem atingidos e alcançados. Neste nível elaboram-se os Programas a serem desenvolvidos, de conformidade com os objetivos definidos. *Objetivo* define-se como cada bem ou serviço que o governo se propõe colocar à disposição da comunidade, no cumprimento de sua tarefa de satisfazer às necessidades públicas.

Programa é o conjunto de ações necessárias para alcançar um objetivo concreto, bem como os recursos indispensáveis à sua consecução, sob a responsabilidade de uma ou mais unidades administrativas. A formalização da apresentação do Programa deve ser feita através da descrição do objetivo, detalhando-o, ou seja, qual a finalidade que o Programa pretende atingir, sendo mensurado por indicadores estabelecidos no plano plurianual.

O Programa pode ser simples ou complexo.

Programa simples, caracteriza-se pela absoluta homogeneidade do seu produto final, ou seja, abrange apenas uma finalidade específica. *Produto Final* é o nome que se dá a cada tipo de bem ou serviço que satisfaça, por si só, certas necessidades da comunidade. Exemplo de Programas Simples: Processo Legislativo.

Programa Complexo, onde o produto final é relativamente homogêneo, isto é, desagregável em produtos finais parciais. *Produtos finais* parciais entendem-se como o conjunto de bens ou serviços que, agregados, compõem o produto final. Exemplo de Programa Complexo: Formação em Curso Superior.

A Formação em Curso Superior tipifica um Programa Complexo, porquanto seu produto final pode ser desagregável em produtos finais parciais, através dos Cursos de Graduação, Cursos de Pós-Graduação, Cursos de Extensão Universitária, uma vez que todos estão compreendidos no Programa de Formação em Curso Superior. Por certo, a consolidação desses produtos finais parciais compreenderá o produto final do Programa de Formação em Curso Superior.

II – **NÍVEL DE MEIOS** – são as categorias de programação onde são definidas as ações necessárias para alcançar o objetivo de um programa ou subprograma, bem como os recursos humanos, materiais e financeiros, em quantidade e qualidade adequados àquela realização. Essas ações são definidas através de Atividades e Projetos.

1. **Projeto** é um instrumento de programação para alcançar os objetivos de um programa, envolvendo um conjunto de operações limitadas no tempo, das quais resulta um produto final que concorre para a expansão ou o aperfeiçoamento da ação do governo.

Exemplos: Construção e ampliação de salas de aula. No nosso caso já foram descritos: a) Construção de ponte; 2) Ampliação e asfaltamento de estrada.

O conjunto de operações mencionadas denomina-se obra.

Obra é entendida como cada uma das unidades físicas que combinadas ou complementadas entre si levam ao cumprimento do objetivo do projeto. Exemplos: Construção e Ampliação do Colégio Comunitário. E no nosso caso, obviamente, teríamos a obra: Construção da ponte sobre o rio das Laranjas, ligação do bairro Laranjal com a aldeia Vila Pio. Isto para o caso 1. E obra: Ampliação da Estrada Reta. Para os casos 2 e 3.

Trabalho é entendido como o esforço sistemático para executar cada uma das fases do processo de execução de uma obra.

2. **Atividades** é um instrumento de programação para alcançar os objetivos de um programa, envolvendo um conjunto de operações que se realizam de modo contínuo e permanente, necessárias à manutenção da ação do Governo. Exemplo: Apoio Técnico ao Ensino de Graduação. E no nosso caso: Conservação de Estrada.

O conjunto de operações retromencionado denomina-se tarefa.

Tarefa é o conjunto de ações homogêneas que compõem uma atividade e que devem ser conhecidas em detalhe e com precisão suficientes, bem como o seu volume, para que seja possível o cálculo racional dos recursos humanos, materiais e financeiros nas devidas proporções. Exemplos de tarefas que compõem a atividade Apoio Técnico ao Ensino de Graduação: lavratura de atos; apresentação e aprovação de quadros de distribuição das aulas; concessão de bolsas.

RESUMO

A elaboração do Orçamento por Programas exige sempre a especificação clara, tanto em quantidade como em qualidade dos recursos humanos, materiais e financeiros, necessários à execução das atividades, procurando o melhor aproveitamento dos recursos existentes.

Verifica-se que somente os recursos necessários à execução da atividade é que são especificados no Orçamento por Programas, o que equivale a dizer que no processo de planejamento-orçamento não se permite a existência de recursos ociosos.

No entanto, como uma das principais características do Orçamento por Programas é a fixação antecipada de objetivos e dos recursos financeiros necessários, ele permite a realização de um trabalho mais eficiente, pois se concentram os esforços comuns na busca do atingimento de uma meta estabelecida.

Em suma, o Orçamento por Programas permite:

– melhor aproveitamento dos recursos;

– determinar os meios financeiros em bases mais realistas;

– critérios objetivos de análise e decisão;

- verificar se as atividades previstas são as mais adequadas para o atingimento do objetivo;

- acompanhamento e controle, para que o atingimento do objetivo se concretize.

8 Orçamento base zero

Orçamento Base Zero é um processo operacional de planejamento e orçamento que exige de cada administrador a fundamentação da necessidade dos recursos totais solicitados, e em detalhes lhe transfere o ônus da prova, a fim de que ele justifique a despesa.

Este processo exige que todas as atividades e operações sejam identificadas e relacionadas em ordem de importância, através de uma análise sistemática.

O processo de Orçamento Base Zero baseia-se na preparação de "pacotes de decisão" e, consequentemente, na escolha do nível de objetivo através da definição de prioridades, confrontando-se incrementos pela ponderação de custos e benefícios.

Um pacote de decisão é a identificação de uma função ou operação distinta numa forma definitiva de avaliação e comparação com outras funções, incluindo:

a) consequências da não execução daquela função;

b) rumos alternativos de ação;

c) custos e benefícios;

d) medidas de desempenho;

e) tipos de alternativas;

    1. diferentes formas de executar a mesma função;

    2. diferentes níveis de esforço para executar a mesma função:

        – nível mínimo (abaixo do nível de operação corrente);

        – nível corrente de objetivos;

        – nível de expansão de objetivo.

8.1 Consequências da não execução daquela função

É uma das partes incluídas no pacote de decisão que tem por finalidade a verificação da importância da função e, em caso de sua desativação, quais os efeitos que provocaria.

8.2 Rumos alternativos de ação

É outra parte incluída no pacote de decisão, destinada à determinação da escolha de formas alternativas de ação que poderiam ser utilizadas, em caso da não execução da função.

8.3 Custos e benefícios

É mais uma das partes incluídas no pacote de decisão e refere-se à determinação do resultado a ser obtido, quer através da função, quer através de outras formas alternativas de ação escolhidas, quando relacionadas numa equação entre custos e benefícios, permitindo, destarte, uma tomada consciente de decisão.

8.4 Medidas de desempenho

É mais uma das partes incluídas no pacote de decisão, e tem por escopo a verificação e o controle das medidas de desempenho, entre o que se fixa e as ações utilizadas para a efetiva execução da função.

8.5 Tipos de alternativas

São algumas das partes incluídas no pacote de decisão, e visam a determinação e verificação dos diferentes tipos alternativos que se oferecem para a execução da função.

8.5.1 Diferentes formas de executar a mesma função

Os tipos de alternativas incluídas no pacote de decisão dizem respeito à escolha e determinação de uma alternativa, selecionada dentre várias formas apresentadas para a execução da mesma função.

8.5.2 Diferentes níveis de esforço para executar a mesma função

São partes integrantes do pacote de decisão e consistem na apresentação de alternativas, consubstanciadas em níveis de esforço, a serem escolhidos, para a execução da função. Um pacote de decisão deverá ser preparado no nível de esforço mínimo, corrente e de expansão.

Nível mínimo é uma primeira alternativa apresentada no pacote de decisão, que se baseia no nível mínimo de esforço, ou seja, o nível de esforço abaixo do qual a unidade de decisão não possui eficácia.

Nível corrente de esforço é uma segunda alternativa, apresentada no pacote de decisão, que identifica o nível de incremento de esforço acima do nível mínimo, que permitirá a execução da função ou serviços presentes, isto é, no nível presentemente executado.

Nível de expansão de esforço é a terceira alternativa apresentada no pacote de decisão, que procura incrementos acima do nível corrente, cuja finalidade é a permissão da execução de funções ou serviços adicionais aos existentes.

RESUMO

O Orçamento Base Zero é basicamente um Orçamento por Programas, utiliza-se de todo o processo operacional de planejamento e orçamento, fundamentado na preparação de pacotes de decisão, para a escolha do nível de objetivo ditado pela ponderação da equação de custos e benefícios.

O pacote de decisão deve requerer apenas os fundos necessários para manter as operações, absolutamente indispensáveis à manutenção dos serviços mínimos exigidos pela função, mas, geralmente, deve também apresentar níveis de incremento para manter os serviços presentes ou existentes, ou ainda executar serviços adicionais.

Os pacotes de decisão serão submetidos ao Colégio de Decisão, que é o nível organizacional que os classifica. A priorização pode ser feita em diversos escalões, antes que toda a organização seja classificada.

6

Receita Pública

1 Conceito

Entende-se, genericamente, por Receita Pública todo e qualquer recolhimento feito aos cofres públicos, e, também, a variação ativa, proveniente do registro do direito a receber no momento da ocorrência do fato gerador, quer seja efetuado através de numerário ou outros bens representativos de valores – que o Governo tem direito de arrecadar em virtude de leis, contratos ou quaisquer outros títulos que derivem direitos a favor do Estado –, quer seja oriundo de alguma finalidade específica, cuja arrecadação lhe pertença ou caso figure como depositário dos valores que não lhe pertencerem.

Observamos que as instituições públicas possuem características próprias, relativamente ao entendimento da receita orçamentária, pois estão essencialmente subordinadas a questões legais e normativas. O Manual de Contabilidade Aplicada ao Setor Público,[1] diz que o reconhecimento da receita deverá ser feito sob o enfoque patrimonial e sob o enfoque orçamentário.

O reconhecimento da receita orçamentária, sob o enfoque patrimonial, deve utilizar a variação ativa ocorrida no patrimônio, em contrapartida do direito no momento da ocorrência do fato gerador, antes da efetivação do correspondente ingresso de disponibilidades, cujo procedimento é conhecido como *regime de competência*. Por outro lado, o reconhecimento da receita orçamentária, sob o enfoque orçamentário, atende a dispositivo da Lei nº 4.320/64, que evidencia a característica de serem consideradas como receita, o momento do efetivo recolhimento (recebimento) efetuado aos cofres públicos, cujo procedimento é conhecido por *regime de caixa*.

---

[1] A respeito do regime contábil leia o Capítulo 4 deste livro.

Todas as atividades que forem desenvolvidas para a arrecadação e o recolhimento de numerário e outros bens representativos de valores denominam-se processamento da receita pública e devem-se entender não apenas aquelas exercidas pelos órgãos arrecadadores, mas, num sentido mais amplo, tudo quanto for feito pela complexa estrutura de arrecadação, no sentido de que os créditos do Poder Público sejam carreados para seus cofres.[2]

O sucesso determinado pelo nível que eventualmente for alcançado na consecução desse objetivo deve-se à organização da estrutura administrativa que for estabelecida para essa finalidade, ou seja, quanto mais eficiente a organização administrativa, maior será a eficácia na arrecadação e recolhimento das receitas que lhe incumbe arrecadar.

2 Classificação

Existe outra particularidade no conceito da receita pública, praticado pelas entidades públicas, que diz respeito ao fato de se considerar como receita pública todo e qualquer recolhimento feito aos cofres públicos, incluindo aqueles cuja arrecadação lhes pertença ou caso figurem como depositários dos valores que não lhe pertencem, identificando a existência de uma ambivalência. Apenas no sentido de informar que esta identificação é outra das diferenças existentes nos procedimentos adotados pelas entidades públicas em comparação com as entidades privadas.

Ao procedermos a uma observação por alguns aspectos legais ou normativos, fatalmente chegaremos à conclusão de que existem dispositivos em que essa ambivalência se ampara, ou se origina. Encontramos na Lei nº 4.320/64 o seguinte:[3]

> "A Lei de Orçamento compreenderá todas as receitas, inclusive as operações de crédito autorizadas em lei."

E o texto do seu parágrafo único diz:

> "Não se consideram para os fins deste artigo as operações de crédito por antecipação de receita, as emissões de papel-moeda e outras entradas compensatórias no ativo e passivo financeiro."

Observa-se pela leitura do texto desse artigo que a Lei de Orçamento, atendendo ao princípio da universalidade, deverá compreender todas as receitas incluindo-se, também, as operações de crédito autorizadas em lei. E, pelo descrito no seu parágrafo, as exceções de entradas que, pela sua natureza, se constituirão em simples compensação no ativo e passivo financeiros.

---

[2] ANGÉLICO, João. *Contabilidade pública*. São Paulo: Atlas, 1985.

[3] Artigo 3º e parágrafo único da Lei Federal nº 4.320/64.

Portanto, identificamos pela simples leitura do texto referido na observação que existem dois tipos de receitas, as que devem estar compreendidas na Lei de Orçamento e dela fazer parte e as que, ao serem recolhidas, verificamos não pertencerem ao poder público, que as arrecada para atender a normas, regulamentos ou contratos, sendo simplesmente depositário do valor, constituindo-se em simples entradas compensatórias financeiras e que não devem ser consideradas na Lei de Orçamento.

Portanto, a Receita Pública classifica-se em dois grupos:

a) Receita Orçamentária; e

b) Receita Extraorçamentária.

Verifique no Capítulo 14 – *Assuntos Específicos*, Seção 7, Questão da classificação dos convênios, os procedimentos a serem utilizados no caso de recebimentos relativos a convênios, especialmente no que se refere a quando se deve classificá-los como receita orçamentária ou receita extraorçamentária.

3 Receita orçamentária

A Receita Orçamentária é a consubstanciada no orçamento público, consignada na Lei Orçamentária, cuja especificação deverá obedecer à discriminação constante do Anexo nº 3, da Lei Federal nº 4.320/64, cujas atualizações vêm sendo feitas pela Portaria Interministerial nº 163/2001.

Com o intuito de colaborar, para que se encontre uma forma capaz de possibilitar uma eficiente classificação da receita orçamentária, devemos sempre fazer a seguinte interrogação: A receita que está sendo recolhida pertence ao tesouro ou ao órgão que a está recebendo?

Caso a resposta seja positiva, indubitavelmente estaremos recolhendo uma receita classificável como *orçamentária*, pois, certamente, não se tratará de uma entrada compensatória no ativo e passivo financeiro, ou seja, valor que estejamos recebendo com a obrigação de devolvermos ou pagarmos a quem de direito.

A Receita Orçamentária, por outro lado, tendo em vista o contido no Manual de Receita Nacional,[4] deve observar o reconhecimento da receita, da seguinte forma:

I – Reconhecimento da receita (sob o enfoque patrimonial);

II – Reconhecimento da receita (sob o enfoque orçamentário).

I – *O reconhecimento da receita, sob o enfoque patrimonial*, consiste na aplicação dos Princípios Fundamentais de Contabilidade para reconhecimento da variação ativa

---

4   O Manual de Receita Nacional, Parte 10 – Reconhecimento da Receita.

ocorrida no patrimônio, em contrapartida ao registro do direito no momento da ocorrência do fato gerador, antes da efetivação do correspondente ingresso de disponibilidade.

Observa-se que, além do registro dos fatos ligados à execução orçamentária, exige-se a evidenciação dos fatos ligados à administração financeira e patrimonial, para evidenciar que os fatos modificativos sejam levados à conta de resultado e que as informações contábeis permitam o conhecimento da composição patrimonial e dos resultados econômicos e financeiros de determinado exercício.

Essa forma de observar o reconhecimento da receita, sob o enfoque patrimonial, procura aprimorar os procedimentos, para que a despesa e a receita sejam reconhecidas por critério de *competência patrimonial* e visa conduzir a contabilidade aplicada ao setor público brasileiro aos padrões internacionais e ampliar a transparência sobre as contas públicas.

Portanto, ocorrido o fato gerador, pode-se proceder ao registro contábil do direito em contrapartida a uma variação ativa, em contas do sistema patrimonial, o que representa o registro da receita por competência. O reconhecimento da receita, sob o enfoque patrimonial, apresenta como dificuldade a determinação do momento da ocorrência do fato gerador, entretanto, para a receita tributária pode-se utilizar o momento do *lançamento* como referência para o reconhecimento, pois nesse estágio da execução da receita é que: determina-se a matéria tributável; calcula-se o montante do tributo devido; e, identifica-se o sujeito passivo.

II – *O reconhecimento da receita sob o enfoque orçamentário* são todos os ingressos disponíveis para cobertura das despesas orçamentárias e operações que, mesmo não havendo ingresso de recursos, financiam despesas orçamentárias.

Essa forma de observar o reconhecimento da receita, sob o enfoque orçamentário, consiste na aplicação do registro orçamentário da receita, atendendo ao disposto no art. 35 da Lei nº 4.320/64, que determina o reconhecimento da receita sob a ótica de caixa e deve observar os Princípios Fundamentais de Contabilidade.

O entendimento que está disposto no Manual de Receita Nacional e que, portanto, adota, é o de que, na verdade, o art. 35 refere-se ao regime orçamentário e não ao regime contábil, pois a contabilidade é tratada em título específico, no qual determina-se que as variações patrimoniais devem ser evidenciadas, sejam elas independentes ou resultantes da execução orçamentária.

Portanto, pode-se inferir que a Contabilidade Aplicada ao Setor Público obedece aos princípios fundamentais de contabilidade, aplicando-se o princípio da competência em sua integralidade, ou seja, tanto na receita quanto na despesa. Ressalte-se, por oportuno, que a receita orçamentária apresentará os registros contábeis, relativos ao enfoque patrimonial e também os registros contábeis relativos ao enfoque orçamentário, pois "a contabilidade evidenciará os fatos ligados à administração orçamentária, financeira, patrimonial e industrial".[5] Os lançamentos correspondentes ao registro contábil estarão inseridos nas partes relativas à escrituração contábil da receita orçamentária.

---

[5] Artigo 89, da Lei nº 4.320/64.

3.1 Classificação econômica

A Lei Federal nº 4.320/64, a respeito da receita orçamentária, diz:

"A receita classificar-se-á nas seguintes categorias econômicas: Receitas Correntes e Receitas de Capital."[6]

As categorias econômicas da receita orçamentária obedecem a uma discriminação sequencial, obedecendo aos seguintes níveis: 1º nível: As *Categorias Econômicas* que são distribuídas, num 2º nível por *origem*, desdobradas num 3º nível em *espécie* que, por sua vez, são analisadas num 4º Nível em *rubricas*, num 5º nível por *alíneas*, num 6º nível por *subalíneas*,[7] e podem chegar a um 7º nível por *itens*, podendo, ainda, se necessário chegar a um 8º nível por *subitens*.[8]

Verificada a resposta sobre a questão a respeito do recolhimento pertencer ou não ao poder público, em sendo a resposta positiva, deveremos em seguida identificar a que operação se refere, pois a receita orçamentária está sujeita, ainda, à complementação necessária no que respeita ao tipo, se operação corrente ou operação de capital.

3.1.1 Receitas correntes

"São Receitas Correntes as receitas tributárias, de contribuições, patrimonial, agropecuária, industrial, de serviços e outras e, ainda, *as provenientes de recursos financeiros recebidos de outras pessoas de direito público ou privado, quando destinadas a atender despesas classificáveis em Despesas Correntes.*"[9]

Por meio desse dispositivo legal, observamos a existência de uma série de fontes de Receitas Correntes que são integrantes do Anexo nº 3, da Lei Federal nº 4.320/64, que estabelece a Discriminação das Receitas Orçamentárias que os Estados, o Distrito Federal, os Municípios e a União deverão utilizar, identificadas nos Anexos I e II, respectivamente.

No que se relaciona às receitas provenientes de recursos financeiros recebidos de outras pessoas de direito público ou privado, quando destinadas a atender a despesas classificáveis em Despesas Correntes, o texto refere-se às receitas relativas às Transferências Correntes. Aliás, tal fato decorre, em parte, de outra disposição legal, que diz:

"As cotas de receita que uma entidade pública deva transferir a outra incluir-se-ão, como despesa, no orçamento da entidade obrigada à transferência e, como receita, no orçamento da que as deva receber."[10]

---

[6] Artigo 11, da Lei Federal nº 4.320/64.

[7] In: Manual de Contabilidade Aplicada ao Setor Público, no Anexo Parte I – Procedimentos contábeis.

[8] Vide Quadro sinótico da classificação econômica da receita, apresentado na Parte 5.2 – Códigos Orçamentários.

[9] § 1º do artigo 11, da Lei Federal nº 4.320/64.

[10] § 1º do artigo 6º, da Lei Federal nº 4.320/64.

Portanto, no caso de uma entidade pública transferir recursos financeiros que devam ser destinados para atender a despesas classificáveis em Despesas Correntes, ela deverá emitir empenho utilizando dotação de Transferências Correntes e, assim procedendo, obrigará à entidade pública que a receber, classificá-la em sua receita orçamentária, na fonte de Transferências Correntes, pois, dessa forma, ao utilizar os recursos na aplicação de despesas deverá fazê-lo mediante dotação classificável em Despesas Correntes.

Notamos que as receitas correntes dizem respeito a uma conotação econômica que são ligadas e representativas das chamadas operações correntes. E "são correntes as operações que não provenham da alienação de um bem de capital, não estejam, na lei, definidas como de capital e estejam por ato do poder público vinculadas a uma despesa corrente (transferências correntes)".[11]

A classificação da receita corrente obedecerá ao seguinte esquema:

I – Receitas Correntes

- Receita Tributária
- Receita de Contribuições
- Receita Patrimonial
- Receita Agropecuária
- Receita Industrial
- Receita de Serviços
- Transferências Correntes
- Outras Receitas Correntes

Receita Tributária é composta por Impostos, Taxas e Contribuições de Melhoria. Conceitua-se como a resultante da cobrança de tributos pagos pelos contribuintes em razão de suas atividades, suas rendas, suas propriedades e dos benefícios diretos e imediatos recebidos do Estado.[12] A Lei nº 4.320/64 descreve que "Tributo é a receita derivada,[13] instituída pelas entidades de direito público, compreendendo os impostos, as taxas e contribuições nos termos da Constituição e nas leis vigentes em matéria financeira, destinando-se o seu produto ao custeio de atividades gerais ou específicas exercidas por essas entidades".

Sobre o Sistema Tributário destacam-se os seguintes aspectos que, no nosso entender, devem ser levados ao conhecimento geral:

"Sem prejuízo de outras garantias asseguradas ao contribuinte, é vedado à União, aos Estados, ao Distrito Federal e aos Municípios:

---

[11]   MACHADO JR., J. Teixeira; REIS, Heraldo da Costa. A *Lei 4.320 comentada*. Ibam, 1975.

[12]   ANGÉLICO, João. *Contabilidade pública*. São Paulo: Atlas, 1985.

[13]   Receita derivada é aquela que provém do patrimônio dos particulares.

I – exigir ou aumentar tributo sem lei que o estabeleça;"[14]

É vedado "cobrar tributos:

a) em relação a fatos geradores ocorridos antes do início da vigência da lei que os houver instituído ou aumentado;

b) no mesmo exercício financeiro em que haja sido publicada a lei que os instituiu ou aumentou;"[15]

"A vedação do inciso III, 'b', não se aplica aos impostos previstos nos arts. 148, I, 153, I, II, IV e V, e 154, II."[16]

"Tributo é toda a prestação pecuniária compulsória, em moeda ou cujo valor nela se possa exprimir, que não constitua sanção de ato ilícito, instituída em lei e cobrada mediante atividade administrativa plenamente vinculada."[17]

Conforme já foi dito, a Receita desdobra-se por origens, e estas em espécies. O imposto é uma espécie da Receita Tributária, e conceitua-se como "um tributo cuja obrigação tem como fato gerador uma situação, independente de qualquer atividade estatal específica, relativa ao contribuinte. É pago coativamente, independentemente de uma contraprestação imediata e direta do Estado".[18]

Taxa é outra espécie de tributos que tem como fato gerador "o exercício do poder de polícia, ou a utilização, efetiva ou potencial, de serviço público específico e divisível prestado ao contribuinte ou posto à sua disposição".[19] Portanto, *taxa* corresponde à especialização de serviço público, em proveito direto ou por ato do contribuinte.

A Contribuição de Melhoria, também espécie dos tributos, "é destinada a fazer face ao custo de obras públicas de que decorra valorização imobiliária, tendo como limite total a despesa realizada e como limite individual o acréscimo do valor que a obra resultar para cada imóvel beneficiado".[20]

A **Receita de Contribuições** é também uma origem das receitas correntes, destinada a arrecadar receitas relativas a contribuições sociais e econômicas, destinadas, geralmente, à manutenção dos programas e serviços sociais e de interesse coletivo.

As **Receitas Patrimonial, Agropecuária e Industrial** são origens que se compõem de rendas provenientes, respectivamente, da utilização de bens pertencentes ao Estado, como aluguéis, arrendamentos, foros, laudêmios, juros, participações e dividendos; da

---

[14] *Constituição Federal*, artigo 150, inciso I.

[15] *Constituição Federal*, artigo 150, inciso III.

[16] *Constituição Federal*, artigo 150, § 1º.

[17] Artigo 3º, da Lei Federal nº 5.172/66 – Código Tributário Nacional.

[18] Artigo 16, idem.

[19] Artigo 77, idem.

[20] Artigo 81, idem.

produção vegetal, animal e de derivados; e da indústria extrativa mineral, de transformação e de construção.

As **Receitas de Serviços** são outra origem das receitas correntes que se originam da prestação de serviços comerciais, financeiros, de transporte, de comunicação e de outros serviços diversos, bem como tarifa de utilização de faróis, aeroportuárias, de pedágio.

As **Transferências Correntes** são outra origem oriunda de recursos financeiros recebidos de outras entidades de direito público ou privado e destinados ao atendimento de gastos, classificáveis em despesas correntes.[21]

Outras Receitas Correntes também são origem de receitas correntes originárias da cobrança de multas e juros de mora, indenizações e restituições, receita da dívida ativa e receitas diversas.

Finalizando, as origens de receitas orçamentárias correntes obedecerão à seguinte especificação constante do Anexo nº 3, da Lei Federal nº 4.320/64:

RECEITAS CORRENTES

Receita Tributária: Impostos, taxas e contribuições de melhoria.

Receita de Contribuições: Contribuições sociais e econômicas.

Receita Patrimonial: Receitas imobiliárias, de valores mobiliários, de concessões e permissões, de compensações financeiras e outras receitas patrimoniais.

Receita Agropecuária: Receita da produção vegetal, animal e derivados e outras receitas agropecuárias.

Receita Industrial: Receita da indústria extrativa mineral, de transformação, de construção e outras receitas industriais.

Receita de Serviços: Comerciais, financeiros, administrativos, educacionais, de transporte, de comunicações, de saúde, portuários, armazenagem, processamento de dados e outros serviços.

Transferências Correntes: Transferências intergovernamentais, de instituições privadas, do exterior, de pessoas, de convênios e para o combate à fome.

Outras Receitas Correntes: Multas e juros de mora, indenizações e restituições, da dívida ativa e outras receitas diversas.

As normas gerais, constantes do Manual de Contabilidade aplicada ao Setor Público, dizem que as Receitas de Operações Intraorçamentárias são receitas originadas de outras entidades integrantes dos orçamentos fiscal e da seguridade social, no âmbito da mesma esfera de governo, por isso, não representam novas entradas de recursos nos cofres públicos, mas apenas movimentação de receitas entre seus órgãos.

---

[21] Parte final do § 1º do art. 11 da Lei Federal nº 4.320/64.

3.1.2 Receitas de capital

"São Receitas de Capital as provenientes da realização de recursos financeiros oriundos da constituição de dívidas; da conversão, em espécie, de bens e direitos; os recursos recebidos de outras pessoas de direito público ou privado, destinados a atender despesas classificáveis em Despesas de Capital e, ainda, o superávit do orçamento corrente."[22]

Por meio desse dispositivo legal, observamos a existência de uma série de fontes de Receitas de Capital que também fazem parte do Anexo nº 3 da Lei Federal nº 4.320/64, que estabelece a Discriminação das Receitas Orçamentárias que os Estados, o Distrito Federal, os Municípios e a União deverão utilizar, identificadas nos Anexos I e II, respectivamente.

No que se relaciona às receitas provenientes de recursos financeiros recebidos de outras pessoas de direito público ou privado, quando destinadas a atender despesas classificáveis em Despesas de Capital, o texto refere-se às receitas relativas às Transferências de Capital. Aliás, esse fato decorre, como já foi mencionado quando do exposto na parte da receita corrente, em parte, de outra disposição legal, que diz:

"As cotas de receita que uma entidade pública deva transferir a outra incluir-se-ão, como despesa, no orçamento da entidade obrigada à transferência e, como receita, no orçamento da que as deva receber."

Por oportuno, convém agora descrevermos o texto legal que indica o procedimento a ser adotado no caso do superávit do orçamento corrente, que diz:

"O *superávit* do orçamento corrente resultante do balanceamento dos totais de receitas e despesas correntes, apurado na demonstração a que se refere o Anexo nº 1, não constituirá item de receita orçamentária."[23]

Observamos que a lei diz que o superávit do orçamento corrente também deve ser considerado como receita de capital, porém, não se constituindo em um item de receita orçamentária, podendo-se inferir que a diferença (excesso de receita sobre a despesa) resultante do balanceamento entre as receitas e as despesas correntes será considerado e utilizado para cobertura de despesas de capital.

Essa inferência é muito importante, no sentido de demonstrar que somente o superávit do orçamento corrente poderá ser utilizado para cobertura de despesas de capital e que a recíproca não é verdadeira, ou seja, que o superávit do orçamento de capital possa-se constituir em receita corrente, quer pela falta de dispositivo legal que lhe dê guarida, quer por sua existência no sentido de vedar sua ocorrência.

À primeira vista, observamos que a lei considera o superávit do orçamento corrente como Receita de Capital, o que tem implicação lógica, uma vez que iremos encontrar nos

---

[22] § 2º do art. 11, da Lei Federal nº 4.320/64.

[23] § 3º, idem, ibidem.

orçamentos públicos, geralmente que, no orçamento corrente, a receita corrente deverá ser maior do que a despesa corrente, configurando, portanto, o chamado superávit do orçamento corrente que, embora possa ser utilizado para cobertura de despesas de capital, não constituirá item de receita orçamentária.

Por outro lado, não há nenhum dispositivo na Lei nº 4.320/64 ou em outra lei que expressamente se refira ao superávit do orçamento de capital e, obviamente, também não há menção sobre sua existência, fazendo crer que se trata de algo improvável e indesejável. E essa crença tem sentido, quando passamos a analisar as hipóteses em que pode ocorrer o superávit do orçamento de capital. Para que exista o superávit do orçamento de capital, é preciso que a receita de capital seja maior do que a despesa de capital.

Para que isso ocorra, é necessário que haja receita proveniente da venda de bens ou valores, recebimento de empréstimos concedidos ou operações de crédito relativas à constituição de dívidas, seja de valor maior do que as despesas de capital que são utilizadas em investimentos, como obras e instalações, equipamentos e material permanente, seja em inversões financeiras como aquisição de imóveis e outros bens ou valores, provocando certamente uma diminuição do patrimônio público que muitos chamariam de ação que provoca a dilapidação do patrimônio público.

Alguns sinais claros dessa crença estão expressos na Constituição Federal, quando diz:

> "São Vedados: a realização de operações de crédito que excedam o montante das despesas de capital, ressalvadas as autorizadas mediante créditos suplementares ou especiais com finalidade precisa, aprovados pelo Poder Legislativo por maioria absoluta."[24]

Recentemente, porém, foi editado na chamada Lei de Responsabilidade Fiscal um dispositivo legal, que diz:

> "É vedada a aplicação da receita de capital derivada da alienação de bens e direitos que integram o patrimônio público para o financiamento de despesa corrente, salvo se destinado por lei aos regimes de previdência social, geral e próprio dos servidores públicos."[25]

Esse dispositivo encontra-se na parte da Seção II que trata da Preservação do Patrimônio Público, com a clara intenção de resguardar a integridade do patrimônio público, mesmo considerando-se a ressalva, pois

> "certamente essa abertura na Lei tem origem na formação ou consolidação dos fundos de previdência social necessários para fazer frente ao crescente número de aposentadorias a serem concedidas na área pública".[26]

---

[24] Inciso III do artigo 167 da *Constituição Federal*.

[25] Artigo 44 da Lei Complementar nº 101/2000 (Lei de Responsabilidade Fiscal).

[26] CRUZ, Flávio da (Coord.). *Lei de responsabilidade fiscal comentada*. 2. ed. São Paulo: Atlas, 2001.

A classificação da receita de capital obedecerá ao seguinte esquema:

I – Receitas de Capital

- Operações de Crédito
- Alienação de Bens
- Amortização de Empréstimos
- Transferências de Capital
- Outras Receitas de Capital

Por sua vez, as receitas de capital são as provenientes de operações de crédito, alienações de bens, de amortização de empréstimos concedidos, de transferências de capital e outras receitas de capital.[27]

As **Operações de Crédito** são origens oriundas da realização de recursos financeiros advindos da constituição de dívidas, através de empréstimos e financiamentos, que podem ser internas ou externas.

As **Alienações de Bens** são outra origem das receitas de capital, captadas através da venda de bens patrimoniais móveis ou imóveis, e dizem respeito às conversões de bens e valores em espécie, isto é, conversão desses bens e valores em moeda corrente.

As **Amortizações de Empréstimos** são origens das receitas de capital, através das quais se recebem valores relativos a empréstimos concedidos.

As **Transferências de Capital** são outra origem de recursos recebidos de outras entidades de direito público ou privado, destinados a atender a despesas classificáveis em Despesas de Capital.[28]

Há ainda **Outras Receitas de Capital**, que é uma origem das Receitas de Capital destinada a arrecadar outras receitas de capital que constituirão uma classificação genérica não enquadrável nas origens anteriores.

Outrossim, será considerado receita de capital o superávit do Orçamento Corrente, segundo disposição da Lei Federal nº 4.320/64. Porém, o superávit do Orçamento Corrente resultante do balanceamento dos totais das receitas e despesas correntes, apurado na demonstração a que se refere o Anexo nº 1, não constituirá item da receita orçamentária.[29]

Finalizando, as origens de receitas orçamentárias de capital obedecerão à seguinte especificação constante do Anexo nº 3, da Lei Federal nº 4.320/64.

RECEITAS DE CAPITAL

Operações de Crédito: Operações de crédito internas e externas.

Alienação de Bens: Alienação de bens móveis e imóveis.

Amortização de Empréstimos: Amortização de empréstimos concedidos.

---

[27]   § 2º, idem, ibidem.

[28]   Parte final do § 2º, do artigo 11, da Lei Federal nº 4.320/64.

[29]   § 3º, idem, ibidem.

Transferências de Capital: Transferências intergovernamentais, de instituições privadas, do Exterior, pessoas e de convênios.

Outras Receitas de Capital: Outras.

Observa-se, pelas normas gerais constantes do Manual de Contabilidade Aplicada ao Setor Público, que as Receitas de Operações Intraorçamentárias são receitas originadas de outras entidades integrantes dos orçamentos fiscal e da seguridade social, no âmbito da mesma esfera de governo, por isso não representam novas entradas de recursos nos cofres públicos, mas apenas movimentação de receitas entre seus órgãos.

4 Receita extraorçamentária

A Receita Extraorçamentária, segundo grupo da receita pública, compreende os recolhimentos feitos que constituirão compromissos exigíveis, cujo pagamento independe de autorização orçamentária e, portanto, independe de autorização legislativa. Por conseguinte, o Estado é obrigado a arrecadar valores que, em princípio, não lhe pertencem. O Estado figura apenas como depositário dos valores que ingressam a esse título, como por exemplo: as cauções, as fianças, as consignações e outras, sendo a sua arrecadação classificada como receita extraorçamentária.

Em termos contábeis, devemos observar que "todas as operações que resultam débitos e créditos de natureza financeira, não compreendidas na execução orçamentária, serão também objeto de registro, individualização e controle contábil".[30] Isto, em última análise, quer dizer que a receita extraorçamentária será registrada através de escrituração contábil, devidamente individualizada.

A esta altura, achamos conveniente lembrar a ressalva já feita, com o intuito de classificar de forma eficiente a receita; ou seja, deveremos sempre fazer a seguinte pergunta: A receita que está sendo recolhida pertence ao Tesouro ou ao órgão que a está recebendo?

Destarte, se a resposta for negativa, o recolhimento referir-se-á a uma receita classificável como extraorçamentária, pois, não pertencendo ao poder público, configurar-se-á como uma entrada compensatória no ativo e passivo financeiro e, por via de consequência, deverá ser devolvida ou paga a quem de direito, assim que forem cumpridas as formalidades necessárias.

Analisando os exemplos mencionados e, até certo ponto, tornando-os conhecidos por aqueles menos afeitos às questões da administração pública, através desse esclarecimento, justifica-se a sua inclusão como simples controle financeiro extraorçamentário, perfeitamente identificado como entrada compensatória no ativo e passivo financeiro.

No caso que se relaciona com a *Caução e a Fiança Bancária*, são valores que, a critério da autoridade competente em cada caso, poderão ser exigidos para prestação de garantia

---

[30] Artigo 93, idem.

nas contratações de obras, serviços e compras. As cauções ou fianças devem corresponder a, no máximo, 5% do valor do contrato.

Especificamente sobre as cauções, podemos dizer que se trata de um valor que poderá ser prestado, mediante entrega de numerário ou em títulos da dívida pública, de acordo com o percentual previamente definido que servirá como garantia da licitação ou do contrato de obras, serviços e compras, firmado com o poder público.

Esse valor numerário ou bens representativos de valores, como são os títulos, uma vez cumprido o objeto contratual – com a entrega da obra construída, do serviço prestado ou da entrega do material comprado – deverá ser devolvido, pois o instrumento para o qual servia de garantia, com a concretização da finalidade e cumprimento da obrigação contratual, torna-se dispensável.

A fiança geralmente é prestada por entidade bancária, através da formalização de uma carta de fiança emitida pelo estabelecimento bancário, onde fica estipulado o valor, o prazo de validade e os dados relativos ao contrato ou ajuste que deverá garantir, como sejam: a construção da obra, a prestação do serviço e/ou o material adquirido.

Isto ocorre porque as firmas contratantes nem sempre possuem numerário ou títulos disponíveis para serem dados em garantia, mas possuem crédito em estabelecimento bancário, capaz de lhes viabilizar a obtenção de uma carta de fiança, onde fica configurada a corresponsabilidade do estabelecimento bancário. Em termos práticos, caso a firma contratante cometa alguma irregularidade no cumprimento do contrato, e for por isso penalizada com uma multa, por exemplo, a cobrança dessa infração será feita em primeiro lugar à contratante, que, não atendendo ao depósito ou respectivo pagamento, ensejará providências no sentido de que o fiador, no caso o estabelecimento bancário que emitiu a carta de fiança, em vista da sua corresponsabilidade, faça a cobertura da multa que deverá ser de valor igual ou inferior àquele a que se comprometeu. Posteriormente, supõe-se que o estabelecimento bancário deva proceder, retroativamente, à cobrança de seu cliente a quem deu carta de fiança.

Como é óbvio, caso o objeto contratual seja regularmente cumprido, e nada havendo a desaboná-lo, a fiança deverá ser devolvida ao contratante, da mesma forma que já mencionamos para as cauções, pois também neste caso ela torna-se dispensável.

Por oportuno, devemos mencionar que as Operações de Crédito por Antecipação da Receita Orçamentária, que correspondem a empréstimo e destinam-se a atender à insuficiência de caixa durante o exercício financeiro, também fazem parte das receitas extraorçamentárias, aliás, expressamente descritas no parágrafo único do artigo 3º, da Lei Federal nº 4.320/64, quando diz: "Não se consideram para os fins deste artigo (receita orçamentária) as operações de crédito por antecipação de receita."

As *consignações* são valores retidos em nome de entidades, para que, cumpridas as formalidades necessárias, sejam pagos a quem de direito. É o caso das retenções das contribuições previdenciárias, das associações de classe ou desportivas, do Imposto de Renda descontado na fonte, cujos valores são descontados quando da feitura da folha de pagamento, retidos para serem em seguida pagos às respectivas entidades consignantes.

4.1 Escrituração contábil da receita extraorçamentária

Consoante ficará demonstrado na parte relativa aos ESTÁGIOS, a receita extraorçamentária não precisa percorrer os três estágios, geralmente seguidos pela receita orçamentária, e somente utiliza a etapa correspondente à arrecadação e ao recolhimento. Portanto, a escrituração contábil da receita extraorçamentária processa-se da seguinte forma:

1 – Arrecadação da Receita Extraorçamentária

a) Pela Retenção de Tributos e Consignações[31]

– Registro da Retenção de Consignações, na apropriação da folha de pagamento, no Subsistema de Informações Patrimoniais – Lançamento SP nº 1

D – 211.1	PESSOAL A PAGAR[32]	**8.000,00**
C – 218.80.02	INSTITUTO DE PREVIDÊNCIA	3.000,00
C – 218.80.03	IR RETIDO NA FONTE	3.000,00
C – 218.80.03	ASSOCIAÇÃO DOS FUNCIONÁRIOS	2.000,00

Pela retenção ocorrida na apropriação da folha de pagamento

– Registro contábil do Controle da Disponibilidade de Recursos no Subsistema de Compensação – Lançamento SC nº 1[33]

D – 821.11	DISPONIBILIDADE POR DESTINAÇÃO DE RECURSOS	8.000,00
C – 821.13	DISPONIBILIDADE POR DESTINAÇÃO DE RECURSOS COMPROMETIDA POR LIQUIDAÇÃO	8.000,00

Pelo registro do controle da disponibilidade por destinação de recursos

Considerações

Deve-se observar que o inciso I do art. 157 e inciso I do art. 158, da Constituição Federal, dizem que "pertencem aos Estados, Distrito Federal e Municípios, o produto da arrecadação do imposto da União sobre renda e proventos de qualquer natureza, incidente na fonte, sobre rendimentos pagos a qualquer título, por eles, suas autarquias e pelas fundações que instituírem ou mantiverem". Em razão disso, há ainda que proceder à arrecadação da receita utilizando a classificação da natureza da receita 1112.04.31 – Imposto de Renda Retido nas Fontes sobre Rendimento do Trabalho.

---

[31] O recolhimento da receita extraorçamentária que se encontrar em depósito no encerramento do exercício financeiro constituirá a chamada dívida flutuante e, como tal, fará parte do passivo financeiro na parte do passivo circulante do Balanço Patrimonial.

[32] Esse lançamento representa o valor retido na conta 211.1 – Pessoal a Pagar, transferido para a conta 215.8 – Valores Restituíveis (Consignações). Portanto, a conta de Pessoal a Pagar ficará com o saldo a ser pago aos servidores (empregados).

[33] Este lançamento refere-se ao valor retido de IR na Fonte, descontado dos servidores e que não foi pago por ter sido apropriado como receita orçamentária e, na realidade, está sendo considerado como utilizado para completar o valor empenhado, liquidado por esse registro como se também fosse pago, pois, pelo registro da apropriação da receita orçamentária, o valor está retornando como entrada de recurso. Em tese, houve uma compensação, entre o valor considerado pago, com a apropriação da receita orçamentária.

b) Pela apropriação da receita orçamentária[34]

– Registro contábil da Variação Patrimonial Aumentativa no Subsistema de Informações Patrimoniais – Lançamento SP nº 2

D – 218.80.03	IR RETIDO NA FONTE	3.000,00
C – 411.2	IMPOSTO SOBRE O PATRIMÔNIO E A RENDA	3.000,00

Pela apropriação da receita, do IR na Fonte, inciso I, dos arts. 157/158, da Constituição Federal

– Registro contábil no Subsistema de Informações Orçamentárias – Lançamento SO nº 1

D – 621.1	RECEITA A REALIZAR	
D – 621.11	RECEITA CORRENTE	3.000,00
D – 621.11.01	Receita Tributária	3.000,00
C – 621.2	RECEITA REALIZADA	
C – 621.21	RECEITA CORRENTE	3.000,00
C – 621.21.01	Receita Tributária	3.000,00

Pela arrecadação da receita orçamentária, relativa ao IR Retido na fonte na folha dos servidores

– Registro contábil do Controle da Disponibilidade de Recursos no Subsistema de Compensação – Lançamento SC nº 2

D – 821.13	CONTROLE DA DISPONIBILIDADE DE RECURSOS	3.000,00
C – 821.11	DISPONIBILIDADE POR DESTINAÇÃO DE RECURSOS	3.000,00

Pelo registro do controle da disponibilidade de recursos, relativo a apropriação da receita do IR na fonte

5 Codificação

As Receitas Públicas, por envolverem interesses diversos dentro da administração, em vista da importância que representam, tanto auxiliam nas tomadas de decisões como servem de base para o fluxo de caixa e programação financeira e, também, para as previsões e estimativas orçamentárias. Por isso, merecem atenção especial no seu acompanhamento, controle e análise.

Visando ao atendimento desse conjunto de atitudes, nas quais o conhecimento correto das receitas públicas é fundamental, deve existir toda uma organização montada, especificamente, para o seu registro, controle, acompanhamento e análise, consubstanciada

---

[34] Os registros contábeis, que aqui foram incluídos, têm a intenção de alertar para o fato de que, embora a retenção do IR na Fonte seja considerada uma receita extraorçamentária, e deveria ser paga como despesa extraorçamentária, no caso, ela deve ser apropriada como receita orçamentária em razão dos dispositivos constitucionais mencionados.

num banco de dados, obviamente, baseada num sistema de processamento de dados; seria o desejável.

De qualquer forma, as receitas públicas podem chegar a ter três tipos de códigos: os códigos de arrecadação; os códigos orçamentários; e os códigos de escrituração contábil. Eles devem ser organizados de tal forma que possam, consolidados num quadro demonstrativo, refletir a inter-relação existente entre eles.

5.1 Códigos de arrecadação

Também conhecidos como Tributários, são preparados pelos técnicos das repartições tributárias e têm por finalidade a identificação de cada item de receita, tributário ou não, de interesse do tesouro, que deve ser utilizado pelos contribuintes ou por aqueles que devam recolher valores ao tesouro público.

5.2 Códigos orçamentários

São os constantes do Anexo 3, da Lei Federal nº 4.320/64, que atualmente são atualizados pela Portaria Interministerial nº 163/2001 e orientam as tabelas explicativas a serem aprovadas pelas Leis Orçamentárias, onde se identificam as receitas na seguinte ordem: Categoria Econômica; Origem; Espécie; Rubrica; Alínea e Subalínea. Se houver necessidade, a identificação poderá ser estendida a Item e Subitem.

Apresentamos em seguida um quadro sinótico, procurando melhor apresentar a codificação na ordem descrita:

QUADRO SINÓTICO DA CLASSIFICAÇÃO ECONÔMICA DA RECEITA

Discriminação econômica	Código orçamentário	Especificação
CATEGORIA ECONÔMICA	1.000.00.00	**RECEITAS CORRENTES**
ORIGEM	1.100.00.00	RECEITA TRIBUTÁRIA
ESPÉCIE	1.110.00.00	**IMPOSTOS**
RUBRICA	1.113.00.00	IMPOSTO S/A PRODUÇÃO E CIRCULAÇÃO
ALÍNEA	1.113.02.00	ICMS
SUBALÍNEA	1.113.02.01	Parte do Estado
SUBALÍNEA	1.113.02.02	Parte dos Municípios

Observações: – Este quadro se refere a classificação econômica da receita para os Estados.
– Aplica-se não só para a Categoria Econômica de Receitas Correntes, mas também para a Categoria Econômica de Receitas de Capital.
– Por ele, nota-se que a somatória das subalíneas perfazem o valor da alínea.
– As rubricas são compostas pela somatória das alíneas.
– As espécies englobam os valores das rubricas.
– As origens compreendem as contas das espécies.
– As Categorias Econômicas contêm o total das origens.

5.3 Códigos de escrituração contábil

São utilizados pelos serviços de contabilidade e servem para o registro e acompanhamento da arrecadação da receita, estando consubstanciados nos planos de contas. É com base neles que os serviços contábeis efetuam a escrituração dos lançamentos contábeis.

Concluindo, apresentaremos a seguir um exemplo de quadro demonstrativo, onde ficam consolidados os três códigos mencionados, visando facilitar o trabalho daqueles que têm a seu encargo a classificação das receitas públicas, no caso do modelo, das receitas estaduais.

Tabela de conversão de códigos tributários da receita em orçamentários e contábeis

CÓDIGO TRIBUTÁRIO	ESPECIFICAÇÃO DA RECEITA		Código Orçamentário	Código Contábil
012.07	IMPOSTO S/TRANSMISSÃO CAUSA MORTIS E DOAÇÃO DE BENS E DIREITOS		1112.07.00	621.21.07.00
	Parte do Estado	85%	1112.07.01	
	Parte do FUNDEB	15%	1112.07.02	
013.02	ICMS – Regime Periódico de Apuração		1113.02.00	621.21.12.00
	Parte do Estado	60 %	1113.02.01	
	Parte do FUNDEB	15%	1113.02.02	
	Parte dos Municípios	25%	1113.02.03	
013.02	ICMS – Regime de estimativa		1113.02.00	621.21.12.00
	Parte do Estado	60%	1113.02.01	
	Parte do FUNDEB	15%	1113.02.02	
	Parte dos Municípios	25%	1113.02.03	
	RECEITA PATRIMONIAL			
031.10	Aluguéis		1311.00.00	621.21.03.00
031.24	Receita de Aplicações em Fundos de Investimento		1324.00.00	
511.42	MULTA E JUROS DE MORA S/ ICMS		1911.42.00	621.21.09.00
	Parte do Estado	60%	1911.42.01	
	Parte do FUNDEB	15%	1911.42.02	
	Parte dos Municípios	25%	1911.42.03	
919.15	MULTA POR INFRAÇÃO DE TRÂNSITO 100%		1919.15.00	621.21.09.00
	RECEITA EXTRAORÇAMENTÁRIA		–	–
813.8	CAUÇÕES		–	215.80.01
808.4	FIANÇAS DIVERSAS		–	215.80.10
832.0	SALDO DE ADIANTAMENTO		–	113.10.00

Obs.: Este exemplo foi adaptado com base no que é utilizado no Estado de São Paulo, com a intenção de demonstrar um modelo didático, na prática.

6 Estágios

Estágios da Receita Pública são as etapas consubstanciadas nas ações desenvolvidas e percorridas pelos órgãos e repartições encarregados de executá-las. Nos tempos atuais, em face das técnicas utilizadas, a receita deverá percorrer três estágios, a saber:

a) Previsão;

b) Lançamento; e

c) Arrecadação e Recolhimento.

Como fica evidenciado à primeira vista, somente a receita orçamentária reúne condições de percorrer esses três estágios, porquanto a receita extraorçamentária não terá necessidade de percorrê-los, isto porque os requisitos de que são revestidos, como no caso da previsão, por exemplo, são dispensados.

6.1 Previsão

Corresponde aos valores que a lei do orçamento consignar, pois são estimativas de receitas que se originam de estudos de previsão, antes de comporem o projeto de lei orçamentária.

Com o advento de novas técnicas de elaboração orçamentária, preconizando a integração do planejamento ao orçamento, a receita que era feita através de planejamento empírico começou a sofrer alterações com a introdução de métodos e processos, calcados em bases técnicas e independentes, todavia autônomas, cujo significado moderno é precisamente ligar os sistemas de planejamento e finanças pela expressão quantitativa financeira e física aos objetivos e metas governamentais.

Contrariamente ao que muitos pensam, a previsão da receita orçamentária tem um significado importante na elaboração dos programas do governo, pois a viabilização deles dependerá de certa forma da existência de recursos, que a máquina arrecadadora da receita for capaz de produzir.

Daí por que passou-se a dar atenção maior aos aspectos que envolvem a arrecadação de receitas e, inclusive, a institucionalização de um processamento com o elevado grau de segurança e confiabilidade que torna possível a operacionalização dos planos governamentais, porque os monetariza, isto é, coloca-os em função dos recursos financeiros disponíveis.

> "As previsões de receita observarão as normas técnicas e legais, considerarão os efeitos das alterações na legislação, da variação do índice de preços, do crescimento econômico ou de qualquer outro fator relevante e serão acompanhadas de demonstrativo de sua evolução nos últimos três anos, da projeção para os dois

seguintes àquele a que se referirem, e da metodologia de cálculo e premissas utilizadas."[35]

"Caberá aos órgãos de contabilidade ou de arrecadação organizar demonstrações mensais da receita arrecadada, segundo as rubricas, para servirem de base à estimativa da receita, na proposta orçamentária. Quando houver órgão central de orçamento, essas demonstrações ser-lhe-ão remetidas mensalmente.

A estimativa da receita terá por base as demonstrações a que se refere o artigo anterior, a arrecadação dos três últimos exercícios, pelo menos, bem como as circunstâncias de ordem conjuntural e outras que possam afetar a produtividade de cada fonte de receita."[36]

Observamos que existe uma perfeita sintonia entre os dispositivos da Lei de Responsabilidade Fiscal (Lei Complementar Federal nº 101/2000) com os da Lei Federal nº 4.320/64 a respeito da previsão da receita orçamentária, quanto aos aspectos relativos às implicações de ordem econômica e ao demonstrativo com a evolução da arrecadação nos últimos três anos, da projeção para os dois anos seguintes àquele a que se referirem. De certa forma, ambos os textos são coincidentes no que se relaciona ao conteúdo, tendo a Lei de Responsabilidade Fiscal realçado a integração do planejamento ao orçamento, ao inserir a questão relativa a metodologia de cálculo e premissas utilizadas para a previsão da receita.

Portanto, a Receita Orçamentária deverá sofrer o processo de elaboração da previsão e estimativa, bem como de sua execução e acompanhamento, e análise da efetiva arrecadação em relação à previsão feita, num procedimento evolutivo e dinâmico, visando ao seu desenvolvimento e aperfeiçoamento.

Finalizando, podemos dizer que o estágio correspondente à previsão, por ser o corolário da etapa desenvolvida, visando à organização das estimativas da receita, que deverá servir de base às cifras indicadas na proposta do orçamento, deve ser entendido e configurado com a edição legal do orçamento que, aliás, é o documento originário do início da escrituração contábil da receita do exercício.

6.1.1 Escrituração contábil da receita orçamentária – previsão

A escrituração contábil da Receita Orçamentária inicia-se com a promulgação da Lei Orçamentária e pelos valores nela previstos para a receita, através do registro de toda a sua discriminação. É denominado estágio da PREVISÃO da Receita Orçamentária, escriturado contabilmente da seguinte forma:

---

[35] Artigo 12, da Lei Complementar nº 101/2000 – Lei de Responsabilidade Fiscal.

[36] Artigo 29 e parágrafo único e artigo 30, da Lei Federal nº 4.320/64.

2 – Pela previsão da receita orçamentária (1º estágio)

– Registro contábil no Subsistema de Informações Orçamentárias – Lançamento SO nº 2[37]

D – 521.1[38]	<u>PREVISÃO INICIAL DA RECEITA</u>	<u>60.000,00</u>
D – 521.11	<u>RECEITA CORRENTE</u>	<u>55.000,00</u>
D – 521.11.01	Receita Tributária	45.000,00
D – 521.11.03	Receita Patrimonial	3.000,00
D – 521.11.09	Outras Receitas Correntes	7.000,00
D – 521.12	<u>RECEITA DE CAPITAL</u>	<u>5.000,00</u>
D – 521.12.01	Operações de Crédito	4.000,00
D – 521.12.02	Alienação de Bens Móveis	1.000,00
C – 621.1	<u>RECEITA A REALIZAR</u>	<u>60.000,00</u>
C – 621.11	<u>RECEITA CORRENTE</u>	<u>55.000,00</u>
C – 621.11.01	Receita Tributária	45.000,00
C – 621.11.03	Receita Patrimonial	3.000,00
C – 621.11.09	Outras Receitas Correntes	7.000,00
C – 621.12	<u>RECEITA DE CAPITAL</u>	<u>5.000,00</u>
C – 621.12.01	Operações de Crédito	4.000,00
C – 621.12.02	Alienação de Bens Móveis	1.000,00

Valor da previsão das receitas para o exercício de 20xx, de acordo com o orçamento aprovado pela Lei nº . . . .

6.2 Lançamento

É o ato administrativo que o Poder Executivo utiliza, visando identificar e individualizar o contribuinte ou o devedor e os respectivos valores, espécies e vencimentos.

Geralmente, utiliza-se para a arrecadação de tributos, mas pode-se também aplicar a casos em que o Governo tenha direitos líquidos e certos, em virtude de leis, regulamentos ou contratos.

Nota-se que o segundo estágio da receita orçamentária, denominado LANÇAMENTO, é um ato administrativo que visa à identificação e individualização do contribuinte ou devedor, com os respectivos valores, espécies e vencimentos, ou seja, procedimento administrativo que permite verificar a ocorrência do fato gerador da obrigação corres-

---

[37] Esse lançamento deve ser efetuado logo a edição da Lei de Orçamento.

[38] O Plano de Contas Aplicado ao Setor Público apresenta a relação das contas até o 7º nível, porém só o detalha, na maioria dos casos, até o 4º e 5º nível, mas os entes da Federação poderão detalhá-los nos níveis posteriores ao que já está detalhado, quando julgar necessário.

86 Contabilidade Pública • Kohama

pondente, calcular o montante devido, identificar o devedor e, se for o caso, propor a aplicação da penalidade cabível.

São objeto de lançamento:

1. os impostos diretos[39] e outras receitas com vencimento determinado em leis especiais, regulamentos ou contratos, mediante relação nominal do contribuinte;

2. os aluguéis, arrendamentos, foros e quaisquer outras prestações periódicas, relativas a bens patrimoniais do Governo, mediante relação organizada à vista dos respectivos contratos, títulos ou da própria escrituração, que deverá ser remetida aos agentes encarregados para proceder à cobrança;

3. os serviços industriais do Governo, a débito de outras administrações ou de terceiros, cuja importância não tenha sido imediatamente arrecadada após a prestação dos mesmos serviços;

4. todas as outras rendas, taxas ou proventos que decorram de direitos preexistentes do Governo contra terceiros ou que possam originar-se de direito novo prescrito em leis, regulamentos ou contratos aprovados ou concluídos no decurso do ano financeiro.[40]

6.2.1 Escrituração Contábil da Receita Orçamentária – Lançamento

Na Parte 10.3 – Relacionamento do Regime Orçamentário com o regime de competência, do Manual de Receita Nacional, consta o dispositivo, que diz:

"O reconhecimento da receita, sob o enfoque patrimonial, apresenta como principal dificuldade a determinação do momento de ocorrência do fato gerador. Por outro lado, verifica-se a ocorrência do fato gerador da obrigação correspondente, quando:

– determina-se o objeto de cobrança;

– calcula-se o montante devido; e

– identifica-se o devedor.

Ocorrido o fato gerador, pode-se proceder ao registro contábil do direito em contrapartida a uma variação ativa, em contas do sistema patrimonial, o que representa o registro da receita por competência."

---

[39] Impostos diretos são os que oneram, diretamente, o contribuinte. Ex.: Imposto Predial do imóvel onde o proprietário reside.

[40] Artigo 143 do Decreto nº 15.783/1922 – Código de Contabilidade Pública.

3 – Pelo registro contábil da receita orçamentária (2º estágio – lançamento)

– Registro contábil no Subsistema de Informações Patrimoniais – Lançamento SP nº 3

D – 112.1	CRÉDITOS TRIBUTÁRIOS A RECEBER (P)[41]	50.000,00
C – 400.0	VARIAÇÃO PATRIMONIAL AUMENTATIVA[42]	50.000,00
C – 411.0	IMPOSTOS	45.000,00
C – 411.20.05	IPVA	8.000,00
C – 411.30.02	ICMS	37.000,00
C – 412.0	TAXAS	5.000,00
C – 412.10.10	TAXAS PELO EXERCÍCIO DO PODER DE POLÍCIA	5.000,00
	Pelo reconhecimento da receita, pelo fato gerador	

Obs.: 1. Este lançamento contábil deve ser efetuado, geralmente, no momento do conhecimento do fato gerador e ele representa a variação patrimonial aumentativa que corresponde ao regime de competência.

2. Não há registro contábil a ser efetuado pelo enfoque orçamentário.

6.3 Arrecadação e recolhimento

São, no nosso entendimento, fases que se complementam, mesmo porque, nos dias atuais, o desenvolvimento experimentado no setor, com o aproveitamento e a introdução do processamento de dados, cada vez mais dificulta a compreensão dessas etapas, separadamente.

Vamos tentar esclarecer o nosso pensamento, ao mesmo tempo em que procuraremos abordar os conceitos pertinentes.

Arrecadação é ato em que são pagos os tributos ou as diversas receitas ao agente arrecadador. Entende-se como agentes arrecadadores todas as repartições competentes, na forma da lei, como: delegacias fiscais, alfândegas, mesas de rendas, coletorias, tesourarias e outras que estejam ou venham a ser legalmente autorizadas a arrecadar rendas previstas em leis, regulamentos, contratos ou outros títulos assecuratórios dos direitos do Governo.

Verifica-se a existência de um grande número de agentes arrecadadores, entre os quais se encontram os agentes ou repartições públicas competentes, e outros que estejam ou venham a ser legalmente autorizados a arrecadar rendas.

Propositalmente, deixamos de destacar, entre os agentes arrecadadores que estejam legalmente autorizados a arrecadar receitas, a rede de agências bancárias dos diversos estabelecimentos existentes.

---

[41] Conta do Ativo Circulante, Créditos de Curto Prazo.

[42] Variação Patrimonial Aumentativa (Variação Ativa).

O *recolhimento* é o ato que se relaciona com a entrega dos valores arrecadados pelos agentes arrecadadores ao Tesouro Público. É óbvio que existe toda uma sistemática para que esse recolhimento seja procedido.

Aliás, deve-se mencionar a obrigatoriedade de que o recolhimento de todas as receitas far-se-á em estrita observância ao princípio de unidade de tesouraria, vedada qualquer fragmentação para criação de caixas especiais,[43] isto é, toda a receita arrecadada deve ser recolhida, integralmente, para uma conta bancária geral em nome do Tesouro Público. No Estado de São Paulo, para atender a esse princípio da unidade de tesouraria, foi criada uma conta bancária denominada Tesouro c/ Geral.

Observemos, por oportuno, que os fundos especiais constituem exceção ao princípio de unidade de tesouraria mencionado, em razão do fato de que

> "constitui fundo especial o produto de receitas especificadas que, por lei, se vinculam à realização de determinados objetivos ou serviços, facultada a adoção de normas peculiares de aplicação".[44]

O recolhimento configura-se com a entrada dos valores arrecadados pelos agentes no Tesouro Público, e serão escriturados nos livros próprios das diversas repartições públicas, consoante se verifica pela sistemática atualmente em uso, onde, na maioria e quase totalidade dos casos, o contribuinte ou o devedor geralmente é compelido a preencher uma guia de recolhimento, previamente instituída pelo órgão público, onde deverá colocar todos os dados relativos ao valor que está recolhendo, e o pagamento, certamente, será feito em uma agência bancária. Há também a possibilidade de utilizar a Internet pelas chamadas *netbanking*. Feito o pagamento, recebe uma das vias, autenticada mecanicamente e com o carimbo da agência ou pelo sistema de informática (Internet), devidamente datada e quitada.

A transferência dessa arrecadação, com os respectivos documentos, é feita pelos estabelecimentos bancários diretamente aos representantes do tesouro público.

Gostaríamos, nesta altura, de alertar para o aspecto da prestação de contas que deve ser observado, pois é um dos dispositivos integrantes da lei de responsabilidade fiscal e diz:

> "A prestação de contas evidenciará o **desempenho da arrecadação em relação à previsão**, destacando as providências adotadas no âmbito da fiscalização das receitas e combate à sonegação, as ações de recuperação de créditos nas instâncias administrativas e judicial, bem como as demais medidas de incremento das receitas tributárias e de contribuições."[45]

Aliás, tal dispositivo tem o intuito de evitar que medidas mais severas possam vir a ser aplicadas, uma vez que

---

[43] Artigo 56 da Lei Federal nº 4.320/64.

[44] Artigo 71 da Lei Federal nº 4.320/64.

[45] Artigo 58 da Lei Complementar nº 101/2000 (Lei de Responsabilidade Fiscal).

"o Poder Executivo publicará, até trinta dias após o encerramento de cada bimestre, relatório resumido da execução orçamentária".[46]

e, caso a execução orçamentária das receitas não seja suficiente para atender às metas fiscais estabelecidas na Lei de Diretrizes Orçamentárias, poderá estar sujeito:

> "Se verificado, ao final de um bimestre, que a realização da receita poderá não comportar o cumprimento das metas de resultado primário ou nominal estabelecidas no Anexo de Metas Fiscais, os Poderes e o Ministério Público promoverão, por ato próprio e nos montantes necessários, nos trinta dias subsequentes, limitação de empenho e movimentação financeira, segundo os critérios fixados pela lei de diretrizes orçamentárias."[47]

6.3.1 Escrituração contábil da receita orçamentária – arrecadação e recolhimento

A escrituração contábil do estágio denominado ARRECADAÇÃO E RECOLHIMENTO é efetuada, à vista dos registros feitos nos livros próprios da receita, ou seja, no LIVRO DIÁRIO DA RECEITA ORÇAMENTÁRIA, onde toda a arrecadação efetuada pelos órgãos recebedores, nos quais se inclui a rede bancária, é diariamente inscrita. No final do dia, procede-se à somatória dos valores arrecadados, em cada especificação existente, através da qual se procederá aos lançamentos contábeis.

4 – Pelo registro contábil da receita orçamentária (3º estágio – arrecadação e recolhimento)

a) **No caso da arrecadação e o recolhimento da receita orçamentária que o fato gerador já tiver sido reconhecido;**

– Registro contábil no Subsistema de Informações Patrimoniais – Lançamento SP nº 4

D – 111.1	CAIXA E EQUIVALENTE DE CAIXA EM MOEDA CORRENTE	48.000,00
C - 112.1	CRÉDITOS TRIBUTÁRIOS A RECEBER	37.000,00
C – 123.10.01	BENS MÓVEIS (Veículos)	1.000,00
D – 212	EMPRÉSTIMOS E FINANCIAMENTOS A CURTO PRAZO	1.500,00
C – 222	EMPRÉSTIMOS E FINANCIAMENTOS A LONGO PRAZO[48]	8.500,00
	Pelo recebimento da receita orçamentária realizada	

---

[46] § 3º, do artigo 165, da *Constituição Federal*.

[47] Artigo 9º, da Lei Complementar nº 101/2000 (Lei de Responsabilidade Fiscal).

[48] Em razão da utilização do enfoque patrimonial da receita, o lançamento da Dívida Fundada é efetuado diretamente na conta de Empréstimos e Financiamentos a Longo Prazo, e o valor que deverá ser pago no exercício é registrado na conta de Parcela a Curto Prazo de Empréstimos e Financiamentos.

90 Contabilidade Pública • Kohama

– Registro contábil no Subsistema de Informações Orçamentárias – Lançamento SO nº 3

D – 621.1	RECEITA A REALIZAR	48.000,00
D – 621.11	RECEITA CORRENTE	37.000,00
D – 621.11.01	Receita Tributária	37.000,00
D – 621.12	RECEITA DE CAPITAL	11.000,00
D – 621.12.01	Operações de Crédito	10.000,00
D – 621.12.02	Alienação de Bens Móveis	1.000,00
C – 621.2	RECEITA REALIZADA	48.000,00
C – 621.21	RECEITA CORRENTE	37.000,00
C – 621.21.01	Receita Tributária	37.000,00
C – 621.22	RECEITA DE CAPITAL	11.000,00
C – 621.22.01	Operações de Crédito[49]	10.000,00
C – 621.22.02	Alienação de Bens Móveis[50]	1.000,00
	Pela arrecadação da receita orçamentária	

– Registro contábil do Controle da Disponibilidade de Recursos no Subsistema de Compensação – Lançamento SC nº 3

D – 721.1	CONTROLE DA DISPONIBILIDADE DE RECURSOS	48.000,00
C – 821.11	DISPONIBILIDADE POR DESTINAÇÃO DE RECURSOS	48.000,00
	Pelo registro do controle da disponibilidade de recursos	

b) No caso da arrecadação e recolhimento da receita orçamentária, o reconhecimento ocorre quando do recebimento.

– Registro contábil da arrecadação e recolhimento no Subsistema de Informações Patrimoniais – Lançamento SP nº 5

D – 111.1	CAIXA E EQUIVALENTE DE CAIXA EM MOEDA NACIONAL	1.300,00
C – 433.0	EXPLORAÇÃO DE BENS E DIREITOS E PRESTAÇÃO DE SERVIÇOS	400,00
C – 433.1	VALOR BRUTO DA EXPLORAÇÃO DE BENS E DIREITOS E PRESTA-ÇÃO DE SERVIÇOS [51]	400,00
C – 442.0	JUROS E ENCARGOS DE MORA	900,00
C – 442.3	JUROS E ENCARGOS DE MORA SOBRE CRÉDITOS TRIUTÁRIOS	900,00
	Pelo recebimento da receita orçamentária realizada	

---

[49] O Capítulo 9 faz uma explanação sobre a Dívida Pública, para o melhor entendimento sobre as Operações de Crédito.

[50] Nesta conta foi registrada a venda de veículo.

[51] Nessa conta 433.1 – Valor Bruto da Exploração de Bens e Direitos e Prestação de Serviços, registram-se as receitas patrimoniais e de serviços.

– Registro contábil da arrecadação e recolhimento no Subsistema de Informações Orçamentárias – Lançamento SO nº 4

D – 621.1	RECEITA A REALIZAR	1.300,00
D – 621.11	RECEITA CORRENTE	1.300,00
D – 621.11.03	Receita Patrimonial	400,00
D – 621.11.09	Outras Receitas Correntes	900,00
D – 621.2	RECEITA REALIZADA	1.300,00
D – 621.21	RECEITA CORRENTE	1.300,00
D – 621.21.03	Receita Patrimonial	400,00
D – 621.21.09	Outras Receitas Correntes	900,00
	Pela arrecadação da receita orçamentária	

– Registro contábil do controle da disponibilidade de recursos, no Subsistema de Compensação – Lançamento SC nº 4

D – 721.1	CONTROLE DA DISPONIBILIDADE DE RECURSOS	1.300,00
C – 821.11	DISPONIBILIDADE POR DESTINAÇÃO DE RECURSOS	1.300,00
	Pelo registro do controle da disponibilidade de recursos	

7 Restituição e anulação de receitas

Restituição e anulação de receitas são procedimentos relativos ao processamento e execução da receita orçamentária adotados para o ressarcimento de valores recebidos indevidamente dos contribuintes.

Geralmente, ocorrem fatos que independem da intervenção da administração pública, mas precisam ser por ela reparados, a fim de se evitar o cometimento de irregularidades e até de injustiças.

Na essência, referem-se a importâncias recolhidas aos cofres públicos, através da Receita Orçamentária, por iniciativa dos contribuintes e que posteriormente constata haver feito indevidamente o pagamento, ou parte dele.

Para exemplificar, mencionemos um fato que ocorre comumente e que serve para melhor visualizar o assunto aqui tratado:

Um indivíduo compra um imóvel e para transferi-lo necessita de uma escritura lavrada por tabelião. Acontece que, para poder lavrar a escritura, terá de recolher o valor correspondente ao Imposto sobre Transmissão de Bens Imóveis – entre vivos, o que se faz por iniciativa do comprador do imóvel – contribuinte – através do preenchimento de uma guia de recolhimento, levada à autoridade fiscal competente, que verifica, confere e apõe um visto, e só após isso é que pode ser recolhida. Em seguida, dirige-se ao guichê da agência bancária e faz a devida arrecadação obtendo duas vias das guias, para fazer prova do pagamento.

Existe um sem-número de causas pelas quais a escritura acaba não se realizando e, eventualmente, é desfeito o negócio. Porém, não importam a esta altura as causas que levam à não realização do negócio, mas o fato de que não se configurou a transferência com a consequente lavração de escritura.

Obviamente, por não ter sido lavrada a escritura, não se configura o fato gerador do tributo, e o contribuinte possui o direito de restituição do valor recolhido, a esta altura, indevidamente.

Em face dessa ocorrência, o contribuinte deve encaminhar um pedido à repartição fazendária correspondente, solicitar a devolução ou a restituição do valor pago, mencionando uma justificativa para o fato, e juntar cópia da guia de recolhimento chancelada pelo estabelecimento bancário.

O poder público, de posse do pedido, deve adotar procedimentos que podem ser de duas maneiras para solucionar o caso. O primeiro deles consiste na anulação da receita orçamentária recolhida. Esse procedimento é adotado no caso de o processo instaurado, quando se der o recebimento do pedido do contribuinte, ser verificado e instruído, e autorizada a restituição da importância recebida indevidamente, ainda dentro do exercício a que se refere o tributo. Portanto, havendo decisão autorizatória da restituição no mesmo exercício em que o tributo for recebido indevidamente, haverá a devolução e a consequente anulação da receita orçamentária, ou seja, o devido estorno, retificando o valor da receita arrecadada, retirada dela a quantia devolvida.

O segundo procedimento refere-se à *restituição da receita* orçamentária recolhida e é adotado no caso de o processo instaurado, quando se der o recebimento do pedido do contribuinte, ser verificado e instruído, mas a autorização de restituição da importância recebida indevidamente somente ocorrer no exercício seguinte ao que se refere o tributo. Portanto, havendo decisão autorizatória da restituição no exercício seguinte em que o tributo for recebido indevidamente, haverá necessidade de se emitir um empenho à conta de dotação própria 3.3.90.93.00 Indenizações e Restituições, onerando desta forma a despesa orçamentária no exercício em que for autorizada a restituição.

Verifica-se que, no primeiro caso, anulando-se da receita orçamentária o valor devolvido, está configurada a diminuição da receita do exercício; no segundo, não havendo condições de se reverter a quantia, pois estaremos em exercício posterior, onera-se a despesa orçamentária do exercício em que deva ser restituída, compensando-se, assim, a receita arrecadada no exercício anterior indevidamente.

7.1 Escrituração contábil da restituição e anulação de receitas

A escrituração contábil da restituição e a da anulação da receita orçamentária, embora sejam oriundas de procedimentos semelhantes, diferem contabilmente, quanto à época em que for feito o despacho autorizatório. Caso seja feito no mesmo exercício em que a receita foi recolhida, haverá a restituição e a consequente anulação do valor recebido indevidamente. Entretanto, se ocorrer no exercício seguinte, haverá necessidade de onerar a despesa orçamentária desse exercício, pois não há mais condições de anular-se o valor recebido indevidamente. Os lançamentos são feitos da seguinte forma:

5 – Pela restituição e anulação de receitas[52]

a) Quando o despacho autorizatório que reconhece o direito creditório ocorre no mesmo exercício

– Registro contábil da autorização para a restituição no Subsistema de Informações Patrimoniais – Lançamento SP nº 6

D – 411.0	IMPOSTOS	200,00
C – 218.80.09	VALORES RESTITUÍVEIS DE TRIBUTOS	200,00
	Pelo reconhecimento de restituição/anulação da receita orçamentária	

b) Quando do pagamento da restituição[53]

– Registro contábil do pagamento da restituição no Subsistema de Informações Patrimoniais – Lançamento SP nº 7

D – 218.80.09	VALORES RESTITUÍVEIS DE TRIBUTOS	200,00
C – 111.1	CAIXA E EQUIVALENTE DE CAIXA	200,00
	Pelo pagamento da restituição/anulação da receita	

– Registro contábil do estorno da receita orçamentária, no Subsistema de Informações Orçamentárias – Lançamento SO nº 5

D – 621.2	RECEITA REALIZADA	
D – 621.21	RECEITA CORRENTE	
D – 621.21.01	Receita Tributária	200,00
C – 621.1	RECEITA A REALIZAR	
C – 621.11	RECEITA CORRENTE	
C – 621.11.01	Receita Tributária	200,00
	Pelo registro da receita restituída/anulada	

---

[52] Esses lançamentos podem ser utilizados para a restituição das receitas recebidas indevidamente, no exercício e também em exercícios anteriores. Este é o procedimento utilizado pela União, de acordo com a Lei nº 4.862/65, que em seu art. 18 e §§ 4º e 5º, dizem: "A restituição de qualquer receita da União, descontada ou recolhida a maior será efetuada mediante anulação da respectiva receita, pela autoridade incumbida de promover a cobrança originária, a qual, em despacho expresso, reconhecerá o direito creditório contra a Fazenda Nacional e autorizará a entrega da importância considerada indevida." O § 4º, diz: "para os efeitos deste artigo, o regime contábil fiscal será a gestão, **qualquer que seja o ano da respectiva cobrança.**" O § 5º, diz: "**A restituição de rendas extintas será efetuada com recursos das dotações consignadas no Orçamento da União, desde que não exista receita a anular.**" A menção dessa lei foi feita no Manual de Contabilidade aplicada ao Setor Público, na Parte I – Procedimentos Contábeis Orçamentários, na especificação do texto 01.03.00 – Receita Orçamentária – Deduções da Receita Orçamentária – restituições de receitas orçamentárias.

[53] Esse lançamento pode ocorrer no exercício de origem, mas também em exercício seguinte, dependendo da efetiva restituição. Note que a anulação da receita já ocorreu, só restando o pagamento da restituição.

– Registro contábil do Controle da Disponibilidade de Recursos no Subsistema de Compensação – Lançamento SC nº 5

| D – 821.11 | DISPONIBILIDADE POR DESTINAÇÃO DE RECURSOS | 200,00 |
| C – 721.1 | CONTROLE DA DISPONIBILIDADE DE RECURSOS | 200,00 |

Pelo registro do controle da disponibilidade de recursos

c) Quando o despacho autorizatório ocorre no exercício seguinte

Em vista da necessidade de se empenhar o valor correspondente à restituição a ser feita, deve-se proceder como nos gastos normais da despesa orçamentária, passando-se pelos estágios correspondentes, como sejam: EMPENHO, LIQUIDAÇÃO E PAGAMENTO e a escrituração contábil a eles necessária.

8 Dívida ativa

Constituem Dívida Ativa as importâncias relativas a tributos, multas e créditos da Fazenda Pública, lançados mas não cobrados ou não recebidos no prazo de vencimento, a partir da data de sua inscrição.

A **dívida ativa tributária** é o crédito da Fazenda Pública dessa natureza, proveniente de obrigação legal relativa a tributos e respectivos adicionais e multas; *dívida ativa não tributária* são os demais empréstimos compulsórios, contribuições estabelecidas em lei, multas de qualquer origem ou natureza, exceto as tributárias, foros, laudêmios, aluguéis ou taxas de ocupação, custas processuais, preços de serviços prestados por estabelecimentos públicos, indenizações, reposições, restituições, alcance dos responsáveis definitivamente julgados e outras obrigações legais.[54]

Os créditos mencionados, exigíveis pelo transcurso do prazo de pagamento, serão inscritos, na forma da legislação própria, como dívida ativa, em registro próprio, após apurada a sua liquidez e certeza, e a respectiva receita será escriturada a esse título,[55] somente, no exercício em que forem arrecadadas.

A receita da dívida ativa abrange os créditos mencionados, bem como os valores correspondentes à respectiva atualização monetária, a multa, juros de mora e encargos devidos.[56]

Por conseguinte, a inscrição da dívida ativa faz-se em livro especial, numerado, em termos sumários, que contém os seguintes requisitos essenciais:[57]

---

[54] § 2º, artigo 39, da Lei Federal nº 4.320/64, nova redação dada pelo Decreto-lei nº 1.735/79.

[55] § 1º, idem, idem.

[56] § 4º, idem, idem.

[57] Artigo 202 da Lei Federal nº 5.172/66 – Código Tributário Nacional.

Receita Pública **95**

I – o nome do devedor e, sendo o caso, o dos co-responsáveis, bem como, sempre que possível, o domicílio ou a residência de um e dos outros;

II – a quantia devida e a maneira de calcular os juros de mora acrescidos;

III – a origem e natureza do crédito, mencionada especificamente a disposição da lei em que seja fundado;

IV – a data em que foi inscrita;

V – sendo caso, o número do processo administrativo de que se originar o crédito.

Feita a inscrição, emite-se uma Certidão da Dívida Ativa, onde se menciona, além dos dados relativos ao crédito, o número do livro e da folha em que foi lavrada.[58]

8.1 Escrituração contábil da dívida ativa

A escrituração contábil da Dívida Ativa, de início, é feita pela inscrição, através do registro no livro próprio e do qual emite-se uma Certidão da Dívida Ativa, com a finalidade de viabilizar a cobrança por via judicial. A Dívida Ativa é um crédito de origem tributária ou não tributária, porém de liquidez e certeza. A escritura contábil da Dívida Ativa é feita da seguinte forma:

6 – Pela Inscrição da Dívida Ativa[59]

– No Órgão que é responsável pela inscrição e pelo crédito

– Registro contábil do controle dos créditos a inscrever em dívida ativa no Subsistema de Compensação – Lançamento SC nº 6

D – 732.0	CONTROLE DA INSCRIÇÃO DE CRÉDITOS EM DÍVIDA ATIVA	13.000,00
C – 832.1	CRÉDITOS A INSCREVER EM DÍVIDA ATIVA	13.000,00
	Pelo controle dos créditos a inscrever em dívida ativa	

– Registro contábil da inscrição da dívida ativa no Subsistema de Informações Patrimoniais – Lançamento SP nº 8

D – 121.11.03	DÍVIDA ATIVA TRIBUTÁRIA[60]	13.000,00
C – 112.1	CRÉDITOS TRIBUTÁRIOS A RECEBER	13.000,00
	Pelo registro da inscrição da dívida ativa tributária	

– Registro contábil da Inscrição da dívida ativa no Subsistema de Compensação – Lançamento SC nº 7

D – 832.1	CRÉDITOS A INSCREVER EM DÍVIDA ATIVA	13.000,00
C – 832.3	CRÉDITOS INSCRITOS EM DÍVIDA ATIVA A RECEBER	13.000,00
	Pelo controle da inscrição da dívida ativa	

---

[58] Parágrafo único do art. 202, idem, ibidem.

[59] São os procedimentos relativos ao órgão que possui o crédito.

[60] Este lançamento transfere o valor tributário que foi registrado quando do lançamento por não ter sido arrecadado para inscrição na dívida ativa.

7 – Pelo Recebimento da Dívida Ativa

Conforme se verifica, o valor da dívida ativa foi registrado na conta 121.11.03 Dívida Ativa Tributária que integra o Ativo Realizável a Longo Prazo, e para o recebimento tecnicamente será desejável que se transfira o valor para o Ativo Circulante, pois será realizável em curto prazo.

– Registro contábil da transferência para o ativo circulante no Subsistema de Informações Patrimoniais – Lançamento SP nº 9

D – 112.0	CRÉDITOS A CURTO PRAZO	
D - 112.5	DÍVIDA ATIVA TRIBUTÁRIA	9.000,00
C – 121.11	CRÉDITOS A LONGO PRAZO	
C – 121.11.04	DÍVIDA ATIVA TRIBUTÁRIA	9.000,00
	Pela transferência da inscrição da dívida ativa para o ativo circulante	

– Registro contábil da cobrança da dívida ativa no Subsistema de Informações Patrimoniais – Lançamento SP nº 10

D – 111.1	CAIXA E EQUIVALENTE DE CAIXA EM MOEDA NACIONAL	9.000,00
C – 112.5	DÍVIDA ATIVA TRIBUTÁRIA	9.000,00
	Pelo recebimento da receita da dívida ativa	

– Registro contábil da receita orçamentária no Subsistema de Informações Orçamentárias – Lançamento SO nº 6

D – 621.1	RECEITA A REALIZAR	
D – 621.11	RECEITA CORRENTE	
D – 621.11.01	Tributária	9.000,00
C – 621.2	RECEITA REALIZADA	
C – 621.21	RECEITA CORRENTE	
C – 621.21.01	Tributária	9.000,00
	Pela arrecadação da receita orçamentária	

– Registro contábil da disponibilidade de recursos no Subsistema de Compensação – Lançamento SC nº 8

D – 721.1	CONTROLE DA DISPONIBILIDADE DE RECURSOS	9.000,00
C – 821.11	DISPONIBILIDADE POR DESTINAÇÃO DE RECURSOS	9.000,00
	Pelo controle da disponibilidade de recursos	

– Registro contábil do controle do crédito inscrito em dívida ativa recebido no Subsistema de Compensação – Lançamento SC nº 9

D – 832.3	CRÉDITOS INSCRITOS EM DÍVIDA ATIVA A RECEBER	9.000,00
C – 832.4	CRÉDITOS INSCRITOS EM DÍVIDA ATIVA RECEBIDOS	9.000,00
	Pelo controle da inscrição da dívida ativa recebida	

8 – Cancelamento da Inscrição em Dívida Ativa

– Registro contábil da baixa do crédito inscrito em dívida ativa no Subsistema de Compensação – Lançamento SC nº 10

D – 832.3	CRÉDITOS INSCRITOS EM DÍVIDA ATIVA A RECEBER	4.000,00
C – 832.5	BAIXA DE CRÉDITOS INSCRITOS EM DÍVIDA ATIVA	4.000,00
	Pelo registro da baixa de crédito inscrito na dívida ativa	

9 – Cancelamento da Inscrição da Dívida Ativa por Impossibilidade de Recebimento

– Registro contábil da Variação Patrimonial Diminutiva no Subsistema de Informações Patrimoniais – Lançamento SP nº 11

D – 363.90.01	VARIAÇÃO PATRIMONIAL DIMINUTIVA – CANCELAMENTO DA DÍVIDA ATIVA	4.000,00
C – 121.11	CRÉDITOS A LONGO PRAZO	
C – 121.11.04	DÍVIDA ATIVA TRIBUTÁRIA	4.000,00
	Pelo registro do cancelamento da dívida ativa por Impossibilidade de recebimento	

10 – Baixa do Controle de Inscrição da Dívida Ativa pelo recebimento e cancelamento do saldo não recebido

– Registro contábil da baixa do controle de inscrição da Dívida Ativa no Subsistema de Compensação – Lançamento SC nº 11

D – 832.4	CRÉDITO INSCRITO EM DÍVIDA ATIVA RECEBIDO	9.000,00
D – 832.5	BAIXA DE CRÉDITOS INSCRITOS EM DÍVIDA ATIVA	4.000,00
C – 732.0	CONTROLE DA INSCRIÇÃO DE CRÉDITOS EM DÍVIDA ATIVA	13.000,00
	Pelo registro da baixa do controle de inscrição da dívida ativa	

7

Despesa Pública

1 Conceito

Constituem Despesa Pública os gastos fixados na lei orçamentária ou em leis especiais e destinados à execução dos serviços públicos e dos aumentos patrimoniais; à satisfação dos compromissos da dívida pública; ou ainda à restituição ou pagamento de importâncias recebidas a título de cauções, depósitos, consignações etc.

Entende-se hoje o orçamento como uma técnica especializada de administração do dinheiro público, onde se procura, através de um processo de elaboração, execução e avaliação de programas, previamente formulados, a melhor aplicação dos recursos financeiros disponíveis.

Desta forma, o orçamento apresenta-se, fundamentalmente, como um instrumento de que o administrador público dispõe para equacionar o futuro em termos realísticos, como um curso de ação, um programa operacional.

A Contabilidade Pública, por sua vez, registra os acontecimentos, mostra o que a administração realizou, em termos financeiros; é, sobretudo, retrospectiva, ao passo que o orçamento é prospectivo. A Contabilidade é um instrumento essencial de controle financeiro e fornece ao orçamento uma metodologia de trabalho, uma estrutura de contas e quantificação de dados produzidos pela gestão administrativa.

2 Classificação

Portanto, pode-se concluir que a Despesa Pública classifica-se em dois grandes grupos, a saber: Despesa Orçamentária e Despesa Extraorçamentária.

Verifique no Capítulo 13, Assuntos Específicos, Seção 8, Questão da classificação dos convênios, os procedimentos a serem utilizados no caso de pagamentos de despesas relativos a convênios, especialmente no que se refere a quando se deve classificá-los como despesa orçamentária ou despesa extraorçamentária.

2.1 Despesa orçamentária

É aquela cuja realização depende de autorização legislativa. Não pode se realizar sem crédito orçamentário correspondente; em outras palavras, é a que integra o orçamento, despesa discriminada e fixada no orçamento público.[1]

Segundo o disposto na Lei Federal nº 4.320/64, deverá ser observada a discriminação por elementos, em cada unidade administrativa ou órgão do governo. Constitui Unidade Orçamentária o agrupamento de serviços subordinados ao mesmo órgão ou repartição a que serão consignadas dotações próprias. Em casos excepcionais, serão consignadas dotações a unidades administrativas subordinadas ao mesmo órgão.

Na Lei de Orçamento, a discriminação da despesa far-se-á, no mínimo, por elementos. Entende-se por elementos o desdobramento da despesa com pessoal, material, serviços, obras e outros meios de que se serve a administração pública para a consecução de seus fins.[2]

2.2 Despesa extraorçamentária

É aquela paga à margem da lei orçamentária e, portanto, independente de autorização legislativa, pois se constitui em saídas do passivo financeiro, compensatórias de entradas no ativo financeiro, oriundas de receitas extraorçamentárias, correspondendo à restituição ou entrega de valores recebidos, como cauções, depósitos, consignações e outros.

Devemos, ainda, a título de informação, mencionar os resgates relativos às operações de crédito por antecipação de receita, ou seja, empréstimos e financiamentos cuja liquidação deve ser efetuada em prazo inferior a 12 (doze) meses, que também são considerados extraorçamentários, pois constituem saídas compensatórias de entradas, no ativo e passivo financeiro, respectivamente.

2.2.1 Escrituração contábil da despesa extraorçamentária

Escrituração contábil da despesa extraorçamentária é aquela feita, independentemente de autorização legislativa relativa a restituições ou pagamentos, de valores rece-

---

[1] ANGÉLICO, João. *Contabilidade pública*. São Paulo: Atlas, 1985.

[2] Artigo 15 e § 1º da Lei Federal nº 4.320/64.

bidos em depósito ou consignações, geralmente correspondentes a entradas de receita extraorçamentária, que agora se compensam como despesa extraorçamentária. A sua escrituração ocorre da seguinte forma:

a) **Pelo pagamento de retenções de consignações[3]**

– Registro contábil do pagamento das retenções de consignações, no Subsistema de Informações Patrimoniais – Lançamento SP nº 12

D – 218.80.02	INSTITUTO DE PREVIDÊNCIA	3.000,00
D – 218.80.05	ASSOCIAÇÃO DOS FUNCIONÁRIOS	2.000,00
C – 111.1	CAIXA E EQUIVALENTE DE CAIXA EM MOEDA NACIONAL	5.000,00
	Pelo pagamento das retenções de consignações	

b) **Pelo registro do controle das disponibilidades de recursos**

– Registro contábil do controle das Disponibilidades de Recursos no Subsistema de Compensação – Lançamento SC nº 12

D – 821.13	DISPONIBILIDADE POR DESTINAÇÃO DE RECURSOS COMPROME-TIDA POR LIQUIDAÇÃO E ENTRADAS COMPENSATÓRIAS	5.000,00
C – 821.14	DISPONIBILIDADE POR DESTINAÇÃO DE RECURSOS UTILIZADA	5.000,00
	Pelo registro da disponibilidade de recursos utilizada	

3 Classificação da despesa orçamentária segundo a natureza

O artigo 3º da Portaria Interministerial nº 163/2001 dispõe que a classificação da despesa, segundo a sua natureza, compõe-se de:

I – categoria econômica;

II – grupo de natureza da despesa;

III – elemento de despesa.

Em decorrência do disposto no artigo 3º, acima descrito, a estrutura da natureza da despesa a ser observada na execução orçamentária de todas as esferas de Governo será "c.g.mm.ee.dd", onde:

a) "c" representa a categoria econômica;

b) "g" o grupo de natureza da despesa;

c) "mm" a modalidade de aplicação;

---

[3] O lançamento do Controle da Disponibilidade de Recursos, já deverá ter sido efetuado quando da liquidação da despesa relativa à folha de pagamento.

d) "ee" o elemento de despesa; e

e) "dd" o desdobramento facultativo do elemento de despesa.

Conforme se verifica, a natureza da despesa será complementada pela informação gerencial denominada "modalidade de aplicação", a qual tem por finalidade indicar se os recursos são aplicados diretamente por órgãos ou entidades no âmbito da mesma esfera de Governo ou por outro ente da Federação e suas respectivas entidades, e objetiva, precipuamente, possibilitar a eliminação da dupla contagem dos recursos transferidos ou descentralizados.

As classificações da despesa por categoria econômica, por grupo de natureza, por modalidade de aplicação e por elemento de despesa, e respectivos conceitos e/ou especificações, constam do Anexo II da Portaria Interministerial nº 163/2001.

A Portaria Interministerial nº 163/2001 diz, ainda, textualmente:

– Na lei orçamentária, a discriminação da despesa, quanto à sua natureza, far-se-á no mínimo por categoria econômica, grupo de natureza de despesa e modalidade de aplicação (art. 6º).

– A alocação dos créditos orçamentários na lei orçamentária anual deverá ser feita diretamente à unidade orçamentária responsável pela execução das ações correspondentes, ficando vedada a consignação de recursos a título de transferência para unidades integrantes dos orçamentos fiscal e da seguridade social (art. 7º).

– A dotação global denominada "Reserva de Contingência", permitida para a União no art. 91 do Decreto-lei nº 200/1967, ou em atos das demais esferas de Governo, a ser utilizada como fonte de recursos para abertura de créditos adicionais e para o atendimento ao disposto no art. 5º, inciso III, da Lei Complementar nº 101/2000, sob coordenação do órgão responsável pela sua destinação, será identificada nos orçamentos de todas as esferas de Governo pelo código 99.999.9999.xxxx.xxxx, no que se refere às classificações por função e subfunção e estrutura programática, onde o "x" representa a codificação da ação e respectivo detalhamento, e quanto à natureza da despesa será identificada com o código 9.9.99.99.99 (art. 8º e parágrafo único).

3.1 Categorias econômicas

A despesa orçamentária, no que se refere às categorias econômicas, deverá, de conformidade com a Portaria Interministerial nº 163/2001, ser classificada em: Despesas Correntes e Despesas de Capital.

3.1.1 Despesas correntes

Classificam-se nesta categoria todas as despesas que não contribuem diretamente para a formação ou aquisição de um bem de capital. Podemos nesta oportunidade complementar este conceito, dizendo que Despesas Correntes são os gastos de natureza operacional, realizados pelas instituições públicas, para a manutenção e o funcionamento dos seus órgãos.

A esta altura, podemos identificar que as despesas correntes devem ser compreendidas, através dos seguintes grupos de natureza de despesa:

1 – Pessoal e Reflexos;

2 – Juros e Encargos da Dívida;

3 – Outras Despesas Correntes.

3.1.2 Despesas de capital

Classificam-se nesta categoria aquelas despesas que contribuem diretamente para a formação ou aquisição de um bem de capital. Também aqui, podemos complementar este conceito, dizendo que Despesas de Capital são os gastos realizados pelas instituições públicas, cujo propósito é o de criar novos bens de capital ou mesmo adquirir bens de capital já em uso, como é o caso de investimentos e inversões financeiras, respectivamente, e que constituirão em última análise incorporações ao patrimônio público de forma efetiva ou através de mutação patrimonial.

Também nesta categoria podemos identificar que as despesas de capital devem ser compreendidas, através dos seguintes grupos de natureza de despesa:

4 – Investimentos;

5 – Inversões Financeiras;

6 – Amortização da Dívida.

3.2 Grupos de natureza de despesa

Entendem-se por grupos de natureza de despesa, segundo o disposto no § 2º, do artigo 3º, da Portaria Interministerial nº 163/2001, a agregação de elementos de despesa que apresentam as mesmas características quanto ao objeto de gasto que a seguir serão especificadas.

1 – Pessoal e Encargos Sociais

Despesas de natureza salarial decorrentes do efetivo exercício de cargo, emprego ou função de confiança no setor público, do pagamento dos proventos de aposentadorias, reformas e pensões, das obrigações trabalhistas de responsabilidade do empregador, incidentes sobre a folha de salários, contribuições a entidades fechadas de previdência, bem como o soldo, gratificações e adicionais previstos na estrutura remuneratória dos militares.

2 – Juros e Encargos da Dívida

Despesas com pagamento de juros, comissões e outros encargos de operações de crédito internas e externas contratadas, bem como da dívida pública mobiliária.

3 – Outras Despesas Correntes

Despesas com aquisição de material de consumo, pagamento de diárias, contribuições, subvenções, auxílio-alimentação, auxílio-transporte, despesas com a contratação temporária para atender a necessidade de excepcional interesse público, quando não se referir à substituição de servidores de categorias funcionais abrangidas pelo respectivo plano de cargos do quadro de pessoal, além de outras despesas de categoria econômica "Despesas Correntes" não classificáveis nos demais grupos de natureza de despesa.

4 – Investimentos

Despesas com o planejamento e a execução de obras, inclusive com a aquisição de imóveis considerados necessários à realização destas últimas, e com a aquisição de instalações, equipamentos e material permanente.

5 – Inversões Financeiras

Despesas com a aquisição de imóveis ou bens de capital já em utilização; aquisição de títulos representativos do capital de empresas ou entidades de qualquer espécie, já constituídas, quando a operação não importe aumento do capital; e com a constituição ou aumento do capital de empresas.

6 – Amortização da Dívida

Despesas com o pagamento e/ou refinanciamento do principal e da atualização monetária ou cambial da dívida pública interna e externa, contratual ou mobiliária.

3.3 *Modalidades de aplicação*

Devem-se entender por modalidades de aplicação as formas pelas quais os gastos serão realizados, ou seja, se corresponderão à transferência de recursos para que outros órgãos e entidades, públicos ou privados, no país ou no Exterior, os realizem, ou se serão aplicados diretamente pelas unidades detentoras dos créditos orçamentários. A seguir serão apresentadas as modalidades de aplicação possíveis.

20 – Transferências à União

Despesas realizadas pelos Estados, Municípios ou pelo Distrito Federal, mediante transferência de recursos financeiros à União, inclusive para as suas entidades da administração indireta.

22 – Execução Orçamentária Delegada à União

Despesas realizadas mediante transferência de recursos financeiros, decorrentes de delegação ou descentralização à União para execução de ações de responsabilidade exclusiva do delegante.

30 – Transferência a Estados e ao Distrito Federal

Despesas realizadas mediante transferência de recursos financeiros da União ou dos Municípios aos Estados e ao Distrito Federal, inclusive para suas entidades da administração indireta.

31 – Transferências a Estados e ao Distrito Federal – Fundo a Fundo

Despesas orçamentárias realizadas mediante transferência de recursos financeiros da União ou Municípios aos Estados e ao Distrito Federal por intermédio da modalidade fundo a fundo.

32 – Execução Orçamentária Delegada a Estados e ao Distrito Federal

Despesas orçamentárias realizadas mediante transferência de recursos financeiros, decorrentes de delegação ou descentralização a Estados e ao Distrito Federal para execução de ações de responsabilidade exclusiva do delegante.

40 – Transferências a Municípios

Despesas realizadas mediante transferência de recursos financeiros da União ou dos Estados aos Municípios, inclusive para suas entidades da administração indireta.

41 – Transferências a Municípios – Fundo a Fundo

Despesas Orçamentárias realizadas mediante transferência de recursos financeiros da União, dos Estados ou Distrito Federal aos Municípios por intermédio da modalidade fundo a fundo.

42 – Execução Orçamentária Delegada a Municípios

Despesas orçamentárias realizadas mediante transferência de recursos financeiros, decorrentes de delegação ou descentralização a Municípios para execução de ações de responsabilidade exclusiva do delegante.

50 – Transferências a Instituições Privadas sem Fins Lucrativos

Despesas realizadas mediante transferência de recursos financeiros a entidades sem fins lucrativos que não tenham vínculo com a Administração Pública.

60 – Transferências a Instituições Privadas com Fins Lucrativos

Despesas realizadas mediante transferência de recursos financeiros a entidades com fins lucrativos que não tenham vínculo com a Administração Pública.

70 – Transferências a Instituições Multigovernamentais

Despesas orçamentárias realizadas mediante transferência de recursos financeiros a entidades criadas e mantidas por dois ou mais entes da Federação ou por dois ou mais países, inclusive o Brasil.

71 – Transferências a Consórcios Públicos

Despesas orçamentárias realizadas mediante transferência de recursos financeiros a entidades criadas sob a forma de consórcios públicos nos termos da Lei nº 11.107, de 6 de abril de 2005, objetivando a execução dos programas e ações dos respectivos consorciados.

72 – Execução Orçamentária Delegada a Consórcios Públicos

Despesas orçamentárias realizadas mediante transferência de recursos financeiros, decorrentes da delegação ou descentralização a consórcios públicos para execução de ações de responsabilidade exclusiva do delegante.

80 – Transferências ao Exterior

Despesas realizadas mediante transferência de recursos financeiros a órgãos e entidades governamentais pertencentes a outros países, a organismos internacionais e a fundos instituídos por diversos países, inclusive aqueles que tenham sede ou recebam os recursos no Brasil.

90 – Aplicações Diretas

Aplicação direta, pela unidade orçamentária, dos créditos a ela alocados ou oriundos de descentralização de outras entidades integrantes ou não dos Orçamentos Fiscal ou da Seguridade Social, no âmbito da mesma esfera de governo.

91 – Aplicação Direta Decorrente de Operação entre Órgãos, Fundos e Entidades Integrantes dos Orçamentos Fiscal e da Seguridade Social

Despesas orçamentárias de órgãos, fundos, autarquias, fundações, empresas estatais dependentes e outras entidades integrantes dos orçamentos fiscal e da seguridade social decorrentes da aquisição de materiais, bens e serviços, pagamento de impostos, taxas e contribuição, além de outras operações, quando o recebedor dos recursos também for órgão, fundo, autarquia, fundação, empresa estatal dependente ou outra entidade constante desses orçamentos, no âmbito da mesma esfera de Governo.

93 – Aplicação Direta Decorrente de Operação de Órgãos, Fundos e Entidades Integrantes dos Orçamentos Fiscal e da Seguridade Social com Consórcio Público do qual o Ente Participe

Despesas orçamentárias de órgãos, fundos, autarquias, fundações, empresas estatais dependentes e outras entidades integrantes dos orçamentos fiscal e da seguridade social decorrentes da aquisição de materiais, bens e serviços, além de outras operações, exceto no caso de transferências, delegações ou descentralizações, quando o recebedor dos recursos for consórcio público do qual o ente da Federação participe, nos termos da Lei nº 11.107, de 6 de abril de 2005.

94 – Aplicação Direta Decorrente de Operação de Órgãos, Fundos e Entidades Integrantes dos Orçamentos Fiscal e da Seguridade Social com Consórcio Público do qual o Ente Não Participe

Despesas orçamentárias de órgãos, fundos, autarquias, fundações, empresas estatais dependentes e outras entidades integrantes dos orçamentos fiscal e da seguridade social decorrentes da aquisição de materiais, bens e serviços, além de outras operações, exceto no caso de transferências, delegações ou descentralizações, quando o recebedor dos recursos for consórcio público do qual o ente da Federação não participe, nos termos da Lei nº 11.107, de 6 de abril de 2005.

99 – A Definir

Modalidade exclusiva do Poder Legislativo ou para classificação orçamentária da Reserva de Contingência e da Reserva do RPPS, vedada a execução orçamentária enquanto não houver sua definição.

3.4 Elementos de despesa

A Portaria Interministerial nº 163/2001, em seu § 3º, do art. 3º, diz:

"O elemento de despesa tem por finalidade identificar os objetos de gasto, tais como vencimentos e vantagens fixas, juros, diárias, material de consumo, serviços de terceiros prestados sob qualquer forma, subvenções sociais, obras e instalações, equipamentos e material permanente, auxílios, amortização e outros de que a administração pública se serve para consecução de seus fins."

E, através do § 5º, desse artigo, a portaria dispõe:

"É facultado o desdobramento suplementar dos elementos de despesa para atendimento das necessidades de escrituração contábil e controle da execução orçamentária."

O desdobramento suplementar dos elementos de despesa mencionado nesse dispositivo quer se referir a detalhamento feito no elemento Material de Consumo, onde se queiram identificar os gastos com gasolina, álcool, outros combustíveis, material de informática etc., por exemplo.

É óbvio que esse desdobramento pode ser feito em qualquer dos elementos, quando se desejar identificar determinados gastos, quer para se verificar, como para se controlar, o volume e quantidade desses gastos.

Em seguida, será discriminada a relação dos elementos de despesa que poderão ser utilizados:

01 – Aposentadorias do RPPS, Reserva Remunerada e Reforma dos Militares
03 – Pensões, exclusive do Regime Geral de Previdência Social
04 – Contratação por Tempo Determinado
05 – Outros Benefícios Previdenciários do RPPS
06 – Benefício Mensal ao Deficiente e ao Idoso
07 – Contribuição a Entidades Fechadas de Previdência
08 – Outros Benefícios Assistenciais
09 – Salário-família
10 – Seguro Desemprego e Abono Salarial
11 – Vencimentos e Vantagens Fixas – Pessoal Civil
12 – Vencimentos e Vantagens Fixas – Pessoal Militar
13 – Obrigações Patronais
14 – Diárias – Civil
15 – Diárias – Militar
16 – Outras Despesas Variáveis – Pessoal Civil
17 – Outras Despesas Variáveis – Pessoal Militar
18 – Auxílio Financeiro a Estudantes
19 – Auxílio-fardamento
20 – Auxílio Financeiro a Pesquisadores

21 – Juros sobre a Dívida por Contrato
22 – Outros Encargos sobre a Dívida por Contrato
23 – Juros, Deságios e Descontos da Dívida Mobiliária
24 – Outros Encargos sobre a Dívida Mobiliária
25 – Encargos sobre Operações de Crédito por Antecipação da Receita
26 – Obrigações decorrentes da Política Monetária
27 – Encargos pela Honra de Avais, Garantias, Seguros e Similares
28 – Remuneração de Cotas de Fundos Autárquicos
29 – Distribuição do Resultado de Empresas Estatais Dependentes
30 – Material de Consumo
31 – Premiações Culturais, Artísticas, Científicas, Desportivas e outras
32 – Material, Bem ou Serviço para Distribuição Gratuita
33 – Passagens e Despesas com Locomoção
34 – Outras Despesas de Pessoal decorrentes de Contratos de Terceirização
35 – Serviços de Consultoria
36 – Outros Serviços de Terceiros – Pessoa Física
37 – Locação de Mão de Obra
38 – Arrendamento Mercantil
39 – Outros Serviços de Terceiros – Pessoa Jurídica
41 – Contribuições
42 – Auxílios
43 – Subvenções Sociais
45 – Subvenções Econômicas
46 – Auxílio-alimentação
47 – Obrigações Tributárias e Contributivas
48 – Outros Auxílios Financeiros a Pessoas Físicas
49 – Auxílio-transporte
51 – Obras e Instalações
52 – Equipamentos e Material Permanente
53 – Aposentadorias do Regime Geral de Previdência Social – Área Rural
54 – Aposentadorias do Regime Geral de Previdência Social – Área Urbana
55 – Pensões do Regime Geral de Previdência Social – Área Rural
56 – Pensões do Regime Geral de Previdência Social – Área Urbana
61 – Aquisição de Imóveis
62 – Aquisição de Produtos para Revenda
63 – Aquisição de Títulos de Crédito
64 – Aquisição de Títulos Representativos de Capital já Integralizado
65 – Constituição ou Aumento de Capital de Empresas
66 – Concessão de Empréstimos e Financiamentos
67 – Depósitos Compulsórios
70 – Rateio pela Participação em Consórcio Público
71 – Principal da Dívida Contratual Resgatado
72 – Principal da Dívida Mobiliária Resgatado
73 – Correção Monetária ou Cambial da Dívida Contratual Resgatada
74 – Correção Monetária ou Cambial da Dívida Mobiliária Resgatada
75 – Correção Monetária da Dívida de Operações de Crédito por Antecipação da Receita

76 – Principal Corrigido da Dívida Mobiliária Refinanciado
77 – Principal Corrigido da Dívida Contratual Refinanciado
81 – Distribuição Constitucional ou Legal de Receitas
91 – Sentenças Judiciais
92 – Despesas de Exercícios Anteriores
93 – Indenizações e Restituições
94 – Indenizações e Restituições Trabalhistas
95 – Indenização pela Execução de Trabalhos de Campo
96 – Ressarcimento de Despesas de Pessoal Requisitado
97 – Aporte para Cobertura do Déficit Atuarial do RPPS
99 – A Classificar

4 Classificação funcional-programática

Em vista da necessidade de estabelecer um esquema de classificação que forneça informações mais amplas sobre as programações de planejamento e orçamento e, ao mesmo tempo, uniformizar a terminologia a níveis do governo da União, dos Estados, dos Municípios e do Distrito Federal, foi elaborada a discriminação da despesa orçamentária por funções, consubstanciada como Classificação Funcional Programática.[4]

A discriminação ordenada na classificação funcional programática visa conjugar as funções do Governo com os programas a serem desenvolvidos. A classificação parte do entendimento amplo do conceito de Função, isto é, de uma classificação convencional através da qual se procura identificar os objetos da intervenção governamental no desenvolvimento social e econômico da comunidade.

Como **Função**, deve-se entender o maior nível de agregação das diversas áreas de despesas que competem ao setor público, e como **Subfunção**, uma partição da função, que visa agregar determinado subconjunto de despesa do setor público.

Deve-se entender por *Programa* os instrumentos através dos quais se fixam propósitos organicamente articulados para o cumprimento das funções, e a cada programa corresponde um produto final ou certos produtos finais a alcançar com os meios disponíveis no período considerado.

Na classificação funcional-programática, as **funções** e os **programas** a serem desenvolvidas podem ser identificadas como típicas – quando se apresentam classificadas dentro da área que melhor caracteriza suas ações, mas não excluindo a possibilidade de serem identificadas em outras áreas; e como exclusivas – quando são caracterizadas por ações que ocorrem em uma única área.

Isso permite que uma subfunção possa ser utilizada para classificar ações meios, encontradas em diversos órgãos e que podem ser empregadas em suas funções típicas.

---

[4] Portaria nº 42/99 do Ministério do Orçamento e Gestão e Anexo nº 5 da Lei Federal nº 4.320/64.

Exemplificando, podemos mencionar a subfunção 122 Administração Geral, que originariamente deve ser utilizada com a função 04 Administração.

É fora de dúvida que a subfunção Administração Geral possui uma afinidade umbilical com a função Administração; entretanto, vamos encontrar essa subfunção 122 Administração Geral vinculada a uma função 10 Saúde, perfeitamente adequada, pois demonstra a ação de administração geral, praticada na Secretaria da Saúde, por exemplo.

É desnecessário dizer que outras subfunções há, entretanto, por mais que nos esforcemos, não encontraremos outra forma, senão a de classificá-las dentro da área originária, em vista da peculiaridade de exclusividade, aliás, acima definida. É o caso da subfunção 752 Energia Elétrica, que se encontra na área da função 25 Energia, e dificilmente será encontrada em outra área que não seja exatamente essa.

Esse mesmo princípio deve-se manter na estrutura que a União, os Estados, o Distrito Federal e os Municípios estabelecerão, em atos próprios para os programas, em relação às funções, ou seja, se houver necessidade pode-se conjugar programas de diversas áreas com as funções que melhor possibilitem a identificação dos seus objetivos.

Para que haja um melhor entendimento de como é desenvolvida essa classificação funcional-programática, que constitui o Anexo 5, da Lei Federal nº 4.320/64, vamos a seguir expor um caso prático:

Em todos os níveis de governo, como sejam a União, os Estados e os Municípios, existem, respectivamente, o Congresso Nacional, composto pela Câmara Federal e pelo Senado Federal, as Assembleias Legislativas e as Câmaras Municipais, que constituem o chamado Poder Legislativo.

A atuação do Poder Legislativo é legislar sobre matéria de interesse público, como ação primordial de sua competência.

A classificação funcional-programática, a ser utilizada para identificar os gastos a serem efetuados pelo Poder Legislativo, é apresentada na seguinte conformidade:

FUNÇÃO	01	LEGISLATIVA
SUBFUNÇÃO	031	AÇÃO LEGISLATIVA
PROGRAMA	01	PROCESSO LEGISLATIVO

Há, ainda, a destacar que os programas são em cada área de governo obrigatoriamente desdobrados em Projetos e Atividades, estabelecidos segundo as respectivas necessidades da programação.

Entende-se por **Projeto** um instrumento de programação para alcançar os objetivos de um programa, envolvendo um conjunto de operações limitadas no tempo, das quais resulta um produto final que concorre para a expansão ou o aperfeiçoamento da ação do governo.

O projeto é identificado pelo número 1 e cada projeto deve, ainda, conter uma numeração própria, que é colocada logo em seguida do número 1 identificativo do projeto. Essa numeração própria designa a nomenclatura de cada projeto existente.

Atividade é um instrumento de programação para alcançar os objetivos de um programa, envolvendo um conjunto de operações – que se realizam de modo contínuo e permanente – necessárias à manutenção da ação do governo, identificadas na classificação pelo dígito 2. Cada atividade deve, ainda, conter uma numeração própria, colocada logo em seguida a esse dígito, destinada a designar a nomenclatura de cada atividade existente.

Em face ao complemento obrigatório, a ser incluído na classificação funcional-programática, para melhor orientação vamos pressupor, no caso prático acima descrito, a existência de um só projeto, relativo à conclusão e à ampliação do prédio do Poder Legislativo, e a existência de uma atividade relativa à manutenção e funcionamento de suas atividades.

A complementação seria feita da seguinte forma:

PROJETO   1.001 CONCLUSÃO E AMPLIAÇÃO DO PRÉDIO
ATIVIDADE   2.001 ELABORAÇÃO LEGISLATIVA

Finalizando, esperamos que esteja suficientemente claro que, existindo mais de um projeto ou de uma atividade, haveria após os dígitos 1 ou 2, respectivamente, a identificação pelos números 002, 003 etc., quantos forem necessários.

5 Codificação

As despesas públicas sobre as quais estão voltadas todas as atenções dos órgãos detentores dos créditos orçamentários, dos órgãos que têm a incumbência de determinar o montante desses créditos, dos órgãos de controle interno que exercem sobre os gastos decorrentes desses créditos, ou ainda, dos órgãos que têm a seu cargo o controle e fiscalização externo sobre esses gastos, em vista da exiguidade de recursos existentes, promovem toda uma série de procedimentos e ações, visando, além do controle da legalidade da despesa, também ao seu melhor aproveitamento.

Sob esse aspecto, na edição da Lei Federal nº 4.320/64 foi prevista a implantação do orçamento por programas que visava a uma sistemática de gastos, organizada em técnicas aplicáveis a países em desenvolvimento ou subdesenvolvidos, justamente pela característica comum neles existente, como seja, a dificuldade de geração de receitas em contraposição a uma necessidade crescente para fazerem face à manutenção dos serviços essenciais. Isso acaba por se transformar num círculo vicioso, no sentido de que, não havendo recursos, avolumam-se os problemas para a prestação dos serviços essenciais a serem colocados à disposição da coletividade, que por sua vez, não sendo atendida nas suas necessidades, vê-se obrigada a dispor dos parcos recursos de que é possuidora, não tendo condições de possibilitar a geração de receitas e assim sucessivamente.

Sendo o Brasil uma Nação continente, desequilíbrios regionais ocorrem. No aspecto orçamentário, muitas medidas foram tomadas, com o intuito de uma integração nacional que possibilitasse melhoria do conhecimento orçamentário consolidado.

Toda essa busca de integração e consolidação de informações em nível nacional tem como base implementar o processo integrado de planejamento e orçamento, e ao mesmo tempo uniformizar a terminologia a níveis da União, dos Estados, dos Municípios e Distrito Federal, e possui a sua fundamentação numa codificação, especialmente concebida para tanto.

Em termos de codificação, a despesa orçamentária possui dois tipos de códigos: os códigos orçamentários e os códigos contábeis.

Os *códigos orçamentários* da despesa são aqueles constantes dos Anexos 4 e 5, da Lei Federal nº 4.320/64, e que constam das tabelas explicativas a serem aprovadas pelas Leis Orçamentárias, onde se encontram conjugadas, harmonicamente, as categorias econômicas com as categorias funcionais-programáticas.

Os códigos orçamentários da despesa, atendendo à Portaria Interministerial nº 163, de 4 de maio de 2001, que os identifica segundo a natureza da despesa, devem ser identificados obedecendo à seguinte codificação:

CATEGORIA ECONÔMICA	3 – DESPESAS CORRENTES
GRUPO DE NATUREZA DAS DESPESAS	1 – PESSOAL E ENCARGOS SOCIAIS
MODALIDADES DE APLICAÇÃO	90 – APLICAÇÕES DIRETAS
ELEMENTO DE DESPESA	11 – VENCIMENTOS E VANTAGENS FIXAS – PESSOAL CIVIL

As categorias funcional-programáticas, também já minuciosamente descritas, obedecem à seguinte codificação:

seguindo o mesmo exemplo citado

01 FUNÇÃO	01	LEGISLATIVA
031 SUBFUNÇÃO	01.031	AÇÃO LEGISLATIVA
001 PROGRAMA	01.031.001	PROCESSO LEGISLATIVO
1.001 PROJETO	01.031.001.1.001	CONCLUSÃO E AMPLIAÇÃO DO PRÉDIO
2.001 ATIVIDADE	01.031.001.2.001	ELABORAÇÃO LEGISLATIVA

Portanto, para a identificação de uma despesa orçamentária, quando se emitir uma Nota de Empenho, por exemplo, devem ser utilizadas, conjugadamente, as categorias econômicas com a categoria funcional-programática e seus respectivos códigos, onde teríamos a seguinte codificação:

Função	Subfunção	Programa	Projeto/Atividade	Natureza da Despesa
01	031	001	2.001 ou 1.001	3.1.90.11.00 ou 4.4.90.51.00

Concluindo, o código acima, 01.031.001 2.001 3.1.90.11.00, identificaria a categoria funcional-programática aliada à categoria econômica, da despesa empenhada, de acordo com os dois exemplos citados e, em última análise, constituiria o código orçamentário.

Restaria, ainda, o *código de escrituração contábil*, que são aqueles utilizados pelos serviços de contabilidade e servem para o registro, acompanhamento e controle da despesa orçamentária, devendo estar configurados nos planos de contas. É com base neles que os serviços encarregados dos devidos registros procedem à escrituração dos lançamentos contábeis.

6 Licitação

A Lei Federal nº 8.666/93, atualizada pela Lei Federal nº 8.883/94, diz que inclusive serviços de publicidade, compras, alienações, concessões, permissões e locações da Administração Pública, quando contratados com terceiros, serão necessariamente precedidos de licitação; entretanto, essa lei prescreve algumas exceções que dispensam ou tornam inexigível esse procedimento.

A licitação destina-se a garantir a observância do princípio constitucional da isonomia e a selecionar a proposta mais vantajosa para a Administração e será processada e julgada em estrita conformidade com os princípios básicos da legalidade, da impessoalidade, da moralidade, da igualdade, da publicidade, da probidade administrativa, da vinculação ao instrumento convocatório, do julgamento objetivo e dos que lhes são correlatos.

Fica claro que as despesas para aquisição de material, o fornecimento e a adjudicação de obras e serviços serão regulados em lei, respeitado o princípio da concorrência;[5] portanto, deverão sempre estar de conformidade com a legislação relativa às normas para licitações e contratos da Administração Pública.

6.1 *Garantia contratual*

A critério da autoridade competente, em cada caso, e desde que prevista no instrumento convocatório, poderá ser exigida prestação de garantia nas contratações de obras, serviços e compras.

Quando exigida, a garantia é prestada, por opção do contratado, por uma das seguintes modalidades:

1. caução em dinheiro ou títulos da dívida pública;
2. seguro-garantia;
3. fiança bancária.

A garantia, quando exigida, não excederá a 5% do valor do contrato e terá seu valor atualizado nas mesmas condições daquele, ressalvado o caso de obras, serviços e fornecimentos de grande vulto envolvendo alta complexidade técnica e riscos financeiros consideráveis, demonstrados através de parecer tecnicamente aprovado pela autoridade competente, quando o limite de garantia poderá ser elevado para até 10% do valor do contrato.

---

[5] Artigo 70, da Lei Federal nº 4.320/64.

114 Contabilidade Pública • Kohama

A garantia prestada pelo contratado será liberada ou restituída após a execução do contrato[6] e, quando em dinheiro, atualizada monetariamente.

E, nos casos de contratos que importem na entrega de bens pela Administração, dos quais o contratado ficará depositário, ao valor da garantia, deverá ser acrescido o valor desses bens.

6.1.1 Escrituração contábil das garantias contratuais

A escrituração contábil das garantias contratuais refere-se ao recebimento de valores numerários, títulos da dívida pública, fiança bancária ou seguro-garantia, que ficam depositados nos cofres públicos como caução. Por se referirem à garantia contratual, são depositados pelos contratantes, visando garantir a plena execução do objeto contratado, e serão devolvidos, assim que cumprida a obrigação assumida, obedecidas todas as condições. Portanto, a escrituração contábil das garantias contratuais é feita da seguinte forma:

11 – Arrecadação da Receita Extraorçamentária

– Pelo recebimento de cauções em dinheiro

– Registro contábil de recebimento de caução no Subsistema de Informações Patrimoniais – Lançamento SP nº 13

D – 113.50.01	DEPÓSITOS RESTITUÍVEIS – Caução	2.000,00
C – 218.80.01	VALORES RESTITUÍVEIS – Caução	2.000,00
	Pelo recebimento de caução	

– Registro contábil do controle da disponibilidade de recursos no Subsistema de Compensação – Lançamento SC nº 13

D – 721.1	CONTROLE DA DISPONIBILIDADE DE RECURSOS	2.000,00
C – 821.11	DISPONIBILIDADE POR DESTINAÇÃO DE RECURSOS	2.000,00
	Pelo controle da disponibilidade de recursos	

– Registro contábil do controle da disponibilidade de recursos comprometida no Subsistema de Compensação – Lançamento SC nº 14

D – 821.11	DISPONIBILIDADE POR DESTINAÇÃO DE RECURSOS	2.000,00
C – 821.13	DISPONIBILIDADE POR DESTINAÇÃO DE RECURSOS COMPROMETIDA POR LIQUIDAÇÃO E ENTRADAS COMPENSATÓRIAS	2.000,00
	Pelo registro do controle da disponibilidade de recursos comprometida por entrada compensatória	

---

[6] Execução do contrato – Os contratos firmados pela Administração não podem ter vigência superior a 5 (cinco) anos, contados da data da assinatura, exceção feita aos contratos de concessão de direito real de uso, de obra pública ou de serviço público, bem assim aos de locação de bem imóvel para o serviço público, em que não se aplica o limite de 5 (cinco) anos.

Despesa Pública **115**

12 – Pelo recebimento de cauções em títulos e documentos[7]

– Registro contábil do recebimento de cauções em títulos e documentos, no Subsistema de Compensação – Lançamento SC nº 15

D – 711.1	GARANTIAS E CONTRAGARANTIAS RECEBIDAS	8.000,00
D – 711.13	CAUÇÕES EM TÍTULOS	4.000,00
D – 711.14	CAUÇÕES EM SEGURO GARANTIA	1.000,00
D – 711.15	CARTAS DE FIANÇAS BANCÁRIAS	3.000,00
C – 811.1	EXECUÇÃO DE GARANTIAS E CONTRAGARANTIAS RECEBIDAS	8.000,00
	Pelo recebimento de cauções em títulos e documentos	

13 – Pelo pagamento da Despesa Extraorçamentária

– Pela restituição de caução em dinheiro

– Registro contábil da restituição em dinheiro no Subsistema de Informações Patrimoniais – Lançamento SP nº 14

D – 218.80.01	VALORES RESTITUÍVEIS – Caução	2.000,00
C – 113.50.01	DEPÓSITOS RESTITUÍVEIS – Caução	2.000,00
	Pelo pagamento/restituição de caução em dinheiro	

– Registro do Controle por Destinação de recursos no Subsistema de Compensação – Lançamento SC nº 16

D – 821.13	DISPONIBILIDADE POR DESTINAÇÃO DE RECURSOS COMPROMETIDA POR LIQUIDAÇÃO E ENTRADAS COMPENSATÓRIAS	2.000,00
C – 821.14	DISPONIBILIDADE DE DESTINAÇÃO DE RECURSOS UTILIZADA	2.000,00
	Pelo registro do controle da destinação de recursos utilizada	

14 – Pela devolução de títulos e documentos caucionados[8]

– Registro contábil da restituição de cauções em títulos e documentos, no Subsistema de Compensação – Lançamento SC nº 17

D – 811.1	EXECUÇÃO DE GARANTIAS E CONTRAGARANTIAS RECEBIDAS	5.000,00
C – 711.1	GARANTIAS E CONTRAGARANTIAS RECEBIDAS	5.000,00
C – 711.13	CAUÇÕES EM TÍTULOS	2.000,00
C – 711.14	CAUÇÕES EM SEGURO GARANTIA	1.000,00
C – 711.15	CARTAS DE FIANÇAS BANCÁRIAS	2.000,00
	Pela devolução de cauções em títulos e documentos	

---

[7] O recebimento de cauções em títulos e documentos não constitui receita extraorçamentária. E, obviamente, a devolução também não constitui despesa extraorçamentária.

[8] A devolução de cauções em títulos e documentos não constitui despesa extraorçamentária.

7 Estágios

A despesa orçamentária, desde a edição do Código de Contabilidade Pública, em 8 de novembro de 1922, determinou que toda a despesa do Estado deve passar por três estágios:[9]

a) o empenho;

b) a liquidação; e

c) o pagamento.

Aliás, tal procedimento configura-se até hoje, consoante se verifica da Lei nº 4.320/64.

Entretanto, deve-se fazer uma ressalva neste ponto, pois, obviamente, a escrituração contábil da despesa orçamentária deve, ainda, ser registrada também quanto ao aspecto relativo ao crédito fixado na lei orçamentária que se constitui, na realidade, em mais uma etapa ou estágio, denominada *Fixação*.

7.1 Fixação

A **Fixação**, que é em realidade a primeira etapa ou estágio desenvolvido pela despesa orçamentária, é cumprida por ocasião da edição da discriminação das tabelas explicativas, baixadas através da Lei de Orçamento. Seja dito de passagem que ela é precedida por toda uma gama de procedimentos que vão desde a elaboração das propostas, a mensagem do Poder Executivo, o projeto de lei, a discussão pelo Poder Legislativo e a consequente aprovação e promulgação, transformando-a em Lei Orçamentária.

Por conseguinte, a Lei de Orçamento é o documento que caracteriza a fixação da despesa orçamentária, ou seja, o instrumento no qual são legalmente fixadas as discriminações e especificações dos créditos orçamentários, que se constitui no corolário da chamada etapa de elaboração desenvolvida pelo ciclo orçamentário.

A etapa da elaboração termina com a edição da Lei Orçamentária, que em última análise constitui o estágio da Fixação.

Entretanto, a Fixação deve obedecer a alguns critérios para sua utilização, do ponto de vista orçamentário, como:

– imediatamente após a promulgação da lei de orçamento e base nos limites nela fixados, o Poder Executivo aprovará um quadro de cotas trimestrais da despesa que cada unidade orçamentária fica autorizada a utilizar.[10]

---

[9] Artigo 227, do Decreto nº 15.783/22 (Código de Contabilidade Pública).

[10] Artigo 47, da Lei Federal nº 4.320/64.

– a Fixação das cotas mencionadas atenderá aos seguintes objetivos:

a) assegurar às unidades orçamentárias, em tempo útil, a soma de recursos necessários e suficientes à melhor execução de seu programa anual de trabalho;

b) manter, durante o exercício, na medida do possível, o equilíbrio entre a receita arrecadada e a despesa realizada, de modo a reduzir ao mínimo eventuais insuficiências de tesouraria;[11]

– a programação da despesa orçamentária para efeito dos objetivos mencionados levará em conta os créditos adicionais e as operações extraorçamentárias;[12]

– as cotas trimestrais poderão ser alteradas durante o exercício, observado o limite da dotação e o comportamento da execução orçamentária.[13]

Existem outros critérios, de natureza financeira, que também devem ser observados no estágio da Fixação, como:

– até 30 (trinta) dias após a publicação dos orçamentos, nos termos em que dispuser a lei de diretrizes orçamentárias, o Poder Executivo estabelecerá a programação financeira e o cronograma de execução mensal de desembolso;

– os recursos legalmente vinculados a finalidade específica serão utilizados exclusivamente para atender ao objeto de sua vinculação, ainda que em exercício diverso daquele em que ocorrer o ingresso;[14]

– se verificado, ao final de um bimestre, que a realização da receita poderá não comportar o cumprimento das metas de resultado primário ou nominal estabelecidas no Anexo de Metas Fiscais, os poderes e o Ministério Público promoverão, por ato próprio e nos montantes necessários, nos 30 (trinta) dias subsequentes, limitação de empenho e movimentação financeira segundo os critérios fixados na lei de diretrizes orçamentárias;

– no caso de restabelecimento da receita prevista, ainda que parcial, a recomposição das dotações, cujos empenhos foram limitados, dar-se-á de forma proporcional às reduções efetivadas;

– não serão objeto de limitação as despesas que constituam obrigações constitucionais e legais do ente, inclusive as destinadas ao pagamento da dívida e as ressalvadas pela lei de diretrizes orçamentárias;

---

[11] Artigo 48 e §§ 1º e 2º, idem.

[12] Artigo 49, idem.

[13] Artigo 50, idem.

[14] Artigo 8º e parágrafo único, da Lei Complementar nº 101/2000.

- no caso de os Poderes Legislativo e Judiciário e o Ministério Público não promoverem a limitação no prazo estabelecido, é o Poder Executivo autorizado a limitar os valores financeiros segundo os critérios fixados pela lei de diretrizes orçamentárias;[15]

- a execução orçamentária e financeira identificará os beneficiários de pagamento de sentenças judiciais, por meio de sistema de contabilidade e administração financeira, para fins de observância da ordem cronológica determinada no artigo 100 da Constituição.[16]

Algumas considerações devem ser feitas, para alertar alguns aspectos importantes, descritos anteriormente:

a) os recursos legalmente vinculados a finalidade específica

Esse dispositivo (parágrafo único do art. 8º da Lei de Responsabilidade Fiscal) refere-se à parte da programação financeira e cronograma de desembolso, para indicar que os recursos legalmente vinculados aos fundos especiais, por exemplo, devem ser utilizados exclusivamente para atender ao objeto de sua vinculação. Esse não é o único caso, pois podem existir outros casos de vinculação de recursos vinculados a finalidade específica, que também deverão ter o mesmo procedimento.

b) a limitação de empenho e movimentação financeira

Ao final de cada bimestre, durante o exercício, deverá ser verificado se a receita poderá ou não comportar o cumprimento das metas de resultado primário ou nominal estabelecidas no Anexo de Metas Fiscais. Em caso positivo, deverá haver a limitação de empenho e movimentação financeira, nos montantes necessários. Não serão objeto de limitação as despesas que constituam obrigações constitucionais e legais do ente, inclusive as destinadas ao pagamento do serviço da dívida e as ressalvadas pela Lei de Diretrizes Orçamentárias.

Aliás, esse dispositivo (artigo 9º da Lei de Responsabilidade Fiscal) consubstancia, na prática, o que diz a Lei Federal nº 4.320/64, por meio da letra c do artigo 48, ou seja, manter, na medida do possível, o equilíbrio entre a receita arrecadada e a despesa realizada, de modo a reduzir ao mínimo eventuais insuficiências de tesouraria.

Por outro lado, verificamos que não deverão ser objeto de limitação as despesas ressalvadas pela Lei de Diretrizes Orçamentárias, ou seja, poderá haver na Lei de Diretrizes Orçamentárias ressalvas quanto à limitação de empenho de despesas.

---

[15] Artigo 9º e §§ 1º a 3º, da Lei Complementar nº 101/2000.

[16] Artigo 10, idem.

c) critérios fixados na Lei de Diretrizes Orçamentárias

A respeito dos critérios fixados na Lei de Diretrizes Orçamentárias, vamos trazer alguns dispositivos do artigo 4º da Lei de Responsabilidade Fiscal, para ajudar na reflexão e compreensão dos assuntos:

A Lei de Diretrizes Orçamentárias disporá também sobre:

- equilíbrio entre receitas e despesas;
- critérios e forma de limitação de empenho, a ser efetivada nas hipóteses previstas no artigo 9º e no inciso II do § 1º do artigo 31;
- normas relativas ao controle de custos e à avaliação dos resultados dos programas financiados com recursos orçamentários;
- demais condições e exigências para transferências de recursos a entidades públicas e privadas;
- conterá Anexo de Riscos Fiscais, onde serão avaliados os passivos contingentes e outros riscos capazes de afetar as contas públicas, informando as providências a serem tomadas, caso se concretizem.

Finalizando, gostaria de alertar para a utilização do Anexo de Riscos Fiscais, a ser incluído na Lei de Diretrizes Orçamentárias, pois me parece um instrumento de suma importância, se bem utilizado e, às vezes, como sói acontecer, sua utilização não ocorre devidamente, em razão da dificuldade de compreensão do significado do texto.

A título de exemplo, podemos indicar o pagamento das indenizações trabalhistas, inclusive férias e aviso-prévio indenizados, multas e contribuições incidentes sobre o Fundo de Garantia por Tempo de Serviço, pela dispensa de servidor público.

E a questão seguinte refere-se a outros riscos capazes de afetar as contas públicas. Notamos que é amplo o desdobramento de opções possíveis, podendo-se mencionar, a título de exemplo, o seguinte: casos de comoção intestina ou calamidade pública, que pode provocar, além da queda de arrecadação das receitas, também a necessidade de despesas urgentes e imprevisíveis.

E, por último, sendo um anexo de riscos fiscais, que deverá ser incluído na Lei de Diretrizes Orçamentárias, deverá também informar as providências a serem tomadas, caso se concretizem. Não devemos esquecer que, isso sendo feito e aprovado, se transformará em lei que fatalmente servirá para orientar a elaboração da Lei de Orçamento Anual e deverá ser obedecido como critério fixado pela Lei de Diretrizes Orçamentárias, como descrito na Lei de Responsabilidade Fiscal.

7.1.1 Escrituração contábil da fixação da despesa (1º estágio)

A escrituração contábil da fixação da despesa orçamentária (1º estágio) é feita com base nos valores constantes da Lei de Orçamento, publicada e devidamente registrada no **Livro da Despesa**, abrindo-o em toda a sua discriminação. A escrituração contábil da fixação da despesa é feita na seguinte forma:

15 – Pela fixação da despesa orçamentária (1º estágio)[17]

– Registro Contábil da Fixação da Despesa no Subsistema de Informações Orçamentárias – Lançamento SO nº 7

D – 522.11	DOTAÇÃO INICIAL	60.000,00
D – 522.11.01	DESPESAS CORRENTES	40.000,00
D – 522.11.02	DESPESAS DE CAPITAL	20.000,00
C – 622.11	CRÉDITO DISPONÍVEL	60.000,00
C – 622.11.01	DESPESAS CORRENTES	40.000,00
C – 622.11.02	DESPESAS DE CAPITAL	20.000,00

Pelo registro da fixação da despesa orçamentária

7.2 Empenho

Como segundo estágio da despesa orçamentária, é o ato emanado de autoridade competente que cria para o Estado obrigação de pagamento pendente ou não de implemento de condição.[18]

Portanto, uma vez autorizado o empenho, pela autoridade competente, fica criada a obrigação de pagamento para o Estado, podendo ficar dependendo de algumas condições ou não.

O empenho da despesa não poderá exceder o limite dos créditos concedidos.[19] Esta determinação é, até certo ponto, óbvia, pois, sendo o empenho um valor deduzido da dotação orçamentária, ou seja, do crédito fixado, caso o valor a ser empenhado seja maior do que a dotação ou crédito fixado, não haverá condição para que seja efetuado.

Ressalvado o disposto em lei complementar, é vedado aos Municípios empenhar, no último mês do mandato do Prefeito, mais do que o duodécimo da despesa prevista no orçamento vigente. Essa vedação não se aplica nos casos comprovados de calamidade pública. Reputam-se nulos e de nenhum efeito os empenhos praticados em desacordo com o estipulado, sem prejuízo da responsabilização do Prefeito.[20]

A lei complementar anteriormente referida, em realidade, é a Lei Complementar nº 101, de 4 de maio 2000 (Lei de Responsabilidade Fiscal), que, sob o assunto, contempla as seguintes disposições:

---

[17] Esse registro contábil é feito no caso da execução ser centralizada.

[18] Artigo 58, da Lei Federal nº 4.320/64.

[19] Artigo 59, idem.

[20] §§ 1º, 2º, 3º e 4º do artigo 59, idem.

"Art. 15. Serão consideradas não autorizadas, irregulares e lesivas ao patrimônio público a geração de despesa ou assunção de obrigação que não atendam o disposto nos arts. 16 e 17.[21]

Art. 16. A criação, expansão ou aperfeiçoamento de ação governamental que acarrete aumento da despesa será acompanhada de:

I – estimativa do impacto orçamentário-financeiro no exercício em que deva entrar em vigor e nos dois subsequentes;

II – declaração do ordenador da despesa de que o aumento tem adequação orçamentária e financeira com a lei orçamentária anual e compatibilidade com o plano plurianual e com a lei de diretrizes orçamentárias.

§ 1º Para os fins desta Lei Complementar, considera-se:

I – adequada com a lei orçamentária anual, a despesa objeto de dotação específica e suficiente, ou que esteja abrangida por crédito genérico, de forma que somadas todas as despesas da mesma espécie, realizadas e a realizar, previstas no programa de trabalho, não sejam ultrapassados os limites estabelecidos para o exercício;

II – compatível com o plano plurianual e a lei de diretrizes orçamentárias, a despesa que se conforme com as diretrizes, objetivos, prioridades e metas previstos nesses instrumentos e não infrinja qualquer de suas disposições.

§ 2º A estimativa de que trata o inciso I do *caput* será acompanhada das premissas e metodologia de cálculo utilizadas.

§ 3º Ressalva-se do disposto neste artigo a despesa considerada irrelevante, nos termos em que dispuser a lei de diretrizes orçamentárias.

§ 4º As normas do *caput* constituem condição prévia para:

I – empenho e licitação de serviços, fornecimento de bens ou execução de obras;

II – desapropriação de imóveis urbanos a que se refere o § 3º do art. 182 da Constituição.[22]

Art. 17. Considera-se obrigatória de caráter continuado a despesa corrente derivada de lei, medida provisória ou ato administrativo normativo que fixem para o ente a obrigação legal de sua execução por um período superior a dois exercícios.

§ 1º Os atos que criarem ou aumentarem despesa de que trata o *caput* deverão ser instruídos com a estimativa prevista no inciso I do art. 16 e demonstrar a origem dos recursos para seu custeio.

---

[21] Artigo 15 da Lei Complementar nº 101/2000.

[22] Artigo 16 e §§ 1º a 4º da Lei Complementar nº 101/2000.

§ 2º Para efeito do atendimento do § 1º, o ato será acompanhado de comprovação de que a despesa criada ou aumentada não afetará as metas de resultados fiscais previstas no anexo referido no § 1º do art. 4º, devendo seus efeitos financeiros, nos períodos seguintes, ser compensados pelo aumento permanente de receita ou pela redução permanente de despesa.

§ 3º Para efeito do § 2º, considera-se aumento permanente de receita o proveniente da elevação de alíquotas, ampliação da base de cálculo, majoração ou criação de tributo ou contribuição.

§ 4º A comprovação referida no § 2º, apresentada pelo proponente, conterá as premissas e metodologia de cálculo utilizadas, sem prejuízo do exame de compatibilidade da despesa com as demais normas do plano plurianual e da lei de diretrizes orçamentárias.

§ 5º A despesa de que trata este artigo não será executada antes da implementação das medidas referidas no § 2º, as quais integrarão o instrumento que a criar ou aumentar.

§ 6º O disposto no § 1º não se aplica às despesas destinadas ao serviço da dívida nem ao reajustamento de remuneração de pessoal de que trata o inciso X do art. 37 da Constituição.

§ 7º Considera-se aumento de despesa a prorrogação daquela criada por prazo determinado."[23]

"Art. 42. É vedado ao titular de Poder ou órgão referido no art. 20, nos últimos dois quadrimestres do seu mandato, contrair obrigação de despesa que não possa ser cumprida integralmente dentro dele, ou que tenha parcelas a serem pagas no exercício seguinte sem que haja suficiente disponibilidade de caixa para este efeito.

Parágrafo único. Na determinação da disponibilidade de caixa serão considerados os encargos e despesas compromissadas a pagar até o final do exercício."[24]

"Art. 21. É nulo de pleno direito o ato que provoque aumento da despesa com pessoal e não atenda:

I – as exigências dos arts. 16 e 17 desta Lei Complementar, e o disposto no inciso XIII do art. 37 e no § 1º do art. 169 da Constituição;

II – o limite legal de comprometimento aplicado às despesas com pessoal inativo.

Parágrafo único. Também é nulo de pleno direito o ato de que resulte aumento da despesa com pessoal expedido nos cento e oitenta dias anteriores ao final do mandato do titular do respectivo Poder ou órgão referido no art. 20."[25]

---

[23] Artigo 17 e §§ 1º a 7º da Lei Complementar nº 101/2000.

[24] Artigo 42 e parágrafo único, idem.

[25] Artigo 21 e parágrafo único, idem.

Despesa Pública 123

NOTA DE EMPENHO

SECRETARIA: _(nome da secretaria)_

UNID. DE DESPESA: _(nome da Unidade Administrativa)_
ou Unidade Executora)

CC	DATA DE CONTABILIZAÇÃO	VINC.
1		
11	12 17	18

RECURSOS ORÇAMENTÁRIOS

| 19/20 | DOTAÇÃO ORÇAMENTÁRIA OU |
| X 21 | CRÉDITO SUPLEMENTAR |

| 22 | CRÉDITO ESPECIAL OU CRÉDITO EXTRAORDINÁRIO |

| 23 | ALOCAÇÃO DOS SERVIÇOS EM REGIME DE PROG. ESPECIAL |

DESTINO DOS RECURSOS

| 21 |
1	ADIANTAMENTO
2	CONTRATO
3	SUBVENÇÃO

TIPO DO EMPENHO

| 22 |
X 1	ORDINÁRIO
2	GLOBAL
3	ESTIMATIVA

IMPORTÂNCIA

1.200,00

REFORÇO DO EMP.	RESERVA Nº
23 / 4	24 27

Nº DO EMPENHO	ORG.	U.O.	U.D.	FUNÇ.	SUBFUN	PROGRAMA	PJ/AT.	CLASSIF. DESPESA	ITEM	MUN.	CONTRATO	OBRA
28 31	32 35	36 37	38 39	40 41	42 43	44 45	46 49	50 52	53 58	59 60	61 63	64 69	70 71	72 75	76 77
093	16	01	04	16	122	021	2.001	3.3.90.30	00		126	xx	

CARACTERÍSTICAS DO CREDOR

TIPO	CÓDIGO
78 80	81 83	84 86	87 89

NOME: _TORREFAÇÃO DE CAFÉ SABOR S.A._

	DEMONSTRAÇÃO DAS QUOTAS				DEMONSTRAÇÃO? DO ELEMENTO
	1ª QUOTA	2ª QUOTA	3ª QUOTA	4ª QUOTA	
SALDO			2.100,00	3.250,00	5.350,00
SUPLEMENTADO					
REDUZIDO					
EMPENHO 11	12 22	23 33	34 44	45 55	56 66
2			1.200,00		1.200,00
DISPONÍVEL			900,00	3.250,00	4.150,00

PREVISÃO DE PAGAMENTO

C C	PARC.	VALOR	MÊS	ANO	PARC.	VALOR	MÊS	ANO	PARC.	VALOR	MÊS	ANO
11	12 13	14 24	25 26	27 28								
3	01	1.200,00	10	xx	02				03			
3	04				05				06			
3	07				08				09			
3	10				11				12			

ESPECIFICAÇÃO DA DESPESA

EXPEDIENTE Nº _225/xx_   3.3.90.30.00 _Outros materiais de consumo_

Importância que se empenha, para a aquisição de café e açúcar, relativa à
licitação efetuada através do Convite 101/xx, nas seguintes quantidades:
1.000 quilos de açúcar
350 quilos de café
(Hum mil, e duzentos reais)
De acordo com as normas de execução orçamentária

CONVITE [X]   TOMADA DE PREÇOS ☐   CONCORRÊNCIA ☐

EMITIDO POR:	ORDENADOR DA DESPESA.	EXAME CONTÁBIL:
– (nome do funcionário e assinatura)	– (Autoridade competente)	– (nome do funcionário e assinatura)

Para cada empenho será extraído um documento denominado "nota de empenho" que indicará o nome do credor, a especificação e a importância da despesa, bem como a dedução desta do saldo da dotação própria.[26]

Convém ressaltar que, em termos de administração pública, é sempre necessária a emissão da nota de empenho, para a devida efetivação dos gastos públicos. Portanto, além de um contrato ou ajuste, o credor necessita sempre de uma nota de empenho, para ter garantido o pagamento.

Aliás, é vedada a realização de despesa sem prévio empenho. Em casos especiais previstos na legislação específica, será dispensada a emissão da nota de empenho.[27]

Note-se que a dispensa da emissão da nota de empenho, evidentemente, não dispensa o empenho, ou seja, a dedução da importância para a realização da despesa devidamente autorizada, na dotação orçamentária própria, mas somente o documento que consubstancia esse registro, em virtude de uma situação especial.

Existem três modalidades de empenho:

1. ordinário ou normal;

2. por estimativa;

3. global.

7.2.1 Empenho ordinário ou normal

É utilizado para as despesas normais que não tenham nenhuma característica especial. Nesta modalidade de empenho, é efetuada a quase totalidade dos gastos que os órgãos e repartições são obrigados a realizar, exatamente pela sua característica básica, despesa normal.

Destarte, na execução do orçamento público, todas as despesas relativas a compras e serviços, principalmente, que usual e rotineiramente ocorrem, onde são conhecidos todos os dados necessários à emissão do empenho, como sejam: a razão social ou nome do credor, a importância exata da despesa, as condições estipuladas etc., o seu processamento deve ser procedido pela forma usual, normal, ordinária, e que, em última análise, é feita regularmente, pela emissão de empenho ordinário ou normal.

7.2.2 Empenho por estimativa

É utilizado nos casos em que não se possa determinar o montante da despesa.[28]

Existe uma série de despesas que, por mais que nos esforcemos, procuremos fórmulas ou formas, não conseguiremos determinar o seu montante exato.

---

[26] Artigo 61, da Lei Federal nº 4.320/64.

[27] Artigo 60 e § 1º, idem.

[28] § 2º do artigo 60, da Lei Federal nº 4.320/64.

É o que ocorre com os gastos decorrentes de consumo de água, energia elétrica e telefone, entre outros. Quaisquer desses tipos de gasto não permitem que se determine o montante a ser realizado por dia, semana ou mês, quanto mais o total anual.

Podemos observar que, realmente, não existe possibilidade, por mais que se queira, de se determinar o montante da despesa e para estes casos deve-se utilizar o empenho por estimativa, isto é, devemos proceder a um estudo de previsão que nos permita estimar os valores a serem realizados, o mais próximo da realidade que se possa chegar.

Feito o estudo e a estimativa do valor a ser empenhado, deve-se utilizar o empenho por estimativa, onde os demais dados necessários devem ser plenamente conhecidos.

Nessa modalidade de empenho, em vista de sua característica básica ser o valor que não se pode determinar, mas precisa ser estimado, obriga-se a emissão de outro documento, na ocasião do recebimento das contas onde está determinado o valor do gasto efetivo, que pode ser subempenho, ou a ordem de pagamento.

NOTA DE EMPENHO

SECRETARIA: _(nome da secretaria)_

UNID. DE DESPESA: _(nome da Unidade Administrativa)_
ou Unidade Executora)

CC	DATA DE CONTABILIZAÇÃO	VINC.
1		
11	12 17	18

RECURSOS ORÇAMENTÁRIOS	DESTINO DOS RECURSOS	TIPO DO EMPENHO	IMPORTÂNCIA	
19/20 DOTAÇÃO ORÇAMENTÁRIA OU [X] 21 CRÉDITO SUPLEMENTAR	21 [ ] 1 ADIANTAMENTO	22 [ ] 1 ORDINÁRIO	5.000,00	
[ ] 22 CRÉDITO ESPECIAL OU CRÉDITO EXTRAORDINÁRIO	[ ] 2 CONTRATO	[ ] 2 GLOBAL	REFORÇO DO EMP.	RESERVA Nº
[ ] 23 ALOCAÇÃO DOS SERVIÇOS EM REGIME DE PROG. ESPECIAL	[ ] 3 SUBVENÇÃO	[X] 3 ESTIMATIVA	23 4	24 27

Nº DO EMPENHO	ORG.	U.O.	U.D.	FUNÇ.	SUBFUN	PROGRAMA	PJ/AT.	CLASSIF. DESPESA	ITEM	MUN.	CONTRATO	OBRA
28 31	32 35	36 37	38 39	40 41	42 43	44 45	46 49	50 52	53 58	59 60	61 63	64 69	70 71	72 75	76 77
	042	16	01	04	16	122	021	2.001	3.3.90.39	00			

CARACTERÍSTICAS DO CREDOR

TIPO	CÓDIGO	NOME: _ELETROPAULO S.A. – Serviços de Eletricidade_
78 80	81 83	84 86	87 89	_Rua Cel. Xavier de Toledo, nº 23 – Capital-SP_

	DEMONSTRAÇÃO DAS QUOTAS				DEMONSTRAÇÃO DO ELEMENTO
	1ª QUOTA	2ª QUOTA	3ª QUOTA	4ª QUOTA	
SALDO			2.100,00	3.250,00	5.350,00
SUPLEMENTADO					
REDUZIDO					
EMPENHO	11 12 22	23 33	34 44	45 55	56 66
	2 1.000,00	1.000,00	1.500,00	1.500,00	5.000,00
DISPONÍVEL	800,00	1.600,00	1.600,00	4.700,00	9.600,00

c c	PREVISÃO DE PAGAMENTO											
	PARC.	VALOR	MÊS	ANO	PARC.	VALOR	MÊS	ANO	PARC.	VALOR	MÊS	ANO
11	12 13	14 24	25 26	27 28	29 30	31 41	42 43	44 45	46 47	48 58	59 60	61 62
3	01	330,00	01	xx	02	330,00	02	xx	03	340,00	03	xx
3	04	330,00	04	xx	05	330,00	05	xx	06	340,00	06	xx
3	07	500,00	07	xx	08	500,00	08	xx	09	500,00	09	xx
3	10	500,00	10	xx	11	500,00	11	xx	12	500,00	12	xx

ESPECIFICAÇÃO DA DESPESA

EXPEDIENTE Nº _235/20xx_

Importância que se empenha, para o fornecimento de
energia elétrica, relativa às dependências desta Unidade Administrativa, sita à
Rua Sete Quedas, nº 100, relativa ao exercício de 20xx.
(Cinco mi reais)
De acordo com as normas de execução orçamentária

CONVITE [ ]   TOMADA DE PREÇOS [ ]   CONCORRÊNCIA [ ]

EMITIDO POR: _(nome do funcionário e assinatura)_	ORDENADOR DA DESPESA. _(Autoridade competente)_ _Nome e cargo ou função_	EXAME CONTÁBIL: _(nome do funcionário e assinatura)_

7.2.3 Empenho global

É utilizado para os casos de despesas contratuais e outras sujeitas a parcelamento.[29]

Existem alguns tipos de gasto que, pela sua própria natureza, devem ser tratados diferentemente, adequados às suas características, pois, se assim não for, podem provocar entraves de processamento, multiplicidade de trabalho e outros procedimentos supérfluos.

É o caso que ocorre com as despesas contratuais, por exemplo, onde tenhamos de, mensalmente, pagar o valor relativo à utilização de um imóvel alugado. Como é óbvio, estaríamos obrigados a emitir, mensalmente, o empenho da importância correspondente ao aluguel e, como se pode imaginar, os entraves mencionados fatalmente ocorreriam.

Portanto, para os casos de despesas contratuais e outras, sujeitas a parcelamento, deve-se emitir o empenho global, deduzindo-se os valores correspondentes nas respectivas quotas trimestrais, abrangendo todo o período previsto no contrato, que pode compreender integralmente o exercício financeiro, ou apenas alguns meses, mas, em qualquer caso, sempre mais de uma parcela.

Finalizando, podemos destacar alguns exemplos típicos de gasto, que se utilizam do empenho global, como sejam: compra de materiais, com entregas parceladas ou pagamentos parcelados: aluguel de máquinas, equipamentos e imóveis, em que se fixam pagamentos mensais. Ressalte-se, por oportuno, que os casos aqui mencionados não devem ser confundidos com os contratos que, embora exijam pagamentos parcelados, devem ainda ser reajustados a cada pagamento, como é o caso da locação de máquinas xerocopiadoras, onde não se conhece o montante da despesa, ou o da construção de obras, onde, geralmente, o contrato possui um valor do custo, e ainda uma previsão para reajustamento de preços, para adequar os gastos na época de sua realização efetiva. Nestes casos, deve-se utilizar o empenho por estimativa, pois, em vista da necessidade de estimar o montante da despesa, quer pela quantidade de utilização, quer pelo valor do reajustamento de preços, não se pode determinar o montante da despesa previamente.

---

[29] § 3º, do artigo 60, da Lei Federal nº 4.320/64.

128 Contabilidade Pública • Kohama

NOTA DE EMPENHO

SECRETARIA: _____ *(nome da secretaria)* _____

UNID. DE DESPESA: _____ *(nome da Unidade Administrativa)* _____
ou Unidade Executora

CC	DATA DE CONTABILIZAÇÃO	VINC.
1		
11	12	17	18

RECURSOS ORÇAMENTÁRIOS	DESTINO DOS RECURSOS	TIPO DO EMPENHO	IMPORTÂNCIA

19/20 DOTAÇÃO ORÇAMENTÁRIA OU **X 21** CRÉDITO SUPLEMENTAR	**21** **1** ADIANTAMENTO	**22** **1** ORDINÁRIO	5.000,00
22 CRÉDITO ESPECIAL OU CRÉDITO EXTRAORDINÁRIO	**X 2** CONTRATO	**X 2** GLOBAL	REFORÇO DO EMP. / RESERVA Nº / 24 27
23 ALOCAÇÃO DOS SERVIÇOS EM REGIME DE PROG. ESPECIAL	**3** SUBVENÇÃO	**3** ESTIMATIVA	**23** **4**

Nº DO EMPENHO	ORG.	U.O.	U.D.	FUNÇ.	SUBFUN	PROGRAMA	PJ/AT.	CLASSIF. DESPESA	ITEM	MUN.	CONTRATO	OBRA
28 31	32 35	36 37	38 39	40 41	42 43	44 45	46 49	50 52	53 58	59 60	61 63	64 69	70 71	72 75	76 77
025	16	01	04	16	122	021	2.001	3.3.90.39	00		031	xx	

CARACTERÍSTICAS DO CREDOR

TIPO	CÓDIGO	NOME: *JOSÉ DIAMANTINO*
78 80	81 83 84 86 87 89	

	DEMONSTRAÇÃO DAS QUOTAS				DEMONSTRAÇÃO DO ELEMENTO
	1ª QUOTA	2ª QUOTA	3ª QUOTA	4ª QUOTA	
SALDO	3.000,00	3.800,00	5.200,00	7.400,00	19.400,00
SUPLEMENTADO					
REDUZIDO					
EMPENHO	11 12 22	23 33	34 44	45 55	56 66
	2	1.200,00	1.200,00	1.200,00	1.200,00	4.800,00
DISPONÍVEL	1.800,00	2.600,00	4.000,00	6.200,00	14.600,00

c c	PREVISÃO DE PAGAMENTO											
	PARC.	VALOR	MÊS	ANO	PARC.	VALOR	MÊS	ANO	PARC.	VALOR	MÊS	ANO
11	12 13	14 24	25 26	27 28	29 30	31 41	42 43	44 45	46 47	48 58	59 60	61 62
3	01	400,00	01	xx	02	400,00	02	xx	03	400,00	03	xx
3	04	400,00	04	xx	05	400,00	05	xx	06	400,00	06	xx
3	07	400,00	07	xx	08	400,00	08	xx	09	400,00	09	xx
3	10	400,00	10	xx	11	400,00	11	xx	12	400,00	12	xx

ESPECIFICAÇÃO DA DESPESA

EXPEDIENTE Nº _____ *058/xx* _____

Importância que se empenha, relativa ao Contrato de Locação
nº 031/8x, para o aluguel do imóvel sito à Rua das Estrelas, nº 20, no
período de 01-01 a 31/12-20xx.
(Quatro mil e oitocentos reais)
De acordo com as normas de execução orçamentária

CONVITE ☐	TOMADA DE PREÇOS ☐	CONCORRÊNCIA ☐

EMITIDO POR: *(nome do funcionário e assinatura)*	ORDENADOR DA DESPESA. *(Autoridade competente)* Nome e cargo ou função	EXAME CONTÁBIL: *(nome do funcionário e assinatura)*

7.2.4 Escrituração contábil do empenho (2º estágio)

A escrituração contábil do empenho é feita, com base, nos registros efetuados, pela emissão da nota de empenho, distinguindo-se os ordinários ou comuns, globais ou estimativas.

16 – Pela emissão de empenhos (2º estágio)[30]

– Registro Contábil da emissão de empenhos (2º Estágio), no Subsistema de Informações Orçamentárias – Lançamento SO nº 8

D – 622.11	CRÉDITO DISPONÍVEL	55.000,00
D – 622.11.01	DESPESAS CORRENTES	37.000,00
D – 622.11.02	DESPESAS DE CAPITAL	18.000,00
C – 622.13.01	CRÉDITO EMPENHADO A LIQUIDAR[31]	55.000,00
C – 622.13.01.01	DESPESAS CORRENTES	37.000,00
C – 622.13.01.02	DESPESAS DE CAPITAL	18.000,00
	Pelo registro da emissão de empenhos	

– Registro Contábil da Disponibilidade por destinação de Recursos Comprometida no Subsistema de Compensação – Lançamento SC nº 18

D – 821.11	DISPONIBILIDADE POR DESTINAÇÃO DE RECURSOS	55.000,00
C – 821.12	DISPONIBILIDADE POR DESTINAÇÃO DE RECURSOS COMPROMETIDA POR EMPENHO	55.000,00
	Pelo registro da disponibilidade de recursos, comprometida por empenho	

– Registro Contábil da Obrigação Contratual de Serviços no Subsistema de Compensação – Lançamento SC nº 19

D – 712.31	Obrigações Contratuais de Despesas	5.000,00
C – 812.31	Execução de Obrigações Contratuais de Despesas	5.000,00
	Registro da obrigação contratual assumida	

---

[30] Existe uma série de despesas que são contratadas antes de serem realizadas. É o caso das locações, construção de obras, prestação de serviço de limpeza etc. O registro dessa responsabilidade e obrigação contratual, geralmente, ocorre simultaneamente com a escrituração contábil do empenho da despesa.

[31] Nos valores empenhados, para melhor exemplificar, constam R$ 5.000,00 relativos a contratação de serviços de terceiros com pessoas jurídicas. Há R$ 20.000,00 relativo à folha de pagamento, R$ 10.000,00 de serviços de terceiros, R$ 7.000,00 relativo à compra de material de consumo e, ainda, R$ 8.000,00 que se refere à compra de um veículo, que será melhor identificado na liquidação e ainda R$ 10.000,00 referente ao pagamento de parte de um empréstimo, cujos lançamentos serão melhor descritos na parte da Dívida Pública.

130 Contabilidade Pública • Kohama

NOTA DE ANULAÇÃO

SECRETARIA: _(nome da secretaria)_

UNID. DE DESPESA: _(nome da Unidade Administrativa)_
ou Unidade Executora

DATA DE CONTABILIZAÇÃO		
11		12

17
X	1	EMPENHO

17
1	SUBEMPENHO

ORG.	U.O.	U.D.	Nº DA ANULAÇÃO	CLASSIF. DA DESPESA	Nº CONTRATO	IMPORTÂNCIA ANULADA
18 19	20 21	22 23	24 28	29 34	35 40 41 42	43 55
16	01	04	333	3.3.90.39.00		510,00

Nº DO EMPENHO/SUBEMPENHO	VALOR DO EMPENHO/SUBEMPENHO	ANULAÇÃO
56 59 60 63 64 67	68 80	
042	5.000,00	X 81 1 PARCIAL 81 2 TOTAL

PARCELAS ANULADAS

CC	PARC.	VALOR	MÊS	ANO	PARC.	VALOR	MÊS	ANO	PARC.	VALOR	MÊS	ANO
17	18 19	20 30	31 32	33 34	35 36	37 47	48 49	50 51	52 53 54	64	65 66	67 68
3	01	510,00	12	xx	02				03			
3	04				05				06			
3	07				08				09			
3	10				11				12			

DEMONSTRAÇÃO DAS QUOTAS

		1ª QUOTA	2ª QUOTA	3ª QUOTA	4ª QUOTA	DEMONSTRAÇÃO DO ELEMENTO
SALDO		-,-	-,-	-,-	1.630,00	1.630,00
ANULAÇÃO EMPENHO	17 18 28	29 39	40 50	51 61	62 74	
	4	-,-	-,-	-,-	510,00	510,00
DISPONÍVEL		-,-	-,-	-,-	2.140,00	2.140,00

ESPECIFICAÇÃO DA DESPESA

EXPEDIENTE Nº _235/xx_

Importância que se anula, correspondente à Nota de Empenho
nº 042, emitida a favor da Eletropaulo S.A. Serviços de Eletricidade.
para o fornecimento de energia elétrica às dependências desta Unidade
Administrativa, sita à Rua Sete Quedas, nº 100.
(Quinhentos e dez reais)
De acordo com as normas de execução orçamentária

EMITIDA POR:

(nome do funcionário e assinatura)

EXAME CONTÁBIL:

(nome do funcionário e assinatura)

7.2.5 Escrituração contábil da anulação de empenho

A escrituração contábil da anulação de empenho é feita com base nos registros efetuados, pela emissão de Nota de Anulação de Empenhos. Essa anulação de empenhos pode ocorrer por motivos vários, como, por emissão indevida, anulação parcial, por valores não mais necessários etc. Também nesse caso distinguem-se as anulações de empenhos ordinários ou comuns, globais ou estimativas.

17 – Pela anulação de empenho

– Registro contábil da anulação de empenhos,[32] no Subsistema de Informações Orçamentárias – Lançamento SO nº 9

D – 622.13.01	CRÉDITO EMPENHADO A LIQUIDAR	
D – 622.13.01.01	DESPESAS CORRENTES	3.000,00
C – 622.11	CRÉDITO DISPONÍVEL	
C – 622.11.01	DESPESAS CORRENTES	3.000,00
	Pelo registro da anulação de empenho	

– Registro contábil do estorno da disponibilidade por destinação de recursos comprometida, por anulação de empenhos – Lançamento SC nº 20

D – 821.12	DISPONIBILIDADE POR DESTINAÇÃO DE RECURSOS COMPROMETIDA POR EMPENHO	3.000,00
C – 821.11	DISPONIBILIDADE POR DESTINAÇÃO DE RECURSOS	3.000,00
	Pelo controle da anulação na disponibilidade de recursos	

7.3 *Liquidação*

A *Liquidação* da despesa, como terceiro estágio da despesa, consiste na verificação do direito adquirido pelo credor, tendo por base os títulos e documentos comprobatórios do respectivo crédito.

Essa verificação tem por fim apurar:

I – a origem e o objeto do que se deve pagar;

II – a importância exata a pagar;

III – a quem se deve pagar a importância para extinguir a obrigação.

A liquidação da despesa por fornecimentos feitos ou serviços prestados terá por base:

---

[32] A anulação de empenho, neste caso, refere-se a despesa empenhada a liquidar, ou seja, ainda no 2º estágio (empenho), não tendo sido liquidada.

I – o contrato, ajuste ou acordo respectivo;

II – a nota de empenho;

III – os comprovantes da entrega do material ou da prestação do serviço.[33]

Existindo, como já vimos, três modalidades de empenhos, vamos transportar a aplicação desses requisitos, especificamente, para casos típicos, como sejam:

a) Liquidação de Empenhos Ordinários ou Normais

Nos casos de aquisição de materiais, quando se referir à entrega única dos materiais e com um pagamento só, após a emissão de empenho, geralmente, o processo deve ser encaminhado ao almoxarifado para aguardar a devida entrega.

O fornecedor, ao efetuar a entrega do material, deve, juntamente com o material adquirido, apresentar a documentação correspondente, ou seja, a nota fiscal, na qual deve-se verificar: o nome ou razão social da empresa, que deve coincidir com o credor da nota de empenho e do contrato ou ajuste respectivo; o material constante da nota fiscal deve obedecer ao objeto do contrato ou do ajuste, bem como a importância deve ser a adequada.

O encarregado do almoxarifado, ou comissão especial, se houver, feitas as verificações necessárias, deve juntar a nota fiscal – na qual deve apor ou colocar uma declaração de que recebeu o material nela constante, o qual se encontra em ordem – ao processo, encaminhando-o para o devido processamento do pagamento.

b) Liquidação de Empenhos por Estimativa

Nos casos de fornecimento de gás, água, energia elétrica etc., geralmente denominados de encargos diversos, como o empenho é feito por uma estimativa, em razão de não se conhecer previamente o valor correto da despesa, deve existir um processo para cada credor, que fica a cargo do encarregado da manutenção, por exemplo, ou de outros responsáveis pela verificação e controle desses gastos.

Esse encarregado ou responsável, ao receber a conta do credor, deve proceder à verificação de sua exatidão em termos de objeto e da importância exata a pagar e, se estiver de acordo, deve anexá-la ao respectivo processo, encaminhando-o para o devido processamento do pagamento.

c) Liquidação de Empenhos Globais

Nos casos de compra de materiais com entregas ou pagamentos parcelados, e nos de despesas contratuais em que sejam previstas parcelas mensais, como é o caso da locação de máquinas, equipamentos e imóveis, também deve existir processos individualizados para cada credor que ficarão a cargo de encarregados ou responsáveis, para tal designados, que deverão proceder ao devido controle e verificação.

---

[33] Artigo 63, §§ 1º e 2º, da Lei Federal nº 4.320/64.

Quanto ao primeiro caso (compra de materiais), o almoxarifado ou comissão especial, se houver, deve seguir os procedimentos já descritos na letra "a", a cada entrega de material que ocorrer, atestando o seu recebimento e que o material recebido se encontra em ordem. Se a entrega do material for única, porém o pagamento parcelado, o processo deve ficar a cargo de alguém encarregado ou responsável pelo processamento das demais parcelas a pagar.

Relativamente aos contratos de locação, o encarregado ou responsável, para tal designado, deve providenciar o encaminhamento do processo, mensalmente, após atestar o uso, ou seja, a locação efetiva, assim como o valor a pagar que deve estar na conformidade com o documento enviado pelo credor, geralmente um recibo ou uma nota fiscal, ou ainda uma fatura, dependendo do tipo do credor.

7.3.1 Escrituração contábil da liquidação da despesa orçamentária (3º estágio)

A escrituração contábil da liquidação da despesa orçamentária (3º estágio) é feita com base nos registros efetuados, levando-se em conta as observações relativas aos controles específicos, acima descritos, providenciando-se os registros contábeis a seguir:

18 – Pela liquidação da despesa orçamentária (3º estágio)

a) Relativa à liquidação da folha de pagamento

– Registro contábil da liquidação da folha de pagamento no Subsistema de Informações Orçamentárias – Lançamento SO nº 10

D – 622.13	CRÉDITO UTILIZADO	
D – 622.13.01	CRÉDITO EMPENHADO A LIQUIDAR	
D – 622.13.01.01	DESPESAS CORRENTES	20.000,00
C – 622.13.03	CRÉDITO EMPENHADO LIQUIDADO A PAGAR	
C – 622.13.03.01	DESPESAS CORRENTES	20.000,00
	Pelo registro da liquidação da despesa	

– Registro contábil da Variação Patrimonial Diminutiva da despesa liquidada, no Subsistema de Informações Patrimoniais – Lançamento SP nº 15

D – 311.0	REMUNERAÇÃO DE PESSOAL	
D – 311.1	REMUNERAÇÃO DE PESSOAL – RPPS	20.000,00
C – 211.1	PESSOAL A PAGAR[34]	20.000,00
	Pelo registro do reconhecimento da Variação Patrimonial Diminutiva, relativa à despesa orçamentária liquidada	

---

[34] Na parte da Receita Extraorçamentária, através do lançamento SP nº 1, foi efetuado o registro das retenções do IR e Consignações, utilizando a conta 211.1 – Salários a Pagar, permanecendo nela somente o valor líquido devido aos servidores.

134 Contabilidade Pública • Kohama

– Registro do Controle da Disponibilidade por Destinação de Recursos, no Subsistema de Compensação – Lançamento SC nº 21

D – 821.12	DISPONIBILIDADE POR DESTINAÇÃO DE RECURSOS COMPROMETIDA POR EMPENHO	20.000,00
C – 821.13	DDR COMPROMETIDA POR LIQUIDAÇÃO E ENTRADAS COMPENSATÓRIAS	20.000,00
	Pelo registro do controle da disponibilidade de recursos Comprometida por liquidação da despesa	

b) Relativa à despesa de Serviços de Terceiros

– Registro contábil da liquidação dos serviços de terceiros no Subsistema de Informações Orçamentárias – Lançamento SO nº 11

D – 622.13.01	CRÉDITO EMPENHADO A LIQUIDAR	
D – 622.13.01.01	DESPESAS CORRENTES	10.000,00
C – 622.13.03	CRÉDITO EMPENHADO LIQUIDADO A PAGAR	
C – 622.13.03.01	DESPESAS CORRENTES	10.000,00
	Pelo registro da liquidação da despesa	

– Registro contábil da Variação Patrimonial Diminutiva da liquidação da despesa, no Subsistema de Informações Patrimoniais – Lançamento SP nº 16

D – 332.3	SERVIÇOS DE TERCEIROS – PJ	10.000,00
C – 213.1	FORNECEDORES E CONTAS A PAGAR NACIONAIS A CURTO PRAZO	10.000,00
	Pelo registro do reconhecimento da Variação Patrimonial Diminutiva, relativa à despesa orçamentária liquidada	

– Registro contábil da baixa das obrigações contratuais no Subsistema de Compensação – Lançamento SC nº 22[35]

D – 812.31	Execução de Obrigações Contratuais de Despesas	5.000,00
C – 712.31	Obrigações Contratuais de Despesas	5.000,00
	Pela baixa da obrigação contratual	

– Registro contábil da Disponibilidade por Destinação de Recursos, no Subsistema de Compensação – Lançamento SC nº 23

D – 821.12	DISPONIBILIDADE POR DESTINAÇÃO DE RECURSOS COMPROMETIDA POR EMPENHO	10.000,00
C – 821.13	DDR COMPROMETIDA POR LIQUIDAÇÃO E ENTRADAS COMPENSATÓRIAS	10.000,00
	Pelo registro do controle da disponibilidade de recursos comprometida por liquidação da despesa	

---

[35] Esse lançamento se refere à contratação do serviço de terceiros – PJ, cuja obrigação foi feita através do lançamento SC nº 19.

Despesa Pública 135

c) Relativa à aquisição de material de consumo

– Registro contábil da liquidação da aquisição de material de consumo, no Subsistema de Informações Orçamentárias – Lançamento SO nº 12

D – 622.13.01	CRÉDITO EMPENHADO A LIQUIDAR	
D – 622.13.01.01	DESPESAS CORRENTES	7.000,00
C – 622.13.03	CRÉDITO EMPENHADO LIQUIDADO A PAGAR	
C – 622.13.03.01	DESPESAS CORRENTES	7.000,00
	Pelo registro da liquidação da despesa	

– Registro contábil da liquidação da despesa orçamentária no Subsistema de Informações Patrimoniais – Lançamento SP nº 17[36]

D – 115.6	ALMOXARIFADO	7.000,00
C – 213.1	FORNECEDORES E CONTAS A PAGAR NACIONAIS A CURTO PRAZO	7.000,00
	Pelo registro do reconhecimento da Variação Patrimonial Qualitativa, relativa a liquidação da despesa	

– Registro contábil da Disponibilidade por destinação de recursos, no Subsistema de Compensação – Lançamento SC nº 24

D – 821.12	DISPONIBILIDADE POR DESTINAÇÃO DE RECURSOS COMPROMETIDA POR EMPENHO	7.000,00
C – 821.13	DDR COMPROMETIDA POR LIQUIDAÇÃO E ENTRADAS COMPENSATÓRIAS	7.000,00
	Pelo controle da disponibilidade de recursos, comprometida por liquidação	

d) Relativa à aquisição do veículo

– Registro contábil da liquidação da aquisição de veículo, no Subsistema de Informações Orçamentárias – Lançamento SO nº 13

D – 622.13.01	CRÉDITO EMPENHADO A LIQUIDAR	
D – 622.13.01.02	DESPESAS DE CAPITAL	8.000,00
C – 622.13.03	CRÉDITO EMPENHADO LIQUIDADO A PAGAR	
C – 622.13.03.02	DESPESAS DE CAPITAL	8.000,00
	Pelo registro da liquidação da despesa	

– Registro contábil da liquidação da despesa orçamentária no Subsistema de Informações Patrimoniais – Lançamento SP nº 18

D – 123. 10.01	BENS MÓVEIS (Veículos)	8.000,00
C – 213.1	FORNECEDORES E CONTAS A PAGAR NACIONAIS A CURTO PRAZO	8.000,00
	Pelo registro do reconhecimento da Variação Patrimonial Qualitativa, relativa a liquidação da despesa	

---

[36] Esse lançamento se refere à incorporação do material de consumo, deve ser feito quando da sua entrada no almoxarifado.

– Registro contábil da Disponibilidade por destinação de recursos, no Subsistema de Compensação – Lançamento SC nº 25

D – 821.12	DISPONIBILIDADE POR DESTINAÇÃO DE RECURSOS COMPROME-TIDA POR EMPENHO	8.000,00
C – 821.13	DDR COMPROMETIDA POR LIQUIDAÇÃO E ENTRADAS COMPEN-SATÓRIAS	8.000,00
	Pelo controle da distribuição de recursos comprometida por liqui-dação da despesa	

e) Relativa à parte de pagamento de empréstimo – Este assunto deve ser verificado no Capítulo 9 – Dívida Pública, pois nele estarão descritos todos os procedimentos contábeis que deverão ser utilizados.

Feita a liquidação da despesa, através do processo de verificação do credor, há ainda que se providenciar, como consequência, a devida ordem de pagamento.

A **Ordem de Pagamento** é o despacho exarado por autoridade competente, determinando que a despesa seja paga e só pode ser lavrado em documentos processados pelo Serviço de Contabilidade.[37]

Isto quer dizer que, feita a liquidação da despesa à vista da verificação do recebimento do material, do fornecimento do serviço ou da medição da obra executada, indicando a importância a pagar e a quem se deve pagar, emite-se um documento denominado Ordem de Pagamento, ou encaminham-se os autos ao Serviço de Contabilidade, que providenciará o despacho a ser assinado pela autoridade competente.

Com a assinatura da autoridade competente, encerra-se a fase ou estágio denominado Liquidação, o que equivale a dizer que a despesa foi realizada.

---

[37] Artigo 64, da Lei Federal nº 4.320/64.

SECRETARIA: *(nome da secretaria)*

UNIDADE DE DESPESA: *(nome da Unidade Administrativa ou Unidade Executora)*

Fls. Nº

ORDEM DE PAGAMENTO

P.P. nº *051/xx*
Autos nº *123/xx*
Interessado: *Eletropaulo S.A. – Serviços de Eletricidade*
Descrição: *Pagamento da conta referente ao fornecimento de energia elétrica, relativa às dependências desta Unidade Administrativa, sito à Rua Sete Quedas, nº 100, durante o mês de março de 20xx*

DEMONSTRATIVO DA DESPESA

Nota de Empenho nº *42/xx*   Data: *15 de março de 20xx*
Nota de Subempenho nº *42 – 107*
Classificação da Despesa: *3.3.90.39*
Valor do Empenho: Cr$ *5.000,00*

DEMONSTRAÇÃO DO EMPENHO

Empenho.. R$ *5.000,00*
Já Requisitado   R$ *– . –*
Ora Requisitado R$ *1.000,00*   R$ *1.000,00*
Saldo da N.E... R$ *4.000,00*

Sr. Diretor
   Transmitimos-lhes os documentos anexos, que se referem à despesa supra, onerando a verba acima demonstrada e cujo pagamento está em condições de ser determinado por V.Sª. Visto.

Chefe

A Seção de Pagamentos
   Pague-se:
              Importância Requisitada   R$ *1.000,00*
              Desconto   R$
              Líquido a Pagar   R$ *1.000,00*

Financeiro	
Débito	Crédito

S. Paulo,   de   de

Diretor da Unidade Administrativa ou Unidade Executora

7.4 Pagamento

O pagamento, quarto e último estágio a ser percorrido pela despesa orçamentária, é o ato onde o poder público faz a entrega do numerário correspondente, recebendo a devida quitação.

O pagamento da despesa só será efetuado quando ordenado após sua regular liquidação, por tesouraria ou pagadoria regularmente instituídas, por estabelecimentos credenciados e, em casos excepcionais, por meio de adiantamento.[38]

Nota-se claramente que o pagamento da despesa, por estabelecimentos credenciados, atendendo ao desenvolvimento administrativo que atinge a todos os setores empresariais, também é praticado pela administração pública.

Nos casos em que os pagamentos sejam descentralizados, a sistemática financeira estará voltada para o encaminhamento dos pagamentos a estabelecimento bancário e processa-se mediante Avisos de Liberação de Saques (ALS), ou outro documento equivalente em que o órgão central de finanças aprovisiona os créditos dos órgãos executores do orçamento.

Em síntese, o sistema prevê a liberação de limite de saques que a entidade pode utilizar. Essa liberação é feita observando-se a programação financeira do mês, a pedido da entidade que, previamente, indica o valor a ser despendido.

Recebendo o Aviso de Liberação de Saques (ALS), ou outro documento equivalente a entidade encaminha, por relações, os pagamentos a serem efetuados ou emite cheques para essa finalidade.

Feito isto, é formalizado o boletim de caixa, onde são anexadas as relações de pagamentos enviadas ao banco, com a devida aposição de carimbo da agência bancária ou dos contracheques emitidos para pagamento, juntamente com os processos de despesas, e encaminhando para os serviços de contabilidade, para os devidos registros e contabilização.

Está terminada a quarta fase ou estágio da despesa e, consequentemente, devidamente formalizada a despesa orçamentária.

7.4.1 Escrituração contábil do pagamento da despesa orçamentária (4º estágio)

A escrituração contábil do pagamento da despesa orçamentária (4º estágio) é feita com base nos registros já efetuados. Esses pagamentos podem ocorrer diariamente e, geralmente, fazem parte dos boletins de caixa, que, por sua vez, são encaminhados para contabilização, o que é feito com a escrituração nas contas corretas, observado o Plano de Contas Aplicado ao Setor Público, com utilização para todo o território nacional, conforme exemplo a seguir:

---

[38] Artigos 62 e 65, da Lei Federal nº 4.320/64.

Despesa Pública   139

19 – Pelo pagamento da despesa orçamentária (4º estágio)

a) Pelo pagamento da despesa de pessoal

– Registro contábil do pagamento da despesa de pessoal, no Subsistema de Informações Patrimoniais – Lançamento SP nº 19[39]

D – 211.1	PESSOAL A PAGAR	12.000,00
C – 111.1	CAIXA E EQUIVALENTE DE CAIXA EM MOEDA NACIONAL	12.000,00
	Pelo registro do pagamento da despesa	

– Registro contábil do pagamento da despesa de pessoal, no Subsistema de Informações Orçamentárias – Lançamento SO nº 14

D – 622.13.03	CRÉDITO EMPENHADO LIQUIDADO A PAGAR	
D – 622.13.03.01	DESPESAS CORRENTES	12.000,00
C – 622.13.04	CRÉDITO EMPENHADO PAGO	
C – 622.13.04.01	DESPESAS CORRENTES	12.000,00
	Pelo registro do pagamento da despesa utilizada	

– Registro contábil da Disponibilidade por Destinação de Recursos Utilizada, no Subsistema de Compensação – Lançamento SC nº 26

D – 821.13	DDR COMPROMETIDA POR LIQUIDAÇÃO E ENTRADAS COMPENSATÓRIAS	12.000,00
C – 821.14	DISPONIBILIDADE POR DISTRIBUIÇÃO DE RECURSO UTILIZADA	12.000,00
	Pelo controle da disponibilidade de recursos utilizada	

b) Pelo pagamento da despesa de serviços de terceiros PJ

– Registro contábil do pagamento de despesas de serviços de terceiros, no Subsistema de Informações Patrimoniais – Lançamento SP nº 20

D – 213.1	FORNECEDORES E CONTAS A PAGAR NACIONAIS A CURTO PRAZO	10.000,00
C – 111.1	CAIXA E EQUIVALENTE DE CAIXA EM MOEDA NACIONAL	10.000,00
	Pelo registro do pagamento da despesa	

– Registro contábil do pagamento da despesa de serviços de terceiros, no Subsistema de Informações Orçamentárias – Lançamento SO nº 15

D – 622.13.03	CRÉDITO EMPENHADO LIQUIDADO A PAGAR	
D – 622.13.03.01	DESPESAS CORRENTES	10.000,00
C – 622.13.04	CRÉDITO EMPENHADO PAGO	
C – 622.13.04.01	DESPESAS CORRENTES	10.000,00
	Pelo registro do pagamento da despesa orçamentária	

---

[39] Em vista do lançamento SP nº 1, relativo à retenção de tributos e consignações no valor de R$ 8.000,00 restou somente R$ 12.000,00 que corresponde ao líquido da folha de pagamento devida aos servidores. Por isso, o pagamento está sendo feito por R$ 12.000,00, inclusive o lançamento no Subsistema de Informações Orçamentárias. Vide lançamento SP nº 2 e as notas de rodapé 32, 33 e 34 na parte da receita extraorçamentária.

140 Contabilidade Pública • Kohama

– Registro contábil da Disponibilidade por Distribuição de Recursos utilizada, no Subsistema de Compensação – Lançamento SC nº 27

D – 821.13	DDR COMPROMETIDA POR LIQUIDAÇÃO E ENTRADAS COMPEN-SATÓRIAS	10.000,00
C – 821.14	DISPONIBILIDADE POR DISTRIBUIÇÃO DE RECURSO UTILIZADA	10.000,00
	Pelo controle da disponibilidade de recurso utilizada	

c) Pelo pagamento da despesa com a aquisição de material de consumo

– Registro contábil do pagamento de despesas de material de consumo, no Subsistema de Informações Patrimoniais – Lançamento SP nº 21

D – 213.1	FORNECEDORES E CONTAS A PAGAR NACIONAIS A CURTO PRAZO	7.000,00
C – 111.1	CAIXA E EQUIVALENTE DE CAIXA EM MOEDA NACIONAL	7.000,00
	Pelo registro do pagamento da despesa	

– Registro contábil do pagamento da despesa de material de consumo, no Subsistema de Informações Orçamentárias – Lançamento SO nº 16

D – 622.13.03	CRÉDITO EMPENHADO LIQUIDADO A PAGAR	
D – 622.13.03.01	DESPESAS CORRENTES	7.000,00
C – 622.13.04	CRÉDITO EMPENHADO PAGO	
C – 622.13.04.01	DESPESAS CORRENTES	7.000,00
	Pelo registro do pagamento da despesa orçamentária	

– Registro contábil da Disponibilidade por Distribuição de Recursos utilizada, no Subsistema de Compensação – Lançamento SC nº 28

D – 821.13	DDR COMPROMETIDA POR LIQUIDAÇÃO E ENTRADAS COMPEN-SATÓRIAS	7.000,00
C – 821.14	DISPONIBILIDADE POR DISTRIBUIÇÃO DE RECURSO UTILIZADA	7.000,00
	Pelo controle da disponibilidade de recursos utilizada	

d) Pelo pagamento da despesa com a aquisição de um veículo

– Registro contábil do pagamento de despesas de material de consumo, no Subsistema de Informações Patrimoniais – Lançamento SP nº 22

D – 213.1	FORNECEDORES E CONTAS A PAGAR NACIONAIS A CURTO PRAZO	8.000,00
C – 111.1	CAIXA E EQUIVALENTE DE CAIXA EM MOEDA NACIONAL	8.000,00
	Pelo registro do pagamento da despesa	

– Registro contábil do pagamento da despesa de um veículo, no Subsistema de Informações Orçamentárias – Lançamento SO nº 17

D – 622.13.03	CRÉDITO EMPENHADO A LIQUIDADO A PAGAR	
D – 622.13.03.02	DESPESAS DE CAPITAL	8.000,00
C – 622.13.04	CRÉDITO EMPENHADO PAGO	
C – 622.13.04.02	DESPESAS DE CAPITAL	8.000,00
	Pelo registro do pagamento da despesa orçamentária	

– Registro contábil da Disponibilidade por Distribuição de Recursos utilizada, no Subsistema de Compensação – Lançamento SC nº 29

D – 821.13 ·	DDR COMPROMETIDA POR LIQUIDAÇÃO E ENTRADAS COMPEN-SATÓRIAS	8.000,00
C – 821.14	DISPONIBILIDADE POR DISTRIBUIÇÃO DE RECURSO UTILIZADA	8.000,00
	Pelo controle da disponibilidade de recurso utilizada	

e) Relativa ao pagamento de parte do empréstimo – Este assunto deve ser verificado no Capítulo 9 – Dívida Pública, pois nele estarão descritos todos os procedimentos contábeis que deverão ser utilizados.

8

Restos a Pagar

1 Conceito

A despesa orçamentária é executada pelo regime de competência, consoante o disposto no artigo 35 da Lei Federal nº 4.320/64 e inciso II, onde estabelece que "pertencem ao exercício financeiro, *as despesas nele legalmente empenhadas*".

Consequentemente, houve necessidade de a própria lei determinar os procedimentos a serem adotados para encerramento do exercício, o que foi feito através do artigo seguinte, ou seja, pelo artigo 36, a seguir transcrito:

> "Artigo 36. Consideram-se Restos a Pagar as despesas empenhadas mas não pagas até o dia 31 de dezembro, distinguindo-se as processadas das não processadas."

Portanto, uma vez empenhada a despesa e não sendo paga até o dia 31 de dezembro, será considerada como Restos a Pagar, para efeito do encerramento do exercício financeiro. Em outras palavras, uma vez empenhada a despesa, ela pertence ao exercício financeiro, onerando as dotações orçamentárias daquele exercício.

Entretanto, embora empenhada, a despesa não paga será considerada Restos a Pagar, constituindo-se uma operação apenas de caráter financeiro, uma vez que, orçamentariamente, a despesa deve ser liquidada e executada e, consequentemente, compor o montante da despesa realizada, para efeito de encerramento de exercício.

Ainda devemos observar a exigência legal, que determina a distinção entre as despesas empenhadas "processadas" das "não processadas", por ocasião da inscrição dos Restos a Pagar.

Entende-se por Restos a Pagar de despesas processadas aqueles cujo empenho foi entregue ao credor, que por sua vez forneceu o material, prestou o serviço ou ainda executou a obra, e a despesa foi considerada "liquidada" por ter sido cumprido o terceiro estágio correspondente à liquidação, estando na fase do pagamento. Verifica-se que a despesa processou-se até a liquidação e em termos orçamentários foi considerada "despesa realizada", faltando apenas o processamento do pagamento.

Pode-se ainda dizer que, para efeito de escrituração contábil orçamentária, a despesa está devidamente processada e, por conseguinte, considerada realizada. Fica, a essa altura, bem transparente e cristalino o entendimento de Restos a Pagar como uma operação de escrituração contábil financeira, sendo a despesa realizada normalmente pela sua liquidação, e lançada em obrigações a pagar, no passivo circulante. O saldo que porventura houver nessa conta no dia 31 de dezembro será considerado Restos a Pagar de despesa processada, após o devido relacionamento para efeito de inscrição, atendendo ao disposto no texto legal.

Entende-se como *despesa não processada* aquela cujo empenho foi legalmente emitido, mas depende, ainda, da fase da liquidação, isto é, o empenho foi emitido, porém o objeto adquirido ainda não foi entregue e depende de algum fator para a sua regular liquidação; do ponto de vista da escrituração contábil orçamentária não está devidamente processada.

Em razão dos Restos a Pagar, conforme foi mencionado, ser uma operação de escrituração contábil financeira, necessário se torna, para efeito de sua inscrição, que a despesa empenhada e ainda não realizada, isto é, não processada integralmente, seja para efeito de encerramento considerada "realizada", o que pela nova sistemática deverá ser lançada no Subsistema de Compensação de escrituração contábil, que será utilizado para registrar todos os atos relativos ao controle do andamento dos restos a pagar.

Aliás, atente-se para o fato de que os lançamentos dos restos a pagar, tanto dos provenientes da despesa processada, quanto os relativos à despesa não processada, deverão ser lançados no Subsistema de Compensação, onde serão controlados os restos a pagar, através dos registros contábeis dos atos a eles relativos.

Por outro lado, devemos mencionar que a Lei nº 4.320/64, no parágrafo único do artigo 103, diz:

> "Parágrafo único. Os Restos a Pagar do exercício serão computados na receita extraorçamentária para compensar a sua inclusão na despesa orçamentária."

Consoante se observa do Manual de Contabilidade Aplicada ao Setor Público, pela nova sistemática, o atendimento desse dispositivo será feito através do Balanço Financeiro, onde os valores registrados no Subsistema de Compensação, relativos à inscrição dos restos a pagar, que serão utilizados na parte dos recebimentos extraorçamentários, para compensar sua inclusão na despesa orçamentária.

A Lei Complementar nº 101, de 4 de maio de 2000, que estabelece normas de finanças públicas voltadas para a responsabilidade da gestão fiscal, por meio do art. 42

disciplina a questão da inscrição dos restos a pagar dizendo que é vedado ao titular dos Poderes Executivo, Legislativo, inclusive dos Tribunais de Contas, Judiciário e Ministério Público, nos últimos dois quadrimestres (maio a dezembro) do último ano de seu mandato, contrair obrigação de despesa que não possa ser cumprida integralmente dentro dele, ou que tenha parcelas a serem pagas no exercício seguinte, sem que haja suficiente disponibilidade de caixa para esse efeito.

Devem-se considerar na determinação da disponibilidade de caixa os encargos e as despesas compromissadas a pagar até o final do exercício.

Já os "restos a pagar" não pagos durante o exercício deverão ser objeto de cancelamento, após o devido levantamento e verificada essa possibilidade. Assim, por exemplo, os saldos dos empenhos estimativos que forem inscritos geralmente se referem a valores não conhecidos a tempo e a hora, e por isso pode acontecer de inscrever-se um valor maior do que o necessário. Recebidas as contas e verificada a existência de saldo, pode-se relacioná-lo para efeito de cancelamento.

Conforme poderá ser verificado, nas considerações gerais, que a seguir serão apresentadas, existe um esforço no sentido de se evitar a inscrição de restos a pagar, sem que haja suficiente disponibilidade para esse efeito, pois não devemos nos esquecer que eles são tratados na Lei nº 101/2000 (Lei de Responsabilidade Fiscal) no Capítulo da Dívida e do Endividamento, pois serão compreendidos como dívida flutuante, conforme dispõe o art. 92 da Lei nº 4.320/64.

Sobre esse assunto, observamos que o parágrafo único do art. 92, da Lei nº 4.320/64, diz o seguinte:

> "O registro dos restos a pagar far-se-á por *exercício* e por credor, distinguindo-se as despesas processadas das não processadas."

Verifica-se que a lei fala que o registro dos restos a pagar far-se-á por exercício. Em tese, os restos a pagar poderão permanecer inscritos por até 5 anos, entretanto, convenhamos que a ocorrência dessa hipótese será aplicável a casos específicos ou especiais.

O que se tem constatado é que somente deverão ser mantidas as inscrições de restos a pagar de despesas processadas e, neste caso, geralmente, existe algum impasse ou pendência justificável, pois, caso contrário, o normal é que os restos a pagar sejam pagos até o final do exercício subsequente à sua inscrição.

Por outro lado, existe uma ação restritiva quanto aos restos a pagar não processados inscritos, pois a sua manutenção estará condicionada a alguma justificativa cabal e rigorosa, até porque existe um conjunto de dispositivos legais que precisam ser atendidos, conforme tentaremos fazer algumas considerações gerais a respeito.

No sentido de melhor expor o assunto, a seguir vamos reapresentar o art. 42 da Lei Complementar nº 101/2000, que diz:

> "Art. 42. É vedado ao titular de Poder ou órgão referido no art. 20, nos últimos dois quadrimestres do seu mandato, contrair obrigação de despesa que não possa

ser cumprida integralmente dentro dele, ou que tenha parcelas a serem pagas no exercício seguinte sem que haja suficiente disponibilidade de caixa para este efeito."

Fica claro que o titular de Poder ou órgão mencionado, conforme se vê do art. 20, § 2º, refere-se a:

"§ 2º Para efeito deste artigo entende-se como órgão:

I – Ministério Público;

II – no Poder Legislativo:

a) Federal, as respectivas Casas e o Tribunal de Contas da União;

b) Estadual, a Assembleia Legislativa e os Tribunais de Contas;

c) do Distrito Federal, a Câmara Legislativa e o Tribunal de Contas do Distrito Federal;

d) Municipal, a Câmara de Vereadores e o Tribunal de Contas do Município, quando houver;

III – no Poder Judiciário:

a) Federal, os tribunais referidos no art. 92 da Constituição;

b) Estadual, o Tribunal de Justiça e outros, quando houver.

Nota-se, claramente, a intenção de que os titulares de Poder ou órgão, nos dois últimos quadrimestres do seu mandato, ficam vedados de contrair obrigação de despesa que não possa ser cumprida integralmente dentro dele, ou que tenha parcelas a serem pagas no exercício seguinte *sem que haja suficiente disponibilidade de caixa para esse efeito*, ou seja, não poderá contrair obrigação de despesa que deverá ser inscrita em restos a pagar, sem que tenha disponibilidade financeira para sua cobertura.

Ainda, a respeito da inscrição responsável dos restos a pagar, principalmente no caso dos restos a pagar não processados, concomitante com a Lei de Responsabilidade Fiscal, foi editada a Lei nº 10.028, de 19 de outubro de 2000, introduzindo algumas disposições no Código Penal, como sejam:

"Art. 359-F. Deixar de ordenar, de autorizar ou de promover o cancelamento do montante de restos a pagar inscrito em valor superior ao permitido em lei. (AC)

Pena – detenção, de 6 (seis) meses a 2 (dois) anos." (AC)

AC = Acréscimo.

Por esse dispositivo, incluído no Código Penal, passou a existir penalização para quem deixar de ordenar, de autorizar ou promover o cancelamento de restos a pagar inscrito em valor superior ao permitido.

A seguir, procuraremos prestar algumas considerações gerais, no sentido de tentar melhor esclarecer as regras existentes sobre a questão dos procedimentos relativos à inscrição e ao cancelamento dos restos a pagar.

Finalizando, podemos dizer que os "Restos a Pagar" são resíduos passivos, oriundos de despesa orçamentária empenhada e não paga até o dia 31 de dezembro, assim considerados em virtude do regime de competência utilizado na escrituração contábil.

2 Considerações gerais

Os demais dispositivos que tratavam do assunto foram vetados, portanto vigoram somente os que foram descritos. Em razão dessa prescrição legal, contida na Lei de Responsabilidade Fiscal, foram introduzidas algumas disposições no Código Penal, por meio da Lei nº 10.028, de 19 de outubro de 2000, relativas ao não cancelamento de restos a pagar, assim descritas:

> "Art. 359-F. Deixar de ordenar, de autorizar ou promover o cancelamento do montante de restos a pagar inscrito em valor superior ao permitido em lei. (AC)
>
> Pena – detenção, de 6 (seis) meses a 2 (dois) anos." (AC)
>
> AC = Acréscimo.

A questão dos Restos a Pagar merece um espaço para reflexões a respeito do que foi descrito, e, para tanto, vamos apresentar algumas considerações.

a) Assunção de obrigação no último ano do mandato ou legislatura

A Lei Complementar nº 101/2000, ao apresentar a Seção VI – Dos Restos a Pagar, no Capítulo VII – Da Dívida e do Endividamento, trata o assunto sob o prisma da dívida pública. É evidente que os restos a pagar constituirão a dívida pública, na parte correspondente à dívida flutuante ou administrativa, conforme o disposto no art. 92, da Lei Federal nº 4.320/64.

Consoante se verifica pelos dispositivos que a Lei Complementar nº 101/2000 descreve por meio do art. 42, anteriormente transcritos, em realidade procuram estimular a gestão fiscal responsável, no sentido de evitar e mesmo não contrair, nos dois últimos quadrimestres do último ano do mandato ou legislatura, obrigação de despesa que não possa ser cumprida integralmente dentro do exercício, ou que tenha parcelas a serem pagas no exercício seguinte, sem que haja suficiente disponibilidade de caixa para esse efeito.

É óbvio que as despesas contraídas – entendidas aqui as que forem empenhadas em dotações próprias – que não possam ser cumpridas integralmente dentro do exercício, ou que tenham parcelas a serem pagas no exercício seguinte, sem que haja suficiente disponibilidade de caixa para esse efeito, deverão ser consideradas como restos a pagar e, consequentemente, integrarão a dívida flutuante ou administrativa. Podem ser observadas sob duas ópticas:

A primeira refere-se ao ato de *contrair obrigação de despesa que não possa ser cumprida integralmente dentro dele*, ou seja, nos últimos dois quadrimestres do mandato de titular de Poder ou órgão referido no art. 20, é vedado contrair obrigação, cujo objeto não possa ser cumprido integralmente dentro do exercício, como por exemplo: autorização para emissão de empenho no mês de outubro, para cobertura de despesa que deva ser cumprida até o mês de março do exercício seguinte.

A autorização para emissão de empenho deveria determinar a cobertura de despesa a ser cumprida até o dia 31 de dezembro, quanto ao restante, deveria ser autorizado o empenho utilizando a dotação do exercício seguinte, pois, dessa forma, estaria sendo atendido e obedecido o *princípio da anualidade*, de que trata o art. 2º da Lei Federal nº 4.320/64.

A segunda refere-se ao ato de contrair obrigação de despesa *que tenha parcelas a serem pagas no exercício seguinte sem que haja suficiente disponibilidade de caixa para esse efeito*, ou seja, nos últimos dois quadrimestres do mandato de titular de Poder ou órgão referido no artigo 20, é vedada a autorização de emissão de empenho, que tenha parcelas a serem pagas no exercício seguinte sem que haja suficiente disponibilidade de caixa para esse efeito, como, por exemplo: autorizar a emissão de empenho para cobertura de despesa com a reforma de um prédio que deverá ser cumprida integralmente no exercício e que o contrato possua condições de pagamento a ser feito em parcelas, a serem efetuadas no exercício seguinte, mas não haja suficiente disponibilidade de caixa para cumpri-las.

Há outros casos que convém mencionarmos, para melhor entendimento do assunto, como, por exemplo: as despesas relativas a consumo de água, energia elétrica e telefone, entre outros, cujo objeto é referente ao exercício e os pagamentos, geralmente, devem ocorrer no exercício seguinte, em razão de sistemática operacional, pois o valor e as contas relativas a essas despesas somente serão conhecidas no exercício seguinte, mas nos últimos dois quadrimestres do mandato também enquadram-se na necessidade de haver suficiente disponibilidade de caixa para cumpri-las.

b) Assunção de obrigações nos três primeiros anos do mandato ou legislatura

No artigo 42 da Lei Complementar nº 101/2000, consoante verificamos do texto descrito, está bem claro e definido que o período da vedação refere-se apenas aos dois últimos quadrimestres do mandato do titular de Poder ou órgão referido no artigo 20. Como os três primeiros exercícios e o primeiro quadrimestre do último exercício do mandato do titular de Poder ou órgão não foram abrangidos por esse dispositivo, essa regra, obviamente, não deve ser aplicada.

Entretanto, temos que observar o disposto no *caput* do artigo 9º da Lei Complementar nº 101/2000, que a seguir será transcrito:

"Art. 9º Se verificado, ao final de um bimestre, que a realização da receita poderá não comportar o cumprimento das metas de resultado primário ou nominal estabelecidas no Anexo de Metas Fiscais, os Poderes e o Ministério Público promoverão, por ato próprio e nos montantes necessários, nos trinta dias subsequentes, limitação de empenho e movimentação financeira, segundo os critérios fixados pela lei de diretrizes orçamentárias."

Observamos, pelo disposto no artigo 9º da Lei Complementar nº 101/2000, que haverá necessidade de controle sobre o ato de contrair despesa, sem que haja suficiente disponibilidade de caixa para cumpri-la, pois, caso a receita não seja suficiente para o cumprimento das metas de resultado primário ou nominal estabelecidas no Anexo de Metas Fiscais, a Lei de Diretrizes Orçamentárias deverá ser preparada no sentido de estabelecer critérios para a limitação de empenho e movimentação financeira.

c) A questão dos procedimentos de inscrição dos restos a pagar

A Lei Complementar nº 101/2000, conforme já foi mencionado, trata o assunto relativo aos restos a pagar como contração de obrigação de despesas e lhe dá conotação vinculada à dívida e endividamento que essas obrigações irão provocar.

Entretanto, vamos encontrar um dispositivo bastante importante no artigo 359-F, introduzido no Código Penal pela Lei nº 10.028, de 19 de outubro de 2000, já mencionado e copiado, que considera o *não cancelamento dos restos a pagar como crime*, e que será a seguir novamente transcrito:

"Art. 359-F. Deixar de ordenar, de autorizar ou de promover o cancelamento do montante de restos a pagar inscrito em valor superior ao permitido em lei." (AC)

Uma primeira observação a respeito refere-se ao fato de que, ao falarmos em restos a pagar, estaremos falando de restos a pagar inscritos, portanto um montante que foi considerado despesa orçamentária do exercício, mas que financeiramente ainda depende de pagamento.

Atente-se que o artigo menciona: "deixar de ordenar, de autorizar ou de promover o cancelamento do montante de restos a pagar inscrito *em valor superior ao permitido em lei*" será considerada infração penal.

Surge de pronto uma questão: *Qual é o valor permitido em lei?*

Ficou constatado que o artigo 42 da Lei Complementar nº 101/2000 dispõe que, nos dois últimos quadrimestres do mandato, é vedado contrair obrigação de despesa que não possa ser cumprida integralmente dentro dele, ou que *tenha parcelas a serem pagas no exercício seguinte sem que haja suficiente disponibilidade de caixa para este efeito.*

Por outro lado, vimos que o artigo 9º da Lei Complementar nº 101/2000 dispõe que, se verificado, ao final de um bimestre, que a receita não comporta as despesas necessárias ao cumprimento das metas de resultado primário ou nominal estabelecidas no Anexo de

Metas Fiscais, deverá ser promovida, nos 30 dias subsequentes, *limitação de empenho e movimentação financeira, segundo critérios fixados pela lei de diretrizes orçamentárias.*

Observando os textos expostos, notamos que os dispositivos legais enumerados sugerem duas alternativas para responder à questão.

A primeira diz respeito à questão da vedação de contrair obrigação de despesa nos dois últimos quadrimestres do mandato que tenha parcelas a serem pagas no exercício seguinte sem que haja suficiente disponibilidade de caixa para esse efeito. Notemos que, intencionalmente, retiramos a questão da contração de obrigação de despesas que não possa ser cumprida integralmente dentro dele, pois, caso isso ocorra, não estaria sendo atendido o princípio da anualidade, conforme já descrevemos.

Nesta hipótese, *o limite permitido por lei será aquele que possua cobertura suficiente na disponibilidade de caixa para cumpri-lo.*

A segunda, em razão da existência do dispositivo legal (artigo 359-F do Código Penal, introduzido pela Lei nº 10.028/2000) que diz ser crime contra as finanças públicas o não cancelamento de restos a pagar ("deixar de ordenar, de autorizar ou de promover o cancelamento do montante de restos a pagar inscrito em valor superior ao permitido em lei"), parece-nos evidente que o cancelamento de restos a pagar mencionado deverá ocorrer no início do exercício seguinte a sua inscrição, até porque a lei descreve *promover o cancelamento de restos a pagar inscrito*, portanto, só poderá ser feito após a apresentação do balanço financeiro de 31 de dezembro, ou seja, no início do mandato posterior.

Isso me parece lógico, pois se o cancelamento do montante de restos a pagar inscrito em valor superior ao permitido em lei for efetuado no início do exercício seguinte, poderá ser providenciada a emissão de empenho com dotação de despesas de exercícios encerrados do orçamento vigente, atendendo ao disposto no artigo 37 da Lei Federal nº 4.320/64, que diz:

> "Art. 37. As despesas de exercícios encerrados, para as quais o orçamento respectivo consignava crédito próprio, com saldo suficiente para atendê-las, que não se tenham processado na época própria, bem como os *Restos a Pagar com prescrição interrompida* e os compromissos reconhecidos após o encerramento do exercício correspondente poderão ser pagos à conta de dotação específica consignada no orçamento, discriminada por elementos, obedecida, sempre que possível, a ordem cronológica."

Consoante verificamos, caso não seja feita a inscrição dos restos a pagar que não possua suficiente disponibilidade de caixa, não se terá possibilidade de emitir empenho no exercício seguinte para cobertura dessa despesa, pois ela não se referirá àquela que possuía saldo suficiente para atendê-las, que não se tenham processado na época própria, nem se referirá a compromissos reconhecidos após o encerramento do exercício correspondente, conforme determina o artigo 37 da Lei Federal nº 4.320/64, descrito anteriormente.

Por outro lado, inscrevendo a despesa em restos a pagar, mesmo que não possua suficiente disponibilidade de caixa, haverá a possibilidade de cancelar os restos a pagar e emitir novo empenho na dotação de exercícios encerrados, sob a justificativa de *restos a pagar com prescrição interrompida*.

É evidente que estamos falando de inscrição de restos a pagar de despesas que estejam baseadas em cabal justificativa.

Para ilustrar, podemos mencionar a construção de uma obra pública, financiada por uma instituição financeira como a CEF, por exemplo, em que, embora seja feito empenho, medição da etapa da construção do mês de novembro, que é liquidada ainda no mês de novembro, a parcela do empréstimo deverá ser liberada somente em janeiro e a medição de dezembro, que também deverá ser liquidada em dezembro, deverá ter a parcela de empréstimo liberada em fevereiro. Esses procedimentos são chamados de "sistemática operacional".

É fora de dúvida que essas ações consideram o pressuposto de que foram observados e atendidos os aspectos relativos à limitação de empenho e movimentação financeira, de que trata o art. 9º da Lei Complementar nº 101/2000, porém, se, em virtude de questões ligadas à sistemática operacional, não se tenha condições de atender ao disposto no artigo 42, dessa mesma lei, e o fato fica evidente na apuração do montante de inscrição dos restos a pagar para viabilizá-las, é necessário providências para que essas medidas estejam contidas na Lei de Diretrizes Orçamentárias, mediante norma especial ou no Anexo de Riscos Fiscais, inclusive informando as providências a serem tomadas, caso se concretizem.

A fim de reforçar as considerações anteriores, podemos mencionar os seguintes dispositivos da Lei Complementar nº 101/2000 (Lei de Responsabilidade Fiscal):

> "Parágrafo único do art. 8º. *Os recursos legalmente vinculados a finalidade específica serão utilizados exclusivamente para atender ao objeto de sua vinculação, ainda que em exercício diverso daquele em que ocorrer o ingresso.*
>
> § 2º, do art. 9º – Não serão objeto de limitação as despesas que constituam obrigações constitucionais e legais do ente, inclusive aquelas destinadas ao pagamento do serviço da dívida, *e as ressalvadas pela lei de diretrizes orçamentárias*" (grifo nosso).

É claro que esse procedimento deverá estar amparado com dispositivo legal contido na Lei de Diretrizes Orçamentárias e, atentando para o fato de que estaremos no último exercício de mandato, poderá, inclusive, vincular o montante de restos a pagar inscritos sem a correspondente disponibilidade de caixa, a um volume de inscrição de dívida ativa pelo menos equivalente, visando recompor o equilíbrio do resultado patrimonial do exercício.

No exercício seguinte, a nova administração poderá promover o cancelamento dos restos a pagar, atendendo ao disposto no artigo 359-f do Código Penal, introduzido pela Lei nº 10.028/2000, por entender que foram inscritos em valor superior ao permitido em lei, devendo, no entanto, providenciar novo empenho utilizando dotação de despesas de exercícios encerrados, utilizando o crédito orçamentário do exercício.

Consoante se observa, fica evidente que as despesas orçamentárias empenhadas no exercício e não pagas, tanto as processadas (liquidadas) como as não processadas (não liquidadas), deverão ser inscritas em restos a pagar. A inscrição dos restos a pagar, conforme já foi acentuado, é uma operação de escrituração contábil financeira e integrará o passivo circulante, fazendo parte da chamada *dívida flutuante*, aliás, isso atendendo o disposto no art. 92, da Lei nº 4.320/64, que diz "a dívida flutuante compreende os restos a pagar, exceto os serviços da dívida" e, no seu parágrafo único, complementa dizendo que "o registro dos restos a pagar far-se-á por exercício e por credor, distinguindo-se as despesas processadas das não processadas".

Conforme pode ser verificado, a repercussão dessas considerações tem a intenção de demonstrar na prática quais os procedimentos que podem ser utilizados, na tentativa de melhor atender aos aspectos legais envolvidos, atendidos os pressupostos relativos ao equilíbrio das contas públicas, de gestão orçamentária e financeira responsável, eficiente, eficaz e, sobretudo, transparente, que são os pilares principais da Lei Complementar nº 101/2000, que estabelece normas de finanças públicas voltadas para a responsabilidade na gestão fiscal e dá outras providências, e da Lei Federal nº 4.320/64, que estatui normas de direito financeiro para elaboração e controle dos orçamentos e balanços da União, dos Estados, dos Municípios e do Distrito Federal.

2.1 Escrituração contábil da Inscrição dos Restos a Pagar

A escrituração contábil dos restos a pagar é feita no final do exercício financeiro, para efeito de encerramento e levantamento do balanço. Preliminarmente, deve-se proceder à verificação das despesas empenhadas e devidamente liquidadas e que se encontram aguardando somente o pagamento. Em seguida, deve-se proceder à verificação das despesas empenhadas, e que ainda não foram liquidadas, portanto também não pagas, mas necessitam ser liquidadas, para ser providenciado o devido pagamento. A escrituração contábil dos restos a pagar faz-se à vista do resultado dessas verificações, e procede-se da seguinte forma:

20 – Pela Inscrição dos Restos a Pagar

   a) Pela inscrição da despesa liquidada e não paga

   – Registro contábil da Inscrição de Restos a Pagar Processados, no Subsistema de Informações Orçamentárias – Lançamento SO nº 18

D – 532.7	Restos a Pagar Processados – Inscrição no Exercício	700,00
C – 632.7	Restos a Pagar Processados – Inscrição no Exercício	700,00
	Pela inscrição de Restos a Pagar Processados no exercício	

b) Pela inscrição da despesa empenhada e não liquidada

– Registro contábil da Inscrição de Restos a Pagar não Processados, no Subsistema de Informações Orçamentárias – Lançamento SO nº 19

D – 531.7	Restos a Pagar não Processados – Inscrição no Exercício	1.300,00
C – 631.7	Restos a Pagar não Processados – Inscrição no Exercício	1.300,00
	Pela inscrição de Restos a Pagar não processados no exercício	

c) Pela transferência dos valores para o controle da disponibilidade de recursos relativa aos restos a pagar inscritos

21 – Pela execução dos Restos a Pagar no exercício seguinte:[1]

a) Para execução dos Restos a Pagar Processados

– Registro contábil da adequação necessária dos restos a pagar processados, no Subsistema de Informações Orçamentárias – Lançamento SO nº 20

D – 532.1	Restos a Pagar Processados Inscritos	700,00
C – 532.7	Restos a Pagar Processados – Inscrição no Exercício	700,00
	Registro da transferência de Restos a Pagar Inscritos	

– Registro contábil da adequação necessária para execução dos restos a pagar processados no Subsistema de Informações Orçamentárias – Lançamento SO nº 21

D – 632.7	Restos a Pagar Processados – Inscrição no Exercício	700,00
C – 632.1	Restos a Pagar Processados a Pagar	700,00
	Registro da transferência de Restos a Pagar Inscritos	

b) Para execução dos Restos a Pagar não Processados

– Registro contábil da adequação necessária dos restos a pagar não processados, no Subsistema de Informações Orçamentárias – Lançamento SO nº 22

D – 531.1	Restos a Pagar não Processados Inscritos	1.300,00
C – 531.7	Restos a Pagar não Processados – Inscrição no Exercício	1.300,00
	Pela transferência de Restos a Pagar Inscritos	

– Registro contábil da adequação necessária para execução dos restos a pagar não processados no Subsistema de Informações Orçamentárias – Lançamento SO nº 23

D – 631.7	Restos a Pagar não Processados – Inscrição no Exercício	1.300,00
C – 631.1	Restos a Pagar não Processados a Liquidar	1.300,00
	Pela transferência de Restos a Pagar Inscritos	

---

[1] Os registros contábeis constantes deste item são feitos no início do exercício seguinte para possibilitar a execução dos restos a pagar, tanto dos processados, quanto dos não processados.

2.2 Escrituração contábil da baixa de restos a pagar

A escrituração contábil da baixa de restos a pagar pode ocorrer pelo pagamento, ou cancelamento. A baixa pelo pagamento é uma consequência normal e deve ser sempre procedida após a devida liquidação, pois seguindo os preceitos legais, só pode ocorrer no caso de despesa liquidada. Portanto, caso a inscrição tenha sido efetuada na conta de restos a pagar não processados, deve haver a liquidação, ou seja, recebimento do material adquirido, do serviço prestado ou da obra executada, para depois poder-se efetuar o pagamento. O cancelamento ocorre nos casos em que há saldo não mais necessário, como, por exemplo, nos casos de despesas com energia elétrica, pois, a inscrição, geralmente, é feita por estimativa e quando do recebimento da fatura pode acontecer de haver saldo que não mais seja necessário.

Os lançamentos contábeis devem seguir os seguintes procedimentos:

22 – Pela liquidação dos Restos a Pagar não Processados

I – De despesa de Material de Consumo

– Registro contábil da liquidação de restos a pagar não processado de Material de Consumo, no Subsistema de Informações Orçamentárias – Lançamento SO nº 24

D – 631.1	Restos a Pagar não Processados a Liquidar	700,00
C – 631.3	Restos a Pagar não Processados Liquidado a Pagar	700,00
	Pelo registro da liquidação de restos a pagar não processados	

– Registro contábil da obrigação de pagamento assumida pela Liquidação de Restos a Pagar não Processados, no Subsistema de Informações Patrimoniais – Lançamento SP nº 23

D – 115.6	Almoxarifado	700,00
C – 213.1	Fornecedores e Contas a Pagar Nacionais a Curto Prazo	700,00
	Pela entrada do material de consumo no almoxarifado	

– Registro contábil da Disponibilidade de Recursos, no Subsistema de Compensação – Lançamento SC nº 30

D – 821.12	Disponibilidade por Destinação de Recursos Comprometida por Empenho	700,00
C – 821.13	Disponibilidade por Destinação de Recursos Comprometida por Liquidação e Entradas Compensatórias	700,00
	Pelo controle da disponibilidade de recursos	

II – De despesa de serviço de Terceiros – PJ

– Registro contábil da liquidação de restos a pagar não processados de Serviços de Terceiros, no Subsistema de Informações Orçamentárias – Lançamento SO nº 24

D – 631.1	Restos a Pagar não Processados a Liquidar	500,00
C – 631.3	Restos a Pagar não Processados Liquidado a Pagar	500,00
	Pelo registro da liquidação de restos a pagar não processados	

– Registro contábil da liquidação de restos a pagar não processados de Serviço de Terceiro – PJ, no Subsistema de Informações Patrimoniais – Lançamento SP nº 24

D – 332.3	SERVIÇOS DE TERCEIROS – PJ	500,00
C – 213.1	FORNECEDORES E CONTAS A PAGAR NACIONAIS A CURTO PRAZO	500,00
	Pelo registro do reconhecimento da Variação Patrimonial Diminutiva, relativa ao registro da liquidação de restos a pagar não processados	

– Registro contábil da Disponibilidade de Recursos, no Subsistema de Compensação – Lançamento SC nº 31

D – 821.12	Disponibilidade por Destinação de Recursos Comprometida por Empenho	500,00
C – 821.13	Disponibilidade por Destinação de Recursos Comprometida por Liquidação e Entradas Compensatórias	500,00
	Pelo controle da disponibilidade de recursos	

23 – Pelos pagamentos de Restos a Pagar

I – Restos a Pagar Processados

– Registro contábil do Pagamento efetivo de Restos a Pagar, no Subsistema de Informações Patrimoniais – Lançamento SP nº 25

D – 213.1	Fornecedores e Contas a Pagar Nacionais a Curto Prazo	700,00
C – 111.1	Caixa e Equivalente de Caixa em Moeda Nacional	700,00
	Pelo pagamento de restos a pagar processados	

– Registro contábil do pagamento dos Restos a Pagar Processados, no Subsistema de Informações Orçamentárias – Lançamento SO nº 25

D – 632.1	Restos a Pagar Processados a Pagar	700,00
C – 632.2	Restos a Pagar Processados Pago	700,00
	Pelo registro do pagamento dos Restos a Pagar Processados	

– Registro contábil da Disponibilidade por Destinação de Recursos Utilizada, no Subsistema de Compensação – Lançamento SC nº 32

D – 821.13	Disponibilidade por Destinação de Recursos Comprometida por Liquidação e Entradas Compensatórias	700,00
C – 821.12	Disponibilidade por Destinação de Recursos Utilizada	700,00
	Pelo controle da disponibilidade dos Restos a Pagar utilizada	

II – Restos a Pagar não Processados

– Registro contábil do Pagamento efetivo de Restos a Pagar, no Subsistema de Informações Patrimoniais – Lançamento SP nº 26[2]

D – 213.1	Fornecedores e Contas a Pagar Nacionais a Curto Prazo	700,00
C – 111.11	Caixa e Equivalente de Caixa em Moeda Nacional	700,00
	Pelo pagamento de restos a pagar	

– Registro contábil do Pagamento efetivo de Restos a Pagar, no Subsistema de Informações Patrimoniais – Lançamento SP nº 27[3]

D – 213.1	Fornecedores e Contas a Pagar Nacionais a Curto Prazo	500,00
C – 111.11	Caixa e Equivalente de Caixa em Moeda Nacional	500,00
	Pelo pagamento de restos a pagar	

– Registro contábil do pagamento de Restos a Pagar não Processados, no Subsistema de Informações Orçamentárias – Lançamento SO nº 26

D – 631.3	Restos a Pagar não Processados Liquidado a Pagar	1.200,00
C – 631.4	Restos a Pagar não Processados Liquidado Pago	1.200,00
	Pelo registro dos Restos a Pagar não processados pagos	

– Registro contábil da Disponibilidade por Destinação de Recursos Comprometida – Utilizada, no Subsistema de Compensação – Lançamento SC nº 33

D – 821.13	Disponibilidade por Destinação de Recursos Comprometida por Liquidação e Entradas Compensatórias	1.200,00
C – 821.12	Disponibilidade por Destinação de Recursos Utilizada	1.200,00
	Pelo controle da disponibilidade dos Restos a Pagar utilizada	

---

[2] Este lançamento se refere ao pagamento do material de consumo, que foi entregue no almoxarifado.

[3] Este lançamento se refere ao pagamento do serviço de terceiros – PJ.

24 – Pelo cancelamento de Restos a Pagar[4]

– Registro contábil do cancelamento de restos a pagar não processados, no Subsistema de Informações Orçamentárias – Lançamento SO nº 27[5]

D – 631.1	Restos a Pagar não Processados a Liquidar	100,00
C – 631.9	Restos a Pagar não Processados Cancelados	100,00
	Pelo registro do cancelamento de RP não processado	

– Registro contábil do cancelamento de restos a pagar não processados, no Subsistema de Compensação – Lançamento SC nº 34

D – 821.12	Disponibilidade por Destinação de Recursos Comprometida por Empenho	100,00
C – 721.10	LIMITE DE RESTOS A PAGAR POR DESTINAÇÃO	100,00

---

[4] Em tese, o cancelamento só poderá ocorrer nos restos a pagar não processados.

[5] Este cancelamento refere-se à despesa com energia elétrica, cujo saldo não será utilizado.

9

Dívida Pública

1 Conceito

Dívida Pública, segundo o professor Domingos D'Amore, "são todos os compromissos assumidos pelo governo e os respectivos juros" ou ainda, como diz Edgard Wilken, "Dívida Pública compreende os juros e a amortização do capital devido pelo Estado". Outros ainda acham que se dá o nome de Dívida Pública aos compromissos decorrentes de operações de crédito, assumidos pelo Estado para atender às necessidades dos serviços públicos.

É um procedimento normal e comum, adotado por todas as administrações modernas, para fazer face às deficiências financeiras, decorrentes do excesso de despesa sobre a receita (déficit orçamentário), caso em que o Estado, geralmente, recorre à realização de crédito a curto prazo ou também da necessidade de realização de empreendimentos de vulto, caso em que se justifica a tomada de um empréstimo (operação de crédito) a longo prazo.

Vê-se que a dívida pública não é apenas a que decorre de empréstimos de longo prazo, mas compreende também os compromissos pecuniários de curto prazo, e ainda se origina de outras fontes, como depósito (fianças, cauções, consignações etc.), resíduos passivos (restos a pagar) e outros dessa natureza.

Podemos dizer, a esta altura, que a Dívida Pública classifica-se em Fundada ou Consolidada (interna ou externa) e Flutuante ou Administrativa.

Dívida Fundada ou Consolidada é aquela que representa um compromisso a longo prazo, de valor previamente determinado, garantida por títulos do governo, que rendem juros e são amortizáveis ou resgatáveis, podendo ou não o seu vencimento ser fixado; é ainda a efetuada através de contratos de financiamentos, sendo o seu pagamento estipulado em prestações parciais (amortizações), distribuídas por certo período de anos. Quando não se determinar o prazo para a sua liquidação, diz-se que a *dívida é perpétua*. Nesse caso, vencem apenas os juros, sendo o seu resgate de natureza não obrigatória e somente é processada quando houver conveniência ou quando a situação financeira o permitir.

Compreende a *dívida fundada ou consolidada interna* os empréstimos contraídos por títulos do governo (Obrigações do Tesouro, Notas Promissórias do Tesouro, Letras do Tesouro, Bônus Rotativos, Apólices etc.) ou contratos de financiamento, dentro do País.

Dizemos que a *dívida fundada ou consolidada externa* é aquela cujos empréstimos são contratados ou lançados no estrangeiro, por intermédio geralmente de banqueiros, incumbidos não só da colocação dos títulos, mas também do pagamento dos juros e amortizações.

Feita esta explanação, demonstremos objetivamente o que a legislação pertinente ao assunto considera dívida fundada.

A dívida fundada compreende os compromissos de exigibilidade superior a doze meses, contraídos para atender a desequilíbrio orçamentário ou a financiamento de obras e serviços públicos.[1]

A dívida fundada é escriturada com individualizações e especificações que permitam verificar, a qualquer momento, a posição dos empréstimos, bem como os respectivos serviços de amortização e juros.[2]

Note-se que entende-se por compromisso de longo prazo o de exigibilidade superior a doze meses. Portanto, os compromissos relativos a empréstimos e financiamentos, contraídos com prazos de resgate superiores a doze meses, são considerados dívida fundada ou consolidada.

Por outro lado, compete privativamente ao Senado Federal fixar, por proposta do Presidente da República, limites globais para o montante da dívida consolidada da União, dos Estados, do Distrito Federal e dos Municípios, inclusive estabelecer limites globais e condições para o montante da dívida mobiliária dos Estados, do Distrito Federal e dos Municípios.[3]

Daí por que, se a dívida consolidada de um ente da Federação ultrapassar respectivo limite ao final de um quadrimestre, deverá ser a ele reconduzida até o término dos três subsequentes, reconduzindo o excedente em pelo menos 25% no primeiro quadrimestre.

"§ 1º Enquanto perdurar o excesso, o ente que nele houver incorrido:

I – estará proibido de realizar operação de crédito interna ou externa, inclusive por antecipação da receita, ressalvado o refinanciamento do principal atualizado da dívida mobiliária;

---

[1] Artigo 98, da Lei Federal nº 4.320/64.

[2] Parágrafo único, do artigo acima.

[3] Incisos VI e IX, do artigo 52, da *Constituição Federal*.

II – obterá resultado primário necessário à recondução da dívida ao limite, promovendo, entre outras medidas, limitação de empenho, na forma do art. 9º (da Lei Complementar nº 101/2000).

§ 2º Vencido o prazo para retorno da dívida ao limite, e enquanto perdurar o excesso, o ente ficará também impedido de receber transferências voluntárias da União ou do Estado.

§ 4º O Ministério da Fazenda divulgará, mensalmente, a relação dos entes que tenham ultrapassado os limites das dívidas consolidada e mobiliária."[4]

Apenas para clarificar e, ao mesmo tempo, servir de alerta, observe-se que foi incluída uma exceção, relativa à dívida fundada, que diz: "Também integram a dívida pública consolidada as *operações de crédito de prazo inferior a doze meses cujas receitas tenham constado do orçamento*".[5] Esse dispositivo deve ser considerado como uma ação pouco utilizada, consubstanciando-se numa exceção ao conceito legal estabelecido, pois considera-se "dívida pública consolidada ou fundada: montante total, apurado sem duplicidade, das obrigações financeiras do ente da Federação, assumidas em virtude de leis, contratos, convênios ou tratados e da realização de operações de crédito, *para amortização em prazo superior a doze meses*."[6]

Nota-se que, em virtude de constar na Lei de Orçamento, *operação de crédito de prazo inferior a doze meses* a Lei Complementar nº 101/2000 (Lei de Responsabilidade Fiscal) diz que ela integra a dívida pública consolidada e, de uma certa forma, se constitui num ato não praticado habitualmente, o que lhe faz se aproximar de ser uma exceção ao conceito legal, porque a própria lei diz que se considera dívida pública consolidada a operação de crédito que é contraída com amortização em prazo superior a doze meses.

A **Dívida Flutuante**, também chamada *Administrativa ou não Consolidada*, é aquela que o Tesouro contrai por um breve ou indeterminado período de tempo, quer para atender a eventuais insuficiências de caixa, quer como administrador dos bens e valores de terceiros.

As insuficiências de caixa decorrem, geralmente, da falta de coincidência entre a arrecadação da receita e a realização da despesa.

Caracteriza-se, assim, a dívida flutuante por indicar débitos de curto prazo, que variam constantemente de valor e cujo pagamento, geralmente, é feito por resgate e independentemente de autorização legislativa, por corresponderem e advirem de compromissos assumidos por prazo inferior a doze meses.

De certa forma, são os mesmos compromissos assumidos em vista da condição de depositário, que o poder público exerce, como sejam: os depósitos de cauções, fianças, consignações etc., além dos Restos a Pagar (saldo da despesa orçamentária do exercício anterior, não paga) e dos Débitos de Tesouraria (operações de crédito por antecipação da

---

[4]   §§ 1º, 2º e 4º, do artigo 31, da Lei Complementar nº 101/2000 (Lei de Responsabilidade Fiscal).

[5]   § 3º, do art. 29 da Lei Complementar nº 101/2000 (Lei de Responsabilidade Fiscal).

[6]   Inciso I, do art. 29, idem, idem.

receita), que são considerados receita extraorçamentária por ocasião de seu recebimento e que constituem a dívida flutuante, enquanto não liquidada ou não devolvida e, por ocasião de sua devolução ou pagamento, é processada como despesa extraorçamentária, pois independe de autorização legislativa, para tanto.

Sob o aspecto legal, a dívida flutuante compreende:[7]

I – os restos a pagar, excluídos os serviços da dívida;

II – os serviços da dívida a pagar;

III – os depósitos;

IV – os débitos de tesouraria.

Neste momento, necessária se faz uma explicação sobre os serviços da dívida a pagar, pois embora tenhamos dito que a dívida flutuante, de certa forma, quando ocorrer a devolução ou pagamento, deveria ser processada como despesa extraorçamentária por independer de autorização legal, deve-se subentender aquela proveniente de recebimentos ou retenções que forem considerados receita extraorçamentária, por se constituírem em simples entradas compensatórias no ativo e passivo financeiros.

Entretanto, os valores que são acrescidos aos empréstimos ou financiamentos, como o pagamento de juros, comissões, corretagens etc., para serem liquidados ou pagos, constituem o que denomina Serviços da Dívida a pagar e obrigatoriamente processados como despesa orçamentária, pois deverão onerar as dotações próprias a cada caso.

Assim, por exemplo, ao contrair o governo uma operação de crédito por antecipação da receita, isto é, lançar títulos ou contratos, compromissos com prazo de resgate inferior a doze meses, o valor obtido dará entrada como débito de tesouraria, ou seja, registrado contabilmente no passivo circulante, na conta 212.0 – Empréstimos e Financiamentos a Curto Prazo. Porém, os juros, encargos e outros acréscimos porventura existentes deverão ser empenhados nas dotações próprias, quando ocorrer o resgate.

Embora seja óbvio, a ressalva é válida, pois poderia causar entendimento diverso daquele que é o correto, uma vez que esses pagamentos não estão inseridos no conceito de entrada compensatória no ativo e passivo financeiro, por não terem sido recebidos para serem devolvidos agora.

As operações de crédito por antecipação de receita podem ser realizadas no período a partir de 10 de janeiro e ser liquidadas, com juros e outros encargos incidentes, até o dia 10 de dezembro de cada ano, porém, estarão proibidas enquanto existir operação anterior da mesma natureza não integralmente resgatada e no último ano de mandato do Presidente, Governador ou Prefeito Municipal.

E, as operações de crédito por antecipação de receita realizadas por Estados ou Municípios serão efetuadas mediante abertura de crédito na instituição financeira vencedora em processo competitivo eletrônico promovido pelo Banco Central do Brasil.[8]

---

[7]   Artigo 92, da Lei Federal nº 4.320/64.

[8]   Incisos I, II e IV, e § 2º, do artigo 38, idem.

Conforme já mencionamos na parte da dívida fundada ou consolidada, apenas para clarificar e, ao mesmo tempo, servir de alerta, deve-se observar que foi incluída uma disposição, relativa à dívida fundada, que diz: "Também integram a dívida pública consolidada as *operações de crédito de prazo inferior a doze meses cujas receitas tenham constado do orçamento.*"[9] É claro que esse dispositivo deve ser considerado como uma ação não habitual e, portanto, muito próxima da exceção ao conceito legal estabelecido, pois, em princípio, as operações de crédito por antecipação da receita não se consideram para os fins do art. 3º da Lei nº 4.320/64 que diz: "A Lei de Orçamento compreenderá todas as receitas, inclusive as operações de crédito autorizadas em lei." Pois, no seu parágrafo único, diz: "não se consideram para fins deste artigo as operações de crédito por antecipação da receita, as emissões de papel-moeda e outras entradas compensatórias no ativo e passivo financeiros".

Nota-se que, em virtude de constar na Lei de Orçamento, *operação de crédito de prazo inferior a doze meses*, a Lei Complementar nº 101/2000 (Lei de Responsabilidade Fiscal) diz que ela integra a dívida pública consolidada e se constitui em uma ação pouco usual, próxima de uma exceção ao conceito legal, porque a própria lei diz que se considera dívida pública consolidada a operação de crédito que é contraída com amortização em prazo superior a doze meses.

O que torna a operação de crédito de prazo inferior a doze meses, integrante da dívida pública consolidada e não dívida pública flutuante, *é o fato de constarem da lei de orçamento* o que, habitualmente, não é feito, pois, conforme foi descrito, "não se consideram para fins *de inclusão como receita, na lei de orçamento*, as operações de crédito por antecipação de receita".[10]

1.1 Considerações

A Secretaria do Tesouro Nacional do Ministério da Fazenda (STN/MF) e a Secretaria de Orçamento Federal do Ministério do Planejamento, Orçamento e Gestão (SOF/MPOG), que foram legalmente designados na condição de órgão central do Sistema de Contabilidade Federal e órgão competente para estabelecer as classificações orçamentárias da receita e despesa, respectivamente, têm editado normas gerais no sentido de promover as práticas contábeis vigentes no setor público brasileiro, com as normas internacionais de contabilidade.

Nesse sentido, a STN/MF vem editando normas gerais, como o Plano de Contas Aplicado ao Setor Público, que é um dos componentes do Manual de Contabilidade Aplicada ao Setor Público, que descreve o elenco de contas, suas funções e demais procedimentos a serem adotados, com o objetivo de reduzir divergências conceituais e procedimentais, fundamentada na padronização das práticas contábeis, nas três esferas de governo, para

---

[9] § 3º, do art. 29, da Lei Complementar nº 101/2000 (Lei de Responsabilidade Fiscal).

[10] Parágrafo único, do art. 3º, da Lei nº 4.320/64.

fins de consolidação nacional e compatibilização com a elaboração de relatórios e demonstrativos previstos na legislação vigente e nas normas de contabilidade, em benefício da transparência da gestão fiscal, da racionalização de custos nos entes da Federação e do controle social.

Na realidade, essas normas visam compatibilizar os dispositivos da Lei nº 4.320, de 17 de março de 1964, que estatui normas gerais de direito financeiro para elaboração e controle dos orçamentos e balanços da União, dos Estados, dos Municípios e do Distrito Federal, com as regras estabelecidas na Lei Complementar nº 101, de 4 de maio de 2000, que estabelece normas de finanças públicas voltadas para a responsabilidade na gestão fiscal e dá outras providências, e o Plano de Contabilidade Aplicada ao Setor Público, tem como objetivos gerais o estabelecimento de normas e procedimentos para o registro contábil das entidades do setor público, viabilizar a consolidação das contas públicas e como objetivos específicos:

a) atender as necessidades de informação das organizações do setor público;

b) observar formato compatível com as legislações vigentes, os Princípios de Contabilidade e as Normas Brasileiras de Contabilidade Aplicadas ao Setor Público; e

c) adaptar-se, tanto quanto possível, às exigências dos agentes externos, principalmente às Normas Internacionais de Contabilidade do Setor Público.

Podemos citar, para melhor entendimento do assunto da dívida pública, algumas alterações que foram introduzidas, em termos de escrituração contábil, em atendimento às normas gerais editadas, como sejam:

I – Na parte relativa à dívida fundada ou consolidada:

a) na parte orçamentária, continua a contabilização das operações de crédito como receita orçamentária, que provocará um registro como Variação Patrimonial Aumentativa (Ativa), porém a contabilização da constituição da dívida fundada ou consolidada não mais escritura essa ação (constituição da dívida) como Variação Patrimonial Diminutiva (Passiva), mas faz o registro em conta do passivo não circulante como Empréstimos e Financiamentos a Longo Prazo;

b) outra providência, ligada à anterior, no final do exercício há que se fazer a apropriação dos valores da dívida fundada ou consolidada que possuem vencimento até o término do exercício seguinte, que deverão ser transferidos para a conta do passivo circulante Empréstimos e Financiamentos a Curto Prazo, pois os pagamentos deverão ocorrer no exercício seguinte;

c) no exercício seguinte, os pagamentos que forem efetuados, para o resgate da dívida fundada ou consolidada, obviamente, deverão ser objeto de empenho, liquidação e pagamento, que também deverá ser escriturada como Variação Patrimonial Diminutiva (Passiva), e o resgate da dívida fundada ou consolidada, será feito com o pagamento registrado através da saída do valor da conta Caixa e Equivalente de Caixa (disponível), em contrapartida com a conta Empréstimos e Financiamentos a Curto Prazo (passivo circulante) e não mais se utiliza a escrituração desse pagamento como Variação Patrimonial Aumentativa (Ativa);

d) a questão relativa à mutação patrimonial, que antes constituía um registro das Mutações Patrimoniais nas Variações Patrimoniais Ativas ou Passivas e, portanto, integrava o Anexo das Demonstrações das Variações Patrimoniais, para efeito da apuração do resultado patrimonial, como já foi mencionado, pelas normas atuais, não é mais considerada para essa finalidade, porém, é evidente que a mutação patrimonial existe, somente, não sendo escriturada nas contas de mutação patrimonial integrante das Variações Patrimoniais.

Observando-se o texto da letra "a", anteriormente descrito, foi feito o registro da receita orçamentária, correspondente à entrada do bem dinheiro em caixa, o que provocou uma Variação Patrimonial Aumentativa (Ativa) e, em contrapartida, o registro da constituição da dívida na conta do passivo não circulante Empréstimos e Financiamentos a Longo Prazo. Em termos patrimoniais, houve uma permuta, troca (mutação patrimonial) entre a entrada de dinheiro (ativo) e a constituição da dívida (passivo), o que em termos patrimoniais se compensaram e não provocaram aumento ou diminuição patrimonial. Embora não se tenha utilizado a conta de Variações Passivas, ela de fato ocorreu.

Por outro lado, verifica-se pelo texto da letra "d", anteriormente descrito, que se refere ao pagamento do resgate da dívida fundada ou consolidada, deverá ser efetuado utilizando-se empenho, liquidação e pagamento, estágios da despesa orçamentária, com a consequente saída do bem dinheiro, através do crédito na conta de Caixa que provocará uma Variação Patrimonial Diminutiva (Passiva) e, em contrapartida, o registro da diminuição do valor da dívida fundada ou consolidada, que é escriturado a débito no passivo circulante na conta de Empréstimos e Financiamentos a Curto Prazo. Em termos patrimoniais, houve uma permuta, troca (mutação patrimonial) entre a saída do dinheiro, que provoca uma diminuição do ativo circulante (diminuição do patrimônio) e o pagamento da dívida, que provoca uma diminuição do passivo circulante (aumento do patrimônio).

Mais detalhes serão apresentados no Capítulo 11 do Patrimônio Público.

1.2 Escrituração contábil da constituição da dívida pública

A escrituração contábil da Dívida Pública é feita para permitir, a qualquer momento, a verificação da posição dos empréstimos, bem como os respectivos serviços de amortização e juros. A Dívida Pública classifica-se em Flutuante ou Administrativa e Fundada ou Consolidada. Aqui, vamos tratar somente dos empréstimos ou financiamentos que são compreendidos nesses dois tipos de dívida pública. Quanto aos recebimentos de cauções, retenções de tributos e consignações que também integram a dívida flutuante foram objeto de escrituração contábil.[11] Assim, a escrituração contábil da Dívida Pública processa-se da seguinte forma:

25 – Pela contratação da operação de crédito

– Registro contábil do direito contratual da operação de crédito a receber, no Subsistema de Compensação – Lançamento SC nº 35

D – 711.31	Direitos Contratuais	8.000,00
C – 811.3	Execução de Direitos Contratuais	8.000,00
	Pelo registro do direito contratual	

26 – Pela constituição da Dívida

a) Registros relativos à constituição da Dívida Flutuante

– Registro contábil da constituição da dívida flutuante,[12] no Subsistema de Informações Patrimoniais – Lançamento SP nº 28

D – 111.1	Caixa e Equivalente de Caixa em Moeda Nacional	2.000,00
C – 212.1	Empréstimos a Curto Prazo Interno	2.000,00
	Pelo recebimento de empréstimo de curto prazo	

– Registro contábil da baixa do direito contratual da operação de crédito recebida no subsistema de compensação – Lançamento SC nº 36[13]

D – 811.3	Execução de Direitos Contratuais	2.000,00
C – 711.31	Direitos Contratuais	2.000,00
	Pela baixa de direito contratual	

– Registro contábil da disponibilidade de recursos, no Subsistema de Compensação – Lançamento SC nº 37

D – 721.1	Controle de Disponibilidade de Recursos	2.000,00
C – 821.11	Disponibilidade por Destinação de Recursos	2.000,00
	Pelo controle da disponibilidade de recursos	

---

[11] Veja Lançamentos SF nos 1 e 6, SC nº 1, que dizem respeito à constituição da dívida flutuante, porém não proveniente de empréstimos ou financiamentos.

[12] Esse lançamento representa a constituição da dívida flutuante, com pagamento de resgate inferior a um ano.

[13] Note-se que no Subsistema de Compensação registra-se o direito contratual, isto é, os empréstimos ou financiamentos que foram obtidos através de contratação e, este lançamento, registra a baixa do direito contratual quando do recebimento do numerário.

– Registro contábil da disponibilidade de recursos por entrada compensatória, no Subsistema de Compensação – Lançamento SC n° 38

D – 821.11	Disponibilidade por Destinação de Recursos	2.000,00
C – 821.13	Disponibilidade por Destinação de Recursos Comprometida por Liquidação e Entradas Compensatórias	2.000,00
	Pelo controle da disponibilidade de recursos comprometida	

b) Registros relativos à constituição da Dívida Fundada

– Registro contábil da constituição da dívida fundada,[14] no Subsistema de Informações Patrimoniais – Lançamento SP n° 29

D – 111.1	Caixa e Equivalente de Caixa em Moeda Nacional	5.000,00
C – 222.4	Financiamentos a Longo Prazo Externo	5.000,00
	Pelo recebimento de empréstimo de longo prazo	

– Registro contábil da Receita Orçamentária, no Subsistema de Informações Orçamentárias – Lançamento SO n° 28

D – 621.1	RECEITA A REALIZAR	
D – 621.12	RECEITA DE CAPITAL	
D – 621.12.01	Operações de Crédito	5.000,00
C – 621.2	RECEITA REALIZADA	
C – 621.22	RECEITA DE CAPITAL	
C – 621.22.01	Operações de Crédito	5.000,00
	Pelo recebimento da receita de Empréstimo de Longo Prazo	

– Registro contábil da disponibilidade de recursos, no Subsistema de Compensação – Lançamento SC n° 39

D – 721.1	Controle da Disponibilidade de Recursos	5.000,00
C – 821.11	Disponibilidade por Destinação de Recursos	5.000,00
	Registro do controle da disponibilidade de recursos	

– Registro contábil da baixa do direito contratual da operação de crédito recebida no subsistema de compensação – Lançamento SC n° 40[15]

D – 811.3	Execução de Direitos Contratuais	5.000,00
C – 711.31	Direitos Contratuais	5.000,00
	Registro de baixa do direito contratual	

---

[14] Esse lançamento representa a constituição da dívida fundada, com pagamento de resgate superior a um ano.

[15] Note-se que no Subsistema de Compensação registra-se o direito contratual, isto é, os empréstimos ou financiamentos que foram obtidos através de contratação e, este lançamento, registra a baixa do direito contratual quando do recebimento do numerário.

1.3 Escrituração contábil do ajustamento da dívida pública

A escrituração contábil do ajustamento da dívida pública refere-se à sua adequação monetária, ou seja, em vista da sua variação, quer por juros e encargos financeiros, da dívida interna e externa, quer pelo aumento ou até mesmo diminuição, em virtude da taxa cambial, quando externa. As atuais normas recomendam que, mensalmente, deve ser efetuado o registro contábil dos juros e encargos financeiros da dívida pública e, sempre que necessário, efetuar o ajustamento da dívida externa, em razão da taxa cambial de acordo com a moeda estrangeira que foi utilizada na contratação da dívida fundada ou consolidada.

27 – Pelo Ajustamento da Dívida

a) Relativo à operação de crédito por antecipação da receita orçamentária (dívida flutuante)

– Registro contábil da liquidação da despesa de juros e encargos da dívida flutuante, no Subsistema de Informações Patrimoniais – Lançamento SP nº 30[16]

D – 341.4	Juros e Encargos de Empréstimos por Antecipação da Receita Orçamentária	100,00
C – 212.5	Juros e Encargos a Pagar de Empréstimos e Financiamentos a Curto Prazo Interno	100,00
	Pelo registro dos juros e encargos de empréstimo ARO	

b) Relativo à operação de crédito de longo prazo (dívida fundada)

– Registro contábil do ajustamento da dívida fundada e consolidada interna, no Subsistema de Informações Patrimoniais – Lançamento SP nº 31

D – 341.01	Juros e Encargos de Empréstimos a Longo Prazo Interno	180,00
C – 222.5	Juros e Encargos a Pagar de Empréstimos a Longo Prazo Interno	180,00
	Registro de juros e encargos da dívida de longo prazo	

1 – Ajuste relativo à taxa cambial
I – Quando o ajuste provocar variação patrimonial diminutiva

– Registro contábil do ajustamento da dívida fundada e consolidada externa por taxa cambial, no Subsistema de Informações Patrimoniais – Lançamento SP nº 32[17]

D – 343.1	Variações Monetárias e Cambiais da Dívida Contratual Interna	300,00
C – 222.4	Financiamentos a Longo Prazo Externo	300,00
	Pelo registro da VPD do ajuste da taxa cambial	

---

[16] Neste caso, o valor registrado corresponde a apropriação de encargos de 1% sobre R$ 2.000,00, e relativo a um mês. Esse lançamento deverá ser utilizado pelos meses necessários.

[17] Este registro deve ser efetuado sempre que necessário. O valor registrado corresponde ao ajuste da taxa cambial no valor de R$ 0,03 por US$, em razão da desvalorização do real, e a dívida de US$ 10.000.

II – Quando o ajuste provocar variação patrimonial aumentativa

– Registro contábil do ajustamento da dívida fundada e consolidada externa por taxa cambial, no Subsistema de Informações Patrimoniais – Lançamento SP nº 33[18]

D – 222.4	Financiamentos a Longo Prazo Externo	300,00
C – 443.9	Outras Variações Monetárias e Cambiais	300,00
	Pelo registro da VPA do ajuste da taxa cambial	

1.4 Escrituração contábil do resgate da dívida pública

A escrituração contábil do resgate da dívida pública refere-se aos procedimentos efetuados para que a liquidação e o devido pagamento da dívida sejam efetivos. Há que se ressaltar neste ponto que a dívida pública, tanto a flutuante como a fundada, possui compromissos relativos ao valor recebido, acrescido dos respectivos juros e correção monetária quando houver e, portanto, o pagamento é feito distinguido-se o resgate e a amortização da dívida, dos juros e demais encargos a ela acrescidos. Essa distinção é feita em função de serem relativos à despesa orçamentária, devendo ser empenhados nas dotações próprias. No caso da dívida flutuante, há somente o empenho dos juros e encargos, pois o resgate é completado com o valor recebido, registrado nas contas 212.2 Empréstimos a Curto Prazo e 212.5 Juros e Encargos a Pagar de Empréstimos e Financiamentos a Curto Prazo. Para a dívida fundada, há empenhos relativos à Amortização da Dívida e aos juros e encargos da dívida que deverão ser observados. Na escrituração contábil do resgate da dívida pública procede-se da seguinte forma:

28 – Pela amortização da dívida pública

a) Relativo à operação de crédito por antecipação da receita (dívida flutuante)

I – Pela emissão do empenho dos juros e encargos da dívida

– Registro contábil do Empenho das despesas de juros e encargos da dívida, no Subsistema de Informações Orçamentárias – Lançamento SO nº 29[19]

D – 622.11.01	Despesas Correntes	100,00
C – 622.13.01.01	Despesas Correntes	100,00
	Pela emissão do empenho dos juros e encargos da Dívida flutuante	

---

[18] Este registro deve ser efetuado sempre que necessário. O valor registrado corresponde ao ajuste da taxa cambial no valor de R$ 0,03 por US$, em razão da valorização do real, e a dívida de US$ 10.000.

[19] Este registro pressupõe os juros de R$ 20,00 × 5 meses.

– Registro contábil da disponibilidade por destinação de recursos, no Subsistema de Compensação – Lançamento SC nº 41

D – 821.11	Disponibilidade por Destinação de Recursos	100,00
C – 821.12	Disponibilidade por Destinação de Recursos Comprometida por Empenho	100,00
	Registro do controle da disponibilidade de recursos	

II – Pela liquidação da despesa de juros e encargos da dívida

– Registro Contábil da Liquidação da despesa de juros e encargos da dívida, no Subsistema de Informações Orçamentárias – Lançamento SO nº 30

D – 622.13.01	Crédito Empenhado a Liquidar	
D – 622.13.01.01	Despesas correntes	100,00
C – 622.13.03	Crédito Empenhado Liquidado a Pagar	
C – 622.13.03. 01	Despesas correntes	100,00
	Pela liquidação da despesa de juros e encargos da dívida	

– Registro contábil da disponibilidade por destinação de recursos, no Subsistema de Compensação – Lançamento SC nº 42

D – 821.12	Disponibilidade por Destinação de Recursos Comprometida por Empenho	100,00
C – 821.13	Disponibilidade por Destinação de Recursos Comprometida por Liquidação e Entradas Compensatórias	100,00
	Pelo controle da destinação de recursos comprometida por Liquidação	

III – Pelo pagamento da amortização da operação de crédito por antecipação da receita (dívida flutuante) e da despesa dos juros e encargos da dívida

– Registro Contábil do pagamento da amortização da dívida e dos juros e encargos da dívida, no Subsistema de Informações Patrimoniais – Lançamento SP nº 34

D – 212.0	EMPRÉSTIMOS E FINANCIAMENTOS A CURTO PRAZO	2.100,00
D – 212.1	Empréstimo a Curto Prazo Interno	2.000,00
D – 212.5	Juros e Encargos a Pagar de Empréstimos e Financiamentos a Curto Prazo Interno[20]	100,00
C – 111.1	Caixa e Equivalente de Caixa em moeda nacional	2.100,00
	Pelo pagamento da dívida e dos juros e encargos da dívida relativa à operação ARO (dívida flutuante)	

---

[20] Conforme explicado na nota 19, esse valor corresponde a R$ 20,00 × 5 meses, portanto o saldo dessa conta deverá ser de R$ 100,00, que foi o utilizado.

– Registro contábil orçamentário do pagamento dos juros e encargos da dívida, no Subsistema de Informações Orçamentárias – Lançamento SO nº 31

D – 622.13.03	Crédito Empenhado Liquidado a pagar	
D – 622.13.03.01	Despesas Correntes	100,00
C – 622.13.04	Crédito Empenhado pago	
C – 622.13.04.01	Despesas Correntes	100,00
	Pelo pagamento da despesa orçamentária, relativa aos juros e encargos da dívida	

– Registros contábeis da disponibilidade por destinação de recursos, no Subsistema de Compensação – Lançamento SC nº 43[21]

Relativo ao pagamento dos juros e encargos da dívida

D – 821.13	Disponibilidade por Destinação de Recursos Comprometida por Liquidação e Entradas Compensatórias	100,00
C – 821.14	Disponibilidade por Destinação de Recursos Utilizada	100,00
	Pelo controle da disponibilidade de recursos utilizada, relativa aos juros e encargos da dívida flutuante	

Relativo ao pagamento da operação de crédito por antecipação da receita (dívida flutuante)

D – 821.13	Disponibilidade por Destinação de Recursos Comprometida por Entradas Compensatórias	2.000,00
C – 821.14	Disponibilidade por Destinação de Recursos – Utilizada	2.000,00
	Pelo controle da disponibilidade de recursos utilizada, relativa ao pagamento da ARO (dívida flutuante)	

b) Relativo à Dívida Fundada ou Consolidada

I – Pela emissão do empenho das despesas da dívida e dos juros e encargos da dívida

– Registro contábil do Empenho das despesas da dívida e dos juros e encargos da dívida, no Subsistema de Informações Orçamentárias – Lançamento SO nº 32[22]

D – 622.11	CRÉDITO DISPONÍVEL	1.680,00
D – 622.11.01	DESPESAS CORRENTES	180,00
D – 622.11.02	DESPESAS DE CAPITAL	1.500,00
C – 622.13.01	CRÉDITO EMPENHADO A LIQUIDAR	1.680,00
C – 622.13.01.01	DESPESAS CORRENTES	180,00
C – 622.13.01.02	DESPESAS DE CAPITAL	1.500,00
	Pela emissão de empenho da dívida e juros e encargos da dívida fundada	

---

[21] Os lançamentos relativos ao pagamento da despesa com juros e encargos da dívida e o pagamento da operação de crédito por antecipação da receita (dívida flutuante) são idênticos, obviamente, os valores é que são diferentes.

[22] Neste lançamento vamos supor a parcela de R$ 1.500,00, relativa ao resgate da dívida e de R$ 180,00 de juros e encargos da dívida.

170   Contabilidade Pública • Kohama

– Registro contábil da disponibilidade por destinação de recursos, no Subsistema de Compensação – Lançamento SC nº 44

D – 821.11	Disponibilidade por Destinação de Recursos	1.680,00
C – 821.12	Disponibilidade por Destinação de Recursos Comprometida por Empenho	1.680,00
	Pelo controle da disponibilidade comprometida por empenho	

II – Pela liquidação das despesas da dívida e dos juros e encargos da dívida

– Registro contábil da Liquidação das despesas da dívida e dos juros e encargos da dívida, no Subsistema de Informações Orçamentárias – Lançamento SO nº 33

D – 622.13.01	CRÉDITO EMPENHADO A LIQUIDAR	1.680,00
D – 622.13.01.01	DESPESAS CORRENTES	180,00
D – 622.13.01.02	DESPESAS DE CAPITAL	1.500,00
C – 622.13.03	CRÉDITO EMPENHADO LIQUIDADO A PAGAR	1.680,00
C – 622.13.03.01	DESPESAS CORRENTES	180,00
C – 622.13.03.02	DESPESAS DE CAPITAL	1.500,00
	Pela liquidação da despesa de amortização, juros e encargos da dívida fundada	

– Registro contábil da disponibilidade por destinação de recursos, no Subsistema de Compensação – Lançamento SC nº 45

D – 821.12	Disponibilidade por Destinação de Recursos Comprometida por Empenho	1.680,00
C – 821.13	Disponibilidade por Destinação de Recursos Comprometida por Liquidação e Entradas Compensatórias	1.680,00
	Pelo controle da distribuição de recursos comprometida por Liquidação	

III – Pelo pagamento do resgate da dívida fundada e da despesa dos juros e encargos da dívida

– Registro contábil do pagamento do resgate da dívida e dos juros e encargos da dívida, no Subsistema de Informações Patrimoniais – Lançamento SP nº 35

D – 212.0	EMPRÉSTIMOS E FINANCIAMENTOS A CURTO PRAZO	1.680,00
D – 212.1	Empréstimos a Curto Prazo Internos[23]	1.500,00
D – 222.5	Juros e Encargos a Pagar de Empréstimos e Financiamentos a Longo Prazo Interno	180,00
C – 111.1	Caixa e Equivalente de Caixa em moeda nacional	1.680,00
	Pelo pagamento da dívida fundada e respectivos juros e encargos	

---

[23] Esta conta está sendo utilizada para o resgate da dívida fundada e consolidada, porque se pressupõe que no início do exercício foi efetuada a transferência da conta 222.1 – Empréstimo a Longo Prazo, para esta do ativo circulante, para efeito de pagamento no exercício.

– Registro contábil orçamentário do pagamento da dívida e dos juros e encargos da dívida, no Subsistema de Informações Orçamentárias – Lançamento SO nº 34

D – 622.13.03	CRÉDITO EMPENHADO LIQUIDADO A PAGAR	**1.680,00**
D – 622.13.03.01	DESPESAS CORRENTES	180,00
D – 622.13.03.02	DESPESAS DE CAPITAL	1.500,00
C – 622.13.04	CRÉDITO EMPENHADO PAGO	**1.680,00**
C – 622.13.04.01	DESPESAS CORRENTES	180,00
C – 622.13.04.02	DESPESAS DE CAPITAL	1.500,00
	Pelo pagamento da despesa relativa à dívida fundada e respectivos juros e encargos	

– Registros contábeis da disponibilidade por destinação de recursos, no Subsistema de Compensação – Lançamento SC nº 46

Relativo ao pagamento do resgate da dívida fundada ou consolidada

D – 821.13	Disponibilidade por Destinação de Recursos Comprometida por Liquidação Entradas Compensatórias	1.500,00
C – 822.14	Disponibilidade por Destinação de Recursos – Utilizada	1.500,00

Relativo ao pagamento dos juros e encargos da dívida

D – 821.13	Disponibilidade por Destinação de Recursos Comprometida por Liquidação e Entradas Compensatórias	180,00
C – 821.14	Disponibilidade por Destinação de Recursos Utilizada	180,00

10

Regime de Adiantamento

1 Conceito

Regime de Adiantamento é um processamento especial da despesa pública orçamentária, através do qual se coloca o numerário à disposição de um funcionário ou servidor, a fim de dar-lhe condições de realizar gastos que, por sua natureza, não possam obedecer ou depender de trâmites normais.

Sobre essa modalidade especial de processamento da despesa orçamentária, é importante destacar os requisitos que a legislação federal estabelece e que devem ser observados à risca, na seguinte conformidade:

O pagamento da despesa será efetuado por tesouraria ou pagadoria regularmente instituídas, por estabelecimentos bancários credenciados e, *em casos excepcionais, por meio de adiantamento.*[1]

O regime de adiantamento é *aplicável aos casos de despesas expressamente definidos em lei* e consiste na entrega de numerário a servidor, *sempre precedida de empenho na dotação própria,* para o fim de *realizar despesas que não possam subordinar-se ao processo normal de aplicação.*[2]

Não se fará adiantamento a servidor em alcance nem a responsável por dois adiantamentos.[3]

Em síntese, um funcionário ou servidor é designado para responder e responsabilizar-se pela importância do adiantamento, do qual prestará contas dentro do prazo regu-

---

[1] Artigo 65, da Lei Federal nº 4.320/64.

[2] Artigo 68, idem.

[3] Artigo 69, idem.

lamentar, aos órgãos controladores da execução orçamentária, funcionando deste modo como um agente pagador.

Observe-se que a legislação federal que, diga-se de passagem, estabelece normas gerais de Direito Financeiro, consoante o disposto na Constituição Federal,[4] pressupõe as seguintes condições para o regime de adiantamento:

a) deve realizar-se em casos excepcionais;

b) deve ser aplicável aos casos de despesas expressamente definidos em lei;

c) deve ser despesa que não possa subordinar-se ao processo normal de aplicação;

d) não pode ser feito a servidor em alcance,[5] nem a responsável por dois adiantamentos.

O Regime de Adiantamento, consoante se verifica, é abordado pela legislação federal através dos pressupostos básicos descritos de forma bem singular e singela, particularizando uma forma de aplicação da despesa orçamentária, porém aplicável ao caso expressamente definido em lei. Assim, existe a obrigatoriedade da regulamentação legal dos casos em que deva ser aplicável o regime de adiantamento.

Em vista de os procedimentos adotados pela administração pública normalmente obedecerem a uma identidade acentuada em todos os níveis de governo, quer seja a União, os Estados, os Municípios ou o Distrito Federal, pois vivenciam problemas e soluções idênticos, que, entretanto, devem ser observados e atendidos dentro das peculiaridades inerentes a cada um, podemos dizer que a exigência de obrigação do regime de adiantamento ser aplicável ao caso de despesa expressamente definidos em lei, obedece a um comportamento uniforme.

Isto se confirma, ao compulsarmos a legislação federal e de alguns Estados, onde se configura essa identidade e uniformização do Regime de Adiantamento.

No Estado de São Paulo, atentando para o atendimento dos casos de despesas a serem processadas pelo Regime de Adiantamento, foram incluídos na Lei Complementar nº 709, de 14 de janeiro de 1993 – que dispõem sobre a Lei Orgânica do Tribunal de Contas do Estado – e a Lei nº 10.320, de 16 de dezembro de 1968 – que dispõe sobre o sistema de controle interno da gestão financeira e orçamentária do Estado – e que a seguir serão transcritas, de forma prática e tanto quanto possível objetiva.

2 Finalidades do regime de adiantamento

Ressalte-se, embora seja uma forma de processamento especial de despesa orçamentária, o regime de adiantamento subordina-se a todos os trâmites a que está sujeita a despesa pública orçamentária, ou seja:

---

[4] Inciso I, e § 4º, do artigo 24 da *Constituição Federal*.

[5] O conceito de "alcance" está descrito à p. 180.

– a existência prévia de recurso orçamentário e empenho na dotação própria;

– não pode ser utilizado para despesas já realizadas nem maiores que as quantias adiantadas;

– deve obedecer à legislação sobre licitação;

– deve realizar-se em casos excepcionais, que não possam subordinar-se ao processo normal de aplicação.

Os casos que poderão realizar-se pelo regime de adiantamento estão expressamente definidos na legislação paulista.[6] E, alguns dos dispositivos legais, tendo em vista o tempo decorrido desde a sua edição e, em razão do conjunto de mudanças, aliado ao desenvolvimento tecnológico ocorrido no curso do período, deixaram de ter a eficiência desejada.

A regulamentação do regime de adiantamento, com base nos dispositivos legais acima mencionados, explicita os casos que poderão realizar-se pelo regime de adiantamento, como sejam:

I – gastos decorrentes de despesa extraordinária e urgente, cuja realização não permita delongas;

II – de despesa de conservação, inclusive a relativa a combustível e material de consumo;

III – de despesas miúdas e de pronto pagamento;

IV – de transportes em geral;

V – de diligências policiais e administrativas para operações fazendárias;

VI – de representação eventual e gratificação de representação;

VII – de pagamento excepcional devidamente justificado e autorizado pelo Governador ou por expressa disposição de lei.

O item "Despesa miúda e de pronto pagamento" somente poderá ser utilizado para realização das seguintes despesas:

I – a que se fizer:

a) com selos postais, telegramas, material e serviços de limpeza e higiene, lavagem de roupa, café e lanche, pequenos carretos, transportes urbanos, pequenos consertos, gás e aquisição avulsa, no interesse público, de livros, jornais, revistas e outras publicações;

b) com encadernações avulsas e artigos de escritório, de desenho, impressos e papelaria, em quantidade restrita, para uso ou consumo próximo ou imediato;

---

[6] Arts. 38 a 45 da Lei nº 10.320, de 16 de dezembro de 1968.

Regime de Adiantamento   175

c) com artigos farmacêuticos ou de laboratório, em quantidade restrita, para uso ou consumo próximo ou imediato.

II – outra qualquer, de pequeno vulto e de necessidade imediata, desde que devidamente justificada.

A legislação determina que as despesas com artigos em quantidade maior, de uso ou consumo remotos, correrão pelos itens orçamentários próprios, não podendo utilizar-se ou enquadrar-se como despesa miúda e de pronto pagamento.

As despesas com diárias e ajuda de custo deverão ser realizadas pelo processo normal de aplicação, ou seja, não poderão ser realizadas pelo regime de adiantamento.

Os pagamentos dos gastos pelo regime de adiantamento podem ocorrer mediante a utilização:

a) de cartão de pagamento de despesas; ou

b) de cheques.

a) pagamentos efetuados com a utilização de cartão de pagamento de despesas

O regime de adiantamento será concedido preferencialmente por meio do Cartão de Pagamento de Despesas, em nome da Unidade Gestora. As despesas efetuadas por meio do Cartão de Pagamento de Despesas deverão obedecer ao limite de dispensa de licitação estabelecido no inciso II, do art. 24 da Lei nº 8666, de 21 de junho de 1993.

O Cartão de Pagamento de Despesas é um instrumento de pagamento, emitido em nome da unidade gestora e operacionalizado por instituição financeira autorizada, *utilizado exclusivamente pelo portador nele identificado*, nos casos indicados em ato próprio da autoridade competente, respeitada a regulamentação vigente. A utilização do Cartão de Pagamento de Despesas *não dispensará o cumprimento das normas relativas à prestação de contas, inclusive, àquelas referentes à obrigatoriedade de apresentação da documentação comprobatória das despesas realizadas*.

O portador do Cartão de Pagamento de Despesas é o servidor responsável pelo adiantamento, designado pelo ordenador de despesa.

b) pagamentos efetuados com a utilização de cheques

Na impossibilidade do uso do Cartão de Pagamento de Despesas, o adiantamento deverá ser depositado em conta-corrente específica, aberta em instituição financeira designada pelo Governo, em nome da unidade concedente, tendo como responsável pelo adiantamento o servidor designado pelo ordenador da despesa.

O pagamento das despesas, na modalidade de depósito em conta-corrente, será feito *mediante cheques nominais, em favor de quem tenha fornecido o bem ou prestado o serviço*, tendo como signatários para a emissão do cheque o servidor responsável pelo adiantamento e mais dois servidores indicados, devendo o cheque sempre conter duas assinaturas.

O recurso financeiro correspondente aos adiantamentos deverá permanecer depositado em instituição financeira designada, em conta específica, enquanto não aplicado.

Em casos excepcionais devidamente justificados no processo de prestação de contas, *o responsável poderá efetuar saques em espécie em nome próprio, mediante emissão de cheques, destinados exclusivamente à liquidação da despesa com aquisição de bens e prestação de serviços à unidade gestora concedente.*

Deve-se mencionar que a Lei Federal nº 8.666/93, atualizada pela Lei Federal nº 8.883/94, no parágrafo único do artigo 60, diz:

> "É nulo e de nenhum efeito o *contrato verbal* com a Administração, salvo o de *pequenas compras de pronto pagamento*, assim entendidas aquelas de valor não superior a 5% (cinco por cento) do limite estabelecido no artigo 23, inciso II, alínea 'a' desta Lei, feitas em regime de adiantamento."

Portanto, existe um limite estabelecido em até 5% do valor estabelecido no artigo 23, inciso II, alínea "a",[7] para cada pequena compra de pronto pagamento, cujo processamento se fizer por meio de contrato verbal.

3 Operacionalização do regime de adiantamento

3.1 *Quanto à formalização*

O funcionamento e operacionalização do regime de adiantamento prevê o seu início através de *requisição*, onde conste expressamente:

1. o dispositivo legal em que se baseia ou a autorização da autoridade competente;

2. o nome e cargo ou função do responsável;

3. o código local e o item, ou crédito por onde é classificada a despesa;

4. o prazo de aplicação.

A requisição referida é feita comumente através de ofício, onde se devem destacar:

- os dados relativos ao responsável (nome, cargo ou função-padrão, RG e CIC);

- o tipo de gasto para o qual está sendo solicitado o adiantamento e a respectiva classificação da despesa;

---

[7] O artigo 23, inciso II, alínea "a", refere-se ao limite da modalidade convite para compras e serviços, cujo valor atual é de R$ 80.000,00, e os 5% equivalem a R$ 4.000,00. É fora de dúvidas que havendo alteração do valor, deverá ser feita a adequação necessária.

- no caso de despesas de representação, além da classificação da despesa, mencionar esse fato, pois tem procedimentos específicos;
- definir qual o prazo de aplicação conforme o tipo escolhido.

A legislação destaca dois tipos de adiantamento:

I – base mensal;

II – único.

No *adiantamento em base mensal*, o prazo de aplicação será o do período para o qual foi concedido, ou o prazo de 30 dias subsequentes ao recebimento do numerário, prazo esse improrrogável.

No *adiantamento único* o prazo de aplicação é fixado pelo órgão ou autoridade competentes, podendo ser prorrogado em face da justificação devida, feita a necessária comunicação do Tribunal de Contas.

No caso de concessão de adiantamento por meio do Cartão de Pagamento de Despesas, o prazo de aplicação será o de 30 (trinta) dias, após o recebimento do recurso financeiro, prazo esse improrrogável.

O responsável pelo adiantamento deve aplicá-lo dentro do prazo estipulado. Esgotado o prazo, ficará obrigado a prestar contas, devendo dar entrada das mesmas no órgão respectivo no prazo de 30 dias.

Existe, em caso excepcional, a possibilidade de a autoridade competente conceder prorrogação de prazo, desde que haja justificativa mediante comunicação imediata ao Tribunal de Contas.

No caso de recebimento do adiantamento único em parcelas, o responsável apresenta contas de cada parcela recebida, observando o prazo de 30 dias após o prazo de aplicação.

3.2 Quanto à prestação de contas

3.2.1 De adiantamento comum

O processo de tomada de contas relativo a cada adiantamento de dinheiro feito a servidor público deve ser constituído de *comprovantes originais de despesa*, cuja autorização deve constar expressamente dos autos (processo).

Os processos de prestação de contas devem ser montados, individualmente, numerados nos órgãos de origem, obedecida a sequência numérica, e conterão, além dos comprovantes originais das despesas e exame analítico, uma via da *nota de empenho* e balancete acompanhada de uma relação de gastos, quando o número de documentos não couber no próprio balancete, por ser um modelo impresso.

No processo de tomada de contas só é admitido como comprovante o documento que confirme a despesa realizada dentro do prazo de aplicação, para o qual foi concedido o adiantamento.

Os documentos referentes às prestações de contas devem observar o seguinte:

- Cópias: Nota(s) de Empenho – NE; Nota(s) de Liquidação – NL; Programação de Desembolso – PD; Ordem Bancária – OB; e Nota de Liquidação da baixa de responsabilidade do valor utilizado no adiantamento.

- Comprovante de depósito bancário do valor não utilizado; Guia de Recolhimento do Saldo não utilizado; Nota de Lançamento de estorno do saldo do adiantamento não utilizado; Nota de anulação do saldo do adiantamento não utilizado.

- balancete de prestação de contas e os documentos comprobatórios originais de despesas, contendo declaração do responsável pelo recebimento do material ou serviço, quando for o caso; comprovante da transação realizada com o Cartão de Pagamento de Despesas, quando for utilizado; cópias dos avisos de pagamentos do Cartão de Pagamento de Despesas ou dos cheques emitidos referentes ao período da aplicação e o respectivo extrato, abrangendo a movimentação do período da aplicação do recurso financeiro, inclusive a devolução do saldo.

- todas as despesas serão documentadas e deverão enquadrar-se nas categorias econômicas próprias, de acordo com a classificação orçamentária. E somente serão admitidas despesas realizadas dentro dos prazos de aplicação estabelecidos em lei, sem alterações, rasuras, emendas ou entrelinhas que prejudiquem a sua clareza ou legitimidade, cujos comprovantes deverão ser emitidos em nome da Repartição ou Órgão, discriminar as despesas efetuadas, constando dos autos, obrigatoriamente, prova de que as mesmas foram autorizadas por quem de direito.

3.2.2 De adiantamento referente aos gastos de representação

Os adiantamentos relativos aos gastos de representação abrangem gabinetes do governador do Estado, do vice-governador do Estado, dos secretários de Estado e dos dirigentes das entidades autárquicas, no âmbito do Poder Executivo, e nos gabinetes dos chefes dos Poderes Legislativo e Judiciário.

Em vista da existência de uma gama relativamente extensa de despesas previstas para serem gastas com representação das autoridades que fazem jus a esse tipo de dispêndio, vamos relacionar apenas as que julgamos mais representativas, por serem comuns a todas as autoridades e de caráter pessoal e indelegável, e que podem ser descritas nos seguintes tipos de gastos:

1. gastos referentes à segurança e comunicação;

2. gastos com alimentação, revestidos de representatividade e em razão do cargo ou função, dentro de critérios razoáveis, não se admitindo aqueles realizados

pelos integrantes dos respectivos gabinetes e assessorias ou em companhia destes, devendo, por isso, constar dos comprovantes o motivo da despesa e a indicação do beneficiário, quando for o caso;

3. gastos referentes a aquisição de jornais, revistas, livros e outras publicações de interesse do gabinete, desde que realizados com moderação;

4. despesas com a realização de solenidades, recepções, certames, congressos, quando patrocinados pelos órgãos ou quando deles participe, sempre quando haja dotação orçamentária específica e desde que diretamente relacionados com seus objetivos, respeitado o interesse público;

5. despesas com placas comemorativas, troféus, medalhas, taças, distintivos, sempre que ofertados em decorrência de cargos ou funções, respeitada a relação do interesse público e a razoabilidade de gastos, não compreendidos os presentes de qualquer natureza, decorrentes de relacionamento íntimo ou social;

6. despesas de transporte, hospedagem e alimentação, quando em viagem ou deslocamento das autoridades mencionadas, suas comitivas e corpo de segurança, sempre no exercício de seus cargos ou funções, atendidos o interesse público e a razoabilidade dessas despesas, limitando-se o número mínimo necessário de integrantes dessas comitivas, e bem assim do corpo de segurança;

7. despesas com hóspedes oficiais ou personalidades que as autoridades indicadas devem receber, respeitado o interesse público.

4 Controle dos adiantamentos

O controle e exame das prestações de contas dos adiantamentos é feito pela unidade competente de tomada de contas do órgão a que esteja vinculado o responsável pelo adiantamento, e o julgamento de sua regularidade, pelo Egrégio Tribunal de Contas.

Esse controle e exame de prestação de contas de despesas processadas pelo regime de adiantamento tem por finalidade observar o cumprimento das formalidades legais de sua aplicação, das quais podemos destacar o exame sobre a documentação para se verificar efetivamente que o adiantamento não pode ser feito para despesas já realizadas; ou se elas foram indevidamente maiores do que as quantias adiantadas.

A seguir, vamos descrever as *providências importantes para o exercício do controle dos adiantamentos*:

1. que não se faça novo adiantamento a quem do anterior não haja prestado contas;

2. diligenciar para que o responsável pelo adiantamento preste contas no prazo regulamentar ou apresente prorrogação de prazo justificada;

3. no que se refere às prestações de contas, serão compostas tão somente do respectivo balancete acompanhado de uma relação de gastos, o exame analítico, uma via de nota de Empenho, uma via da guia de recolhimento do saldo e da Nota de Anulação, se houver, ficando dispensado o encaminhamento dos comprovantes de despesa que, entretanto, ficarão arquivados pelo prazo de cinco anos, devidamente em ordem, para exame *in loco*, ou remessa ao Tribunal de Contas, se por ele requisitados;

4. os comprovantes de despesas de adiantamento relativos à representação, com direito a verba de representação devem ser normalmente encaminhados ao Tribunal de Contas, em processo de prestação de contas, independentemente do seu valor;

5. os processos de prestações de contas devolvidos às respectivas origens, após o julgamento e publicação das competentes quitações, devem permanecer ali arquivados pelo prazo de cinco anos;

6. comunicar mensalmente ao Tribunal de Contas as entregas de numerário levantado sob regime de adiantamento, relacionando o servidor que o recebeu e a quantia recebida;

7. diligenciar para que o responsável pelo adiantamento, esgotado o prazo de sua aplicação, apresente dentro de 30 dias a devida prestação de contas; ou, em caso excepcional devidamente justificado e desde que autorizado pela autoridade competente, uma prorrogação, do prazo para entrega das contas, proceder à devida comunicação do fato ao Tribunal de Contas.

Convém, nesta oportunidade, alertar que os procedimentos a serem observados para o atendimento do dispositivo legal, que diz: "Não se fará adiantamento a *servidor em alcance nem a responsável por dois adiantamentos*", devem seguir a seguinte orientação:

1. o entendimento de alcance para os termos legais refere-se à não prestação de contas no prazo estabelecido ou a não aprovação das contas em virtude de aplicações do adiantamento em despesas diferentes daquelas para as quais foi fornecido;

2. não havendo prestação de contas no prazo estabelecido ou se as mesmas não foram aprovadas, o responsável pode ficar, no máximo, com mais um adiantamento, na mesma classificação da despesa orçamentária. Ficando, portanto, com dois, não pode receber novo adiantamento, enquanto não apresentar as contas do primeiro, ou tê-las aprovadas, após o atendimento da notificação para regularizar a prestação de contas pendente;

3. há, ainda, obviamente, o alcance configurado no desfalque, desvio de bens e outros, para os quais será obrigatória a imediata instauração de processo administrativo, pela autoridade ou órgão competente, sob pena de responsabilidade, fazendo-se, no prazo de 48 horas, comunicação ao Tribunal de Contas.

Finalizando, ressalte-se que o registro do recebimento do adiantamento, por se configurar em responsabilidade do servidor, deve, obrigatoriamente, ser efetuado individualizadamente, pela Contabilidade, até a devida aprovação da prestação de contas, quando então é baixada a responsabilidade do tomador do adiantamento.

SECRETARIA: *(nome da secretaria)*
UNID. DESPESA: *(nome da Unidade Administrativa ou Unidade Executora)*

Autos nº *054/xx*

GUIA DE ADIANTAMENTO

Sr. DIRETOR *ADMINISTRATIVO*   Nº *04/xx/* ..

MARIA JUSTA DA SILVA, encarregada de setor Padrão *15-B*, RG. *342.954*, CIC *001.987.006-47*, lotada na *Seção de Manutenção* - . – solicita a concessão de ADIANTAMENTO para ocorrer ao pagamento das despesas abaixo citadas, comprometendo-se a cumprir rigorosamente as disposições que regem a matéria.
VALOR DO ADIANTAMENTO: R$ *1.000,00 (Hum mil reais* ....
....*)*

FINALIDADE ESPECÍFICA: *aquisição de outros materiais de consumo* ....
....

ELEMENTO ECONÔMICO: *Material de Consumo (3.3.90.30.00)* ....
CATEGORIA DE PROGRAMAÇÃO: *Atividade: Serviços Administrativos* ....
NOME DA CATEGORIA DE PROGRAMAÇÃO: *Programa: Adm. Geral* ....
CÓDIGO DA CATEGORIA DE PROGRAMAÇÃO: *08.122.021.2.001* ....
PRAZO: *30 dias* ....
dias contados a partir do recebimento do numerário.

Em, *05 / 03 / xx* ..

RESPONSÁVEL-CARGO
(nome do chefe imediato e assinatura)

DE ACORDO.   AUTORIZO.
À consideração superior.   Pague-se.

Em, *06 / 03 / xx* ..   Em, *06 / 03 / xx* ..

------------------------------   --
DIRETOR   *Autoridade Competente*
(nome do chefe imediato)

RECEBI O ADIANTAMENTO
Em, *07 / 03 / xx* ..

RESPONSÁVEL

182 Contabilidade Pública • Kohama

NOTA DE EMPENHO

SECRETARIA: _____*(nome da secretaria)*_____

UNID. DE DESPESA: _____*(nome da Unidade Administrativa)*_____
ou Unidade Executora

CC	DATA DE CONTABILIZAÇÃO	VINC.
1		
11	12 17	18

RECURSOS ORÇAMENTÁRIOS	DESTINO DOS RECURSOS	TIPO DO EMPENHO	IMPORTÂNCIA

RECURSOS ORÇAMENTÁRIOS

[19/20] [X|21] DOTAÇÃO ORÇAMENTÁRIA OU CRÉDITO SUPLEMENTAR

[22] CRÉDITO ESPECIAL OU CRÉDITO EXTRAORDINÁRIO

[23] ALOCAÇÃO DOS SERVIÇOS EM REGIME DE PROG. ESPECIAL

DESTINO DOS RECURSOS

[21] [X|1] ADIANTAMENTO

[2] CONTRATO

[3] SUBVENÇÃO

TIPO DO EMPENHO

[22] [X|1] ORDINÁRIO

[2] GLOBAL

[3] ESTIMATIVA

IMPORTÂNCIA

1.000,00

REFORÇO DO EMP.	RESERVA Nº
[23] [4]	24 27

Nº DO EMPENHO	ORG.	U.O.	U.D.	FUNÇ.	SUBFUN	PROGRAMA	PJ/AT.	CLASSIF. DESPESA	ITEM	MUN.	CONTRATO	OBRA
28 31	32 35	36 37	38 39	40 41	42 43	44 45	46 49	50 52	53 58	59 60	61 63	64 69	70 71	72 75	76 77
	012	08	02	01	08	122	021	2.001	3.3.90.30	00			

CARACTERÍSTICAS DO CREDOR

TIPO	CÓDIGO			NOME: *MARIA JUSTA DA SILVA*
78 80	81 83	84 86	87 89	

	DEMONSTRAÇÃO DAS QUOTAS				DEMONSTRAÇÃO DO ELEMENTO
	1ª QUOTA	2ª QUOTA	3ª QUOTA	4ª QUOTA	
SALDO	2.500,00	3.300,00	4.200,00	4.500,00	14.500,00
SUPLEMENTADO					
REDUZIDO					
EMPENHO	11 12 22	23 33	34 44	45 55	56 66
	2	1.000,00	–,–	–,–	–,–	1.000,00
DISPONÍVEL	1.500,00	3.300,00	4.200,00	4.500,00	13.500,00

C C	PREVISÃO DE PAGAMENTO											
	PARC.	VALOR	MÊS	ANO	PARC.	VALOR	MÊS	ANO	PARC.	VALOR	MÊS	ANO
11	12 13	14 24	25 26	27 28	29 30	31 41	42 43	44 45	46 47	48 58	59 60	61 62
3	01	1.000,00	03	xx	02				03			
3	04				05				06			
3	07				08				09			
3	10				11				12			

ESPECIFICAÇÃO DA DESPESA

EXPEDIENTE Nº _____*025/xx*_____   3.3.90.30.00 – Materiais de consumo

Importância que se empenha, relativa à requisição de
Adiantamento nº 04/xx, com a finalidade específica para
aquisição de material de consumo.

(Hum mil reais)
De acordo com as normas de execução orçamentária

CONVITE [X]	TOMADA DE PREÇOS [ ]	CONCORRÊNCIA [ ]

EMITIDO POR:	ORDENADOR DA DESPESA.	EXAME CONTÁBIL:
(nome do funcionário e assinatura)	*(Autoridade competente)*	*(nome do funcionário e assinatura)*
	Nome e cargo ou função	

SECRETARIA: *(nome da secretaria)*
UNIDADE DE DESPESA: *(nome da Unidade Administrativa*
ou Unidade Executora)

COMUNICAÇÃO DAS ENTREGAS DE NUMERÁRIO AOS RESPONSÁVEIS POR ADIANTAMENTO

Ref. ao mês de: *Março / 20xx*

Responsáveis	Processo		Nº do Empenho	Valor
	Nº	Elemento		
Maria Justa da Silva	054	3.3.90.30.00	012	1.000,00
Júlio de Sá	058	3.3.90.14.00	016	1.000,00
José de Cinti	060	3.3.90.33.00	018	1.000,00
T O T A L .... R$ 3.000,00				

Em, *20* de *março* de 20 *xx*

4.1 Escrituração contábil do regime de adiantamento

A escrituração contábil do Regime de Adiantamento, que as normas editadas recentemente denominam de **suprimento de fundos**, refere-se aos procedimentos que devem ser adotados para o processamento e controle dos valores entregues sob esse regime. Sendo o Regime de Adiantamento um meio excepcional de pagamentos da despesa orçamentária, deve-se observar que o seu processamento percorre todos os estágios da despesa, como o empenho, liquidação e pagamento. A escrituração contábil, embora utilize os mesmos lançamentos da despesa orçamentária, será adequada para atender as peculiaridades do regime. Entretanto, por se tratar de um regime especial, no qual se entrega uma importância a um responsável para ser gasta dentro de determinado período, necessária se faz a escrituração complementar.

Serão apresentados todos os lançamentos contábeis necessários para a devida compreensão e que se consubstanciam nos seguintes:

29 – Pelo registro do valor da despesa a ser entregue ao servidor

I – Pela emissão do empenho da despesa[8]

– Registro contábil do Empenho das despesas para aquisição de despesas miúdas e de pronto pagamento, no Subsistema de Informações Orçamentárias – Lançamento SO nº 35

D – 622.11.01	Serviços de Terceiros – PJ	1.000,00
C – 622.13.01.01	Serviços de Terceiros (a liquidar)	1.000,00
	Pela emissão do empenho da despesa orçamentária	

– Registro contábil do controle da disponibilidade por destinação de recursos, no Subsistema de Compensação – Lançamento SC nº 47

D – 821.11	Disponibilidade por Destinação de Recursos	1.000,00
C – 821.12	Disponibilidade por Destinação de Recursos Comprometida por Empenho	1.000,00
	Pelo controle da disponibilidade de recursos comprometida por empenho	

II – Pela liquidação da despesa

– Registro contábil da Liquidação da despesa de adiantamento, no Subsistema de Informações Orçamentárias – Lançamento SO nº 36

D – 622.13.01.01	Serviços de Terceiros – PJ (a liquidar)	1.000,00
C – 622.13.03.01	Serviços de Terceiros – PJ (a pagar)	1.000,00
	Pela liquidação da despesa orçamentária	

---

[8] Estes lançamentos referem-se ao adiantamento para aquisição de despesa miúda e de pronto pagamento.

Regime de Adiantamento 185

– Registro contábil da Liquidação da despesa de adiantamento, no Subsistema de Informações Patrimoniais – Lançamento SP nº 36

D – 113.1	Adiantamentos Concedidos a Pessoal e a Terceiros	1.000,00
	Adiantamentos a Pagar	1.000,00
	Pelo reconhecimento da liquidação da despesa orçamentária, sob o enfoque patrimonial	
C – 218.90.01	Adiantamentos a Pagar	

– Registro contábil do controle da disponibilidade por destinação de recursos, no Subsistema de Compensação – Lançamento SC nº 48

D – 821.12	Disponibilidade por Destinação de Recursos Comprometida por Empenho	1.000,00
C – 821.13	Disponibilidade por Destinação de Recursos Comprometida por Liquidação e Entradas Compensatórias	1.000,00
	Pelo controle da disponibilidade de recursos comprometida pela liquidação da despesa orçamentária	

III – Pelo pagamento da despesa

– Registro contábil do pagamento da despesa, no Subsistema de Informações Patrimoniais – Lançamento SP nº 37

D – 218.90.01	Adiantamentos a Pagar	1.000,00
C – 111.1	Caixa e Equivalente de Caixa em Moeda Nacional	1.000,00
	Pelo pagamento da despesa relativa ao adiantamento	

– Registro contábil do pagamento da despesa, no Subsistema de Informações Orçamentárias – Lançamento SO nº 37

D – 622.13.03.01	Serviços de Terceiros – PJ (a pagar)	1.000,00
C – 622.13.04.01	Serviços de Terceiros – PJ (pago)	1.000,00
	Pelo registro do pagamento da despesa orçamentária	

– Registro contábil do controle da disponibilidade por destinação de recursos, no Subsistema de Compensação – Lançamento SC nº 49

D – 821.13	Disponibilidade por Destinação de Recursos Comprometida por Liquidação e Entradas Compensatórias	1.000,00
C – 821.14	Disponibilidade por Destinação de Recursos Utilizada	1.000,00
	Pelo controle da disponibilidade de recursos utilizada	

IV – Pelo registro da responsabilidade do servidor

– Registro contábil da responsabilidade do servidor do valor recebido para utilização pelo Regime de Adiantamento, no Subsistema de Compensação – Lançamento SC nº 50

D – 711.11	Responsabilidade de Terceiros por Valores, Títulos e Bens	1.000,00
C – 811.11.1	Valores, Títulos e Bens sob Responsabilidade de Servidor relativa ao Regime de Adiantamento	1.000,00
	Pelo registro da responsabilidade de servidor pelo regime de adiantamento	

BALANCETE DE PRESTAÇÃO DE CONTAS DE ADIANTAMENTO

SECRETARIA: *(nome da secretaria)*
UNIDADE DE DESPESA: *(nome da Unidade Administrativa ou Unidade Executora)*

Fls. Nº

Adiantamento nº: *04/xx*

Responsável: *MARIA JUSTA DA SILVA*   R.G.: *342.954*

Cargo ou Função: *Encarregada de Setor*   Dependência:
Seção de Manutenção e Conservação
Finalidade Específica: *aquisição de outros materiais de consumo*

Prazo de Aplicação: *30 dias*   Prorrogação: *não há*

Classificação da Despesa: *3.3.90.30.00 (Material de Consumo)*

Nota de Empenho: *012/xx*   Data: *06 / 03 / xx*

Importância Recebida   : R$ *1.000,00*   Data: *07 / 03 / xx*

Importância Despendida: R$ *500,00*

Saldo Recolhido   : R$ *500,00*   Data: *07 / 04 / xx*

Período de Realização da Despesa: *07 / 03 / xx* a *06 / 04 / xx*

Em   ,   de   de

SECRETARIA: *(nome da secretaria)* ....

UNIDADE DE DESPESA: *(nome da Unidade Administrativa* ....

ou Unidade Executora)

RELAÇÃO DE DOCUMENTOS

Ref. ao Adiantamento nº: *04/xx*

Data	Nº Doc.	Credor	Valor (R$)	Saldo (R$)
07.03	OP. 72	Adiantamento recebido		1.000,00
08.03	NF. 162	Papelaria X9 Ltda.	80,00	920,00
10.03	NF. 009	Casa das Tintas	110,00	810,00
13.03	NF. 648	Casa de Artigos "Esporte"	200,00	610,00
21.03	NF. 261	Ferragens do Jó Ltda.	20,00	590,00
06.04	NF. 022	Sol Roupas Profissionais S.A.	90,00	500,00
07.04	GR. 081	Guia de recolhimento do saldo	500,00	- , -
		RESUMO		
		Adiantamento recebido	1.000,00	
		Utilização	500,00	
		Saldo recolhido	500,00	

NOTA DE ANULAÇÃO

SECRETARIA: _____(nome da secretaria)_____

UNID. DE DESPESA: _____(nome da Unidade Administrativa)_____
_____ou Unidade Executora)_____

DATA DE CONTABILIZAÇÃO		
11		16

X	17 / 1	EMPENHO		17 / 1	SUBEMPENHO

ORG.	U.O.	U.D.	Nº DA ANULAÇÃO	CLASSIF. DA DESPESA	Nº CONTRATO	IMPORTÂNCIA ANULADA
18 19	20 21	22 23	24 28	29 34	35 40	41 42	43 55
08	02	01	09	3.3.90.30.00		500,00

Nº DO EMPENHO/SUBEMPENHO	VALOR DO EMPENHO/SUBEMPENHO	ANULAÇÃO
56 59	60 63	64 67	68 80	
012	1.000,00	X	81 / 1 PARCIAL 81 / 2 TOTAL

PARCELAS ANULADAS

CC	PARC.	VALOR	MÊS	ANO	PARC.	VALOR	MÊS	ANO	PARC.	VALOR	MÊS	ANO
17	18 19	20 30	31 32	33 34	35 36	37 47	48 49	50 51	52 53	54 64	65 66	67 68
3	01	500,00	04	xx	02				03			
3	04				05				06			
3	07				08				09			
3	10				11				12			

DEMONSTRAÇÃO DAS QUOTAS					DEMONSTRAÇÃO DO ELEMENTO
SALDO	1ª QUOTA	2ª QUOTA	3ª QUOTA	4ª QUOTA	
		2.300,00	3.200,00	3.900,00	9.400,00
ANULAÇÃO EMPENHO	17 18 28	29 39	40 50	51 61	62 74
	4	500,00	–,–	–,–	500,00
DISPONÍVEL		2.800,00	3.200,00	3.900,00	9.900,00

ESPECIFICAÇÃO DA DESPESA

EXPEDIENTE Nº _____025/xx_____   – 3.3.90.30.00 – Materiais de consumo

Importância que se anula, correspondente ao saldo da
Nota de Empenho nº 012, emitida em nome de Maria Justa da Silva, com a
finalidade específica de adiantamento para aquisição de material de consumo.
(Quinhentos e dez reais)
De acordo com as normas de execução orçamentária

EMITIDA POR:
(nome do funcionário e assinatura)

EXAME CONTÁBIL:
(nome do funcionário e assinatura)

SECRETARIA: *(nome da secretaria)*
UNIDADE DE DESPESA: *(nome da Unidade Administrativa
ou Unidade Executora)*

Fls. Nº

PARECER SOBRE PRESTAÇÃO DE CONTAS DE ADIANTAMENTO

Sr. Diretor da Divisão de Contabilidade e Finanças

Procedemos ao exame da prestação de contas do Adiantamento nº *04 / xx*, no valor de R$ *1.000,00* , entregue ao Sr. *MARIA JUSTA DA SILVA* , com a finalidade específica de aquisição de outros materiais de consumo, e o prazo de aplicação de *30 dias*.

Verificamos que a referida prestação está formalmente correta, as despesas obedecem à classificação e estão bem documentadas, o prazo de aplicação foi respeitado e a prestação de contas foi elaborada em tempo hábil.

Em *20* de *abril* de 20 xx

*(Nome do encarregado da tomada de
contas e assinatura)*

Sr. Diretor da Diretoria de Administração

Manifestamo-nos de acordo com a prestação de contas de que trata o presente parecer.

Em *20* de *abril* de 20 xx

*Diretor da Divisão
Contabilidade e Finanças*

À vista do informado, aprovo a prestação de contas de que trata o presente parecer.

Em *25* de *abril* de 20 xx

Diretor Administrativo

4.2 Escrituração contábil da prestação de contas no regime de adiantamento

A escrituração contábil da prestação de contas no regime de adiantamento refere-se à tomada de contas dos valores entregues aos responsáveis, mesmo porque esses devem ser gastos em despesas de acordo com a classificação orçamentária e durante o período

190 Contabilidade Pública • Kohama

de aplicação, para o qual foi solicitado. Geralmente, terminado o prazo de aplicação, havendo sobra de numerário, este deve ser recolhido aos cofres públicos, em prestação de contas. Podem ocorrer as seguintes situações, que merecem os respectivos registros e lançamentos contábeis:

30 – Pela prestação de contas[9]

a) Quando o recolhimento do saldo não aplicado ocorre no mesmo exercício

1. Relativo a apropriação da despesa efetuada, conforme documentos apresentados no valor de R$ 500,00, no Subsistema de Informações Patrimoniais – Lançamento SP nº 38

D – 332.3	Serviços de Terceiros – PJ[10]	500,00
C – 113.1	Adiantamentos Concedidos	500,00
	Pelo reconhecimento da despesa, relativo à prestação de contas apresentada pelo servidor responsável	

2. Relativos ao recolhimento do valor não aplicado

– Registro contábil da devolução do valor de R$ 500,00 não aplicado, no Subsistema de Informações Patrimoniais – Lançamento SP nº 39

D – 111.1	Caixa e Equivalente de Caixa em Moeda Nacional	500,00
C – 113.1	Adiantamentos Concedidos	500,00
	Pelo recebimento da devolução do saldo de regime de adiantamento	

– Registro contábil da anulação do empenho relativa ao valor restituído, no Subsistema de Informações Orçamentárias – Lançamento SO nº 38

D – 622.13.04.01	Serviços de Terceiros – PJ (pago)	500,00
C – 622.11.01.01	Serviços de Terceiros – PJ (crédito disponível)	500,00
	Pela anulação da despesa relativa ao recolhimento do saldo do regime de adiantamento	

– Registro contábil do controle da disponibilidade por destinação de recursos, no Subsistema de Compensação – Lançamento SC nº 51

D – 821.14	Disponibilidade por Destinação de Recursos Utilizada	500,00
C – 821.11	Disponibilidade por Destinação de Recursos	500,00
	Pelo controle da disponibilidade de recursos relativa à devolução do saldo de adiantamento	

---

[9] Para o recolhimento do saldo de adiantamento não utilizado, geralmente é feita uma guia de recolhimento especificando o fato.

[10] No Estado de São Paulo, as despesas miúdas e de pronto pagamento são classificadas utilizando-se no código 3.3.90.39.92, que corresponde a um item da despesa de Serviços de Terceiros – PJ.

Regime de Adiantamento 191

b) Relativo à restituição do valor não aplicado no exercício seguinte[11]

– Registro contábil da devolução do valor não aplicado, no Subsistema de Informações Patrimoniais – Lançamento SP nº 40[12]

D – 111.1	Caixa e Equivalente de Caixa em Moeda Nacional	500,00
C – 113.1	Adiantamentos Concedidos	500,00
	Pelo recebimento da devolução do saldo do regime de adiantamento	

– Registro contábil da receita orçamentária relativa à devolução do valor não aplicado, no Sistema de Informações Orçamentárias – Lançamento SO nº 39[13]

D – 621.1	**RECEITA A REALIZAR**	**500,00**
D – 621.11	**RECEITA CORRENTE**	**500,00**
D – 621.11.09	Outras Receitas Correntes	500,00
C – 621.2	**RECEITA REALIZADA**	**500,00**
C – 621.21	**RECEITA CORRENTE**	**500,00**
C – 621.21.09	Outras Receitas Correntes	500,00
	Pela arrecadação da receita, relativa à devolução do Saldo do adiantamento não utilizado	

– Registros contábeis do controle da disponibilidade por destinação de recursos, no Subsistema de Compensação – Lançamento SC nº 52

D – 721.1	Controle da Disponibilidade de Recursos	500,00
C – 821.11	Disponibilidade por Destinação de Recursos	500,00
	Pelo controle da disponibilidade de recursos	

---

[11] No caso do regime de adiantamento, a prestação de contas deve ser feita até o final do exercício, e o reconhecimento da variação patrimonial diminutiva também. Porém, pode acontecer de o valor da devolução ocorrer no exercício seguinte, mas a despesa orçamentária já foi paga, e o reconhecimento pelo regime de competência já deve ter ocorrido. Isso se deve ao fato de que o regime de adiantamento exige um prazo para aplicação, que não deve ultrapassar o exercício, ou seja, deverá ser utilizado até o último dia do ano em que for concedido, pois todos os documentos que fazem parte da prestação de contas deverão estar com data do exercício em que foi originado, lembrando-se que, neste caso, também não há inscrição de restos a pagar, uma vez que já houve o devido pagamento e, por se tratar de um regime especial, necessita, apenas, da prestação de contas para a devida apropriação da Variação Patrimonial Diminutiva, relativa à liquidação da despesa em vista dos documentos apresentados.

[12] Este lançamento é idêntico ao SP-39.

[13] Em razão da despesa orçamentária já ter sido realizada e paga, e a devolução do valor não utilizado ocorreu no exercício seguinte, deve ser feito o lançamento dessa restituição na Receita Orçamentária, uma vez que não há mais condição de se proceder à anulação do empenho.

c) Baixa da responsabilidade do servidor

– Registro contábil da baixa da responsabilidade do servidor, do valor recebido para utilização pelo Regime de Adiantamento, no Subsistema de Compensação – Lançamento SC nº 53[14]

D – 811.11.1	Valores, Títulos e Bens sob Responsabilidade de Servidor relativa ao Regime de Adiantamento	1.000,00
C – 711.1	Responsabilidade de Terceiros por Valores, Títulos e Bens	1.000,00
	Pela baixa da responsabilidade do servidor	

---

[14] Este lançamento deve ser utilizado quando da devolução do valor não utilizado, após a prestação de contas ter sido considerada aprovada, o que pode ocorrer no exercício ou, no exercício seguinte, em ambos os casos o lançamento é no mesmo.

11

Patrimônio Público

1 Conceito

Patrimônio em seu conceito clássico é considerado como "o conjunto de bens, direitos e obrigações" pertencentes a pessoa física ou jurídica. A interpretação real desse conceito nos leva à seguinte ilação prática: o patrimônio é composto pelo somatório dos bens mais os direitos (ativo), subtraindo-se as obrigações (passivo), possuídos por uma pessoa física ou jurídica.

Esta interpretação é, até certo ponto, lógica, pois não se pode compreender o patrimônio como sendo apenas os bens e os direitos de uma pessoa (física ou jurídica). Eles constituem a parte ativa do patrimônio, isto é, a propriedade física dos bens para uso ou movimentação, e os créditos ou valores a receber, realizáveis em curto, médio ou longo prazo em moeda corrente.

Obviamente, a parte passiva do patrimônio, ou seja, os compromissos assumidos e que devem ser pagos e exigidos em curto, médio ou longo prazos, também deve compor esse conjunto.

Não fora assim, fatalmente haveria uma visão errônea do patrimônio e, como consequência, da situação patrimonial das pessoas físicas ou jurídicas.

O **Patrimônio Público** por analogia *compreende o conjunto de bens, direitos e obrigações avaliáveis em moeda corrente,* das entidades que compõem a Administração Pública. Note-se que o patrimônio público não é somente o relativo às entidades públicas, mas às entidades que compõem a Administração Pública.

Desta forma, além do patrimônio das instituições de direito público interno, como sejam, a União, os Estados, o Distrito Federal, os Municípios e as respectivas autarquias, também aquele pertencente às empresas públicas, às fundações instituídas pelo poder público, além da parte do capital das sociedades de economia mista, isto é, o percentual equivalente à participação de entidades públicas no capital dessas sociedades, são entendidos como patrimônio público.

Observe-se, por oportuno, que estamos procurando aclarar e deixar bem transparente que, do ponto de vista da Contabilidade Pública, deve ser entendido como patrimônio público somente aquele passível de contabilização.

Este alerta, como tentaremos demonstrar mais adiante, é de grande valia, pois as coisas que parecem evidentes, inevitáveis, cristalinas, à primeira vista, em termos públicos nem sempre seguem a regra geral.

2 Bens públicos (das entidades públicas)

O Código Civil Brasileiro distingue os bens públicos dos bens particulares, descrevendo o seguinte:

> *"São públicos* os bens do domínio nacional pertencentes às pessoas jurídicas de direito público interno, todos os outros são particulares, seja qual for a pessoa a que pertencerem."[1]

Em seguida, o Código Civil Brasileiro diz quais são os considerados como bens públicos, através do seguinte texto:

"Os bens públicos são:

- *Os de uso comum do povo,* como rios, mares, estradas, ruas e praças;

- *Os de uso especial,* como os edifícios ou terrenos aplicados a serviço ou estabelecimento da administração federal, estadual ou municipal, inclusive os de suas autarquias;

- *Os dominicais,* que constituem o patrimônio das pessoas jurídicas de direito público, como objeto de direito pessoal, ou real de cada uma dessas entidades."[2]

Os bens de uso comum do povo são conhecidos como *Bens de Domínio Público,* pois são utilidades postas à disposição do povo de forma gratuita ou remunerada, conforme dispuser a legislação específica. O que caracteriza os bens de uso comum do povo, ou de domínio público, consoante pode-se inferir dos exemplos citados, é que são todos aqueles destinados ao uso direto e imediato da coletividade (povo) em virtude de uma destinação formal, quer seja por dispositivo legal, quer seja por resultado de fatos naturais.

---

[1] Artigo 98, do Código Civil Brasileiro.

[2] Artigo 99, idem.

Quanto aos bens de uso comum do povo, exige-se que o uso seja direto e imediato pela coletividade, e não qualquer uso, pois isto caracteriza bem a importância para o bom entendimento desse tipo de bem.

Explicando com detalhes o uso dos termos *direto* e *imediato*, podemos citar a indagação:

De fato, o que se entende por uso direto e imediato?

Uso direto é aquele que se faz pessoalmente; e *imediato*, aquele que se faz sem intermediário. Logo, numa biblioteca, o uso que o povo faz dos livros não é imediato, embora seja direto, por isso que tal uso só é feito através do auxílio dos empregados que ali estão para procurar os livros nas estantes e entregá-los à leitura.[3]

Verificando essa assertiva, podemos retroagir aos bens descritos como de uso comum do povo, como os mares, rios, estradas, parques, jardins, praias, monumentos etc. Em todos eles, realmente, vamos encontrar a característica básica de que o uso efetivamente é direto, feito de imediato e pessoalmente, não existe nenhuma intermediação. Em outras palavras, podemos nos dirigir pessoalmente e usufruir deles imediatamente. Por fim, conclui-se que os bens de uso comum do povo são aqueles que podem ser fruídos por qualquer indivíduo, direta e imediatamente, sem qualquer intermediação.

Muito embora não constituam o patrimônio público, são de propriedade do Estado, que não possui a "posse" exclusiva. Portanto, a construção, conservação e reforma dos bens de uso comum do povo cabe à Administração Pública, que utiliza recursos incluídos na Lei Orçamentária ou em créditos adicionais e, por isso, percorrerão todos os estágios da despesa orçamentária. Esses gastos conquanto constituam despesa orçamentária não provocam a mutação patrimonial, por não serem incorporáveis ao patrimônio.

Os **bens de uso especial** são aqueles que não se distinguem materialmente dos bens comuns, isto é, uma escola pública não é diferente, pela vista, de uma escola particular, ou uma biblioteca pública não é diferente da outra que seja particular; a sua distinção reside única e exclusivamente na forma como tais bens são utilizados.[4]

Pode-se depreender que os bens de uso especial são assim denominados por estarem a serviço público e constituírem uma utilidade pública, sempre dependente de interferência de pessoas que administram o serviço público. Possuem essa característica, de uso especial, por estarem destinados à prestação de um serviço público, e só conservarem esse caráter enquanto têm essa destinação.

Os bens de uso especial, enquanto estiverem gravados com esta destinação, que é feita por dispositivo legal, são declarados inalienáveis, isto é, não podem ter a sua posse transferida por qualquer das formas de alienação.

Sob o aspecto da inalienabilidade, também, os bens de uso comum do povo possuem essa condição.

---

[3] SANTOS, J. M. de Carvalho. *Código Civil Brasileiro interpretado*. Rio de Janeiro: Freitas Bastos, 1951-1953.

[4] Idem.

Só perderão essa característica de inalienabilidade, no caso dos bens de uso comum do povo se, por autorização legal, houver a modificação do uso do bem e, no caso dos bens de uso especial, se, por qualquer motivo, houver cessado a utilização do bem em destinação de serviço público. Exemplificando, caso uma praça, por determinação legal, mude a sua característica de uso e passe a ser nela construído um edifício, para uso de um serviço público, deixará de ser um bem de uso comum para ser um bem de uso especial, porém determinado por lei. No entanto, se um edifício que era destinado a um Centro de Saúde, mas deixou de ser utilizado por serviço público, é locado para um funcionário residir nele, descaracterizou-se como bem de uso especial e passou a ser um bem patrimonial, sem nenhuma destinação especial.

Observa-se do exposto que os bens públicos abordados somente constituem o conjunto de bens públicos, mas não fazem parte do seu patrimônio.

Bens dominicais, como a própria descrição do Código Civil, são os que constituem o patrimônio público, como objeto de direito pessoal ou real. Estes, em última análise, é que interessam à Contabilidade Pública, pois são os que merecerão registros e escrituração contábil; os demais, conforme já foi dito, conquanto façam parte do conjunto de bens públicos, pelas suas características especiais, não constituem o seu patrimônio.

Portanto, os bens dominicais, que constituem o patrimônio público e são considerados para efeito de escrituração e registro contábil, podem ser identificados nos seguintes: Disponível (Caixa – Numerário) – Bens Móveis, Imóveis e de Natureza Industrial, e a discriminação usual a cada um desses grupos.

3 Direitos das entidades públicas

Entendem-se por *Direitos das Entidades Públicas*, contabilmente, os valores que representam créditos realizáveis a curto ou longo prazo, provenientes de depósitos bancários, diversos devedores, e créditos relativos a fornecimentos e serviços prestados, e inscrição da dívida ativa.

Consoante pode-se observar, referem-se a valores a receber registrados, quer por fornecimentos feitos, quer por serviços prestados pelas entidades públicas, e ainda aqueles que, provenientes da inscrição da dívida ativa de origem tributária ou de origem diversa, serão objeto de cobrança amigável ou judicial, conforme o caso requeira.

Por qualquer dos títulos, no entanto, representam direitos líquidos e certos a serem cobrados.

4 Obrigações das entidades públicas

Obrigações das Entidades Públicas são os valores correspondentes às dívidas das entidades, consubstanciadas como dívida flutuante ou dívida fundada, respectivamente exigíveis a curto ou longo prazo.

Representam os compromissos assumidos e que serão pagos de acordo com os prazos de vencimentos, ou obedecem às normas regulamentares.

As obrigações das entidades públicas, geralmente, são representadas pelos Restos a Pagar (como, por exemplo, Fornecedores e Contas a Pagar a Curto Prazo), Serviços da Dívida a Pagar, Depósitos, Débitos de Tesouraria, que são compromissos de curto prazo, e a Dívida Fundada Interna e Externa, que são compromissos a longo prazo.

5 Consolidação do patrimônio público

A seguir, procuraremos consolidar num quadro demonstrativo do Patrimônio Público em todo o seu conjunto de Bens, Direitos e Obrigações, facilitando o entendimento através da visualização gráfica.

Quadro 11.1 *Quadro demonstrativo da consolidação do patrimônio público.*

BENS e DIREITOS	OBRIGAÇÕES
BENS PÚBLICOS	OBRIGAÇÕES DAS ENTIDADES PÚBLICAS
CAIXA (Numerário)	RESTITUIÇÕES A PAGAR
BENS MÓVEIS	SERVIÇO DA DÍVIDA A PAGAR
BENS IMÓVEIS	OBRIGAÇÕES TRABALHISTAS, PREVIDENCIÁ-
BENS DE NATUREZA INDUSTRIAL	RIAS E ASSISTENCIAIS A PAGAR
VALORES	FORNECEDORES E CONTAS A PAGAR
	CONSIGNAÇÕES
DIREITOS DAS ENTIDADES PÚBLICAS	
DEPÓSITOS BANCÁRIOS	DÍVIDA FUNDADA INTERNA
DIVERSOS DEVEDORES	DÍVIDA FUNDADA EXTERNA
DIVERSOS RESPONSÁVEIS	DÉBITOS DIVERSOS
CRÉDITOS POR FORNECIMENTOS E	
SERVIÇOS PRESTADOS	
CRÉDITOS FISCAIS INSCRITOS	
CRÉDITOS DIVERSOS INSCRITOS	

No Quadro 11.1, demonstrativo, podemos verificar que se encontram, exceto as contas de compensação, todos os componentes previstos no Anexo nº 14 da Lei Federal nº 4.320/64 – que nada mais é do que o **Balanço Patrimonial**, segundo a estrutura legal que as entidades públicas devem obedecer.

Propositadamente, faz-se essa observação para se chamar a atenção para o fato, mesmo porque tudo o que procuramos descrever sobre o Patrimônio Público foi com a intenção de levá-lo a esse entendimento.

6 Variações patrimoniais

6.1 Conceito

Variação Patrimonial é a alteração de valor, de qualquer elemento do patrimônio público, por alienação, aquisição, dívida contraída, dívida liquidada, depreciação ou valorização, amortização, superveniência, insubsistência, efeitos da execução orçamentária e resultado do exercício financeiro.

As alterações no patrimônio público são efetuadas por incorporações e desincorporações ou baixa.

Incorporação é a agregação de novos elementos ao patrimônio público e podem originar-se de forma ativa ou passiva, que o Manual de Contabilidade Aplicada ao Setor Público e o Plano de Contas Aplicado ao Setor Público denominam aumentativa ou diminutiva, respectivamente.

Será *aumentativa* a incorporação de novos elementos que causem aumento do patrimônio público, como, por exemplo, quando se arrecadam as receitas tributárias, há a entrada do dinheiro correspondente, e, como consequência, o aumento da conta de Caixa e Equivalentes de Caixa em Moeda Nacional, por conseguinte, aumentará o Ativo Circulante e, em contrapartida com a conta de Variação Patrimonial Aumentativa (Tributária) correspondente, pelo aumento patrimonial ocorrido.

Será *diminutiva* a incorporação de novos elementos que causem a diminuição do patrimônio público, escriturados nas contas do passivo, em contrapartida com as contas de Variações Patrimoniais Diminutivas, como é o caso do aumento do valor de uma dívida, por razões cambiais, ou seja, a desvalorização da moeda nacional (real) em relação à moeda de outras nações, que aumentará o valor da conta de Empréstimos e Financiamentos e, consequentemente, causará a diminuição do patrimônio.

6.2 Classificação

Como já foi mencionado, as variações patrimoniais são alterações que ocorrem em qualquer elemento do patrimônio originadas por incorporações ou desincorporações ou baixas e podem ou não provocar alteração do resultado patrimonial.

Entretanto, sempre que houver alteração em qualquer dos elementos do patrimônio, estaremos diante de variações patrimoniais que podem ter a seguinte classificação:

1) qualitativas; e

2) quantitativas.

6.2.1 Variações patrimoniais qualitativas

As variações patrimoniais qualitativas são aquelas que alteram os elementos do patrimônio, porém, não provocam alteração no resultado patrimonial, pois a composição decorre de alterações que constituem fatos contábeis permutativos, ou seja, modificam qualitativamente a expressão dos elementos patrimoniais, sem alterar a situação líquida patrimonial.

Portanto, variações patrimoniais qualitativas são as que decorrem de fatos permutativos de mesmo valor entre os elementos do patrimônio, ou seja, as alterações que ocorrem no patrimônio, mas não alteram o resultado do patrimônio líquido.

Alguns exemplos para melhor identificar os fatos permutativos que ocorrem na prática, como:

6.2.1.1 Provenientes da receita orçamentária

a) quando se recebe um valor originário de empréstimo ou financiamento, que do ponto de vista da classificação orçamentária seria Receita de Capital – Operações de Crédito, na escrituração patrimonial teremos a seguinte situação:

I – pela entrada do numerário, teríamos uma incorporação na conta Caixa e Equivalente de Caixa pelo recebimento do dinheiro, que alteraria o patrimônio, aumentando o ativo circulante;

II – tratando-se de numerário relativo a empréstimo ou financiamento, haveria uma incorporação na conta de Empréstimos e Financiamentos a Longo Prazo, relativa à dívida constituída, que alteraria o patrimônio aumentando o passivo não circulante.

Note-se que, no caso, houve uma alteração de aumento no patrimônio, pelo recebimento do dinheiro e, ao mesmo tempo, também houve uma diminuição no patrimônio, pela constituição da dívida contraída que provocou aumento do passivo não circulante e, consequentemente, não houve alteração na situação líquida patrimonial, pois constituem fatos contábeis permutativos, ou seja, ocorre a modificação qualitativa e a expressão quantitativa dos elementos patrimoniais, sem alterar a situação líquida patrimonial.

b) quando se recebe um valor relativo à venda de um bem móvel (automóvel), que do ponto de vista da classificação orçamentária seria Receita de Capital – Alienação de Bens Móveis, na escrituração patrimonial teríamos a seguinte situação:

I – pela entrada do numerário, teríamos uma incorporação na conta Caixa e Equivalente de Caixa pelo recebimento do dinheiro, que alteraria o patrimônio, aumentando o ativo circulante;

II – como se trata de numerário relativo à venda de um bem móvel (automóvel), haveria uma desincorporação ou baixa na conta de Imobilizado – Bens Móveis, relativa à saída ou baixa do bem móvel (automóvel), que alteraria o patrimônio, diminuindo o ativo não circulante.

Note-se que, no caso, houve alteração de aumento do patrimônio, pelo recebimento do dinheiro e, ao mesmo tempo, também houve diminuição do patrimônio pela saída ou baixa do bem móvel (automóvel) vendido e, consequentemente, não houve alteração na situação líquida patrimonial, pois constituem fatos contábeis permutativos, ou seja, ocorre a modificação qualitativa e a expressão quantitativa dos elementos patrimoniais, sem alterar a situação líquida patrimonial.

6.2.1.2 Provenientes da despesa orçamentária

a) quando se faz uma compra de material de consumo, para constituir estoque no almoxarifado, que do ponto de vista da classificação orçamentária seria Despesa Corrente – Outras Despesas Correntes – Aplicação Direta – Material de Consumo, na escrituração do subsistema de informações patrimoniais teremos a seguinte situação:

I – pela entrada do material, quando da liquidação da despesa, teríamos uma incorporação na conta Estoques – Almoxarifado pelo recebimento do material, que alteraria o patrimônio, aumentando o Ativo Circulante;

II – tratando-se de numerário relativo a pagamento da compra, haveria uma incorporação na conta de Fornecedores e Contas a Pagar a Curto Prazo, correspondente ao compromisso de pagamento, que alteraria o patrimônio, aumentando o passivo não circulante.

Note-se que, no caso, houve uma alteração de aumento no patrimônio, pelo recebimento do material de consumo e, ao mesmo tempo, também houve uma diminuição no patrimônio, pelo compromisso de pagamento que provocou aumento do passivo não circulante e, consequentemente, não houve alteração na situação líquida patrimonial, pois constituem fatos contábeis permutativos, ou seja, ocorre a modificação qualitativa e a expressão quantitativa dos elementos patrimoniais, sem alterar a situação líquida patrimonial.

b) quando se faz o resgate de um valor relativo a uma dívida de longo prazo, a classificação orçamentária da despesa seria Despesa de Capital – Amortização da Dívida, na escrituração patrimonial teríamos a seguinte situação:

I – pela efetivação do pagamento, teríamos uma desincorporação ou baixa na conta Caixa e Equivalente de Caixa, pela saída do dinheiro, que alteraria o patrimônio, diminuindo o ativo circulante;

II – como se trata de numerário relativo ao resgate de uma dívida, teríamos a desincorporação ou baixa na conta Empréstimos e Financiamentos a Curto Prazo, que aumentaria o patrimônio, através da diminuição do Passivo Circulante.

Note-se que, no caso, houve alteração de diminuição do patrimônio, pela saída do dinheiro e, ao mesmo tempo, também houve aumento do patrimônio pela desincorporação ou baixa relativa ao resgate da dívida e, consequentemente, não houve alteração na situação líquida patrimonial, pois constituem fatos contábeis permutativos, ou seja, ocorre a modificação qualitativa e a expressão quantitativa dos elementos patrimoniais, sem alterar a situação líquida patrimonial.

Observe-se que, nesses atos, não foram utilizadas contas de variações patrimoniais, mas tão somente as contas do ativo e do passivo patrimonial, entre si, daí por que caracterizar-se como variações patrimoniais qualitativas.

6.2.2 Variações patrimoniais quantitativas

As Variações Patrimoniais Quantitativas são as alterações que ocorrem por fatos que aumentam ou diminuem o patrimônio líquido, e são identificadas por:

6.2.2.1 Variações patrimoniais aumentativas

Quando aumentam o patrimônio líquido.

6.2.2.2 Variações patrimoniais diminutivas

Quando diminuem o patrimônio líquido.

Desincorporação ou baixa é a expressão usada para excluir, retirar ou desagregar elementos constantes do patrimônio público, e também pode originar-se de forma aumentativa ou diminutiva, respectivamente, conforme as novas normas editadas pela Secretaria do Tesouro Nacional (STN).

Será *aumentativa* a desincorporação ou baixa de elementos que causem o aumento do patrimônio público, escriturados nas contas do passivo, em contrapartida com as contas de Variações Patrimoniais Aumentativas, como é o caso da diminuição do valor de uma dívida, por razões cambiais, ou seja, a valorização da moeda nacional (real) em relação à moeda de outras nações que, consequentemente, diminuirá o valor da conta de Empréstimos e Financiamentos, o que, obviamente, representará o aumento causado no patrimônio.

Será *diminutiva* a desincorporação ou baixa de elementos que causem a diminuição do patrimônio público, como por exemplo a quebra de um bem móvel, sem condições de uso, quando de sua desincorporação ou baixa diminui o valor da conta Bens Móveis e, em contrapartida com a conta Variação Diminutiva correspondente, pela diminuição causada no patrimônio.

Portanto, as variações patrimoniais podem ser classificadas em Variações Aumentativas ou Diminutivas, quer sejam provenientes de incorporações de novos elementos ao patrimônio, quer sejam causadas por desincorporações ou baixas de elementos do patrimônio.

A seguir, devemos informar que as alterações de incorporações ou desincorporações ou baixas são efetuadas no sistema de escrituração contábil patrimonial e através de contrapartida com as chamadas contas de Variações Patrimoniais. Na Administração Pública, essas variações devem ser demonstradas através da seguinte classificação, obedecendo ao esquema preconizado pelo Manual de Contabilidade Aplicada ao Setor Público.

DEMONSTRAÇÃO DAS VARIAÇÕES PATRIMONIAIS ANEXO Nº 15

3 VARIAÇÃO PATRIMONIAL DIMINUTIVA	4 VARIAÇÃO PATRIMONIAL AUMENTATIVA
31 Pessoal e Encargos	41 Tributária
32 Benefícios Previdenciários e Assistenciais	42 Contribuições
33 Uso de Bens, Serviços e Consumo de Capital Fixo	43 Exploração e Venda de Bens, Serviços e Direitos
34 Financeiras	44 Financeiras
35 Transferências Concedidas	45 Transferências Recebidas
36 Desvalorização e Perdas de Ativos	46 Valorização e Ganhos com Ativos
37 Tributárias	49 Outras Variações Patrimoniais Aumentativas
39 Outras Variações Patrimoniais Diminutivas	

7 Variações Patrimoniais Aumentativas

Variações Patrimoniais Aumentativas são alterações nos valores dos elementos do patrimônio público que aumentam a situação patrimonial, quer pela incorporação e agregação advinda de aquisições, valorização de bens, amortização de dívida, quer por superveniências ativas[5] ou insubsistências passivas.[6]

Portanto, qualquer aumento de valor dos bens e direitos do ativo não circulante, ou qualquer diminuição de valor dos elementos das obrigações do passivo não circulante, consideram-se variações patrimoniais aumentativas, pois contribuem para que o patrimônio seja aumentado. Essas variações podem ser decorrentes da execução orçamentária ou independentemente dela.

As variações patrimoniais aumentativas, como se verifica do quadro demonstrativo das variações patrimoniais, podem ser classificadas nos seguintes grupos: Tributária; Contribuições; Exploração e Venda de Bens, Serviços e Direitos; Financeiras; Transferências Recebidas; Valorização e Ganhos com Ativos; e Outras Variações Patrimoniais Aumentativas.

Variações Patrimoniais Aumentativas – Tributária – são as provenientes da receita tributária, ou seja, uma prestação pecuniária compulsória, em moeda ou cujo valor nela possa se exprimir, que não constitua sanção de ilícito, instituída em lei e cobrada mediante atividade administrativa plenamente vinculada, como é o caso dos Impostos, Taxas e Contribuições de Melhoria.

Incluem-se como impostos um tributo cuja obrigação tem por fato gerador uma situação, independente de qualquer atividade estatal específica, relativa ao contribuinte e, é pago coativamente, independentemente de uma contraprestação imediata e direta do

---

[5] Superveniências Ativas são aumentos no patrimônio, que ocorrem por fatos inesperados como, por exemplo, o nascimento de animais.

[6] Insubsistências Passivas são aumentos no patrimônio, que ocorrem por fatos passivos que não podem subsistir, deixam de existir, portanto causam diminuição de passivo, como, por exemplo, no caso de variação cambial, ou seja, valorização da nossa moeda em relação à moeda estrangeira, que ao se proceder a apropriação provoca a diminuição da dívida fundada no valor da nossa moeda.

Estado. São exemplos típicos o Imposto sobre a Renda, Imposto sobre Produtos Industrializados, Imposto sobre Serviços de Qualquer Natureza, Imposto sobre a Propriedade Predial e Territorial Urbana, Imposto sobre Operações Relativas à Circulação de Mercadorias e sobre a Prestação de Serviços de Transporte Interestadual e Intermunicipal e de Comunicação, Imposto sobre a Propriedade de Veículos Automotores, dentre outros.

As taxas cobradas pela União, pelos Estados, pelo Distrito Federal ou pelos Municípios, no âmbito de suas respectivas atribuições, são tributos que têm como fato gerador o exercício regular do poder de polícia, ou a utilização, efetiva ou potencial, de serviço público específico e divisível, prestado ao contribuinte ou posto a sua disposição.

As contribuições de melhoria são tributos cobrados pela União, pelos Estados, pelo Distrito Federal ou pelos Municípios, no âmbito de suas respectivas atribuições, sendo instituídas para fazer face ao custo de obras públicas de que decorra valorização imobiliária, tendo como limite individual o acréscimo de valor que da obra resultar para cada imóvel beneficiado.

Nesses casos, a interpretação é a de que ao ser arrecadada a receita haverá, pelo recebimento, a entrada do "dinheiro" (numerário), para o qual, do ponto de vista contábil, precisará ser efetuado um registro como disponível, que corresponderá à cobrança do crédito tributário. Fica evidente, que esse registro provocará um aumento do patrimônio, classificável, em contrapartida, como variação patrimonial aumentativa de origem tributária, como impostos, taxas e contribuições de melhoria.

Variações Patrimoniais Aumentativas – Contribuições – são as provenientes das receitas com contribuições sociais, contribuições de intervenção no domínio econômico, contribuição de iluminação pública e contribuições de interesse das categorias profissionais.

As contribuições sociais são as seguintes:

a) as das empresas, incidentes sobre a remuneração paga ou creditada aos segurados a seu serviço;

b) as dos empregados domésticos;

c) as dos trabalhadores, incidentes sobre o seu salário de contribuição;

d) as sobre a receita e faturamento;

e) as sobre o lucro;

f) do importador de bens ou serviços do exterior;

g) e outros.

As contribuições de intervenção no domínio econômico dizem respeito às contribuições de intervenção no domínio econômico, como, por exemplo, a Cide combustível.

As contribuições de iluminação pública são as dos termos do artigo 149-A da Constituição Federal, acrescentado pela Emenda Constitucional nº 39/02, sendo facultada a cobrança da contribuição na fatura de consumo de energia elétrica.

As contribuições de interesse das categorias profissionais são as provenientes de contribuições de interesse das categorias profissionais.

Aqui, também, pode-se dizer que ao ser arrecadada a receita, será feito um registro no ativo realizável, em uma conta do disponível, oriunda da entrada do dinheiro aos cofres públicos, o que representará um aumento do patrimônio e, como contrapartida, haverá um registro nessas contas de variação patrimonial aumentativa, como contribuições que, no caso, poderão ser identificadas como contribuições sociais, contribuições de intervenção no domínio econômico, contribuições de iluminação pública e contribuições de interesse das categorias profissionais.

Variações Patrimoniais Aumentativas – Exploração e Venda de Bens, Serviços e Direitos – são as que provêm, em grande parte, da arrecadação das receitas orçamentárias com a exploração e venda de bens, serviços e direitos, que resultem aumento do patrimônio líquido, independentemente de ingresso, segregando-se a venda bruta das deduções como devoluções, abatimentos e descontos comerciais concedidos. A seguir, as variações deste grupo serão melhor visualizadas, nos subgrupos seguintes: venda de mercadorias, venda de produtos, exploração de bens e direitos e prestação de serviços.

A venda de mercadorias são as auferidas com venda de mercadorias que resultem aumento do patrimônio público líquido, segregando-se a venda bruta das deduções como devoluções, abatimentos e descontos comerciais concedidos.

As vendas de produtos são as auferidas com a venda de produtos, que resultem em aumento do patrimônio público líquido, segregando-se a venda bruta das deduções como devoluções, abatimentos e descontos comerciais concedidos.

A exploração de bens e direitos e prestação de serviços são as auferidas com a prestação de serviços, que resultem aumento do patrimônio público líquido, segregando-se a venda bruta das deduções como devoluções, abatimentos e descontos comerciais concedidos.

Também, nesse caso, pode-se dizer que, ao ser arrecadada a receita, será feito um registro no ativo realizável, em uma conta do disponível, oriunda da entrada do dinheiro aos cofres públicos, o que representará um aumento do patrimônio e, como contrapartida, haverá um registro nessas contas de variação patrimonial aumentativa, como venda de mercadorias, venda de produtos e exploração de bens, direitos e prestação de serviços.

Variações Patrimoniais Aumentativas – Financeiras – são as que provêm de operações financeiras. Podem ser citadas as relativas às receitas seguintes: juros e encargos de empréstimos e financiamentos concedidos; juros e encargos de mora; variações monetárias e cambiais; descontos financeiros obtidos; remuneração de depósitos bancários e aplicações financeiras; e outras variações patrimoniais aumentativas financeiras.

Os juros e encargos de empréstimos e financiamentos concedidos são os provenientes de juros e encargos de empréstimos e financiamentos concedidos.

Os juros e encargos de mora são os que provêm de penalidades pecuniárias decorrentes da inobservância de normas e com rendimentos destinados a indenização pelo atraso no cumprimento da obrigação representando o resultado das aplicações impostas ao contribuinte.

As variações monetárias e cambiais são as provenientes de variações da nossa própria moeda em relação aos índices ou coeficientes aplicáveis por dispositivo legal ou contratual e a variação da nossa moeda em relação a moedas estrangeiras. Ressalte-se que será tratada como variação monetária apenas a correção monetária pós-fixada.

Os descontos financeiros obtidos são os que decorrem de descontos financeiros obtidos em virtude do pagamento antecipado de obrigações.

A remuneração de depósitos bancários e aplicações financeiras são as decorrentes da remuneração do saldo diário dos depósitos, bem como aplicação de recursos da conta única de acordo com a rentabilidade média intrínseca dos títulos do tesouro.

As outras variações patrimoniais aumentativas financeiras são as provenientes de operações financeiras não compreendidas nos subgrupos anteriores.

Como nas anteriores, pode-se dizer que, aqui também, será feito um registro no ativo realizável, em uma conta do disponível, oriunda da entrada do dinheiro aos cofres públicos, o que representará um aumento do patrimônio e, como contrapartida, haverá um registro nessas contas de variação patrimonial aumentativa, como financeiras, que no caso, poderão ser identificadas como originadas de operações financeiras.

Variações Patrimoniais Aumentativas – Transferências Recebidas – são as que provêm, em princípio, da arrecadação de receitas orçamentárias, ou de bens e valores da origem de Transferências Correntes ou de Capital, recebidas de outras pessoas de direito público ou privado. As Transferências Correntes ou de Capital podem ser identificadas como Transferências das espécies: Intragovernamentais; Intergovernamentais; de Instituições Privadas; de Instituições Multigovernamentais; de Consórcios Públicos; do Exterior; e de Pessoas Físicas.

As transferências intragovernamentais são as decorrentes das transferências financeiras relativas a execução orçamentária, e de bens e valores, referentes a transações intragovernamentais.

As transferências intergovernamentais são as provenientes de transferências da União, Estados, Distrito Federal e Municípios, inclusive as entidades vinculadas, de bens e/ou valores.

As transferências das instituições privadas são as que se originam das transferências financeiras das instituições privadas, inclusive de bens e valores.

As transferências das instituições multigovernamentais são as que provêm das transferências das instituições multigovernamentais, da qual o ente transferidor não participe.

As transferências de consórcios públicos são as relativas as transferências de consórcios públicos, do qual o ente transferidor não participe.

As execuções orçamentárias delegadas originam-se das transferências de recursos financeiros, para execução de ações de responsabilidade exclusiva do delegante.

As transferências do exterior são as originam de transferências de organismos e fundos internacionais, de governos estrangeiros e instituições privadas com ou sem fins lucrativos no exterior.

As transferências de pessoas físicas são as decorrentes de contribuições ou doações a governos e entidades da administração descentralizada realizadas por pessoas físicas.

Outras transferências e delegações recebidas são as demais transferências e delegações recebidas não compreendidas nas contas anteriores.

Repete-se, neste caso, o que foi mencionado nos anteriores e, pode-se dizer que, aqui também, por se referirem a arrecadação da receita orçamentária, será feito um registro no ativo circulante, em uma conta do disponível, oriunda da entrada do dinheiro aos cofres públicos, e no caso de bens e valores, o registro será feito em conta do ativo não circulante, o que representará um aumento do patrimônio e, como contrapartida, haverá um registro nessas contas de variação patrimonial aumentativa, como Transferências Recebidas, que, no caso, possuem uma vinculação legal, pois os valores recebidos como Transferência Corrente ou de Capital destinam-se a atender despesas classificáveis em Despesas Correntes ou Despesas de Capital, conforme a origem, ou seja, se o recebimento for de Transferência Corrente, a vinculação é para ser utilizada em despesas correntes, e se for de Transferência de Capital, a vinculação é para ser utilizada em despesas de capital.

Variações Patrimoniais Aumentativas – Valorizações e Ganhos com Ativos – são as que provêm da reavaliação de ativos, ganhos com alienação de ativos e ganhos com incorporação de ativos por descobertas e nascimentos. Podem ser citados aqui, os seguintes exemplos:

1) as variações patrimoniais aumentativas relativas à reavaliação de ativos correspondem a adoção do valor de mercado ou de consenso entre as partes, para bens do ativo imobilizado, do ativo intangível, e de outros ativos, quando esse for superior ao valor líquido contábil;

2) as variações patrimoniais aumentativas provenientes de ganhos com alienação de ativos, que podem ser classificados como alienação de investimentos, de imobilizado e de intangíveis, quando o valor da alienação do ativo, for maior que o seu valor contábil, de maneira que a diferença compreende o ganho;

3) as variações patrimoniais aumentativas relativas a ganhos, incorporação de ativos por descobertas e nascimentos, correspondem a descoberta de bens ou direitos, científicos ou tecnológicos, ou o nascimento de semoventes que, pelas suas características, possam ser avaliados em moeda corrente para adquirirem condições de incorporação ao patrimônio.

Em virtude deste caso também se referir a variações patrimoniais aumentativas, pode-se dizer que, aqui também, ao ser arrecadada a receita ou feita a apropriação da valorização ou ganho, será feito um registro, da seguinte forma:

a) no caso da reavaliação de ativo, do ativo imobilizado, do ativo intangível ou de outros ativos, haverá um aumento do valor dos ativos incorporados, em razão do valor ser superior ao valor líquido contabilizado, que provocará um aumento patrimonial no valor do ativo imobilizado, do ativo intangível ou de outros ativos, correspondente, e, como contrapartida, haverá um registro nas contas de variação patrimonial aumentativa, como reavaliação de ativo;

b) no caso de ganhos com alienação de ativos, como é o caso de alienação de investimentos, alienação de imobilizado ou de intangíveis, quando o valor da alienação for maior que o valor líquido contábil, provocará um aumento patrimonial no valor das contas de investimentos, de imobilizado e de intangível no ativo não circulante, relativa à diferença que for apurada entre o valor líquido contabilizado e o valor da alienação, o que representará um aumento do patrimônio e, como contrapartida, haverá um registro nas contas de variação patrimonial aumentativa, como ganho com alienação de ativos;

c) no caso das variações patrimoniais aumentativas de ganhos com incorporação de ativos por descobertas e nascimentos, podem ser chamadas de "superveniências ativas", pois podem provir de pesquisas científicas ou tecnológicas e, também, advir de causas naturais e provocarão um aumento patrimonial nas contas correspondentes do ativo, que no caso do nascimento de um semovente, por exemplo, será registrado na conta de bens móveis – semoventes, que integra o grupo do imobilizado, no ativo não circulante. No caso das incorporações de ativos por descoberta, dependerá da identificação do que se refere a descoberta, para providenciar a apropriação devida. O valor dos ativos por descobertas e dos nascimentos representarão um aumento do patrimônio e, em contrapartida, haverá um registro nas contas de variação patrimonial aumentativa por ganhos com incorporação de ativos.

Variações Patrimoniais Aumentativas – Outras Variações Patrimoniais Aumentativas – são as demais variações patrimoniais aumentativas não incluídas nos grupos anteriores, tais como: resultado positivo da equivalência patrimonial, dividendos.

As variações patrimoniais aumentativas a classificar são as que se referem as variações patrimoniais aumentativas, recebidas e não classificadas.

O resultado positivo de participações é o que provém do resultado positivo das participações de caráter permanente no capital social de sociedades investidas.

As diversas variações patrimoniais aumentativas referem-se às outras variações patrimoniais aumentativas não classificadas em itens específicos.

Nestes casos, também, deverá haver um aumento do patrimônio quer pelo aumento em contas do ativo não circulante, ou pelo recebimento de dinheiro, que em última análise, aumentará a conta disponível, do ativo circulante e, como contrapartida, haverá um registro de variação patrimonial aumentativa na conta variações patrimoniais aumentativas pelo aumento do patrimônio ocorrido.

7.1 Escrituração contábil das variações aumentativas do patrimônio público

A escrituração contábil das variações aumentativas do Patrimônio Público refere-se às alterações ocorridas no patrimônio, que causam um aumento na situação patrimonial, quer pela incorporação de bens ou dinheiros, quer pela desincorporação ou baixa de obrigações. Essa movimentação é feita através da escrituração contábil nos grupos de contas

208 Contabilidade Pública • Kohama

correspondentes, através de lançamentos, que já foram apresentados nos respectivos capítulos e serão aqui recolocados, além dos dois últimos que serão agora apresentados, para demonstrar as variações patrimoniais aumentativas, na seguinte conformidade:

31 – Registro das Variações Patrimoniais Aumentativas

- – Registro contábil da Variação Patrimonial Aumentativa no Subsistema de Informações Patrimoniais – Lançamento SP nº 2[7]

D – 218.80.03	IR RETIDO NA FONTE	3.000,00
C – 411.2	IMPOSTO SOBRE O PATRIMÔNIO E A RENDA	3.000,00
	Pela apropriação da receita, do IR na Fonte, inciso I, dos arts. 157-158, da Constituição Federal	

- – Registro contábil no Subsistema de Informações Patrimoniais – Lançamento SP nº 3[8]

D – 112.1	CRÉDITOS TRIBUTÁRIOS A RECEBER (P)	50.000,00
C – 400.0	VARIAÇÃO PATRIMONIAL AUMENTATIVA	50.000,00
C – 410.0	IMPOSTOS, TAXAS E CONTR. MELHORIA	50.000,00
C – 411.0	IMPOSTOS	45.000,00
C – 412.0	TAXAS	5.000,00
	Pelo reconhecimento da receita, pelo fato gerador	

- – Registro contábil do ajustamento da dívida fundada e consolidada externa por taxa cambial, no Subsistema de Informações Patrimoniais – Lançamento SP nº 33[9]

D – 222.1	Empréstimos a Longo Prazo	300,00
C – 443.9	Outras Variações Monetárias e Cambiais	300,00
	Pelo reconhecimento da VPA por taxa cambial	

- – Registro Contábil do recebimento de uma doação de bens móveis, por transferência de pessoas físicas, no Subsistema de Informações Patrimoniais – Lançamento SP nº 41

D – 123.10.04	Móveis e Utensílios	1.300,00
C – 458.0	Transferência a Pessoas Físicas	1.300,00
	Pelo registro do recebimento de móveis por doação	

---

[7] Este lançamento foi efetuado na parte da Receita Orçamentária, e se refere à apropriação do valor de IR Descontado na Fonte, que pode ser utilizado pelos Estados, Distrito Federal e Municípios.

[8] Este lançamento também foi efetuado na parte da Receita Orçamentária, e se refere à apropriação, que deve ser feita, geralmente, no momento do conhecimento do fato gerador e representa a variação patrimonial aumentativa correspondente ao regime de competência, em contrapartida da conta do ativo circulante de créditos tributários a receber.

[9] Este lançamento foi efetuado na Dívida Fundada, e se refere ao ajustamento da dívida, que no caso provocou um aumento patrimonial, por Variação Monetária e Cambial, pela pressuposição da valorização da nossa moeda em relação à moeda estrangeira de origem.

– Registro contábil da incorporação, pelo nascimento de um animal, no Subsistema de Informações Patrimoniais – Lançamento SP nº 42

D – 123.10.07	Semoventes	300,00
C – 463.20	Ganhos com Incorporação de Ativos por Nascimento	300,00
	Pelo registro do nascimento de um animal	

8 Variações Patrimoniais Diminutivas

Variações Patrimoniais Diminutivas – são alterações dos elementos do patrimônio público, diminuindo a situação patrimonial, por incorporação ou desincorporação ou baixa, consequente da alienação (venda), depreciação e desvalorização de bens, constituição de dívidas passivas, recebimento de créditos, cobrança da dívida ativa, insubsistências ativas[10] ou superveniências passivas.[11]

Destarte, qualquer diminuição de valor dos elementos dos bens e direitos do ativo não circulante consideram-se variações patrimoniais diminutivas, pois concorrem para que o patrimônio seja diminuído. Essas variações podem ser decorrentes da execução orçamentária ou independentemente dela.

As variações patrimoniais diminutivas, como se verifica do quadro demonstrativo das variações patrimoniais, podem ser classificadas nos seguintes grupos: Pessoal e Encargos, Benefícios Previdenciários e Assistenciais, Uso de Bens, Serviços e Consumo de Capital Fixo, Financeiras, Transferências, Desvalorização e Perda de Ativos, Tributárias e Outras Variações Patrimoniais Diminutivas.

Variações Patrimoniais Diminutivas – Pessoal e Encargos – são as que se originam das despesas com remuneração do pessoal ativo civil ou militar, dos encargos trabalhistas, dos benefícios devidos a pessoal civil ou militar, o custo de pessoal e encargos e outras variações patrimoniais diminutivas de pessoal e encargos.

Incluem-se como remuneração do pessoal civil ou militar: subsídios, vencimentos, soldos e vantagens pecuniárias fixas e variáveis estabelecidas em lei decorrentes do pagamento pelo efetivo exercício de cargo, emprego ou função de confiança no setor público, bem como as com contratos de terceirização de mão de obra que se refiram a substituição de servidores e empregados públicos.

Quanto aos encargos patronais, dizem respeito aos encargos trabalhistas de responsabilidade do empregador, incidentes sobre a folha de pagamento dos servidores e empre-

---

[10] Insubsistências Ativas são diminuições no patrimônio, que ocorrem por fatos ativos que não podem subsistir, deixam de existir, portanto causam diminuição de ativo, como, por exemplo, a morte de um bem semovente (animal).

[11] Superveniências Passivas são diminuições no patrimônio, que ocorrem por fatos inesperados, até por serem inevitáveis, como ocorre, por exemplo, no caso de variação cambial, quando a desvalorização da nossa moeda em relação à moeda estrangeira provoca o aumento da dívida fundada ao ser calculada em nossa moeda.

gados ativos, pertencentes aos órgãos e demais entidades do setor público, bem como as contribuições a entidades fechadas de previdência e ainda contribuições patronais.

No que se refere aos benefícios a pessoal, destacam-se:

a) para o pessoal civil, ajuda de custo, indenização de transporte, auxílio-moradia, auxílio-alimentação, auxílio-transporte, bem como outros decorrentes de acordo ou convenção coletiva no que se refere a empregados públicos;

b) para os militares, adicional de compensação orgânica não incorporada, gratificação de localidade especial, gratificação de representação, transporte, ajuda de custo, auxílio-fardamento, auxílio-alimentação e outros benefícios eventuais relativos ao local ou à natureza do trabalho.

E, por último, as outras variações patrimoniais diminutivas de pessoal e encargos, relacionadas com pessoal e encargos, não abrangidas nos outros grupos, que se referem as despesas de indenizações e restituições trabalhistas.

Fica evidente, nesses casos, que os registros indicarão uma diminuição dos ativos e, consequentemente, uma diminuição do patrimônio, e as contas desse grupo serão utilizadas, como contrapartida, para demonstrar a variação patrimonial diminutiva ocorrida.

Variações Patrimoniais Diminutivas – Benefícios Previdenciários e Assistenciais – são as que provêm de despesas relativas a aposentadorias e reformas, pensões, benefícios de ação continuada, políticas públicas de transferência de renda e outros benefícios previdenciários e assistenciais.

As aposentadorias e reformas referem-se a benefícios de prestação continuada assegurados pela previdência social com o objetivo de garantir meios indispensáveis de manutenção, por motivo da incapacidade, idade avançada e tempo de serviço.

As Pensões, por sua vez, consistem nos benefícios da previdência social que garante uma renda aos dependentes do segurado falecido.

Os benefícios de prestação continuada referem-se a variações patrimoniais diminutivas provenientes de outros benefícios previdenciários e assistenciais de prestação continuada.

Os benefícios eventuais correspondem às provisões suplementares provisórias, prestadas aos cidadãos e suas famílias em virtude de nascimento, morte, situações de vulnerabilidade temporária e de calamidade pública.

As Políticas Públicas de Transferência de Renda dizem respeito às políticas públicas que visem contribuir para a redução da fome, da pobreza, da desigualdade e de outras formas de privação vividas pelas famílias mais excluídas.

Os Outros Benefícios Previdenciários e Assistenciais compreende outras variações patrimoniais diminutivas, relacionadas com benefícios previdenciários ou assistenciais, não abrangidas nos outros grupos.

Nesses casos, fica evidente que os registros indicarão uma diminuição dos ativos e, consequentemente, uma diminuição do patrimônio, e as contas desse grupo serão utilizadas, como contrapartida, para demonstrar a variação patrimonial diminutiva ocorrida.

Variações Patrimoniais Diminutivas – Uso de Bens, Serviços e Consumo de Capital Fixo – são as originadas com o uso de material de consumo, serviços, depreciação, amortização e exaustão, e custos de materiais, serviços e consumo de capital fixo.

As relativas ao uso de material de consumo são as provenientes da distribuição do material de consumo, ou seja, quando ocorre a saída do material de consumo do almoxarifado, que é distribuído para as dependências utilizarem e consumirem.

As de serviços dizem respeito às despesas com a prestação de serviços fornecidas por terceiros para a entidade governamental.

No que se refere a depreciação, amortização e exaustão, ocorre o decréscimo no benefício de um bem, pela utilização, durante o período contábil, decorrente da depreciação, amortização e exaustão.

Também nesses casos, fica claro que os registros indicarão uma diminuição dos ativos e, consequentemente, uma diminuição do patrimônio, e as contas desse grupo serão utilizadas, como contrapartida, para demonstrar a variação patrimonial diminutiva ocorrida.

Variações Patrimoniais Diminutivas – Financeiras – são as despesas relacionadas com operações financeiras, tais como: juros e encargos de empréstimos e financiamentos obtidos, juros e encargos de mora, variações monetárias e cambiais, descontos financeiros concedidos e outras variações patrimoniais diminutivas financeiras.

Os Juros e Encargos de Empréstimos e Financiamentos Obtidos referem-se às despesas relativas aos juros e encargos de empréstimos e financiamentos contraídos com pessoas de direito público ou privado.

Os Juros e Encargos de Mora dizem respeito às despesas com juros e encargos a título de penalidade em virtude de atrasos e não cumprimento dos prazos contratuais.

As Variações Monetárias e Cambiais são as que têm origem nas variações da nossa própria moeda em relação aos índices ou coeficientes aplicáveis por dispositivo legal ou contratual e a variação do valor da nossa moeda em relação às moedas estrangeiras. Ressalte-se que será tratada como variação monetária apenas a correção monetária pós-fixada.

Os Descontos Financeiros Concedidos ocorrem nos casos em que hajam descontos financeiros concedidos a clientes por pagamentos antecipados de duplicatas e outros títulos. Não se deve confundir com descontos nos preços de venda concedidos incondicionalmente, ou abatimentos de preços, que são deduções de receita.

As Outras Variações Patrimoniais Diminutivas Financeiras são as que não estão abrangidas nos grupos anteriores.

Aqui, também, observa-se que essas variações patrimoniais diminutivas referem-se a despesas ou ajustes que provocam diminuição do patrimônio, e as contas desse grupo servirão como contrapartida para registrar a diminuição ocorrida no patrimônio.

Variações Patrimoniais Diminutivas – Transferências e Delegações Concedidas – são as que provêm, em princípio, das despesas orçamentárias da origem de Transferências Correntes ou de Capital, pagas a outras pessoas de direito público ou privado. As Transferências Correntes ou de Capital são despesas orçamentárias que podem ser identificadas como Transferências das espécies Intragovernamentais; Intergovernamentais; a Instituições Privadas; a Instituições Multigovernamentais; a Consórcios Públicos; ao Exterior; e execuções orçamentárias delegadas.

Repete-se, nesse caso, o que foi mencionado nos anteriores e pode-se dizer que, aqui também, ao ser realizada a despesa, será feito um registro da saída do dinheiro dos cofres públicos, o que representará uma diminuição do patrimônio e, como contrapartida, haverá um registro nessas contas de variação patrimonial diminutiva, no grupo de Transferências Concedidas.

Variações Patrimoniais Diminutivas – Desvalorização e Perdas de Ativos – referem-se à reavaliação, redução a valor recuperável e provisão para perdas, perdas com alienação de ativos, perdas involuntárias, incorporação de passivos e desincorporação de ativos.

Entende-se por redução a valor recuperável e provisão para perdas o ajuste ao valor do mercado ou de consenso entre as partes para itens do ativo, quando esse for inferior ao valor líquido contábil, visando assegurar que os ativos não estejam registrados contabilmente por um valor superior aquele passível de ser recuperado por uso ou por venda e também registra as variações patrimoniais diminutivas com provisões para perdas.

As perdas com alienação referem-se à situação em que o valor do ativo alienado seja menor do que o seu valor contábil, evidenciando que a diferença constitui uma perda, que será registrada nessa conta, representando a diminuição patrimonial ocorrida.

As perdas involuntárias são aquelas que ocorrem quando há o desfazimento físico involuntário de um bem, como o que resulta de sinistros como incêndio e inundação.

As incorporações de passivos são as provenientes dos casos de extinção e fusão de entidades, ou de restos a pagar com prescrição interrompida.

A desincorporação de ativos, são os casos como os ativos inservíveis e outros eventos sob controle da entidade.

Nesses casos, fica evidente que os registros indicarão uma diminuição dos ativos e, consequentemente, uma diminuição do patrimônio, e as contas desse grupo servirão para demonstrar a variação patrimonial diminutiva ocorrida.

Variações Patrimoniais Diminutivas – Tributárias – são as que dizem respeito às despesas devidas a entidades governamentais, como tributos, contribuições e os custos com tributos incidentes na produção de bens ou serviços.

No caso dos impostos, taxas e contribuições de melhoria referem-se às obrigações relativas a prestações pecuniárias compulsórias, em moeda ou cujo valor nela possa se exprimir, que não constitua sanção de ato ilícito, instituídas em lei e cobradas mediante atividade vinculada.

As contribuições, entendidas como as contribuições sociais, econômicas e outras, decorrentes da intervenção do Estado (União, Estados, Distrito Federal e Municípios) no domínio econômico e de interesse da categoria de profissionais do setor econômico.

O custo com tributos consiste no valor dos tributos utilizados na produção de bens ou serviços, sendo registrado apenas no momento da venda desses.

Fica evidente que nesse grupo são feitos os registros relativos às despesas devidas a entidades governamentais, como é o caso dos tributos (impostos, taxas e contribuições de melhoria), das contribuições (contribuições sociais, econômicas e outras), e os tributos que são utilizados na produção de bens e serviços e, como tal, constituirão diminuição do patrimônio, pois as contas desse grupo são utilizadas como contrapartida das despesas.

Variações Patrimoniais Diminutivas – Outras Variações Patrimoniais Diminutivas – abrange as variações patrimoniais diminutivas não incluídas nos grupos anteriores, como: premiações, resultado negativo de participações, variações patrimoniais diminutivas de instituições financeiras, incentivos, subvenções econômicas, participações e contribuições, custo de outras variações patrimoniais diminutivas e diversas variações patrimoniais diminutivas.

As premiações referem-se as aquisições de prêmios, condecorações, medalhas, troféus etc., bem como o pagamento de prêmios em pecúnia, inclusive decorrentes de sorteios lotéricos.

Quanto ao resultado negativo de participações – dizem respeito à apropriação do resultado negativo de participações, oriundo de prejuízos apurados nas empresas controladas e coligadas, dentre outros.

Em relação às variações patrimoniais diminutivas de instituições financeiras – são aquelas provenientes das variações patrimoniais diminutivas apuradas pelas instituições financeiras, vinculadas ou não ao seu objeto principal.

Os incentivos, que na realidade correspondem a incentivos financeiros concedidos, relativos a educação, a ciência e a cultura.

As subvenções econômicas dizem respeito ao pagamento, a qualquer título, autorizadas em leis específicas, como sejam: ajuda financeira a entidades privadas com fins lucrativos; concessão de bonificações a produtores, distribuidores e vendedores; cobertura, direta ou indireta, de parcela de encargos de empréstimos e financiamentos e de custos de aquisição, de produção, de escoamento, de distribuição, de venda e de manutenção de bens, produtos e serviços em geral; e, ainda, outras operações com características semelhantes.

As participações e contribuições referem-se a participação de terceiros nos lucros, não relativas ao investimento dos acionistas, tais como: participações de debêntures, empregados, administradores e partes beneficiárias, mesmo na forma de instrumentos financeiros, além da contribuição a instituições ou fundos de assistência ou previdência de empregados.

Os custos de outras VPD são os relativos a outras variações patrimoniais diminutivas apropriadas na produção de bens ou serviços, sendo registrado apenas no momento da venda desses.

214 Contabilidade Pública • Kohama

As diversas VPD representam as outras variações patrimoniais diminutivas não classificadas em itens específicos.

Variações Patrimoniais Diminutivas – Custo das Mercadorias Vendidas, dos Produtos Vendidos e dos Serviços Prestados – referem-se aos custos das mercadorias vendidas, dos produtos vendidos e dos serviços prestados.

Os custos das mercadorias vendidas são os custos apropriados às mercadorias, sendo registrados apenas no momento das vendas destas.

Os custos dos produtos vendidos são os custos apropriados aos produtos, sendo registrados apenas no momento da venda destes.

Os custos dos serviços prestados são os custos apropriados aos serviços, sendo registrados apenas no momento da prestação destes.

Também nesses casos fica evidente que os registros indicarão uma diminuição dos ativos e, consequentemente, uma diminuição do patrimônio, e as contas desse grupo serão utilizadas, como contrapartida, para demonstrar a variação patrimonial diminutiva ocorrida.

8.1 Escrituração contábil das variações patrimoniais diminutivas

A escrituração contábil das variações patrimoniais diminutivas refere-se às alterações ocorridas no patrimônio, que causam diminuição da situação patrimonial, quer pela incorporação de obrigações, quer pela desincorporação ou baixa de direitos. O registro dessas alterações é feito através da escrituração contábil das variações patrimoniais diminutivas, utilizando-se as contas apresentadas nos grupos acima. A seguir serão apresentados alguns lançamentos, que já fizeram parte dos capítulos anteriores, que serão aqui recolocados, além de alguns que serão apresentados agora, para melhor exemplificar, como segue:

32 – Registro das Variações Patrimoniais Diminutivas

– Registro contábil da Variação Patrimonial Diminutiva no Subsistema de Informações Patrimoniais – Lançamento SP nº 15[12]

D – 311.0	REMUNERAÇÃO DE PESSOAL	
D – 311.1	REMUNERAÇÃO A PESSOAL ATIVO CIVIL –	
	ABRANGIDOS PELO RPPS	20.000,00
C – 211.1	PESSOAL A PAGAR	20.000,00
	Pelo registro do reconhecimento da Variação Patrimonial Diminutiva, relativa à despesa orçamentária liquidada	

---

[12] Este lançamento foi apresentado na Despesa Orçamentária e se refere à liquidação do valor da folha de pagamento e representa a variação patrimonial diminutiva que a despesa provocou.

– Registro contábil da Variação Patrimonial Diminutiva, no Subsistema de Informações Patrimoniais – Lançamento SP nº 30A

D – 331.1	CONSUMO DE MATERIAL (Consumo)	1.000,00
C – 115.6	ALMOXARIFADO	1.000,00
	Pelo registro da Variação Patrimonial Diminutiva, relativa ao consumo de material de consumo	

– Registro contábil da Variação Patrimonial Diminutiva, no Subsistema de Informações Patrimoniais – Lançamento SP nº 16[13]

D – 332.3	SERVIÇOS DE TERCEIROS – PJ	10.000,00
C – 213.1	FORNECEDORES E CONTAS A PAGAR NACIONAIS A CURTO PRAZO	10.000,00
	Pelo registro do reconhecimento da Variação Patrimonial Diminutiva, relativa à despesa orçamentária liquidada	

– Registro contábil da liquidação da despesa de juros e encargos da dívida flutuante, no Subsistema de Informações Patrimoniais – Lançamento SP nº 30[14]

D – 341.4	Juros e Encargos de Empréstimos por Antecipação da Receita Orçamentária	20,00
C – 212.5	Juros e Encargos a Pagar de Empréstimos e Financiamentos a Curto Prazo Interno	20,00
	Pelo registro dos juros e encargos de empréstimo ARO	

– Registro contábil do ajustamento da dívida fundada e consolidada interna, no Subsistema de Informações Patrimoniais – Lançamento SP nº 31[15]

D – 341.2	Juros e Encargos da Divida Contratual Externa	30,00
C – 222.6	Juros e Encargos a Pagar de Empréstimos e Financiamentos a Longo Prazo – Externo	30,00
	Registro de juros e encargos da dívida de longo prazo	

---

[13] Este lançamento também foi apresentado na Despesa Orçamentária e se refere à liquidação de um serviço de terceiros pessoa jurídica e representa a VPD que causou.

[14] Este lançamento foi apresentado na Dívida Pública, e se refere a apropriação do valor mensal dos juros e encargos da operação de crédito por antecipação da receita orçamentária. Este lançamento deverá ser utilizado pelos meses necessários.

[15] Esse lançamento foi apresentado na Dívida Pública e corresponde a apropriação de encargos de 0,6% sobre R$ 5.000,00, referente a divida fundada e corresponde a um mês. Esse lançamento deverá ser utilizado pelos meses necessários.

– Registro contábil do ajustamento da dívida fundada e consolidada externa por taxa cambial, no Subsistema de Informações Patrimoniais – Lançamento SP nº 32[16]

D – 343.2	Variações Monetárias e Cambiais da Dívida Contratual Externa	300,00
C – 222.2	Empréstimos a Longo Prazo Externo	300,00
	Pelo registro da VPD do ajuste da taxa cambial	

– Registro contábil da Variação Patrimonial Diminutiva no Subsistema de Informações Patrimoniais – Lançamento SP nº 11[17]

D – 363.90.01	VARIAÇÃO PATRIMONIAL DIMINUTIVA – CANCELAMENTO DA DÍVIDA ATIVA	4.000,00
C – 121.1	CRÉDITOS A LONGO PRAZO	
C – 121.11.03	DÍVIDA ATIVA TRIBUTÁRIA	4.000,00
	Pelo registro do cancelamento da dívida ativa por impossibilidade de recebimento	

– Registro contábil de uma doação de bens móveis concedida por transferência a uma instituição privada sem fins lucrativos, no Subsistema de Informações Patrimoniais – Lançamento SP nº 43[18]

D – 353.1	Transferências a Instituições Privadas Sem Fins Lucrativos	900,00
C – 123.10.04	Móveis e Utensílios	900,00

– Registro contábil da Variação Patrimonial Diminutiva, relativa a depreciação de veículos, no Subsistema de Informações Patrimoniais – Lançamento SP nº 44[19]

D – 361.10.01	Redução a Valor Recuperável de Bens Móveis	500,00
C – 123.81.01	Depreciação Acumulada – Bens Imóveis	500,00

---

[16] Este lançamento foi apresentado na Dívida Pública e deve ser efetuado, sempre que necessário. O valor registrado corresponde ao ajuste da taxa cambial, em razão da desvalorização da nossa moeda, em relação à moeda estrangeira de origem.

[17] Este lançamento se refere ao cancelamento da dívida ativa por impossibilidade de recebimento e constou do capítulo sobre a Receita Pública, na parte da dívida ativa.

[18] Este lançamento se refere à doação de um veículo feita a uma instituição privada sem fins lucrativos.

[19] Este lançamento se refere à depreciação de veículos, relativa a 1(um) mês.

12

Créditos Adicionais

1 Conceito

São valores que se adicionam ou acrescem ao orçamento, quer como reforço de dotações existentes, quer como dotações destinadas a cobertura de encargos provenientes da criação de novos serviços, ou, ainda, para atender a despesas imprevisíveis e urgentes.

Podem ainda os créditos adicionais, do ponto de vista legal, ser definidos da seguinte forma: "são autorizações de despesas não computadas ou insuficientemente dotadas na Lei do Orçamento".[1]

Supõe-se que, existindo um processo de planejamento e orçamento integrado, em que se utilizam técnicas que visem à concretização de objetivos e metas, devidamente formulados num instrumento denominado Orçamento por Programas, por nós já absorvido, quer pelos aspectos legais existentes, quer pela efetiva implantação pela Administração Pública, a existência dos créditos adicionais tende a reduzir-se ao mínimo e talvez venha a ser de uso excepcional.

Entretanto, tal não ocorre ainda. E muitos são os fatores que concorrem para que essa redução de créditos adicionais não se efetive. Para não me alongar muito neste assunto, menciono que os principais fatores que influem negativamente são: a falta de um planejamento – planos de longo e médio prazos e definição clara de objetivos e metas; e um sistema de controle e avaliação de resultados.

Aliás, a falta desses pressupostos essenciais, pertinentes ao processo de planejamento-orçamento integrado, aliada à sistemática orçamentária em uso, em que, em face da

---

[1] Artigo 40, da Lei Federal nº 4.320/64.

adoção de procedimentos visando a uma margem de segurança efetiva, na estimação das receitas, que geralmente é subestimada, acaba por provocar a fixação de dotações na lei do orçamento, em níveis inferiores aos necessários.

Diga-se também que a sistemática a que nos referimos, até certo ponto feita para atender gastos com precaução, possui, ainda, a anuência do Poder Legislativo, amparada pelo disposto no artigo 7º da Lei Federal nº 4.320/64, que diz textualmente: "A Lei de Orçamento poderá conter autorização ao Executivo para: I – abrir créditos suplementares até determinada importância, obedecidas as disposições do artigo 43", e que esse dispositivo está resguardado na Constituição Federal.[2]

Outro aspecto que deve ser abordado é o relativo à obrigatoriedade da elaboração dos Planos Plurianuais, que esperamos não sigam os trâmites dos Orçamentos Plurianuais de Investimentos. Como se trata de uma obrigatoriedade legal, geralmente são elaborados esses Planos; entretanto, a parte que deve corresponder ao exercício e que deveria proporcionalmente ser introduzida no Orçamento Programa anual, seguindo a sistemática já descrita, acaba não satisfazendo os objetivos delineados.

A título de esclarecimento, os Orçamentos Plurianuais de Investimento seriam uma espécie de planos de médio prazo, a que nos referimos, porém, somente para a parte de capital – receita e despesa.

2 Classificação

Os créditos adicionais classificam-se em:

I – Suplementares;

II – Especiais; e

III – Extraordinários.

I – Créditos suplementares

Destinam-se ao reforço de dotações orçamentárias.[3] Uma ilação óbvia é a de que, para haver um reforço, é necessário que haja a dotação orçamentária.

Portanto, créditos suplementares são autorizações para reforço de dotações orçamentárias que, por qualquer motivo, tornaram-se insuficientes. Acrescem-se aos valores das dotações constantes da Lei Orçamentária.

II – Créditos especiais

São os destinados a despesas para as quais não haja dotação orçamentária específica.[4]

---

[2] Constituição Federal, § 8º do artigo 165.

[3] Inciso I, do artigo 43, da Lei Federal nº 4.320/64.

[4] Inciso II, idem.

Créditos especiais são autorizados para cobertura de despesas eventuais ou essenciais e por isso mesmo não consideradas na Lei do Orçamento.

Essas autorizações, que são concedidas pelo Poder Legislativo, e consubstanciadas na promulgação de uma Lei de caráter especial, como está descrito, podem ser utilizadas para cobertura de despesas eventuais ou especiais, isto quer dizer que o Poder Executivo para bem executar as suas funções às vezes cria novo serviço.

Com a criação desse novo serviço, haverá necessidade de uma programação de gastos, através da criação de programas, projetos e atividades, e a eles ser consignadas dotações adequadas. Para a obtenção desses recursos, o Poder Executivo deve enviar um projeto de lei, solicitando uma autorização para abertura de crédito especial, e o Poder Legislativo, representando o povo, analisa e concede ou não a autorização solicitada.

Fica claro que, no exercício seguinte, já devem ser tomadas as providências para que, caso esse serviço se prolongue, sejam alocadas as dotações necessárias, na lei orçamentária, ressalvados os casos em que os saldos ainda possam ser utilizados. Isto é, o crédito especial cria as categorias funcionais-programáticas, para atender a objetivos e metas não previstos na Lei do Orçamento. Destarte, à medida que melhora o processo de planejamento e que seus resultados são expressos em programas no orçamento, os créditos adicionais seguramente terão caráter de exceção.

III – Créditos extraordinários

São os destinados a despesas urgentes e imprevistas, em caso de guerra, comoção intestina ou calamidade pública.[5]

Na realidade, a nosso ver, houve uma imprecisão na colocação do termo "despesas urgentes e imprevistas", pois pode dar a impressão que houve falha de previsão, o que não é correto. Melhor seria a aplicação do termo "despesas urgentes e imprevisíveis", que caracteriza melhor o sentido que está sendo pretendido. Aliás, ressalte-se que a nova Constituição Federal corrigiu essa impropriedade.

Créditos Extraordinários são destinados a atender a despesas imprevisíveis e urgentes, como: as decorrentes de guerra; comoção intestina; ou calamidade pública. Caracteriza-se pela imprevisibilidade e urgência da despesa.

Esclarecendo o texto, verificamos que os créditos extraordinários, como o próprio nome já procura aclarar, são despesas que decorrem de fatos que não permitem um planejamento prévio, e ainda obriga o Poder Executivo a procedimentos sumários para atendimento rápido e urgente. Verificando-se os casos em que são exigidos, ou, como diz a Constituição Federal, são "admitidos", ou seja, para despesas "como as decorrentes de guerra, comoção interna ou calamidade pública",[6] conclui-se pela urgência de atendimento por parte do Poder Executivo.

Além do motivo de guerra, que acredito todos tenhamos em mente o que seja, há ainda a calamidade pública e a comoção intestina, que a Constituição Federal chama de

---

[5] Inciso III, do artigo 43, da Lei Federal nº 4.320/64.

[6] Constituição Federal, § 3º, do artigo 167.

subversão interna. *Calamidade pública* são fatos que ocorrem em detrimento da população, como, por exemplo, as inundações provocadas por tufões, vendavais ou trombas d'água, onde há o chamado *estado de calamidade pública*. Geralmente, existem os órgãos de defesa civil que, verificada a ocorrência, fazem um exame e verificação da situação, levantando todas as necessidades que o caso exige e, constatada a emergência, aconselham o Poder Executivo a "declarar o estado de calamidade pública".

Comoção intestina ou subversão interna são fatos que identificam uma revolta, motim, ou pertubação da ordem interna, como, por exemplo, nos casos em que determinadas camadas da população, operários de determinado tipo de indústria, bancários, boias-frias etc., procurando defender seus interesses e reivindicações e não obtendo resposta a curto prazo, iniciam greves e, como uma bola de neve, esse movimento adquire caráter político, insuflado por agitadores, que acabam desvirtuando o motivo do movimento, promovendo quebra-quebras, saques a lojas, depredando bens públicos e particulares, e assim por diante. A ocorrência desses fatos caracteriza a comoção intestina ou subversiva interna, que exigiria ação imediata do Poder Executivo para coibição dos abusos e a manutenção da ordem e da segurança pública.

3 Autorização e abertura

Autorização, em termos genéricos, refere-se à faculdade concedida ao administrador para realizar determinada operação de receita ou despesa pública. Entretanto, neste estudo, e especialmente, neste segmento, o que nos interessa, realmente, é a autorização legislativa e o seu entendimento.

Autorização legislativa é a faculdade concedida por lei e, portanto, referendada pelo Poder Legislativo, em nome do povo, por ser seu lídimo representante, para realização de operações financeiras. E aqui deve ser entendida como faculdade concedida por lei, para realização de despesa orçamentária.

Abertura é o ato administrativo, geralmente baixado por decreto do Poder Executivo, que discrimina e especifica a despesa orçamentária fixada através da devida autorização legislativa.

Feitas as conceituações necessárias ao perfeito entendimento dos assuntos que estão envolvidos nesta parte, vamos a seguir descrever o assunto relativo à autorização e abertura dos créditos adicionais.

Os créditos suplementares necessitam de uma autorização legislativa que os fixe, determine o limite de valor que devem ser acrescidos, aumentados, enfim, suplementados aos valores já constantes do orçamento. Essa autorização pode ser dada através de lei especialmente concedida para tal, mas também pode estar inserida na própria Lei de Orçamento, aliás, como tem-se verificado nos últimos anos, e encontra guarida legal, consoante o disposto no artigo 7º da Lei Federal nº 4.320/64, onde se vê:

> "Artigo 7º A Lei de Orçamento poderá conter autorização ao Executivo para:
>
> I – abrir créditos suplementares até determinada importância, obedecidas as disposições do artigo 43."

Os créditos especiais, da mesma forma que os suplementares, também necessitam da autorização legislativa que os fixe, determinem os limites de valor da despesa. Nesse caso, a autorização dá-se normalmente, através de lei especial específica para cada caso.

Esperamos ter deixado bem claro que "os créditos suplementares e especiais são autorizados por lei ... ", portanto necessitam de uma autorização legislativa, e só então serão objetos de discriminação e especificação da despesa autorizada, para serem "abertos por decreto do poder executivo".[7]

Assim, os créditos adicionais suplementares e especiais, uma vez autorizados, são abertos por decreto do Poder Executivo, observando-se que "o ato que abrir crédito adicional, indicará a importância e espécie do mesmo e a classificação da despesa até onde for possível, o que, geralmente, por imposição legal, deve ser feita pelo menos a nível de elemento de despesa".[8]

Relativamente aos créditos extraordinários, a autorização legislativa, em vista das características de sua utilização serem para despesas imprevisíveis e urgentes, será efetuada a posteriori, isto é, não necessita da autorização legislativa antes da abertura.

Por isso, "os créditos extraordinários são abertos por decreto do Poder Executivo, que deles dará imediato conhecimento ao Poder Legislativo".[9] Pelo exposto, o crédito extraordinário é uma autorização para despesas, com caráter emergencial, e em vista da urgência de que é revestida pode o Poder Executivo proceder à sua abertura por decreto, porém obriga-se a encaminhar os atos relativos ao crédito com as respectivas justificativas ao Poder Legislativo, para conhecimento, uma vez que é necessária a homologação daquele ato.

4 Vigência

Vigência, em termos de autorização legislativa relativa a créditos adicionais, diz respeito ao tempo durante o qual vigora, ou seja, o período de tempo durante o qual a autorização tem eficácia.

As autorizações relativas aos créditos suplementares têm vigência restrita ao exercício,[10] isto é, o Poder Legislativo concede a autorização através da própria Lei do Orçamento, como já foi explicado, ou através de leis próprias ou específicas, e possuem vigência restrita ao exercício em que foram concedidas.

Com respeito às autorizações relativas aos créditos especiais podem conter duas situações distintas, em termos de vigência legal.

Uma diz respeito às autorizações ocorridas até o final do oitavo mês – 31 de agosto – cuja vigência é adstrita ao exercício financeiro em que forem autorizadas, procedimento idêntico aos mencionados para os créditos suplementares.

---

[7]   Artigo 42, da Lei Federal nº 4.320/64.

[8]   Artigo 46, idem.

[9]   Artigo 44, idem.

[10]   Artigo 45, da Lei Federal nº 4.320/64.

A outra relaciona-se com as autorizações que forem promulgadas nos últimos quatro meses do exercício – 1º de setembro a 31 de dezembro – cuja vigência é plurianual, isto é, pode ser estendida até o término do exercício financeiro subsequente.[11]

Ainda com respeito à vigência dos créditos especiais, deve-se realçar que esses procedimentos são, até certo ponto, coerentes, tendo em vista a finalidade para as quais são destinados, como sejam, despesas para as quais não haja dotação orçamentária específica, geralmente decorrentes da criação de novos serviços e, como a essa altura a proposta orçamentária do exercício seguinte já terá sido encaminhada ao Poder Legislativo, nela também não se terá colocado o recurso orçamentário específico.

Em face de a vigência ser estendida até o término do exercício financeiro subsequente, os créditos especiais promulgados nos últimos quatro meses do exercício são reabertos pelos limites dos saldos existentes. Isso quer dizer que os valores realizados no exercício financeiro em que forem promulgados os créditos especiais pertencem a ele, e os limites de saldos que forem reabertos no exercício seguinte pertencem àquele exercício, na medida em que forem realizados, ou seja, pelos valores nele realizados – empenhados.

E, relativamente às autorizações para créditos extraordinários, a vigência obedece aos mesmos requisitos expostos para as duas situações descritas para os Créditos especiais, aliás, diga-se a bem da verdade, o disposto na Constituição Federal é o mesmo, para ambos os créditos.[12]

5 Indicação e especificação de recursos

A abertura de créditos suplementares e especiais depende da existência de recursos disponíveis para ocorrer a despesa.[13] Consideram-se recursos, para abertura de créditos suplementares e especiais, desde que não comprometidos:

I – superávit financeiro apurado em balanço patrimonial do exercício anterior

Entende-se por *superávit financeiro* a diferença positiva entre o ativo financeiro e o passivo financeiro, conjugando-se, ainda, os saldos dos créditos adicionais transferidos e as operações de crédito a eles vinculadas.

II – provenientes de excesso de arrecadação

Entende-se por excesso de arrecadação o saldo positivo das diferenças acumuladas mês a mês entre as arrecadações prevista e a realizada, considerando-se, ainda, a tendência do exercício.

E, para o fim de apurar os recursos utilizáveis, provenientes do excesso de arrecadação, deve-se deduzir a importância dos créditos extraordinários abertos no exercício.

---

[11] § 2º do Artigo 167, da Constituição Federal.

[12] Idem 11.

[13] Artigo 43 e seus parágrafos e incisos, da Lei Federal nº 4.320/64.

III – resultantes da anulação parcial ou total de dotações orçamentárias ou de créditos autorizados em lei

Entende-se por *anulação parcial ou total de dotações orçamentárias ou de créditos adicionais* a redução de parte, ou integral, de dotações consignadas na Lei do Orçamento ou em créditos adicionais, pois, tendo sido devidamente autorizadas, já possuíam recursos financeiros de cobertura. Portanto, possuindo recursos financeiros de cobertura, ao serem anulados ou reduzidos, quer parcial ou totalmente, há sobra do recurso correspondente, que pode ser reaproveitado, por disponível, para ocorrer a despesa de novos créditos adicionais.

IV – produtos de operações de crédito autorizadas, em forma que, juridicamente, possibilite o Poder Executivo realizá-las

Para o bom entendimento desse texto, necessário se faz uma explicação abrangente sobre as operações de crédito.

Preliminarmente, vamos definir o que seja Operações de Crédito. *Operação de crédito* é a designação de débitos de curto ou longo prazo, provenientes de empréstimos ou financiamentos contraídos pelo governo, e que constituem a Dívida Pública.

Identifica-se a existência de dois tipos de operações de créditos de curto prazo e de longo prazo. As *operações de crédito*, provenientes de *empréstimos de curto prazo*, constituem, em virtude de o *prazo de resgate ser inferior a doze meses, operações de crédito por antecipação de receita* e, como tal, integram o grupo das *dívidas flutuantes*. E as *operações de crédito*, provenientes de *empréstimos* ou *financiamentos* de *longo prazo*, constituem, em virtude de o *prazo de resgate ser superior a doze meses*,[14] operações de crédito *sujeitas a autorização legislativa*, e por isso integram o grupo de *dívida fundada*.

Quanto às primeiras, as operações de crédito por antecipação de receita, que correspondem, geralmente, a "títulos (públicos) de renda contra os quais recebe o Estado, determinando quantias em dinheiro, como antecipação da receita, para restituí-las em época fixada", e "limitada à duração do exercício financeiro".[15] Pelas características aqui descritas, e ainda pelo texto da lei que dispõe "não se consideram para fins da receita orçamentária as operações de crédito por antecipação da receita",[16] não se compreende dentre as operações de crédito que podem ser consideradas como recursos hábeis, para abertura de créditos suplementares e especiais, mas tão somente entradas compensatórias no ativo e passivo financeiros, como dívida flutuante que são.

Quanto às outras operações de créditos de longo prazo, isto é, de prazo de resgate superior a doze meses, por se constituírem em dívida fundada, necessitam de autorização legislativa; entretanto, preliminarmente, o seu limite de endividamento depende de

---

[14]   Artigo 98, da Lei Federal nº 4.320/64.

[15]   Artigos 595 e 598, do Regulamento de Contabilidade Pública, Decreto nº 15.783/22.

[16]   Parágrafo único, do artigo 3º, da Lei Federal nº 4.320/64.

autorização do Senado Federal, a quem compete "autorizar empréstimos, operações ou acordos externos, de qualquer natureza, de interesse dos Estados, do Distrito Federal e dos Municípios, ouvido o Poder Executivo Federal".[17] Portanto, esse tipo de operação de crédito somente pode ser realizado mediante solicitação do interessado (Estados, Distrito Federal e Municípios) ao Ministério da Fazenda, ouvido o Banco Central do Brasil que, se aceitar as justificativas e documentos apresentados, encaminha-os ao Senado Federal que, por sua vez, se aprová-las, edita uma resolução autorizatória do respectivo limite.

Estas sim enquadram-se e podem ser compreendidas como sendo as operações de créditos consideradas como recursos hábeis, para abertura de créditos adicionais e também para cobrir eventuais déficits orçamentários, por se constituírem em dívida fundada.

Agora, podemos interpretar o texto descrito para os recursos provenientes do "produto de operações de crédito autorizadas em forma que, juridicamente, possibilite o Poder Executivo realizá-las". Obviamente, trata-se de operações de crédito, devidamente autorizadas pelo Senado Federal, e de cujo limite haja disponibilidade que possa ser utilizada para cobertura de créditos adicionais.

5.1 Escrituração contábil dos créditos adicionais

A escrituração contábil dos créditos adicionais refere-se aos valores autorizados pelo Poder Legislativo, quer na própria Lei de Orçamento, quer por Leis Especiais, e que são abertos pelo Poder Executivo, acrescendo-se aos créditos fixados para serem realizados no exercício. Uma vez abertos, pelo Poder Executivo, através de publicação oficial, e, devidamente registrados nos controles da despesa, discriminando-o no detalhe necessário, providencia-se a escrituração contábil. Note-se que existem três tipos de créditos adicionais: Suplementares, Especiais e Extraordinários. Os procedimentos devem ser feitos da seguinte forma:

33 – Pela abertura dos créditos adicionais

I – Relativa a *Créditos Suplementares*

– Registro contábil da abertura de Créditos Suplementares para execução da despesa no Subsistema de Informações Orçamentárias – Lançamento SO nº 40

D – 522.12.10	CRÉDITO ADICIONAL – SUPLEMENTAR	5.000,00
D – 522.12.12	DESPESAS DE CAPITAL	5.000,00
C – 622.11	CRÉDITO DISPONÍVEL	5.000,00
C – 622.11.02	DESPESAS DE CAPITAL	5.000,00
	Pelo registro do crédito suplementar	

---

[17] *Constituição Federal*, incisos V, VI, VII, VIII e IX do artigo 52.

II – Relativa a *Créditos Especiais*

– Registro contábil da abertura de Créditos Especiais para execução da despesa no Subsistema de Informações Orçamentárias – Lançamento SO nº 41

D – 522.12.20	CRÉDITO ADICIONAL – ESPECIAL	
D – 522.12.21	CRÉDITOS ESPECIAIS ABERTOS	<u>2.000,00</u>
D – 522.12.21.1	DESPESAS CORRENTES	2.000,00
C – 622.11	<u>CRÉDITO DISPONÍVEL</u>	<u>2.000,00</u>
C – 622.11.01	DESPESAS CORRENTES	2.000,00

Pelo registro do crédito especial aberto

III – Relativa a *Créditos Extraordinários*

– Registro contábil da abertura de Crédito Extraordinário para execução da despesa no Subsistema de Informações Orçamentárias – Lançamento SO nº 42

D – 522.12.30	CRÉDITO ADICIONAL – EXTRAORDINÁRIO	
D – 522.12.31	CRÉDITOS EXTRAORDINÁRIOS ABERTOS	<u>3.000,00</u>
D – 522.12.31.1	DESPESAS CORRENTES	2.000,00
D – 522.12.31.2	DESPESAS DE CAPITAL	1.000,00
C – 622.11	<u>CRÉDITO DISPONÍVEL</u>	<u>3.000,00</u>
C – 622.11.01	DESPESAS CORRENTES	2.000,00
C – 622.11.02	DESPESAS DE CAPITAL	1.000,00

Pelo registro do crédito extraordinário aberto

34 – Pela redução orçamentária para cobertura de créditos adicionais

– Registro contábil da redução de dotação para cobertura de Créditos Adicionais no Subsistema de Informações Orçamentárias – Lançamento SO nº 43

D – 622.11	<u>CRÉDITO DISPONÍVEL</u>	<u>1.000,00</u>
D – 622.11.01	DESPESAS CORRENTES	1.000,00
C – 522.11	<u>DOTAÇÃO INICIAL</u>	<u>1.000,00</u>
C – 522.11.01	DESPESAS CORRENTES	1.000,00

Pelo registro da redução de dotação para cobertura de crédito adicional

13

Fundos Especiais

1 Conceito

Os fundos especiais possuem um conceito, chamado teórico-legal, na seguinte conformidade:

> "Constitui fundo especial o produto de receitas especificadas que, por lei, se vinculam à realização de determinados objetivos ou serviços, facultada a adoção de normas peculiares de aplicação" (artigo 71, da Lei n° 4.320/64).

A instituição de fundos especiais, em geral, pressupõe a existência de produto de receitas especificadas que, geralmente, deverão ser encontradas em unidades administrativas que compõem os Ministérios Federais, Secretarias Estaduais e Municipais, que integram a chamada administração direta ou centralizada. Aliás, é exatamente nessas unidades da administração pública, que por qualquer motivo possuem arrecadação de receitas, que vamos encontrar a maior identificação de interesses na instituição de fundos especiais, no caso mais específico, do tipo "fundos especiais de despesa", até porque os outros tipos, geralmente, são instituídos para realização de fins específicos.

Por que isso ocorre?

Isso ocorre em virtude de existir o Princípio da Unidade de Tesouraria, ou seja, a obrigação de que o recolhimento de todas as receitas seja feito ao Tesouro (caixa único), atendendo ao que dispõe o artigo 56, da Lei n° 4.320/64:

> "Art. 56. O recolhimento de todas as receitas far-se-á em estrita observância ao princípio da unidade de tesouraria, vedada qualquer fragmentação para criação de caixas especiais."

Portanto, as unidades administrativas que possuírem a condição de arrecadarem receitas orçamentárias têm condições de pleitear a instituição de fundos especiais. Aliás, em termos práticos, a instituição de fundo especial é feita mediante uma autorização legislativa, ou seja, a unidade administrativa passa a ter o direito legal de, além de arrecadar as receitas, mantê-las em conta própria, chamada conta financeira ou conta-gráfica distinta, para utilização nas despesas orçamentárias que necessita executar para a realização dos objetivos ou serviços que lhe estão afetos, sem necessidade de que o recolhimento seja feito ao caixa único ou ao tesouro.

2 Classificação

É fora de dúvidas que o rol de possibilidades de receitas que podem ser arrecadadas pelas unidades administrativas é extenso, ressalvando-se, porém, que não são todas as receitas que podem ser utilizadas para instituição de fundos especiais, pois a Constituição Federal veda a vinculação a fundos de algumas, como as relativas a receita de impostos. Ressalvam-se os fundos que a própria Constituição excetua. É o que se vê no artigo 167, inciso IV, que diz textualmente:

"Art. 167. São vedados:

...

IV – a vinculação de receita de impostos a órgão, fundo ou despesa, ressalvadas a repartição do produto da arrecadação dos impostos a que se referem os arts. 158 e 159, a destinação de recursos para as ações e serviços públicos de saúde, para manutenção e desenvolvimento do ensino e para realização de atividades da administração tributária, como determinado, respectivamente, pelos arts. 198, § 2º, 212 e 37, XXII, e a prestação de garantias às operações de crédito por antecipação de receita, previstas no art. 165, § 8º, bem como o disposto no § 4º deste artigo."

Há, ainda, a exceção contida no art. 60, do Ato das Disposições Constitucionais Transitórias, que em seu inciso I autoriza a criação de um Fundo de Manutenção e Desenvolvimento da Educação Básica e de Valorização dos Profissionais da Educação, de natureza contábil, a ser criado no âmbito de cada Estado e do Distrito Federal (Lei nº 11.494, de 20 de junho de 2007, regulamentou o Fundo de Manutenção e Desenvolvimento da Educação Básica e de Valorização dos Profissionais da Educação – Fundeb, de que trata o art. 60, do Ato das Disposições Transitórias), em que se destina a participação de 20% de alguns impostos para a sua instituição.

Em razão da abrangência que pode ser verificada no rol das receitas que têm condições de serem utilizadas para a constituição de fundos especiais, desde as receitas correntes, ressalvada a restrição quanto aos impostos, como já foi descrito, até as receitas de capital e aquelas que são utilizadas para a constituição de fundo especial, cujo montante é totalmente distribuído, verifica-se que a classificação dos fundos especiais tem a razão de ordená-los em função das características de funcionamento e operacionalização que lhes são próprias.

Os fundos especiais classificam-se em:

I – Fundos Especiais de Despesa;

II – Fundos Especiais de Financiamento (Rotativos);

III – Fundos de Natureza Contábil.

I – Fundos Especiais de Despesa

Constituem os Fundos Especiais de Despesa as receitas que se vinculam à realização de objetivos ou serviços de órgãos ou unidades administrativas, que possuem as condições de execução orçamentária e financeira.

Os Fundos Especiais de Despesa podem contar com a arrecadação de diversas receitas; entre elas, podemos destacar as que mais têm sido utilizadas, como sejam:

– Receita Patrimonial;

– Receita Agropecuária;

– Receita Industrial;

– Receita de Serviços;

– Transferências Correntes;

– Contribuições de Pessoas Físicas e Jurídicas;

– Multas de natureza não tributária; e

– Juros e depósitos bancários.

Portanto, os Fundos Especiais de Despesa não possuem personalidade jurídica, sendo recomendável para sua constituição que, além da figura do gestor, os órgãos ou unidades administrativas possuam condições de autorizar despesas dentro dos limites impostos pelas dotações orçamentárias aprovadas, assinar notas de empenho e autorizar pagamentos dentro dos limites financeiros existentes, que são as competências destinadas aos ordenadores de despesas. É bem verdade que a figura dos gestores de fundos especiais pode ser acumulada pelo ordenador de despesa ou ser exercida por outro servidor designado para tanto.

Por conseguinte, a constituição dos fundos especiais de despesa pressupõe um grau de autonomia financeira, em razão de poder utilizar o produto de uma receita que é gerada no âmbito de atuação do órgão ou unidade administrativa, para a realização dos objetivos e serviços que lhe estão afetos com mais presteza, mas, para isso, precisa das condições descritas anteriormente, principalmente as de estarem diretamente subordinados aos ordenadores de despesa que, fatalmente agilizarão sua execução orçamentária e financeira.

II – Fundos Especiais de Financiamento

Constituem Fundo Especial de Financiamento as receitas que se vinculam à execução de programas de empréstimos e financiamentos a entidades públicas ou privadas, sem personalidade jurídica que, geralmente, devem ser administrados por uma instituição financeira oficial ou vinculada à administração pública.

Os Fundos Especiais de Financiamento podem contar, geralmente, com as seguintes receitas:

– Juros Bancários;

– Multas e Juros de Mora, de natureza não tributária;

– Receitas Diversas;

– Amortização de Empréstimos;

– Transferências de Capital;

– Contribuições ou Auxílios de Pessoas Físicas e Jurídicas.

Notamos que, em geral, os recursos que constituem os Fundos Especiais de Financiamento, além do recebimento da amortização, incluem também a arrecadação dos rendimentos, acréscimos e correções monetárias decorrentes dos empréstimos e financiamentos realizados. É óbvio que o recolhimento de todas essas receitas será considerado na contabilidade geral como conta financeira ou conta-gráfica distinta, permitindo um controle personalizado de cada fundo.

Por outro lado, os Fundos de Financiamento podem, em essência, também ser chamados de *fundos rotativos*, pois incorporam-se nos recursos do Fundo Especial de Financiamento o recebimento da amortização, juros, rendimentos, acréscimos e correção monetária, relativos aos empréstimos concedidos, que servirão para reaplicação mediante mais empréstimos e financiamentos, o que evidencia, efetivamente, a ação característica dos chamados fundos rotativos, ou seja, aplicação em empréstimos e financiamentos, retorno da amortização acrescida com os rendimentos obtidos, que, novamente, é aplicado em empréstimos e financiamentos, que retornam por meio de amortização, acrescida com os rendimentos obtidos, que é aplicado novamente em empréstimos e financiamentos, e assim sucessivamente.

III – Fundos de Natureza Contábil

Constituem Fundos de Natureza Contábil o recolhimento, a movimentação e controle de receitas e sua distribuição para a realização de objetivos ou serviços específicos, atendidas as normas de captação e utilização dos recursos que forem estabelecidas na lei de instituição do fundo.

Os fundos instituídos com essa característica de Fundo de Natureza Contábil foram o Fundo de Manutenção e Desenvolvimento do Ensino Fundamental e de Valorização do

Magistério (Fundef), instituídos no âmbito de cada Estado e do Distrito Federal, por meio da Lei nº 9.424, de 24 de dezembro de 1996, na forma prevista no art. 60, § 7º, do Ato das Disposições Transitórias. Esse fundo foi substituído pelo Fundo de Manutenção e Desenvolvimento da Educação Básica e de Valorização dos Profissionais da Educação (Fundeb).

O Fundo de Manutenção e Desenvolvimento da Educação Básica e de Valorização dos Profissionais da Educação (Fundeb), instituído, no âmbito de cada Estado e do Distrito Federal, é um fundo de natureza contábil, nos termos do art. 60 do Ato das Disposições Transitórias, regulamentado pela Lei nº 11.494, de 20 de junho de 2007.

Portanto, em cada Estado e no Distrito Federal, a instituição do Fundo de Manutenção e Desenvolvimento da Educação Básica e de Valorização dos Profissionais da Educação (Fundeb), o qual terá a natureza contábil (art. 1º, da Lei Federal nº 11.494/2007) na forma prevista no art. 60 do Ato das Disposições Constitucionais Transitórias, que por meio do art. 3º da citada lei, os fundos são compostos por 20% (vinte por cento) dos impostos previstos na Constituição Federal; Imposto sobre a Transmissão *Causa Mortis* e Doações (inciso I do art. 155); ICMS (inciso II do art. 155); IPVA (inciso III do art. 155); parcela do produto da arrecadação do imposto que a União eventualmente instituir no exercício da competência que lhe é atribuída pelo inciso I do *caput* do art. 154 da Constituição Federal; Quota Parte de 50% do ITR, devida aos Municípios; Fundo de Participação dos Estados e do Distrito Federal – FPE; Fundo de Participação dos Municípios – FPM; IPI proporcional às exportações – IPIexp; as receitas da dívida ativa tributária relativa aos impostos previstos nesse artigo, bem como juros e multas eventualmente incidentes; e deve-se incluir na base de cálculo o montante de recursos financeiros transferidos pela União aos Estados, ao Distrito Federal e aos Municípios, conforme disposto na Lei Complementar nº 87, de 13 de setembro de 1996 e, também, a União poderá complementar os fundos, caso o valor médio ponderado por aluno, não alcançar o mínimo definido nacionalmente.

A principal característica do Fundeb, de natureza contábil, é servir para arrecadação das receitas previstas na legislação, que será distribuída entre o governo estadual e os de seus municípios, na proporção do número de alunos matriculados nas respectivas redes de educação básica pública presencial, para contas únicas e específicas dos Governos Estaduais, do Distrito Federal e dos Municípios, vinculadas ao Fundo, instituídas para esse fim e mantidas em instituição financeira, de modo que o volume de receita recolhido seja idêntico ao volume de despesa repassado, ficando o Fundeb, ao final do processo, com saldo ZERO.

3 Do funcionamento

Precisamos neste momento apresentar alguns pontos importantes para o bom entendimento do funcionamento e operacionalização dos fundos especiais, a saber:

1. Realçando primeiramente o que diz ser "vedada a instituição de fundos de qualquer natureza, sem prévia autorização legislativa" (inciso IX, do artigo 167, da Constituição Federal).

Notamos que a instituição de fundos de qualquer natureza deverá sempre ser feita por meio de uma autorização legislativa, ou seja, de uma lei. E, aliás, isso fica evidenciado pelo conceito teórico-legal, que diz: "constitui fundo especial o produto de receitas especificadas que, *por lei*, se vinculam à realização de determinados objetivos ou serviços, facultada a adoção de normas peculiares de aplicação" (artigo 71, da Lei nº 4.320/64).

Neste ponto, devemos fazer uma reflexão sobre o aspecto legal, pois há necessidade de se identificar qual a lei que autoriza a instituição dos Fundos. Isso é importante, porque poderemos encontrar uma lei federal que trata da instituição de um Fundo, no âmbito do Governo Federal, uma lei estadual que trata da instituição de um Fundo, no âmbito do Governo Estadual, e uma lei municipal que trata de instituição de um Fundo, no âmbito do Governo Municipal.

Entretanto, há ocasiões, como é o caso da Lei Federal nº 11.494, de 20 de junho de 2007, em que dispôs sobre o Fundo de Manutenção e Desenvolvimento da Educação Básica e de Valorização dos Profissionais de Educação (Fundeb), na forma prevista no art. 60 do Ato das Disposições Constitucionais Transitórias em que ficou estabelecido pelo seu art. 1º o seguinte:

> "Art. 1º É instituído, no âmbito de cada Estado e do Distrito Federal, um Fundo de Manutenção e Desenvolvimento da Educação Básica e de Valorização dos Profissionais de Educação – Fundeb, de natureza contábil, nos termos do art. 60 do Ato das Disposições Constitucionais Transitórias – ADCT."

Portanto, o Fundeb é um fundo especial, de natureza contábil, cuja instituição é autorizada por uma lei federal, no âmbito de cada Estado e do Distrito Federal, que é composto por recursos provenientes do Estado/Distrito Federal e de seus Municípios; não é originário de lei estadual ou municipal, donde concluímos que, embora seja instituído no âmbito do Estado/Distrito Federal, não pertence ao Governo Estadual ou ao Distrito Federal, mas constitui-se, na realidade, em uma conta financeira administrada por uma instituição bancária, no caso o Banco do Brasil, que funciona como agente financeiro do fundo.

Observe-se que toda a parte da execução orçamentária dos recursos que serão destinados do Fundeb será objeto de dotações nas leis de orçamento do Estado, do Distrito Federal e dos Municípios que, desde 2009 até 2020, será correspondente aos 20% das receitas especificadas, além da complementação da União, que constituirão a receita contábil (financeira) do fundo e a distribuição será a despesa (contábil) financeira do fundo, e corresponderá ao valor do cálculo proveniente do número de matrículas existentes no Estado, Distrito Federal e Municípios, sendo que "os Municípios atuarão prioritariamente no Ensino Fundamental e na Educação Infantil"[1] e "Os Estados e o Distrito Federal atuarão prioritariamente no ensino fundamental e médio".[2]

---

[1] § 2º, do art. 211, da Constituição Federal, redação dada pela Emenda Constitucional nº 14, de 1996.

[2] § 3º, idem, idem.

2. Em seguida, desejamos destacar outra importante menção a respeito dos fundos especiais, qual seja a de que: "a aplicação das receitas orçamentárias vinculadas a fundos especiais far-se-á através de dotação consignada na lei de orçamento ou em créditos adicionais" (artigo 72, da Lei nº 4.320/64).

O destaque mencionado expõe objetivamente a determinação legal de que os fundos especiais, por se constituírem pelo produto de receitas especificadas, que apresentam como característica serem de origem orçamentária, e, portanto, integrarem a lei de orçamento, para que possam ser utilizadas na realização dos objetivos ou serviços a que se vinculam, tenham sua aplicação feita por meio de dotação consignada na lei de orçamento ou em créditos especiais.

Nesse ponto, cabe realçar uma importante ilação sobre o que foi descrito nas menções, qual seja, a sujeição ao tratamento orçamentário que deverá ser realizado, no funcionamento e operacionalização dos fundos especiais, tanto do ponto de vista da previsão e arrecadação das receitas, quanto na parte relativa à fixação de dotação específica, que será utilizada por meio da emissão de empenhos, liquidação e pagamento das despesas que se fizerem necessárias para a realização dos seus objetivos e serviços. Cabe, ainda, ressaltar que a emissão de empenho nas dotações específicas dos fundos especiais pressupõe a existência de recursos financeiros disponíveis para sua cobertura.

3. Na sequência, outro aspecto que deve ser destacado diz respeito ao fato de que "salvo determinação em contrário da lei que o instituiu, o saldo positivo do fundo especial apurado em balanço será transferido para o exercício seguinte, a crédito do mesmo fundo" (artigo 73, da Lei nº 4.320/64).

Essa menção evidencia o caráter de vinculação das receitas dos fundos especiais com a realização de determinados objetivos e serviços, pois é fora de dúvidas que o saldo positivo do fundo especial apurado em balanço deva ser transferido para o exercício seguinte, a crédito do mesmo fundo, para lhe dar condições de continuidade de realizar suas atividades.

Observa-se a necessidade de serem adotados procedimentos que procurem preservar o saldo financeiro existente, para utilização no exercício seguinte em nome do mesmo fundo, ao mesmo tempo em que evita-se a emissão de empenhos sem cobertura financeira, que, aliás, também estão em sintonia e atendem aos preceitos da lei de responsabilidade fiscal.

É óbvio que, por determinação da lei que o instituir, poderá ser dada outra destinação ao saldo positivo do fundo especial apurado em balanço, porém, embora exista essa possibilidade legal, essa faculdade não tem sido levada a efeito, até porque as receitas dos fundos especiais, em geral, não são suficientes para cobertura dos objetivos e serviços que necessitam realizar, constituindo-se em recursos financeiros complementares que podem ser utilizados com maior agilidade por estarem disponíveis.

4. Outro ponto que é utilizado na instituição de fundos especiais, e isso aplica-se à constituição de qualquer tipo de fundo especial, seja de despesa, de financiamento ou de natureza contábil, refere-se à criação de conselhos aos quais cabe orientar a aplicação dos recursos e isso ocorre, geralmente, nos fundos especiais que têm possibilidade de

recolhimento de um volume significativo de receitas e, como elas estão vinculadas à realização de determinados objetivos e serviços, podem necessitar de normas peculiares de aplicação, visando ao melhor aproveitamento dos recursos disponíveis.

A título de exemplo, vamos mencionar a determinação legal existente na instituição do Fundo de Manutenção e Desenvolvimento da Educação Básica e de Valorização dos Profissionais da Educação (Fundeb), que diz:

> "O acompanhamento e o controle social sobre a distribuição, a transferência e a aplicação dos recursos dos fundos serão exercidos, junto aos respectivos governos, no âmbito da União, dos Estados, do Distrito Federal e dos Municípios, por conselhos instituídos especificamente para esse fim."[3]

Os conselhos serão criados por legislação específica, editada no pertinente âmbito governamental, observados os critérios de composição indicados nos §§ 1º a 13, do art. 24 da Lei Federal nº 11.494/2007.

5. Verifica-se, ainda, a premissa de que "a lei que instituir fundo especial poderá determinar normas peculiares de controle, prestação e tomada de contas, sem de qualquer modo, elidir a competência específica do Tribunal de Contas do órgão equivalentes" (artigo 74, da Lei nº 4.320/64).

Isso quer evidenciar que o fundo especial é instituído por lei, mas sujeito às normas relativas à execução orçamentária, quer para a arrecadação das receitas, como também no empenho das despesas por meio de dotações consignadas na Lei de Orçamento ou em créditos adicionais, e que o controle da execução orçamentária (controle externo) cabe ao Poder Legislativo e será exercido com o auxílio do Tribunal de Contas, poderão, entretanto, ser-lhe determinadas normas peculiares de controle, prestação e tomada de contas que não elidam a competência dos Tribunais de Contas.

Podemos mencionar, a título de exemplo, nesse caso, os fundos especiais de financiamento, em razão de se utilizarem de instituições financeiras, geralmente bancárias, para administrarem os recursos financeiros que lhes estão afetos e também necessitarem de Conselhos que deliberem e orientem a elaboração do plano de aplicações a serem realizadas com os recursos financeiros dos fundos, que geralmente deverão possuir normas peculiares de controle, prestação e tomadas de contas, para ordenar os procedimentos a serem adotados na realização das atividades pertinentes.

Isso se faz necessário, em virtude de a instituição financeira (bancária) utilizar procedimentos e contabilização próprios na administração dos recursos financeiros dos fundos, mas, por exemplo, ficam obrigados a apresentar balancetes mensais dos recebimentos e pagamentos efetuados, identificando-os segundo normas preestabelecidas. A administração pública, mensalmente, utilizará esses balancetes e eventuais demonstrativos de receitas e despesas para registrar em sua execução orçamentária o recolhimento da receita por fontes e rubricas próprias e também das despesas realizadas, pois, nesse particular, geralmente o órgão, por solicitação do gestor do fundo, atendendo às orientações, deve ter emitido empenho (utilizando a discriminação da natureza da despesa 3.3.90.39.00 – Ou-

---

[3] Art. 24, da Lei Federal nº 11.494, de 20 de junho de 2007.

tros Serviços de Terceiros – Pessoa Jurídica ou 4.5.90.66.00 – Concessão de Empréstimos e Financiamentos) em favor da instituição financeira (bancária), complementando os registros contábeis para identificação dos controles individualizados quando necessários.

É fora de dúvidas que os registros contábeis e os balancetes e demonstrativos gerenciais, mensais e atualizados, relativos à receita recebida e à despesa realizada à conta dos fundos, deverão ficar à disposição do Conselho e dos demais órgãos de controle interno e externo responsáveis pelo acompanhamento e fiscalização de sua execução financeira, orçamentária e contábil.

4 Da operacionalização

A instituição dos Fundos Especiais presume que o produto da receita que lhe é destinado vincula-se a realização de determinados objetivos ou serviços, cuja aplicação far-se-á por meio de dotação consignada na Lei de Orçamento ou em créditos adicionais, obviamente indicando que sua operacionalização seja procedida de acordo com as regras estabelecidas para a execução orçamentária dos recursos que lhe cabe administrar, na seguinte conformidade:

I – Nos Fundos Especiais de Despesa

a) Da Operacionalização da Receita

Partindo da premissa de que os fundos especiais devem ser operacionalizados por meio da execução orçamentária, nada mais justo que as receitas que lhes são destinadas, de acordo com a autorização legal de instituição, sejam identificadas na Discriminação das Receitas, por subalíneas, ou alíneas, nas origens, espécies ou rubricas específicas.

Assim, um fundo especial de despesa que poderá ser denominado de Fundo da Cultura que recolha receita relativa a serviços prestados e juros de aplicação bancária, por hipótese, deveria fazer uma estimativa de arrecadação dessas receitas, de acordo com o artigo 30 da Lei nº 4.320/64, e, no quadro da discriminação das receitas, colocar a previsão dessas receitas da seguinte forma:

1000.00.00	RECEITAS CORRENTES	
1300.00.00	RECEITA PATRIMONIAL	
1390.00.00	OUTRAS RECEITAS PATRIMONIAIS	
1390.01.00	JUROS SOBRE DEPÓSITOS BANCÁRIOS	
1390.01.01	Fundo da Cultura	10
1600.00.00	RECEITA DE SERVIÇOS	
1600.19.00	SERVIÇOS RECREATIVOS E CULTURAIS	
1600.19.01	OUTROS SERVIÇOS DE CULTURA	
1600.19.01.01	Fundo da Cultura	140
	Soma	150

b) Da Operacionalização da Despesa

O fundo especial de despesa há pouco mencionado, que, por hipótese, foi chamado de Fundo da Cultura, precisa também elaborar sua proposta orçamentária, agora relativamente aos gastos que necessita realizar com os recursos que foram apontados por meio dos estudos de estimativa da receita, no caso 150, até porque o valor da despesa deverá ser também de 150, ou seja, valor idêntico ao previsto para a receita.

Identificado o valor da despesa a ser alocada nas dotações do fundo, há que se pensar na Classificação Funcional-Programática, além dos elementos de despesa que serão utilizados para o cumprimento dos objetivos e serviços que devem ser realizados.

No que se refere à Classificação Funcional-Programática, o que nos parece mais recomendável é que se utilize em cada programa uma atividade própria em nome do Fundo, onde seriam colocados todos os elementos de despesa com os valores necessários. Esta providência possibilitaria não só um melhor acompanhamento da execução orçamentária e financeira mas, também, maior controle, pois a emissão de empenhos deverá sempre estar compatível com os recursos financeiros disponíveis (em caixa ou na conta bancária).

A despesa dos fundos especiais de despesa poderia ser apresentada, por exemplo, da seguinte forma:

13	CULTURA	
13.392	DIFUSÃO CULTURAL	
13.392.01	SUPORTE ÀS ATIVIDADES CULTURAIS	
13.392.01.01	FUNDO DA CULTURA	<u>150</u>
	Total	<u>150</u>

Obs.: Nesta Classificação Funcional-Programática devemos complementar com um Quadro demonstrativo, onde se alocariam os valores necessários, utilizando a Discriminação da natureza da despesa, nos elementos apropriados.

II – Dos Fundos Especiais de Financiamento

a) Da Operacionalização da Receita

Também nos casos dos Fundos Especiais de Financiamento, de acordo com a premissa de que os fundos especiais devem ser operacionalizados por meio da execução orçamentária, as receitas que a eles forem destinadas pela lei de criação devem ser identificadas na Discriminação das Receitas, por subalíneas ou alíneas, nas Origens, Espécies ou Rubricas específicas.

Assim, um fundo especial de financiamento, que poderá ser denominado de Fundo de Expansão da Rede de Águas e Esgotos e que recolha receita relativa a amortização de empréstimos, multas e juros de mora, por hipótese, deveria fazer uma estimativa de arrecadação dessas receitas, de acordo com o artigo 30 da Lei nº 4.320/64, e, no quadro da discriminação das receitas, colocar a previsão dessas receitas da seguinte forma:

1000.00.00	RECEITAS CORRENTES	
1900.00.00	OUTRAS RECEITAS CORRENTES	
1918.00.00	MULTAS E JUROS DE MORA DE OUTRAS RECEITAS	
1918.01.00	MULTAS E JUROS DE MORA DE EMPRÉSTIMOS CONCEDIDOS	
1918.01.01	Fundo de Expansão da Rede de Águas e Esgotos	100
2000.00.00	RECEITAS DE CAPITAL	
2300.00.00	AMORTIZAÇÃO DE EMPRÉSTIMOS	
2300.01.00	Fundo de Expansão da Rede de Águas e Esgotos	200
	Total	300

b) Da Operacionalização da Despesa

O Fundo Especial de Financiamento mencionado que, por hipótese foi denominado de Fundo de Expansão da Rede de Águas e Esgotos, precisa também elaborar sua proposta orçamentária, relativa aos gastos que necessita realizar com os recursos que foram apontados pelos estudos de estimativa da receita, no caso 300, até porque o valor da despesa deverá ser também de 300, ou seja, idêntico ao previsto para a receita.

Identificado o valor da despesa a ser alocada nas dotações do fundo, devemos pensar na Classificação Funcional-Programática, além dos elementos de despesa que serão utilizados para o cumprimento dos objetivos e serviços que devem ser realizados.

No que se refere à Classificação Funcional-Programática, o que nos parece mais recomendável é que se utilize em cada programa uma atividade própria em nome do Fundo, na qual seriam colocados todos os elementos de despesa com os valores necessários. Esta providência possibilitaria não só melhor acompanhamento da execução orçamentária e financeira mas, também, maior controle, pois a emissão de empenhos deverá sempre estar compatível com os recursos financeiros disponíveis (em caixa ou na conta bancária).

A despesa dos fundos especiais de financiamento poderia ser apresentada, por exemplo, da seguinte forma:

17	SANEAMENTO	
17.512	SANEAMENTO BÁSICO URBANO	
17.512.01	DESENVOLVIMENTO DA REDE DE ÁGUAS E ESGOTOS	
17.512.01.1001	Fundo de Expansão da Rede de Águas e Esgotos	300
	Total	300

Observação: Nesta Classificação Funcional-Programática, devemos complementar com quadro demonstrativo, onde se alocariam os valores necessários, utilizando a discriminação da natureza da despesa nos elementos apropriados.

III – Dos Fundos de Natureza Contábil

a) Da Operacionalização da Receita

Nos casos dos Fundos de Natureza Contábil, de acordo com a premissa de que os fundos especiais devem ser operacionalizados por meio da execução orçamentária, as receitas que a eles forem destinadas também devem ser identificadas na Discriminação das Receitas, por subalíneas ou alíneas, nas Origens, Espécies ou Rubricas específicas, obedecidas as determinações constantes na lei de criação.

Uma questão para a qual já tivemos oportunidade de alertar é o fato de os fundos de natureza contábil, geralmente, serem registrados em contas financeiras ou contas-gráficas, para a movimentação financeira da receita e da despesa. O que se nota é que os fundos de natureza contábil instituídos por leis estaduais, do Distrito Federal ou municipais dificilmente serão encontrados, atualmente, em razão do desenvolvimento e evolução da informatização e sistematização aliadas à técnica orçamentária.

A operacionalização da receita, no caso do Fundeb, por exemplo, é efetuada em dois momentos, a saber:

1º) Momento:

a) Das contribuições para formação do Fundeb

Os Estados, o Distrito Federal e os Municípios, de acordo com o disposto no art. 60, do Ato das Disposições Constitucionais Transitórias e no art. 3º da Lei Federal nº 11.494/2007, que dispõe sobre a instituição do Fundo de Manutenção e Desenvolvimento da Educação Básica e de Valorização dos Profissionais da Educação (Fundeb), devem destinar 20% (vinte por cento), dos seguintes impostos previstos na Constituição Federal:

I – Do Estado e do Distrito Federal

a) do ITCMD (art. 155, inciso I);

b) do ICMS (art.155, inciso II, parte estadual);

c) do IPVA (art.155, inciso III, parte estadual);

d) do FPE (art. 159, alínea "a" do inciso I);

e) da desoneração do ICMS (LC 87/96);

f) Quota Parte IPI Exportação (art. 159, inciso II);

g) receita da dívida ativa tributária, relativa aos impostos mencionados, inclusive juros e multas eventualmente incidentes.

II – dos Muncípios

a) do FPM (art. 159, alínea "b" do inciso I);

b) Quota-parte do ITR (art. 158, inciso II);

c) Quota-parte do IPVA (art. 158, inciso III);

d) Quota-parte do ICMS (art. 158, inciso IV);

e) da desoneração do ICMS (LC 87/96);

f) Quota-parte IPI Exportação (art. 159, inciso II, combinado com o § 3º);

g) receita da dívida ativa tributária, relativa aos impostos mencionados, inclusive juros e multas eventualmente incidentes.

III – da União

A União complementará os recursos dos fundos sempre que no âmbito de cada Estado e no Distrito Federal, o valor médio ponderado por aluno não alcançar o mínimo definido nacionalmente.

b) Dos procedimentos contábeis[4]

I – Nos Estados e no Distrito Federal

35 – Pelo reconhecimento das receitas

– Registro contábil do reconhecimento das transferências da União, no Subsistema de Informações Patrimoniais – Lançamento – SP nº 45

D – 112.30	CRÉDITOS DE TRANSFERÊNCIAS A RECEBER	2.000,00
D – 112.30.01	COTA-PARTE DO FPE	1.000,00
D - 112.30.12	COTA-PARTE DO IPI ex	600,00
D – 112.30.36	ICMS – DESONERAÇÃO LC Nº 87/96	400,00
C – 452.00	TRANSFERÊNCIAS INTERGOVERNAMENTAIS	2.000,00
C – 452.10.01	COTA-PARTE DO FPE	1.000,00
C – 452.10.12	COTA-PARTE DO IPI ex	600,00
C – 452.10.36	ICMS – DESONERAÇÃO LC Nº 87/96	400,00
	Pelo registro da VPA relativas à Transferência da União	

---

[4] Os lançamentos, aqui descritos, baseiam-se nos procedimentos contábeis apresentados no Manual de Contabilidade Aplicada ao Setor Público, no item 03.01.06 – Contabilização, da Parte III – Procedimentos Contábeis Específicos.

– Registro contábil do reconhecimento do crédito das receitas, no Subsistema de Informações Patrimoniais – Lançamento – SP nº 46

D – 112.10	CRÉDITOS TRIBUTÁRIOS A RECEBER	20.000,00
D – 112.10.05	IPVA	5.000,00
D – 112.10.07	ITCMD	1.000,00
D – 112.10.12	ICMS	14.000,00
C – 411.00	IMPOSTOS	20.000,00
C – 411.20	IMPOSTO S/ PATRIMÔNIO E A RENDA	6.000,00
C – 411.20.05	IPVA	5.000,00
C – 411.20.07	ITCMD	1.000,00
C – 411.30	IMPOSTO S/ A PRODUÇÃO E A CIRCULAÇÃO	14.000,00
C – 411.30.02	ICMS	14.000,00

Pelo reconhecimento da VPA relativa às receitas com impostos

36 – Pela arrecadação das receitas de transferências da União

– Registro contábil da arrecadação das receitas dos Estados/Distrito Federal, no Subsistema de Informações Patrimoniais – Lançamento – SP nº 47

D – 111.1	Caixa e Equivalente de Caixa em Moeda Nacional	2.000,00
C – 112.30	CRÉDITOS DE TRANSFERÊNCIAS A RECEBER	2.000,00
C – 112.30.01	COTA-PARTE DO FPE	1.000,00
C – 112.30.12	COTA-PARTE DO IPI ex	600,00
C – 112.30.36	ICMS – DESONERAÇÃO LC Nº 87/96	400,00

Pela arrecadação da receita orçamentária, relativa à transferências da União

– Registro contábil da arrecadação da receita de transferências da União, no Subsistema de Informações Orçamentárias – Lançamento SO nº 44

D – 621.11.72	TRANSFERÊNCIAS INTERGOVERNAMENTAIS	2.000,00
D – 621.11.72.01	COTA-PARTE DO FPE	1.000,00
D – 621.11.72.12	COTA-PARTE DO IPI ex	600,00
D – 621.11.72.36	ICMS – DESONERAÇÃO LC Nº 87/96	400,00
C – 621.21.72	TRANSFERÊNCIAS INTERGOVERNAMENTAIS	2.000,00
C – 621.21.72.01	COTA-PARTE DO FPE	1.000,00
C – 621.21.72.12	COTA-PARTE DO IPI ex	600,00
C – 621.21.72.36	ICMS – DESONERAÇÃO LC Nº 87/96	400,00

Pela arrecadação da receita orçamentária, relativa à transferências da União

240 Contabilidade Pública • Kohama

– Registro contábil do Controle da Disponibilidade de Recursos no Subsistema de Compensação – Lançamento SC nº 54

D – 721.1	CONTROLE DA DISPONIBILIDADE DE RECURSOS	2.000,00
C – 821.11	DISPONIBILIDADE POR DESTINAÇÃO DE RECURSOS	2.000,00
	Pelo controle da disponibilidade de recursos	

37 – Pela arrecadação da receita orçamentária

– Registro contábil da arrecadação das receitas dos Estados/Distrito Federal, no Subsistema de Informações Patrimoniais – Lançamento – SP nº 48

D – 111.1	Caixa e Equivalente de Caixa em Moeda Nacional	20.000,00
C – 112.10	CRÉDITOS TRIBUTÁRIOS A RECEBER	20.000,00
C – 112.10.05	IPVA	5.000,00
C – 112.10.07	ITCMD	1.000,00
C – 112.10.12	ICMS	14.000,00
	Pelo recebimento da receita orçamentária	

– Registro contábil da arrecadação das receitas dos Estados/Distrito Federal, no Subsistema de Informações Orçamentárias – Lançamento SO nº 45

D – 621.10.00	RECEITA A REALIZAR	
D – 621.11.00	RECEITA CORRENTE	
D – 621.11.01	RECEITA TRIBUTÁRIA	
D – 621.11.01.10	IMPOSTOS	20.000,00
D – 621.11.01.15	IPVA	5.000,00
D – 621.11.01.17	ITCMD	1.000,00
D – 621.11.01.18	ICMS	14.000,00
C – 621.20.00	RECEITA REALIZADA	
C – 621.21.00	RECEITA CORRENTE	
C – 621.21.01	RECEITA TRIBUTÁRIA	
C – 621.21.01.10	IMPOSTOS	20.000,00
C – 621.21.01.15	IPVA	5.000,00
C – 621.21.01.17	ITCMD	1.000,00
C – 621.21.01.18	ICMS	14.000,00
	Pela arrecadação da receita orçamentária	

– Registro contábil do Controle da Disponibilidade de Recursos no Subsistema de Compensação – Lançamento SC nº 55

D – 721.1	CONTROLE DA DISPONIBILIDADE DE RECURSOS	20.000,00
C – 821.11	DISPONIBILIDADE POR DESTINAÇÃO DE RECURSOS	20.000,00
	Pelo controle da disponibilidade de recursos	

38 – Pela dedução da receita de 20% das transferências da União para formação do Fundeb

– Registro contábil da dedução de 20%, das transferências da União para formação do Fundeb, no Subsistema de Informações Patrimoniais – Lançamento SP nº 49

D – 452.00	TRANSFERÊNCIAS INTERGOVERNAMENTAIS	<u>400,00</u>
D – 452.10.01	COTA-PARTE DO FPE	200,00
D – 452.10.12	COTA-PARTE DO IPI ex	120,00
D – 452.10.36	ICMS – DESONERAÇÃO LC Nº 87/96	80,00
C – 111.1	Caixa e Equivalente de Caixa em Moeda Nacional	<u>400,00</u>

Pela dedução dos 20% relativos à Transferência da União, para formação do Fundeb

– Registro contábil da dedução de 20% das transferências da União para formação do Fundeb, no Subsistema de Informações Orçamentárias – Lançamento SO nº 46

D – 621.30.00	DEDUÇÕES DA RECEITA ORÇAMENTÁRIA	
D – 621.31.00	RECEITA CORRENTE	
D – 621.31.72	TRANSFERÊNCIAS INTERGOVERNAMENTAIS	<u>400,00</u>
D – 621.31.72.01	COTA-PARTE DO FPE	200,00
D – 621.31.72.12	COTA-PARTE DO IPI ex	120,00
D – 621.31.72.36	ICMS – DESONERAÇÃO LC Nº 87/96	80,00
C – 621.10.00	RECEITA A REALIZAR	
C – 621.11.00	RECEITA CORRENTE	
C – 621.11.72	TRANSFERÊNCIAS INTERGOVERNAMENTAIS	<u>400,00</u>
C – 621.11.72.01	COTA-PARTE DO FPE	200,00
C – 621.11.72.12	COTA-PARTE DO IPI ex	120,00
C – 621.11.72.36	ICMS – DESONERAÇÃO LC Nº 87/96	80,00

Pelo registro da dedução dos 20% relativos à transferência da União, para formação do Fundeb

– Registro contábil do Controle da Disponibilidade de Recursos no Subsistema de Compensação – Lançamento SC nº 56

D – 821.11	DISPONIBILIDADE POR DESTINAÇÃO DE RECURSOS	400,00
C – 721.1	CONTROLE DA DISPONIBILIDADE DE RECURSOS	400,00

Pelo controle da disponibilidade de recursos relativa a dedução dos 20% para formação do Fundeb

39 – Pela dedução de 20% da receita orçamentária para formação do Fundeb

– Registro contábil da dedução de 20%, das receitas dos Estados/Distrito Federal para o Fundeb, no Subsistema de Informações Patrimoniais – Lançamento SP nº 50

D – 411.00	IMPOSTOS	4.000,00
D – 411.20	IMPOSTO S/ PATRIMÔNIO E A RENDA	1.200,00
D– 411.20.05	IPVA	1.000,00
D– 411.20.07	ITCMD	200,00
D – 411.30	IMPOSTO S/ A PRODUÇÃO E A CIRCULAÇÃO	2.800,00
D – 411.30.02	ICMS	2.800,00
C – 111.1	Caixa e Equivalente de Caixa em Moeda Nacional	4.000,00

Pela dedução dos 20% dos impostos, para formação do Fundeb

– Registro contábil da dedução de 20% das receitas dos Estados/Distrito Federal para o Fundeb, no Subsistema de Informações Orçamentárias – Lançamento SO nº 47

D – 621.30.00	DEDUÇÕES DA RECEITA ORÇAMENTÁRIA	
D – 621.31.00	RECEITA CORRENTE	
D – 621.31.01	RECEITA TRIBUTÁRIA	
D – 621.31.01.10	IMPOSTOS	4.000,00
D – 621.31.01.15	IPVA	1.000,00
D – 621.31.01.17	ITCMD	200,00
C – 621.31.01.18	ICMS	2.800,00
C – 621.10.00	RECEITA A REALIZAR	
C – 621.11.00	RECEITA CORRENTE	
C – 621.11.10	IMPOSTOS	4.000,00
C – 621.11.15	IPVA	1.000,00
C – 621.11.17	ITCMD	200,00
C – 621.11.18	ICMS	2.800,00

Pela dedução dos 20% dos impostos, para formação do Fundeb

– Registro contábil do Controle da Disponibilidade de Recursos no Subsistema de Compensação – Lançamento SC nº 57

D – 821.11	DISPONIBILIDADE POR DESTINAÇÃO DE RECURSOS	4.000,00
C – 721.1	CONTROLE DA DISPONIBILIDADE DE RECURSOS	4.000,00

Pelo controle da disponibilidade de recursos, relativa à dedução de 20% dos impostos, para formação do Fundeb

II – Nos Municípios

Os procedimentos contábeis deverão seguir o mesmo esquema exposto para os Estados e ao Distrito Federal.

Considerações: Conforme se observa, deve-se considerar na proposta orçamentária a apresentação da previsão da receita bruta (100%) e as deduções para formação do Fundeb (20%) das arrecadações das receitas mencionadas, ficando a despesa orçamentária fixada com base no valor líquido da receita prevista (80%).

2º) Momento

a) Das contribuições para formação do Fundeb

Refere-se à efetiva arrecadação do valor recebido do Fundeb, correspondente ao montante proporcional relativo ao número de alunos matriculados na rede de educação básica pública presencial.

O Fundeb, ao proceder a distribuição da parte que cabe aos Estados, ao Distrito Federal e aos Municípios, deverá considerá-la como despesa contábil, registrada na conta financeira administrada pela instituição bancária, no caso o Banco do Brasil que é o agente financeiro do fundo.

Ao receber o valor distribuído pelo Fundeb, os Estados, o Distrito Federal e os Municípios deverão considerá-lo como receita orçamentária, que poderá ser operacionalizado, procedendo-se o registro na seguinte classificação:

1724.00.00	TRANSFERÊNCIAS MULTIGOVERNAMENTAIS
1724.01.00	TRANSFERÊNCIAS DO FUNDEB

No caso de haver recebimento de recursos de complementação da União ao Fundeb, também deverá ser considerado como receita orçamentária, a ser operacionalizado, procedendo o registro do valor transferido relativo a complementação da União, na seguinte classificação:

1724.00.00	TRANSFERÊNCIAS MULTIGOVERNAMENTAIS
1724.02.00	TRANSFERÊNCIAS DE RECURSOS DA COMPLEMENTAÇÃO AO FUNDEB

b) Da operacionalização de despesa do Fundeb

O Fundeb recebe os valores das contribuições dos Estados, do Distrito Federal e dos Municípios e, também, da complementação da União, destinada à cobertura do valor médio por aluno, quando os recursos das contribuições não alcançar o mínimo definido nacionalmente.

A distribuição dos recursos do Fundeb deve obedecer o número de alunos matriculados na educação básica pública, de acordo com o Censo Escolar, sendo computados os alunos matriculados nos respectivos âmbitos de atuação prioritária, ou seja, "os Municípios atuarão prioritariamente no Ensino Fundamental e na Educação Infantil"[5] e "os

---

[5] § 2º, do art. 211, da Constituição Federal.

Estados e o Distrito Federal atuarão prioritariamente no Ensino Fundamental e Médio".[6] Os Estados, o Distrito Federal e os Municípios, poderão no prazo de 30 (trinta) dias da publicação dos dados do censo escolar no Diário Oficial da União apresentar recursos para retificação dos dados publicados.

O cálculo do valor anual por aluno do fundo, no âmbito de cada Estado e do Distrito Federal é obtido pela razão entre o total de cada fundo e o número de matrículas presenciais efetivas nos âmbitos de atuação prioritária, multiplicado pelos fatores de ponderação aplicáveis.

Os recursos dos Fundos, inclusive aqueles oriundos de complementação da União, serão utilizados pelos Estados, pelo Distrito Federal e pelos Municípios, no exercício financeiro em que lhes forem creditados, em ações consideradas como de manutenção e desenvolvimento do ensino para a educação básica pública.[7] Até 5% (cinco por cento) dos recursos recebidos à conta dos Fundos, inclusive relativos à complementação da União, recebidos nos termos do § 1º, do art. 6º da Lei nº 11.494/2007, poderão ser utilizados no 1º (primeiro) trimestre do exercício imediatamente subsequente, mediante abertura de crédito adicional.

Pelo menos 60% (sessenta por cento) dos recursos anuais totais dos Fundos serão destinados ao pagamento da remuneração dos profissionais do magistério da educação básica em efetivo exercício na rede pública.[8]

É vedada a utilização dos recursos dos Fundos:

I – no financiamento de despesas não consideradas como de manutenção e desenvolvimento da educação básica, como sejam:

a) pesquisa, quando não vinculada às instituições de ensino, ou, quando efetivada fora dos sistemas de ensino, que não vise, precipuamente, ao aprimoramento de sua qualidade ou à sua expansão;

b) subvenção a instituições públicas ou privadas de caráter assistencial, desportivo ou cultural;

c) formação de quadros especiais para administração pública, sejam militares ou civis, inclusive diplomáticos;

d) programas suplementares de alimentação, assistência médico-odontológica, farmacêutica e psicológica, e outras formas de assistência social;

e) obras de infraestrutura, ainda que realizadas para beneficiar direta ou indiretamente a rede escolar;

---

[6] § 3º, idem, idem.

[7] Art. 21, da Lei nº 11.494, de 20-6-2007.

[8] Art. 22, idem, idem.

f) pessoal docente e demais trabalhadores da educação, quando em desvio de função ou em atividade alheia à manutenção e desenvolvimento do ensino.

II – como garantia ou contrapartida de operações de crédito, internas ou externas, contraídas pelos Estados, pelo Distrito Federal ou pelos Municípios que não se destinem ao financiamento de projetos, ações ou programas como ação de manutenção e desenvolvimento do ensino para a educação básica.[9]

Em vista do que foi descrito anteriormente, os Fundos de Natureza Contábil também precisam elaborar a sua proposta orçamentária, relativa aos gastos que necessitam realizar com os recursos que foram apontados pelos estudos de estimativa da receita, até porque o valor da despesa deverá ser idêntico ao previsto para a receita.

A operacionalização da despesa deve ser entendida em dois momentos, a saber:

1º) Momento

Conforme já foi mencionado nas considerações finais do 1º momento da operacionalização da receita, o montante da despesa a ser fixado na proposta orçamentária deverá corresponder ao valor líquido da receita prevista (80%) das diversas arrecadações que serão utilizadas para a formação do Fundeb, para evitar que haja contagem em duplicidade.

Portanto, o valor da despesa orçamentária a ser fixada para o Fundeb, que se refere ao valor que corresponde ao montante relativo ao número de alunos matriculados nas redes de educação básica pública presencial, que se refere à participação que os Estados, o Distrito Federal e os Municípios têm direito a receber, será idêntico ao da previsão da receita classificada e identificada, como: 1724.01.00 – Transferências de Recursos do Fundeb. Se, também, tiver recursos da complementação da União, via Fundeb, a classificação será: 1724.02.00 – Transferências de Recursos de Complementação da União ao Fundeb.

A título de exemplo, a Classificação Funcional-Programática e a discriminação da natureza da despesa, identificada pelos códigos correspondentes, poderiam ser descritas da seguinte forma:

CATEGORIA FUNCIONAL-PROGRAMÁTICA

FUNÇÃO		12 EDUCAÇÃO
SUBFUNÇÃO	361	ENSINO FUNDAMENTAL
PROGRAMA	001	MELHORIA DO ENSINO FUNDAMENTAL
ATIVIDADE	009	Fundo de Manutenção e Desenvolvimento da Educação Básica e de Valorização dos Profissionais da Educação (Fundeb)

---

[9] Art. 23, incisos I e II, idem, idem.

NATUREZA DA DESPESA

CATEGORIA ECONÔMICA	3.0.00.00.00 – DESPESAS CORRENTES
GRUPO DE NATUREZA DA DESPESA	3.1.00.00.00 – PESSOAL E ENCARGOS SOCIAIS
MODALIDADE DE APLICAÇÃO	3.1.90.00.00 – APLICAÇÃO DIRETA
GRUPO DE NATUREZA DA DESPESA	3.3.00.00.00 – OUTRAS DESPESAS CORRENTES
MODALIDADE DE APLICAÇÃO	3.3.90.00.00 – APLICAÇÃO DIRETA

Obs.: a) na lei de orçamento, a discriminação da despesa, quanto à sua natureza, far-se-á, no mínimo, por categoria econômica, grupo de natureza da despesa e modalidade de aplicação;

b) no caso dos Estados e do Distrito Federal, haverá necessidade de se complementar a Categoria Funcional-Programática, pois ainda deverão atuar prioritariamente no Ensino Médio e, para tanto, precisarão alocar os recursos necessários para cobertura das despesas.

2º) Momento

Na execução orçamentária, para melhor identificar a aplicação dos recursos, parece-nos bastante interessante que a parcela recebida, relativamente à participação na distribuição do Fundeb, cujo valor corresponde ao número de alunos matriculados nas redes de educação básica pública presencial, seja alocada em dotação específica, vinculada a gastos em despesas correntes, até porque, conforme mencionamos na parte da operacionalização da receita, estamos classificando-a como Transferências Correntes, o que obrigará a utilizá-la em despesas correntes, conforme disposto no § 2º do art. 11 da Lei Federal nº 4.320/64.

Complementando a Classificação Funcional-Programática e a discriminação da natureza da despesa identificada pelos respectivos códigos, já mencionada na parte da operacionalização da receita, a execução da despesa Orçamentária poderá, para efeito de emissão de empenho, por exemplo, ser assim descrita:

CATEGORIA FUNCIONAL-PROGRAMÁTICA

FUNÇÃO	12	EDUCAÇÃO
SUBFUNÇÃO	361	ENSINO FUNDAMENTAL
PROGRAMA	001	MELHORIA DO ENSINO FUNDAMENTAL
ATIVIDADE	009	Fundo de Manutenção e Desenvolvimento da Educação Básica e de Valorização dos Profissionais da Educação (Fundeb)

NATUREZA DA DESPESA

CATEGORIA ECONÔMICA	3.0.00.00.00 – DESPESAS CORRENTES
GRUPO DE NATUREZA DA DESPESA	3.1.00.00.00 – Pessoal e Encargos
MODALIDADE DE APLICAÇÃO	3.1.90.00.00 – Aplicação Direta

ELEMENTO DE DESPESA	3.1.90.11.00 – Vencimentos e Vantagens Fixas – Pessoal Civil
ELEMENTO DE DESPESA	3.1.90.13.00 – Encargos Patronais
GRUPO DE NATUREZA DA DESPESA	3.3.00.00.00 – Outras Despesas Correntes
MODALIDADE DE APLICAÇÃO	3.3.90.00.00 – Aplicação Direta
ELEMENTO DE DESPESA	3.3.90.30.00 – Material de Consumo
ELEMENTO DE DESPESA	3.3.90.39.00 – Outros Serviços de Terceiros – PJ

Obs.: A classificação da natureza da despesa está aqui descrita apenas por dois elementos de despesa, mas, se houver outros, deverão ser colocados para melhor atender as despesas necessárias. Observe-se que aqui constou apenas o elemento de despesa, porém, se existir algum detalhamento, poderá ser complementado para melhor identificar o tipo de gasto.

5 Considerações finais

Com este trabalho, procuramos contribuir para o melhor entendimento do assunto relativo aos FUNDOS ESPECIAIS, tendo em vista as questões relativas à sua execução financeira e às implicações que acaba provocando na execução orçamentária.

Observamos do exposto que a instituição de fundos especiais depende da existência de produto de receitas que têm condições de ser utilizada para sua constituição, receitas essas que são classificáveis como Receita Orçamentária. Aliás, esse é o ponto importante que nos parece mereça ser realçado.

Assim como encontramos fundos especiais que são constituídos com a utilização de receitas já existentes, que é o que ocorre com os fundos especiais de despesa, também encontraremos, fatalmente, fundos especiais que são constituídos com a utilização de receitas criadas especialmente por meio da lei que os instituir, ou seja, não existiam, mas há necessidade de serem criadas para cumprir os objetivos ou serviços que se pretenda realizar, que é o que ocorre frequentemente com a instituição de fundos especiais de financiamento, pois, geralmente, em razão dos empréstimos e financiamentos que serão implementados, haverá necessidade de se criar a fonte de receita orçamentária para viabilizar a arrecadação da Amortização de Empréstimos, dos Juros etc.

Devemos mencionar que a instituição de fundos especiais deve provocar, nos órgãos onde são constituídos, uma adaptação, mas não uma modificação na estrutura organizacional, para a sua implementação, sendo necessária, eventualmente, uma revisão nos procedimentos.

Por exemplo, em razão de passar a arrecadar receita, precisamos providenciar formulários, como Guias de Recolhimento, preenchidos pelos interessados e ter recolhido o valor em estabelecimento bancário. É óbvio que deverá haver alguém encarregado de proceder ao registro da receita orçamentária, via sistema informatizado ou não.

Entretanto, na instituição de fundos especiais, em vista do volume de recursos que arrecada e do trabalho que precisa realizar, verificada a impossibilidade da adequação anteriormente descrita, poderá ser identificada a necessidade de reestruturação organizacional. Nesse caso, devemos tomar a devida cautela para não se criar duplicidade de procedimentos e de controles.

Por último, a escrituração contábil dos atos e fatos relativos aos fundos especiais, especificamente das receitas e despesas orçamentárias, deverá seguir os mesmos lançamentos contábeis utilizados nas partes correspondentes à Receita Pública e à Despesa Pública, pois devem referir-se aos mesmos assuntos.

14

Assuntos Específicos

1 Avaliação dos elementos patrimoniais

Existem algumas situações, em termos de bens patrimoniais, que pela sua peculiaridade merecem ser mais bem aclaradas e explicitadas.

É o caso da alienação de bens móveis ou imóveis, valores e determinação dos custos, ingressos e resultados dos serviços industriais e agropecuários. As variações resultantes da conversão dos débitos, créditos e valores em espécie serão levados à conta patrimonial.[1]

2 Apropriação do valor dos bens ao produto da alienação (venda)

A apropriação do valor dos bens ao produto da alienação (venda), refere-se ao registro contábil que deve ocorrer, sempre que houver a alienação (venda) de algum bem, para ajustamento do valor contábil do valor do bem alienado, ao valor da arrecadação que for efetuada, no sentido de regularizar a desincorporação e baixa contábil do bem.

2.1 Das reavaliações

Por força de lei, a avaliação dos elementos patrimoniais obedece, no caso dos bens móveis e imóveis, ao valor da aquisição ou pelo custo de produção ou de construção.[2] Poderão ser feitas reavaliações dos bens móveis e imóveis.[3]

---

[1] § 2º do artigo 106, da Lei Federal nº 4.320/64.

[2] Inciso II, do art. 106 da Lei Federal nº 4.320/64.

[3] § 3º, idem, idem.

250 Contabilidade Pública • Kohama

Conforme se observa, é fora de dúvidas que a legislação permite a reavaliação dos bens móveis e imóveis, e o Manual de Contabilidade Aplicada ao Setor Público faz uma abordagem detalhada através da Parte II – Procedimentos Contábeis Patrimoniais, sobre esse assunto.

As reavaliações dos bens móveis e imóveis, de que trata a lei, pode ser aplicada no sentido de procedimentos para valorização, como também de procedimentos relativos à depreciação ou desvalorização dos bens móveis e imóveis.

Aliás, o Manual de Contabilidade Aplicada ao Setor Público, na sua Parte II – Procedimentos Contábeis Patrimoniais, acima mencionado, ao se referir à reavaliação, diz que "diversos fatores podem fazer com que o valor contábil de um ativo não corresponda ao seu valor justo". Assim, sempre que necessário, convém que se proceda a um processo de reavaliação no sentido de promover o ajustamento do seu valor contábil.

Por outro lado, o período em que deve ser realizado o processo de reavaliação, deverá estar voltado para os tipos de bens, pois depende das suas características intrínsecas, que em razão do uso, da frequência com que é utilizado, o fator de desgaste que está sujeito etc.

2.1.1 Da valorização

A valorização é o resultado da avaliação ou reavaliação de ativo, quando o valor de mercado ou o valor que for proveniente de negociação ou consenso, for maior que o valor utilizado no registro contábil.

Geralmente, no caso de bens imóveis, é usual a designação de uma comissão composta de servidores, conhecedores do assunto, que elaborarão um relatório consubstanciado da avaliação ou reavaliação, ou também, dependendo da especificidade do trabalho, poderá ser feita por perito ou instituição especializada, que apresentará um laudo técnico das suas conclusões.

Portanto, à primeira vista, na reavaliação ou avaliação de bens imóveis, a estimativa do valor justo pode se basear no valor de reposição do bem. Um dos fatores que devem ser considerados é o relativo à desvalorização cambial da moeda, quando provocada por questões dos níveis inflacionários elevados. Aliás, isso ocorreu no passado, obrigando a adoção de indexação, para corrigir automaticamente os valores dos ativos, através de índices de correção monetária para recomposição do valor justo. Esse procedimento, claramente, tem o objetivo de atualizar monetariamente os bens que têm os seus valores registrados contabilmente defazados, em razão dos índices inflacionários, e essa providência consubstanciará, como decorrência, na valorização patrimonial correlata.

Por outro lado, a entidade deve reconhecer no valor contábil de um item do ativo imobilizado o custo de reposição de parte desse item quando o custo é incorrido, sempre que houver uma melhoria ou adição complementar significativa no bem e se o custo puder ser mensurado com segurança. Além disso, o valor contábil das peças que são substituídas deve ser baixado.[4]

Sobre a reavaliação, as normas gerais mencionam: "Quando o valor justo de um ativo, difere materialmente do seu valor contábil registrado, exige-se nova reavaliação. Os itens que sofrerem mudanças significativas no valor justo, necessitam de reavaliação anual. Tais reavaliações frequentes são desnecessárias para itens do ativo que não sofrerem mudanças significativas no valor justo. Em vez disso, pode ser necessário reavaliar o item apenas a cada quatro anos. Assim, os gastos posteriores à aquisição ou ao registro de elemento do ativo imobilizado devem ser incorporados ao valor desse ativo quando houver possibilidade de geração de benefícios econômicos futuros ou potenciais de serviços."[5]

Nota-se que deve-se considerar como valorização patrimonial somente no caso de haver o reconhecimento de que o custo de reposição motiva prováveis benefícios econômicos futuros ou potencial de serviços que possam ser úteis e aproveitáveis, desde que o custo ou valor justo puder ser mensurado com segurança. E carecerá de reconhecimento e, portanto, não deverá ser considerado no valor contábil do bem correspondente, ou seja, a sua valorização patrimonial, o custo de manutenção periódica como os gastos necessários para a conservação e reparo, destinados a recomposição do seu funcionamento normal.

2.1.2 Da desvalorização

A desvalorização é o resultado de avaliação ou reavaliação de ativo, quando ocorre do valor de mercado ou no valor que for proveniente de negociação ou consenso for menor que o valor utilizado no registro contábil.

A desvalorização pode ocorrer por depreciação, amortização e exaustão, que se referem à vida útil do ativo imobilizado, que em tese possui um tempo limitado, e correspondem a:

a) depreciação é a desvalorização que ocorre com a diminuição do valor do ativo imobilizado, proveniente do uso que provoca a diminuição da vida útil, quer por ação natural ou pela obsolescência (cair em desuso por inadequação à prestação de serviço, que ocorre geralmente, por questões tecnológicas);

b) amortização é a desvalorização que ocorre com a diminuição do valor de ativo intangível (marcas e patentes, direitos autorais, benfeitorias em propriedades de terceiros, desde que figurem no ativo da entidade);

c) exaustão é a desvalorização que ocorre com a diminuição do valor dos elementos do ativo imobilizado, onde existam recursos naturais, como reservas florestais, minas, poços de petróleo etc., que em razão de sua exploração reduz a quantidade do volume potencial estimado.

---

[4] Item 02.07.03 – Reconhecimento, da Parte II – Procedimentos Contábeis Patrimoniais, do Manual de Contabilidade Aplicada ao Setor Público.

[5] Item 02.09.01 – Reavaliação, idem, idem.

252 Contabilidade Pública • Kohama

Trataremos aqui apenas da desvalorização provocada pela depreciação, em vista das características intrínsecas dos tipos de desvalorização acima descritos e, pois, é a que se aplica normalmente a bens tangíveis (corpóreos que podem ser tocados), por consequência, tenderá a propiciar com objetividade o assunto de maior utilidade e proveito para o setor público.

Da depreciação

De certa maneira, uma das formas de desvalorização utilizada é a depreciação, que decorre nos bens do imobilizado, correspondente à deterioração que ocorre pelo desgaste provocado pela utilização ao longo da sua vida útil. Obviamente, podemos considerar como resultado de avaliação, ou reavaliação de ativo, os resultados obtidos de vários estudos e pesquisas que foram realizados ao longo do tempo, para determinar o tempo de vida útil dos bens do imobilizado, inclusive aqueles que dizem respeito à escolha e conveniência da utilização de um valor residual, o que, aliás, tem sido objeto de menção e aceitação na legislação do Imposto de Renda.

Entretanto, deve-se deixar claro que não existe obrigatoriedade de se proceder à depreciação perante o imposto de renda, mas trará benefícios fiscais para quem a utilizar, pois a depreciação constituirá uma despesa para as empresas, e como tal diminuirá o lucro e, consequentemente, o valor do imposto a pagar. No caso das entidades do setor público, conquanto, em tese, não haja o benefício fiscal pela adoção da depreciação, a sua utilização possibilitará a adequação do valor dos bens do imobilizado, registrado, contabilmente, ao valor de mercado, pois destina-se a tentar equalizar o seu valor o mais próximo do valor real, através do registro do valor estimado do desgaste provocado pela sua utilização.

Dos métodos da depreciação

A depreciação pode ser realizada através de três métodos:

a) linha reta ou taxa constante, que é utilizado levando em consideração o tempo útil do bem. No caso de móveis e utensílios, a vida útil desses bens é estimada em 10 anos, podendo, portanto, ser depreciados em 10% ao ano. Por exemplo, o valor bruto do bem de R$ 11.000,00, com um valor residual de R$ 1.000,00, portanto, com valor líquido de R$ 10.000,00, deverá ser depreciado 10% ao ano, ou de R$ 1.000,00 por ano, que será o valor a ser utilizado durante o período da vida útil estimada, pois a taxa de depreciação de 10% ao ano é constante;

b) o da soma dos dígitos, que leva em consideração a soma dos dígitos dos anos da vida útil do bem, dividido pelos anos da vida útil estimada. Por exemplo, um bem com valor de R$ 11.000,00, com valor residual de R$ 1.000,00, com a vida útil estimada em 5 anos, será depreciado da seguinte forma:

I – divide-se o nº de anos de vida útil, pela soma dos algarismos dos anos 1 + 2 + 3 + 4 + 5 = 15 e multiplica-se pelo valor do bem, menos o valor residual R$ 10.000; ou seja:

– no 1º ano será 5 – : – 15 × R$ 10.000,00 = R$ 3.333,34 (33,33%);

– no 2º ano será 4 – :– 15 × R$ 10.000,00 = R$ 2.666,66 (26,67%);

– no 3º ano será 3 – : – 15 × R$ 10.000,00 = R$ 2.000,00 (20,00%);

– no 4º ano será 2 – : – 15 × R$ 10.000,00 = R$ 1.333,34 (13,33%);

– no 5º ano será 1 – : – 15 × R$ 10.000,00 = R$ 666,66 (6,67%).

c) o de utilidades produzidas leva em consideração a quantidade de produção que o bem tem como capacidade de produzir, na vida útil do bem. Por exemplo, o valor bruto do bem é R$ 11.000,00, o valor residual de R$ 1.000,00 e a capacidade de produção em 5 anos é de 50.000 unidades, sendo 10.000 unidades por ano; a taxa de depreciação é de 20% ao ano, o valor da depreciação será:

– 1º ano R$ 2.000,00 – acumulada R$ 2.000,00

– 2º ano R$ 2.000,00 – acumulada R$ 4.000,00

– 3º ano R$ 2.000,00 – acumulada R$ 6.000,00

– 4º ano R$ 2.000,00 – acumulada R$ 8.000,00

– 5º ano R$ 2.000,00 – acumulada R$10.000,00

1) Nota-se que:

I – no método linha reta ou taxa constante, a depreciação será de R$ 1.000,00 ao ano, porque utiliza a taxa de 10% constante, durante o período de 10 anos da vida útil estimada.

II – no método da soma dos dígitos, que no caso foi 5, em razão da estimativa da vida útil de 5 anos, a depreciação é mais intensificada nos dois primeiros anos, e mais amena nos dois últimos anos, ou seja, no 1º ano corresponde a 33,33% do valor líquido do bem, no 2º ano – 26,67%, no 3º ano – 20,00 %, no 4º ano – 13,33%, e no 5º ano – 6,67%, e que a depreciação média no período corresponde a 20%.

III – no método de utilidades produzidas, a depreciação foi de R$ 2.000,00 ao ano, correspondente à taxa de 20%, durante o período de 5 anos da vida útil estimada. Esse método apresentou um resultado semelhante ao do método linha reta ou taxa constante, porque na hipótese a produção anual foi apresentada como sendo 10.000 unidades ano, o que provocou uma taxa de 20% ao ano. O que se verifica é que, se durante o período de vida útil, a quantidade produzida for variável, a depreciação apresentará valores diferenciados.

254 Contabilidade Pública • Kohama

2) Verificando as características de cada um dos métodos, o que parece ser o mais indicado é o da linha reta ou taxa constante, pois é o mais conhecido e utilizado, por tratar do assunto da depreciação, de forma objetiva e simples, e poderá ser melhor compreendido e assimilado.

Observações:

Assim, por exemplo, ao tratarmos da questão dos bens móveis podemos observar que existem diferenças significativas, pois um veículo é bem diferente de um móvel, não só em razão da característica intrínseca de que o veículo é feito para se movimentar em ruas, trânsito etc., e, também transporta pessoas, no caso dos caminhões de cargas diversas, dependendo do tipo do caminhão, enquanto um móvel, tipo mesa ou armário, é utilizado para ficar praticamente parado, pois servirá para que uma pessoa o utilize em seu trabalho normal, no caso da mesa, ou para guardar papéis, livros, objetos de escritório etc., no caso dos armários.

Os dois casos mencionados possuem, em termos de depreciação, tratamento específico que são inerentes às suas características. Os veículos, até por questões fiscais, têm a possibilidade de depreciação de 20% ao ano, pois estima-se a sua vida útil em 5 anos. Já no caso dos caminhões, por exemplo, dependendo da sua utilização, pode ter a sua depreciação acelerada, de vez que eles podem ter períodos de trabalho que abrangem até 24 horas por dia o que, convenhamos, diminuirá sensivelmente a sua vida útil. Os móveis, tanto a mesa quanto o armário, têm a possibilidade de depreciação de 10% ao ano, o que quer dizer, estima-se a sua vida útil em 10 anos.

Nota-se, claramente, a existência de diferentes níveis de depreciação, no caso, em função das características intrínsecas de cada bem móvel.

2.2 Casos práticos

À esta altura, vamos tratar do assunto específico da apropriação do valor dos bens ao produto da alienação (venda), que pode ocorrer por ações que levem a procedimentos de valorização do bem, ou de desvalorização do bem, para o devido ajustamento ao valor dos bens ao produto da alienação, após a necessária dedução do valor da depreciação acumulada.

2.2.1 Quando ocasionam valorização

No caso, a apropriação do valor dos bens ao produto da alienação (venda) ocorre quando existe valorização do bem, ou seja, quando o valor da alienação (venda) for maior que o valor contábil do bem, mesmo depois de descontada a parte da depreciação acumulada, pois ficará evidenciada a necessidade de ajustamento do valor do bem.

A título de exemplo, vamos dizer que:

a) foi efetuada a venda de um veículo, que em razão de uma reavaliação feita por uma comissão especial, concluiu que a venda deveria ser feita pelo valor de R$ 300,00;

b) o veículo comprado há mais de 8 anos, foi registrado pelo valor da aquisição em R$ 2.000,00;

c) foram feitas as depreciações, que acumuladas somaram R$ 1.800,00;

d) foi estimado o valor residual de R$ 200,00.

Pode-se verificar que entre o valor de venda R$ 300,00 e o valor do registro contábil R$ 200,00, existe uma diferença de R$ 100,00, correspondente à valorização que ocorreu nessa transação, que precisa ser feita a apropriação do valor do bem (veículo), ao produto da alienação (venda).

Do ponto de vista contábil, deve-se adotar os seguintes procedimentos:

40 – Ajustamento do valor do bem (veículo), deduzindo-se o valor da depreciação acumulada, para obter o valor líquido contábil

– Registro contábil do ajustamento do valor líquido contábil do bem (veículo), no Subsistema de Informações Patrimoniais – Lançamento SP nº 51

D – 123.81.01	Depreciação Acumulada (Veículo)	1.800,00
C – 123.10.01	Bens Móveis (Veículo)	1.800,00
	Pelo ajuste do valor do bem para obter o valor líquido contábil	

41 – Ajustamento da valorização obtida na venda do veículo

– Registro contábil do ajustamento do valor líquido contábil do veículo, no Subsistema de Informações Patrimoniais – Lançamento SP nº 52

D – 123.10.01	Bens Móveis (Veículos)	100,00
C – 462.20.01	Ganhos com Alienação de Imobilizado (Veículo)	100,00
	Pelo ajuste do ganho no valor do bem, ao produto da alienação (venda)	

42 – Pelo recebimento do valor da alienação do veículo

– Registro contábil da arrecadação do valor de alienação do veículo, no Subsistema de Informações Patrimoniais – Lançamento SP nº 53

D – 111.11	Caixa e Equivalentes de Caixa em Moeda Nacional	300,00
C – 123.10.01	Bens Móveis (Veículo)	300,00
	Pelo recebimento do valor da alienação do veículo	

256 Contabilidade Pública • Kohama

– Registro contábil da arrecadação da receita orçamentária, no Subsistema de Informações Orçamentárias – Lançamento SO nº 48

D – 621.1	RECEITA A REALIZAR	
D – 621.12	RECEITA DE CAPITAL	300,00
D – 621.12.02	Alienação de Bens Móveis (Veículo)	300,00
C – 621.2	RECEITA REALIZADA	
C – 621.22	RECEITA DE CAPITAL	300,00
C – 621.22.02	Alienação de Bens Móveis (Veículo)	300,00
	Pela arrecadação da receita orçamentária, relativa à alienação de veículo	

– Registro contábil do Controle da Disponibilidade de Recursos no Subsistema de Compensação – Lançamento SC nº 58

D – 721.1	CONTROLE DA DISPONIBILIDADE DE RECURSOS	300,00
C – 821.11	DISPONIBILIDADE POR DESTINAÇÃO DE RECURSOS	300,00
	Pelo controle da disponibilidade de recursos	

2.2.2 Quando ocasionam desvalorização

No caso, a apropriação do valor dos bens ao produto da alienação (venda) ocorre quando existe desvalorização do bem, ou seja, quando o valor da alienação (venda) for menor que o valor contábil do bem, mesmo depois de descontada a parte da depreciação acumulada, pois ficará evidenciada a necessidade de ajustamento do valor do bem.

A título de exemplo, vamos dizer que:

a) foi efetuada a venda de um computador, por R$ 200,00;

b) o computador comprado há mais de 10 anos, foi registrado pelo valor da aquisição em R$ 2.000,00;

c) foram feitas as depreciações, que acumuladas somaram R$ 1.700,00;

d) foi estimado o valor residual de R$ 300,00.

Pode-se verificar que entre o valor de venda R$ 200,00 e o valor do registro contábil R$ 300,00, existe uma diferença de R$ 100,00, correspondente à desvalorização que ocorreu nessa transação, que precisa ser feita a apropriação do valor do bem.

43 – Ajustamento do valor do bem (computador), deduzindo-se o valor da depreciação acumulada, para obter o valor líquido contábil

– Registro contábil do ajustamento do valor líquido contábil do computador, no Subsistema de Informações Patrimoniais – Lançamento SP nº 54

D – 123.81.05	Depreciação Acumulada (Computador)	1.700,00
C – 123.10.05	Equipamentos de Informática	1.700,00
	Pelo registro do ajuste da depreciação relativo à dedução da depreciação acumulada de um computador	

44 – Ajustamento da desvalorização obtida na venda do computador

– Registro contábil do ajustamento do valor líquido contábil do computador, no Subsistema de Informações Patrimoniais – Lançamento SP nº 55

D – 363.10.05	Perdas com Alienação de um Computador	100,00
C – 123.10.05	Equipamentos de Informática	100,00
	Pelo registro da VPD relativa à perda com alienação	

45 – Pelo recebimento do valor da alienação do computador

– Registro contábil da arrecadação do valor de alienação do computador, no Subsistema de Informações Patrimoniais – Lançamento SP nº 56

D – 111.11	Caixa e Equivalentes de Caixa em Moeda Nacional	200,00
C – 123.10.05	Bens Móveis (Computador)	200,00
	Pelo recebimento da receita relativa à alienação de um computador	

– Registro contábil da arrecadação da receita orçamentária, no Subsistema de Informações Orçamentárias – Lançamento SO nº 49

D – 621.1	RECEITA A REALIZAR	
D – 621.12	RECEITA DE CAPITAL	200,00
D – 621.12.02	Alienação de Bens Móveis (Computador)	200,00
C – 621.2	RECEITA REALIZADA	
C – 621.22	RECEITA DE CAPITAL	200,00
C – 621.22.02	Alienação de Bens Móveis (Computador)	200,00
	Pela arrecadação da receita orçamentária relativa à venda de um computador	

– Registro contábil do Controle da Disponibilidade de Recursos no Subsistema de Compensação – Lançamento SC nº 59

D – 721.1 – CONTROLE DA DISPONIBILIDADE DE RECURSOS		200,00
C – 821.11 – DISPONIBILIDADE POR DESTINAÇÃO DE RECURSOS		200,00
Pelo controle da disponibilidade de recursos		

3 Controle dos bens de almoxarifado

Este assunto tem sido objeto de vários estudos por parte de estudiosos, porém todos o abordam sob o ângulo das alterações que causam no Custo das Mercadorias Vendidas, por exemplo.

E até certo ponto é compreensível essa abordagem, pois, dependendo do sistema de controle que se adote, pode-se alterar o resultado do exercício, em termos de Lucros e Perdas, em consequência, do valor do Custo das Mercadorias Vendidas, que se apurar.

Assim, por exemplo, o PEPS ou FIFO (*First in, First out*) é um sistema de controle de estoque, onde o Primeiro que Entra é o Primeiro que Sai, ou seja, na ficha de controle dá-se a baixa da mercadoria pelo preço da primeira que entrou. Há também o UEPS ou LIFO (*Last in, First out*) que é um sistema de controle de estoque, onde o Último que Entra é o Primeiro que Sai, ou seja, na ficha de controle dá-se a baixa da mercadoria pelo preço da última que entrou. Pode-se ver, claramente, que a aplicação desses sistemas são divergentes e, como tal, causam variação no Custo das Mercadorias vendidas e, obviamente, no lucro a ser apurado.

Essa explicação tem como objetivo demonstrar que os estudos mencionados visam às formas de controle de estoque que, em última análise, têm o caráter tributário, pois indicam a tendência do resultado a ser obtido.

Entretanto, para a Administração Pública, a legislação diz que a "variação dos elementos do patrimônio e em especial os bens de almoxarifado, será feita pelo preço médio ponderado das compras".[6]

O controle de estoque pela *média ponderada móvel*, como é geralmente conhecido, consiste na manutenção constante do valor médio do custo do estoque existente. Isto, logicamente, irá fazer com que a cada compra de material a ser registrada na ficha de controle seja feita a apropriação e adequação do valor unitário de cada material que, multiplicado pela quantidade existente, resulte no total realmente gasto.

Daí por que chamar-se *média ponderada móvel*, pois ajusta-se a média, de acordo com os novos preços de compra, ponderadamente.

Para melhor entendimento do assunto, vamos a seguir descrever um exercício, para ajudar a compreensão unindo a teoria à visualização do seu funcionamento prático, que nos parece a forma, senão ideal, a que atenda plenamente o nosso objetivo.

Assim, por exemplo, vamos supor um controle de estoque de CLIPS. O Clips é embalado em caixas com 100 unidades, portanto, para efeito de controle, a unidade seria **Caixa** C/100. A espécie será CLIPS. Imaginemos agora, o seguinte movimento: Saldo de estoque em 31-12: 100 unidades, de valor unitário $ 2,00 e total de $ 200,00. Dia 15-01, entrada de 400 caixas, a $ 2,50 somando $ 1.000,00. Dia 20-01, saída de 200 caixas a $ 2,40 somando $ 480,00. Dia 05-02, saída de 100 caixas a $ 2,40, somando $ 240,00. Dia 10-02, entrada de 200 caixas a $ 3,00, somando $ 600,00. Dia 15-02, 50 caixas a $ 2,70, somando $ 135,00. Dia 28-02, saída de 250 caixas a $ 2,70, somando $ 675,00. Dia 04-03, entrada de 500 caixas a $ 3,00, somando $ 1.500,00. Dia 12-03, saída de 250 caixa a $ 2,95, somando $ 737,50. Dia 25-03, saída de 150 caixas a $ 2,95, somando $ 442,50. Colocando esses dados no modelo da folha de Controle de Estoque, vamos acompanhar pari passu o seu preenchimento e procedendo aos ajustes necessários, para que fiquem claramente demonstrados a movimentação havida, o ajuste do saldo total, com as alterações sofridas pela média do valor unitário.

Veja a seguir a folha de controle do estoque:

---

[6] Inciso III, do artigo 106, da Lei Federal nº 4.320/64.

CONTROLE DE ESTOQUE

Espécie: CLIPS

Unidade: CAIXA C/100

Data	Entrada			Saída			Saldo		
	Quantid.	V. Unit.	Total	Quantid.	V. Unit.	Total	Quantid.	V. Unit.	Total
32-12	–	–	–	–	–	–	100	2,00	200,00
15-01	400	2,50	1.000,00	–	–	–	500	2,40	1.200,00
20-01	–	–	–	200	2,40	480,00	300	2,40	720,00
05-02	–	–	–	100	2,40	240,00	200	2,40	480,00
10-02	200	3,00	600,00	–	–	–	400	2,70	1.080,00
15-02	–	–	–	50	2,70	135,00	350	2,70	945,00
28-02	–	–	–	250	2,70	675,00	100	2,70	270,00
04-03	500	3,00	1.500,00	–	–	–	600	2,95	1.770,00
12-03	–	–	–	250	2,95	737,50	350	2,95	1.032,50
25-03	–	–	–	150	2,95	442,50	200	2,95	590,00

Observações

1. Para efeito de escrituração contábil, o Almoxarifado ao fazer o balancete mensal procederá à soma das requisições que foram atendidas durante o mês, colocando o valor correspondente à saída.

2. Portanto, nos balancetes de janeiro, fevereiro e março, o Almoxarifado deverá, para o caso exposto, colocar os valores de $ 480,00; $ 1.050,00; e $ 1.180,00, respectivamente.

3. O Serviço de Contabilidade, à vista do balancete e das cópias das requisições atendidas, fará o lançamento das baixas correspondentes, no Subsistema de Informações Patrimoniais.

4. Ainda, a vista do balancete do Almoxarifado, o Serviço de Contabilidade poderá contabilizar a incorporação na conta 115.6 – Almoxarifado, resultante da entrada dos bens de consumo, caso não haja sido efetuada por outro procedimento ou sistema.

4 Diversas incorporações e desincorporações

Neste ponto, vamos enfocar as diversas incorporações e desincorporações ou baixas que ocorrem na escrituração contábil sem que provenham ou resultem da execução orçamentária. É o caso das doações, permutas, extravio, produção própria e herança vacante.

Doação, quando uma entidade pública ou particular passa a propriedade e o domínio sobre algum bem para a entidade pública que estamos escriturando contabilmente.

Essa passagem de propriedade, se imóvel, deve ser feita através da escritura competente e, se móvel ou valores, a declaração ou documento hábil do doador deve indicar a demonstração de sua vontade. Este seria um caso de incorporação de bens.

Entretanto, a doação pode ser feita também pela entidade pública que estamos escriturando, a favor de outras entidades públicas ou particulares. E o procedimento no caso de imóvel é feito através de escritura, após a devida autorização para tanto, e no caso de bem móvel ou valores, após a devida formalização do processo e da autorização superior. Neste caso, a contabilidade deve desincorporar ou dar baixa do bem.

Permuta, quando ocorre a cessão mútua de bens, entre a entidade pública e outras entidades públicas ou particulares. Essa operação deve ser feita por escritura, após a autorização competente. Neste caso, há uma incorporação do bem recebido, e uma desincorporação ou baixa, do bem cedido.

Extravio, quando ficar constatada a falta de um bem ou valor, através da devida instauração de sindicância interna e, quando for o caso, do inquérito policial instaurado para tanto. À vista da decisão proferida em processo, e devidamente autorizada, será dada a baixa ou desincorporação do bem móvel ou valor correspondente.

Herança Vacante, quando ocorre a morte de uma pessoa, preliminarmente, denomina-se *Herança Jacente*, ou seja, aquela que aparentemente não existem herdeiros, salvo o Estado. Portanto, não existindo herdeiros hereditários, como os descendentes, ascendentes, cônjuge ou colaterais até o 4º grau, isto é, filhos, pais, mulher ou marido, irmãos, sobrinhos e tios, e os instituídos por testamento, devidamente configurada, arrecadam-se os bens, nomeia-se curador, e, decorrido o prazo de cinco anos da abertura da sucessão, será a herança declarada judicialmente como vacante. Declarada a herança vacante, passará a ser do domínio público e, como tal, o Estado é o herdeiro desses bens.

Estas são algumas formas de incorporações e desincorporações de bens e valores que ocorrem, porém sem originar-se da execução orçamentária, e são escrituradas contabilmente da seguinte forma:

46 – Diversas Incorporações e Desincorporações

I – Doações

a) Recebimento de uma biblioteca de pessoas físicas

– Registro contábil do recebimento de uma biblioteca por doação de pessoas físicas, no Subsistema de Informações Patrimoniais – Lançamento SP nº 57

D – 123.10.08	BENS MÓVEIS – BIBLIOTECAS	5.000,00
C – 458.00	TRANSFERÊNCIAS DE PESSOAS FÍSICAS	5.000,00
	Pela incorporação de livros, recebidos em doação, conforme relação, documentos e autorização constantes do Processo nº 103/xx.	

b) Pela doação de uma ambulância para um Município

– Registro contábil da doação de uma ambulância a um Município, no Subsistema de Informações Patrimoniais – Lançamento SP nº 58

D – 351.00	TRANSFERÊNCIAS INTERGOVERNAMENTAIS	200,00
C – 123.10.01	BENS MÓVEIS – AMBULÂNCIA (Veículo)	200,00

Desincorporação de uma ambulância, ano 20xx, patrimônio 10/V, doada conforme documentação e autorização constantes do Processo nº 134/xx.

II – Permuta

a) Pela incorporação de Terras recebidas por permuta de pessoas físicas

– Registro contábil do recebimento de Terras por permuta de pessoa física no Subsistema de Informações Patrimoniais – Lançamento SP nº 59

D – 123.20.01	BENS IMÓVEIS – TERRAS	2.000,00
C – 458.00	TRANSFERÊNCIAS DE PESSOAS FÍSICAS	2.000,00

Pela incorporação de Terras, conforme escritura pública, lavrada em 12-7-xx, relativa a permuta feita com o Sr. Gil Lois, documentos e autorização constantes do Processo nº 202/xx.

b) Pela desincorporação das Terras cedidas por permuta

– Registro contábil da cessão de Terras por permuta, no Subsistema de Informações Patrimoniais – Lançamento SP nº 60

D – 353.20	TRANSFERÊNCIAS A INSTITUIÇÕES PRIVADAS COM FINS LUCRATIVOS	2.000,00
C – 123.20.01	BENS IMÓVEIS – TERRAS	2.000,00

Pela desincorporação de Terras, conforme escritura Pública, lavrada em 12-7-xx, relativa a permuta feita com o Sr. Gil Lois, e documentos e autorização constantes do Processo nº 202/xx.

III – Pela desincorporação de um bem incorporado por Extravio

– Registro contábil da desincorporação de um objeto de arte, por extravio, no Subsistema de Informações Patrimoniais – Lançamento SP nº 61

D – 363.90.08	OUTRAS PERDAS INVOLUNTÁRIAS – Obras de Arte	100,00
C – 123.10.08	BENS MÓVEIS – OBJETO DE ARTE	100,00

Desincorporação de um objeto de arte, patrimônio 12/1D, de conformidade com o decidido e autorizado no Processo nº 51/xx.

IV – Pela incorporação de Herança Vacante

– Registro contábil da incorporação de uma Fazenda recebida por Herança Vacante, no Subsistema de Informações Patrimoniais – Lançamento SP nº 62

D – 123.20.05	IMÓVEIS – FAZENDAS	<u>10.000,00</u>
D – 123.20.05.01	TERRAS	5.000,00
D – 123.20.05.02	EDIFICAÇÕES	3.000,00
D – 123.20.05.03	PLANTAÇÕES PERMANENTES	2.000,00
C – 458.00	TRANSFERÊNCIAS DE PESSOAS FÍSICAS – (por Herança Vacante)	<u>10.000,00</u>

Pela incorporação de bens imóveis, recebidos por Herança Vacante do Sr. Timbo Terás, conforme decisão proferida no Processo TJ nº 101/xx, em vista da inexistência de herdeiros.

5 Empréstimo e cessão de bens

Empréstimo e Cessão de Bens são atos utilizados pelas entidades públicas, no sentido de cooperação mútua. Assim, por exemplo, nas épocas que precedem as eleições, há necessidade de empréstimo de materiais, máquinas etc. dos Municípios e dos Estados em cooperação mútua com a Justiça Eleitoral. Municípios de pequeno porte, às vezes, sentem a necessidade de equipamentos e materiais para a realização de suas obrigações, e os empresta de municípios de maior porte ou do Estado ou, ainda, da União.

Há situações em que as entidades públicas, por atos contratuais, ou de outra natureza, recebem bens para usufruto, ou ainda a título precário, por determinado período de tempo, de pessoas físicas ou jurídicas de caráter privado.

O Empréstimo é o ato que uma das partes recebe, para uso ou utilização, um objeto ou material que, depois de certo tempo, deve restituir ou dar outro do mesmo gênero, quantidade e qualidade. O empréstimo pode ser feito por contrato ou por simples cessão, através de termo de recebimento.

O Comodato é empréstimo de uso. No comodato, o objeto do empréstimo deve ser restituído, isto é, não pode haver substituição por outro do mesmo gênero. Por isso, geralmente, utiliza-se para Bens Imóveis.

O Usufruto é o direito real de auferir temporariamente o uso de um bem pertencente a outrem, bem como os frutos por ela produzidos. Assim, por exemplo, um edifício objeto de usufruto concede ao usufrutuário (pessoa que recebe o direito) o direito de usá-lo, e se estiver locado, o produto da locação lhe pertencerá, enquanto prevalecer o usufruto.

A Servidão é o proveito ou facilidade prestados por um imóvel em favor de outro. A servidão pode ser de prédio ou de passagem em terreno, e estabelecida em convenção ou por lei. É o que ocorre nos casos em que o Poder Público necessita de passagem para esgoto, ou transmissão de força, em caráter permanente. A servidão difere do usufruto, justamente porque este é por tempo determinado, enquanto aquele é de caráter permanente.

A escrituração contábil desses exemplos faz-se da seguinte forma:

47 – Empréstimos e Cessão de Bens

Todos os registros contábeis que integram esta parte serão escriturados no Subsistema de Compensação.

1. Empréstimo de Materiais por Convênio

I – Materiais recebidos – Lançamento SC nº 60

D – 712.21	Obrigações por materiais recebidos por Convênio	1.300,00
C – 812.21	Execução de Obrigações Conveniadas	1.300,00
	Registro da responsabilidade do Governo, relativo ao recebimento de uma ambulância, marca Chevrolet, Ano 20xx, patrimônio 10/4, por empréstimo, pelo prazo de 1 ano, conforme convênio assinado em 9-9-xx.	

II – Materiais Cedidos – Lançamento SC nº 61

D – 711.21	Direitos de materiais cedidos por Convênio	300,00
C – 811.21	Execução de Direitos Conveniados	300,00
	Registro da responsabilidade da Prefeitura Municipal de Tiriri, pelo empréstimo de uma motoniveladora, para ampliação da Estrada do Oro, pelo prazo de 10 meses, conforme convênio assinado em 10-4-xx, Patrimônio 13/MA.	

2. Empréstimo de Materiais por Termo de Responsabilidade

I – Materiais recebidos – Lançamento SC nº 62

D – 712.22	Obrigações por Materiais recebidos por Termo de Responsabilidade	200,00
C – 812.22	Execução de Obrigações por Termo de Responsabilidade	200,00
	Registro da responsabilidade do Governo, relativo ao recebimento de um Teodolito para topografia, patrimônio 163, conforme Termo de Responsabilidade, firmado em 2-4-xx.	

II – Materiais cedidos – Lançamento SC nº 63

D – 711.22	Direitos de Materiais cedidos por Termo de responsabilidade	1.000,00
C – 811.22	Execução de Direitos por Termo de Responsabilidade	1.000,00
	Materiais cedidos por empréstimo à Justiça Eleitoral conforme Termo de Responsabilidade, a saber: um microcomputador marca Multi, patrimônio 14/UM	

3. Empréstimo de Bens em Comodato

I – Bens Recebidos – Lançamento SC nº 64

D – 712.23	Garantias de Bens recebidos em Comodato	3.200,00
C – 812.23	Execução de Garantias de Bens recebidos em Comodato	3.200,00
	Gleba de terra situada (dar a localização e demais especificações), pertencente ao Sr. João Sá, recebida em comodato conforme escritura registrada no Cartório de Imóveis, sob o nº 1.453.	

II – Bens cedidos – Lançamento SC nº 65

D – 711.23	Garantias de Bens cedidos em Comodato	1.750,00
C – 811.23	Execução de Garantias de Bens cedidos em Comodato	1.750,00
	Pela cessão do terreno (discriminar a localização e demais especificações) à Prefeitura Municipal de Pérola Rubra, em comodato, conforme escritura registrada no Cartório de imóveis sob o nº 675.	

4. Bens Recebidos em Usufruto

– Pelo recebimento de bens, por Contrato de Usufruto – Lançamento SC nº 66

D – 712.33	Obrigações Contratuais de Bens em Usufruto	2.100,00
C – 812.33	Execução de Obrigações Contratuais de Usufruto	2.100,00
	Pelo recebimento da Fazenda Três Rios, pertencente à Sra. Maria Sur, para usufruto por 10 anos, conforme Contrato de Cessão.	

5. Servidão de Bens Imóveis

– Pela cessão de direito de passagem por servidão – Lançamento SC nº 67

D – 711.17	Garantias de Bens Imóveis Cedidos por servidão	3.000,00
C – 811.17	Execução de Garantias de Bens Imóveis cedidos por Servidão	3.000,00
	Registro do direito de passagem para colocação de torres de transmissão de energia, conforme Lei nº 87, de 6-10-xx.	

6 Classificação econômica da despesa orçamentária

A classificação econômica da despesa orçamentária, que, aparentemente, em vista dos conceitos apresentados, pode ser feita quase que automaticamente, necessita de algumas considerações, para que não se incorra em erro.

Ao leigo, talvez o assunto não desperte, de início, a profundidade que se pretende demonstrar, o que esperamos, ao final desta exposição, esteja perfeitamente adequado e absorvido pela perfeita compreensão e acuidade nele inserida.

A problemática surge na aplicação e interpretação de textos legais ou regulamentares, em vista da frieza com que se apresentam, isto é, a sua descrição parece extremamente objetiva, não dando margem a dúvidas; entretanto, nem sempre o texto deve ser entendido isoladamente, mas dentro da conjuntura em que está integrado.

Destarte, muitos problemas de classificação surgem, relativamente, à despesa orçamentária, em termos de *material de consumo e material permanente*. Entretanto, os conceitos são claros e objetivos, senão vejamos: material de consumo é um elemento de despesa de custeio e que integra a classificação econômica das Despesas Correntes; e material permanente é um elemento de despesa de investimento, que integra a classificação econômica das despesas de capital.

Parecem estar bem definidas as duas classificações e, ainda, para melhor identificação, vamos descrever os conceitos de Despesas Correntes e Despesas de Capital, como sejam: Despesas Correntes são *gastos de natureza operacional*, realizados pela administração pública, para a manutenção e o funcionamento de seus órgãos. Despesas de custeio são as dotações para *manutenção de serviços anteriormente criados*, inclusive as destinadas a *atender a obras de conservação e adaptação de bens imóveis*; Despesas de Capital são gastos realizados pela administração pública, cujo propósito é criar novos bens de capital, ou mesmo adquirir bens de capital já em uso. Investimentos são as dotações para o planejamento e execução de obras, inclusive as destinadas a aquisição de imóveis considerados necessários à realização destas últimas, bem como para os programas especiais de trabalho, aquisição de instalações, equipamentos e *material permanente*.

Aliando esses conceitos à determinação legal contida no § 2º do artigo 15, da Lei Federal nº 4.320/64, que diz: "Considera-se material permanente (investimento) o de duração superior a dois anos", pode-se concluir dos textos expostos que material de consumo é o gasto feito para a manutenção e funcionamento dos órgãos, e material permanente é um investimento, cujo material tenha duração superior a dois anos, e classificam-se economicamente em Despesas Correntes-despesas de custeio e Despesas de Capital-Investimento, respectivamente.

Esta seria a situação delineada pela legislação, regulamentos e conceitos, e que devem ser aplicados na execução da despesa orçamentária. Como já foi salientado aparentemente, em face da objetividade dos textos, a interpretação parece não encontrar nenhum ponto obscuro e, realmente, para a maioria dos casos, não existirá dificuldade de classificação.

Senão vejamos. Para aquisição de material de escritório, como papel, lápis, borracha, régua plástica, régua de madeira, clips etc. não existe nenhuma dúvida de que pela sua utilização deverão estar consumidos ou desgastados. Para estes casos, não paira a menor dúvida de que serão classificáveis como material de consumo.

Da mesma forma, para a aquisição de microcomputadores, automóveis, máquinas calculadoras, mesas, cadeiras, instrumentos musicais, aeronaves, locomotivas, vagões, carrocerias, embarcações, cofres, fichários etc. também não apresentam dúvidas para sua devida classificação, como material permanente, pois, pela sua utilização normal, certamente terão duração superior aos dois anos.

Feita a primeira abordagem sobre o assunto, devemos a essa altura especificar do ponto de vista da escrituração contábil quais as repercussões que surgem dessas classificações. Com relação ao material de consumo, em termos patrimoniais, pelo gasto como despesa orçamentária, surgirá uma incorporação do material no almoxarifado, escriturada na conta Almoxarifado no Ativo Não Circulante; e, pela requisição, em vista do material pelo uso destinar-se ao consumo, causará uma Variação Patrimonial Diminutiva, relativa à desincorporação do material na conta do Almoxarifado.

Na mesma linha de pensamento, relativamente ao material permanente, também em termos patrimoniais, pelo gasto com a aquisição ser classificado como despesa orçamentária de capital, o seu recebimento provocará no almoxarifado, também será escriturado na conta Almoxarifado no Ativo Não Circulante e, depois do seu cadastro patrimonial, isto é, devidamente cadastrado e registrado, será colocado em utilização e escriturado na conta apropriada de Bens Móveis do Imobilizado.

Nota-se, claramente, que o material de consumo diminuirá o patrimônio, quando sair do almoxarifado para consumo, e o material permanente não refletirá essa diminuição.

Daí a importância de se classificar corretamente a despesa.

A seguir, vamos analisar alguns casos, que acreditamos possam ajudar nesse mister. O primeiro deles tem por finalidade alertar para a necessidade de informar e esclarecer com o máximo de detalhes possível a solicitação dos materiais, pois através deles é que se pode proceder à classificação da despesa com mais propriedade. Vamos ao exemplo que, como já frisamos, por si só, será ou tenderá a ser mais compreensivo.

Foi solicitada a aquisição de três chaves inglesas, nas medidas de 1/4, 1/2 e 3/4 de polegada, de determinada marca.

Note-se que o pedido é até certo ponto simples e conciso, sem maiores explicações ou detalhes, sabendo-se apenas que a seção solicitadora é a Oficina de Autos.

O pedido é encaminhado para a seção encarregada de fazer a aquisição, e procede ao levantamento do custo desse material. Em seguida, encaminha o processo à seção de finanças, ou a que deva verificar a existência de recursos para cobertura desse gasto. Caso ela não procure maiores esclarecimentos, certamente, a despesa é classificada como material permanente, por ser um material com duração superior a dois anos, quando em uso normal.

Ao proceder dessa forma, pode estar incorrendo em erro de classificação, por falta de maiores detalhes. Agora, vamos dizer que essas três chaves foram solicitadas porque no jogo de chaves – com 12 unidades – em vista do uso constante, as originais não mais têm condições de utilização e o pedido tinha o objetivo de *reposição*, para recompor o jogo de chaves. Nesta situação, se o pedido for para reposição de peças de um jogo, muito embora seja um material que deva possuir duração por mais de dois anos, em uso normal, recomenda-se que a classificação da despesa seja feita como material de consumo.

Portanto, em se tratando de material destinado a *reposição* de um jogo ou de um conjunto, deve ser classificado como material de consumo, pois a sua finalidade é recompor a condição de utilização do jogo por inteiro, ou do conjunto total. Não tem sentido possuir um jogo de 12 chaves em que apenas nove são utilizáveis, e incorporarmos mais três chaves isolodamente, mesmo porque caso tenha de desincorporar ou baixar aquelas três chaves sem condições de utilização, não teremos o preço correto de cada unidade, uma vez que foram incorporadas pelo jogo.

Podemos estender esse assuntos a todos os casos em que a incorporação do material permanente seja feita por jogos ou conjuntos, e quando houver necessidade de reposição, esta deve ocorrer da forma descrita. Mais alguns exemplos para fixar bem o assunto. Num automóvel, a troca do seu motor por outro novo. O motor faz parte do conjunto automóvel; a sua aquisição, desde que não importe em mão de obra, deve ser classificada como material de consumo. Assim também a compra de peças para esse mesmo automóvel, quaisquer que sejam: bateria, pneus, portas etc., será sempre reposição de peças para o pleno funcionamento do automóvel.

O problema da reposição é realmente extenso, pois aplica-se de forma ampla e irrestrita, devendo-se observar que a classificação deve atender às características, ao fato em si e não ao valor da despesa, o que, na maior parte das vezes, acaba por confundir o classificador. Ainda nos casos de reposição, outros há que também não devem ser classificados como material permanente mas, por envolver além do material os serviços de mão de obra necessários, são classificados como Serviços de Terceiros, ou seja, Despesas Correntes – Despesas de Custeio-Serviços de Terceiros.

A título de esclarecimento, informamos que Serviços de Terceiros é o elemento de despesa, onde se classificam os gastos referentes a serviços executados por terceiros, inclusive o material (peças) empregado, ou seja, desde que haja a reposição de material ou peças, mas que para isso sejam necessários também os serviços de terceiros (mão de obra), a classificação é feita como Serviços de Terceiros.

No exemplo do automóvel, fizemos a ressalva – quando da aquisição do motor – dizendo que, na troca, desde que não importasse na utilização de mão de obra, o motor seria classificado como material de consumo. Porém, se levarmos o automóvel a uma concessionária, que providenciará a troca, sendo o preço do serviço o valor do motor mais a mão de obra ou o serviço utilizado, a classificação é feita como Serviços de Terceiros. Como já explicamos, isto se dá pela existência da prestação de serviço e também do material a ser reposto.

Para finalizarmos este assunto da reposição e para deixar bem clara a posição de que a classificação deve atender às características do fato, e não ao valor do gasto, vamos a seguir expor mais um exemplo. É o que ocorre quando da necessidade de se proceder à substituição de elevadores. Dependendo do tipo de edifício, o custo dos elevadores chega a ser maior do que 50% e, portanto, é um gasto de valor substancial em relação ao custo total de um prédio. Agora, imaginemos um prédio em que existam dois elevadores, que em vista de sua utilização e em face do tempo decorrido, necessitam ser substituídos totalmente, isto é, cabines, motor, cabos de sustentação elétricos, enfim, todos os seus componentes. Pode-se presumir que, além do tempo que irá demandar essa substituição, o seu custo seja realmente alto. Porém, para bem procedermos à classificação da despesa, devemos nos abster de considerar o seu valor, e ater-nos às características do gasto necessário, qual seja, substituição de elevadores (reposição) que possibilitará o normal funcionamento do prédio, pois supõe-se que os atuais o estejam fazendo com deficiências.

Analisando o assunto, temos a dizer que os elevadores, como as chaves e o motor, também fazem parte de um conjunto chamado edifício que, quando de sua construção, foi incorporado ao patrimônio pelo seu custo global, como Bem Imóvel. Ficando configurado que os elevadores integram esse conjunto e são necessários para o normal funcionamento do edifício, a sua substituição somente devolverá ao conjunto esse normal funcionamento. E como é difícil, para não dizer impossível, a compra dos elevadores e demais materiais necessários para serem utilizados e empregados pela própria repartição, que não deve possuir pessoal especializado para isso, fazendo, portanto, com que a aquisição seja feita com a sua instalação e entregue em funcionamento, provocará a classificação em Serviços de Terceiros.

Outro assunto assemelhado ao dos elevadores diz respeito às reformas de edifícios. Isto porque, caso a reforma implique ampliação do edifício, onde se modifique a estrutura originalmente concebida e, portanto, também se altere o projeto de construção, será classificada como Investimento-Obras e Instalações. Observe-se que se trata de obras que alteram a estrutura do edifício, visando ampliar a sua área de funcionamento.

Entretanto, quando a reforma não implica ampliação e também não altera a estrutura do edifício, como é o caso da troca de fiação elétrica, substituição de luminárias, pintura, esquadrias de metal ou madeira, encanamentos, peças hidráulicas, torneiras, enfim, serviços de conservação e manutenção do prédio, e executados por empreiteiras, a classificação é feita em Serviços de Terceiros, aliás, de acordo com o entendimento que esperamos a esta altura já ter deixado bem nítido, qual seja o de reposição, que no caso se dá através da conservação e manutenção de um conjunto chamado edifício.

Por último, queremos ainda alertar para os problemas de classificação que surgem em vista do uso do material, da sua *utilização anormal*, melhor dizendo.

Obviamente, como já procuramos identificar, trata-se da utilização de material, que por causa das mais diversas, acabam não sendo aquelas normais, para as quais o material foi idealizado e deveria ser efetivamente ou habitualmente empregado.

Para que haja melhor compreensão do assunto, vamos a um exemplo que identifica bem o problema. É o caso da compra de materiais que, pelo uso normal, deveriam ser classificados como material permanente, porém, sabendo-se que haverá desvirtuamento do seu uso, o prazo de duração, fatalmente, não será o de dois anos. Quando se solicita a compra de pratos inoxidáveis, em dúzias, pelos diversos tipos e modelos necessários, a primeira impressão é a de se classificar a despesa com material permanente, pois pressupõe-se que os pratos inoxidáveis tenham a duração superior a dois anos, o que ocorreria, seguramente, em seu normal. Porém, se esses pratos forem pedidos para utilização na Penitenciária, muito embora eles sejam usados para servir comida, que é a sua finalidade, é fora de dúvida que não serão tratados com o cuidado que seria de se desejar, e por isso não chegarão a durar mais do que dois anos. Da mesma forma, os talheres, garfos, colheres, facas etc., também de aço inoxidável, terão o mesmo destino quando forem utilizados nas mesmas condições.

É de se ver que o mesmo material poderá ter tratamento classificatório de despesa diverso, porém em atendimento à utilização do material, que também será feita diferentemente.

Assim, esse assunto, que é de caráter específico, pois diz respeito à classificação da despesa orçamentária, em suas peculiaridades e problemática, foi aqui descrito com o intuito de alertar para a existência do fato, procurando-se sanar alguns problemas de escrituração contábil, já em sua origem, que é o ato de classificação.

7 Questão da classificação dos convênios

A questão relativa aos convênios é uma prática usual entre as entidades públicas, e o eminente Prof. Hely Lopes Meirelles, em sua obra *Direito administrativo brasileiro*, diz que "Convênios administrativos são acordos firmados por entidades públicas de qualquer espécie, ou entre organizações particulares, para realização de *objetivos de interesse comum (e coincidentes) dos partícipes.*"

A legislação sobre licitações e contratos, Lei nº 8.666/93, atualizada pela Lei nº 8.883/94, em seu art. 116, §§ 1º a 6º, estabelece as regras que devem ser seguidas pelos convênios a serem celebrados pelos órgãos e entidades da Administração Pública.

Em princípio, como é o convênio um instrumento por meio do qual as entidades públicas buscam a realização de objetivos de interesse comum e coincidentes dos partícipes, é utilizado para que uma entidade auxilie outra na realização de atividades que visem ao bem-estar da população. Nesse sentido, o Governo Federal, por exemplo, solicita a cooperação dos Estados e Municípios, ou também os Governos estaduais solicitam a colaboração dos Municípios, para cumprirem determinados objetivos de interesse comum e coincidentes.

Para a realização das atividades, em geral, o Governo Federal contribui com recursos financeiros para os Estados e Municípios, ou dos Governos Estaduais para os Municípios, de acordo com os planos de trabalho estabelecidos e que são partes imprescindíveis para a aprovação dos convênios.

Existe uma tendência por parte do pessoal das áreas de finanças de que os recursos financeiros recebidos pelos convênios devem ser classificados como Receita Extraorçamentária, o que, fatalmente, vai obrigar a classificação dos gastos que tiverem de ser realizados como Despesa Extraorçamentária. O problema são as consequências que podem advir, em caso de classificação incorreta.

Podemos classificar os recursos financeiros recebidos por meio de convênio tanto como Receita Orçamentária quanto como Receita Extraorçamentária; entretanto, precisamos observar alguns critérios para determinar com certeza qual a classificação correta.

As pessoas que tiverem que proceder à classificação desses recursos financeiros recebidos por meio de convênios precisam saber como foi efetuado o empenho pela entidade que está enviando o recurso financeiro e, se possível, obter uma cópia da nota de empenho correspondente, pois poderá ser utilizada uma dotação de despesa de custeio ou de investimento, como por exemplo material de consumo ou serviços de terceiros, ou Obras e Instalações, ou Equipamento e Material Permanente; também poderá ser utilizada uma dotação de Transferências Correntes ou Transferências de Capital.

O conhecimento dessas dotações utilizadas no empenho pela entidade que está enviando o recurso financeiro é fundamental.

No caso de o empenho ter sido emitido utilizando uma despesa de material de consumo, por exemplo, a entidade, ao proceder ao recebimento dos recursos financeiros, deverá classificá-los como Receita Extraorçamentária, pois todos os gastos que forem efetuados com esse recurso serão despesa da entidade que está enviando o numerário. Portanto, a entidade recebedora do recurso, ao efetuar o gasto, deverá consequentemente classificá-lo como Despesa Extraorçamentária, e todos os comprovantes originais dessa despesa deverão ser encaminhados na prestação de contas para a entidade que enviou o recurso financeiro, pois estarão sujeitos à fiscalização do Tribunal de Contas de sua jurisdição.

Esses procedimentos estão descritos no art. 3º e parágrafo único da Lei nº 4.320/64, onde se vê textualmente:

> "Artigo 3º A Lei de Orçamento compreenderá todas as receitas, inclusive as operações de crédito autorizadas em lei.
>
> Parágrafo único. Não se consideram para os fins deste artigo as operações de crédito por antecipação de receita, as emissões de papel-moeda e outras entradas compensatórias no ativo e passivo financeiros."

Esse texto ressalva que não devem ser consideradas para efeito da lei orçamentária as entradas compensatórias no ativo e passivo financeiro, ou seja, não serão consideradas como receita orçamentária pela entidade que realizar os recebimentos, quando não tiver que utilizar dotações orçamentárias de sua lei de orçamento (emitir empenhos) para realizar despesas.

Aliás, pensando na hipótese de a entidade conveniente que enviar os recursos financeiros já emitir empenho utilizando dotação de despesa como Material de Consumo, e de a entidade conveniada que receber os recursos financeiros também emitir empenho utilizando dotação de Material de Consumo de sua lei de orçamento, por exemplo, teremos dois empenhos na dotação de material de consumo para cobertura de uma só realização de despesa e, consequentemente, só haverá documentação para liquidação e pagamento de um empenho.

Fica claro que, em termos de convênio, toda vez que a entidade enviar recursos financeiros, ao emitir empenho utilizando dotação de despesa, estará induzindo a entidade recebedora do recurso financeiro a classificá-lo como receita extraorçamentária, e por via de consequência, ao realizar os gastos necessários, a classificá-los como despesa extraorçamentária.

Todavia, no caso de a entidade que enviar o recurso financeiro emitir o empenho utilizando uma dotação de Transferência Corrente ou Transferência de Capital, por exemplo, a entidade, ao proceder ao recebimento dos recursos financeiros, deverá classificá-lo como Receita Orçamentária – Receita de Transferências Correntes ou Capital, conforme o caso, pois todos os gastos que forem efetuados com esse recurso serão despesa da entidade que está recebendo o numerário. Portanto, a entidade recebedora do recurso, ao efetuar o gasto, deverá consequentemente classificá-lo como Despesa Orçamentária, utilizar dotações de sua lei orçamentária emitindo empenho nos elementos de despesa que forem necessários, e todos os comprovantes originais dessa despesa deverão fazer parte dos processos que ficarão sujeitos à fiscalização do Tribunal de Contas de sua jurisdição. Por outro lado, deverão ser encaminhadas cópias dos comprovantes e documentos, para prestação de contas à entidade que enviou os recursos financeiros.

Esse procedimento deverá ser feito em atendimento ao art. 6º e § 1º da Lei nº 4.320/64, que diz textualmente:

> "Artigo 6º Todas as receitas e despesas constarão da Lei de Orçamento pelos seus totais, vedadas quaisquer deduções.
>
> § 1º As cotas de receita que uma entidade pública deva transferir a outra incluir-se-ão como despesa, no orçamento da entidade obrigada a transferência e, como receita, no orçamento da que as deva receber."

Fica evidente, no convênio, que a entidade que transferir recurso a outra deverá considerá-la como despesa em seu orçamento, emitindo empenho na dotação de transferência, e a entidade que receber esse recurso transferido deverá considerá-lo como receita em seu orçamento.

Entretanto, poderá ocorrer que a entidade que receba a transferência não possua saldo suficiente para a realização da despesa na dotação necessária, necessitando providenciar a abertura de um crédito adicional correspondente para viabilizá-la.

15

Levantamento de Balanços

1 Conceito

Balanço em Contabilidade é a apuração da situação de determinado patrimônio, em determinado instante, representada, sinteticamente, num quadro de duas seções: Ativo e Passivo. É também entendido como a igualdade entre duas somas, de uma conta ou de um quadro.

Vulgarmente, a palavra *balanço* é erroneamente empregada em lugar de "inventário" e isto ocorre quando verificamos um aviso afixado na porta de um estabelecimento, onde se lê "fechado para balanço", quando na realidade o que está sendo realizado é o que se denomina *inventário*, que é o arrolamento das mercadorias existentes, ou seja, o relacionamento das existências, para determinação do estoque.

Balanço é uma palavra oriunda do latim *bis lanx*, que quer dizer "dos dois lados", significando os pratos de uma balança, onde se observa uma compensação entre os pesos que se coloca de um lado, e o objeto que se queira medir do outro, buscando o equilíbrio.

Balancete é um balanço parcial de uma escrituração contábil. É uma peça onde se expõe, em equação, o estado das contas devedoras e credoras, organizadas periodicamente – mensalmente – para informações administrativas ou verificações contábeis.

Posto isto, verifica-se que os procedimentos para a elaboração de balancetes mensais e seus anexos, e posteriormente dos balanços e seus demonstrativos, já devem ter-se iniciado na organização e implantação dos sistemas contábeis, pois da escrituração e registros contábeis é que surgirão os elementos necessários ao cumprimento daquela finalidade. Quanto melhor for essa organização, possibilitando a fluência dos dados numa sequência lógica e objetiva, com maior facilidade e presteza serão obtidos esses elementos.

De qualquer forma, e por qualquer sistema que se implante, os balanços somente podem ser elaborados após a feitura do balancete de verificação, levantado em 31 de dezembro, que serve de base para as providências de ajustes, apropriação e dos necessários lançamentos de encerramento.

Do ponto de vista legal, os balanços, segundo a Lei Federal nº 4.320/64, que dedica o Capítulo IV, integralmente, à instrução e à normatização da sua elaboração, julgamos a esta altura de todo conveniente a transcrição do seu artigo 101, e que textualmente diz:

> "Artigo 101 – Os resultados gerais do exercício serão demonstrados no *Balanço Orçamentário*, no *Balanço Financeiro*, no *Balanço Patrimonial*, na *Demonstração das Variações Patrimoniais*, segundo os Anexos nºs 12, 13, 14 e 15, e os quadros demonstrativos constantes dos Anexos nºs 1, 6, 7, 8, 9, 10, 11, 16 e 17."

2 Considerações

Por outro lado, em razão da necessidade de cumprimento do objetivo de padronização dos procedimentos contábeis do setor público que devem ser observados pela União, Estados, Distrito Federal e Municípios, para viabilizar a consolidação das contas públicas em âmbito nacional, pois são os procedimentos que permitem a promoção da transparência dos resultados orçamentário, financeiro econômico e patrimonial do setor público.

Nesse sentido, a Lei Federal nº 4.320/64, através dos arts. 111 e 112, diz:

> "Art. 111. A Secretaria de Planejamento da Presidência da República, além de outras apurações, *para fins estatísticos, de interesse nacional, organizará e publicará o balanço consolidado das contas da União, Estados, Municípios e Distrito Federal, suas autarquias e outras entidades*, bem como um quadro estruturalmente idêntico baseado em dados orçamentários.
>
> § 1º Os quadros referidos neste artigo terão a estrutura do Anexo nº 1.
>
> § 2º O quadro baseado nos orçamentos será publicado até o último dia do primeiro semestre do próprio exercício, e o baseado nos balanços, até o último dia do segundo semestre do exercício imediato àquele a que se referirem.
>
> Art. 112. Para cumprimento do disposto no artigo precedente, a União, os Estados, os Municípios ou Distrito Federal, remeterão ao mencionado órgão, até 30 de abril, os orçamentos do exercício, e até 30 de junho, os balanços do exercício anterior.
>
> Parágrafo único. O pagamento, pela União, de auxílio ou contribuição a Estados, Municípios ou Distrito Federal, cuja concessão não decorra do imperativo constitucional, dependerá de prova do atendimento ao que se determina neste artigo."

274 Contabilidade Pública • Kohama

A Lei Complementar nº 101/2000, que estabelece normas de finanças públicas voltadas para a responsabilidade na gestão fiscal, no seu art. 51, diz:

"Art. 51. O Poder Executivo da União promoverá, até o dia trinta de junho, a consolidação, nacional e por esfera do governo, das contas dos entes da Federação relativas ao exercício anterior, e a sua divulgação, inclusive por meio eletrônico de acesso público.

§ 1º Os Estados e os Municípios encaminharão suas contas ao Poder Executivo da União nos seguintes prazos:

I – Municípios, com cópia para o Poder Executivo do respectivo Estado, até trinta de abril;

II – Estados, até trinta e um de maio."

A Secretaria do Tesouro Nacional, na qualidade de órgão central do Sistema de Contabilidade Federal, sobre o assunto, diz: "Para fins de cumprimento dos arts. 111 e 112 da Lei nº 4.320, de 17 de março de 1964, a União, os Estados, o Distrito Federal e os Municípios encaminharão à STN, na forma a ser regulamentada, os dados contábeis e fiscais exigidos por lei, inclusive para fins estatísticos, mediante sistema informatizado de coleta de dados.[1]

Observa-se pelas normas gerais editadas, que as demonstrações contábeis das entidades definidas no campo de aplicação da Contabilidade do Setor Público, incluindo as exigidas pela Lei nº 4.320/64, são as seguintes:

a) Balanço Patrimonial;

b) Balanço Orçamentário;

c) Balanço Financeiro;

d) Demonstração das Variações Patrimoniais;

e) Demonstração das Mutações do Patrimônio Líquido; e

f) Demonstração do Resultado Econômico.

Portanto, infere-se do exposto a necessidade de serem elaborados três balanços, o Balanço Orçamentário, o Balanço Financeiro e o Balanço Patrimonial; deste último há ainda a necessidade de elaboração do quadro da demonstração das variações patrimoniais.

As normas gerais indicam, também, que devem ser elaboradas Demonstração dos Fluxos de Caixa (DFC), Demonstração das Mutações do Patrimônio Líquido (DMPL) e Demonstração do Resultado Econômico (DRE). No que se refere à **Demonstração das Mutações do Patrimônio Líquido, é *obrigatória apenas para empresas estatais dependentes e para os entes que as incorporarem no processo de consolidação das con-***

---

[1] As normas gerais mencionadas serão obrigatórias a partir de 2012, para a União, Estados e Distrito Federal e, em 2013 para os Municípios.

tas e a **Demonstração do Resultado Econômico** *é de elaboração facultativa pelos entes da federação.*

2.1 Procedimentos preliminares

Como resultado da escrituração contábil, deve-se elaborar o balancete contábil que, no caso, corresponderá ao *balancete do mês de dezembro*, pois nele estarão registradas todas as operações do exercício financeiro.

Em razão da sistemática utilizada, com a adoção do Manual de Contabilidade Aplicada ao Setor Público, que foi detalhada nos Capítulos 3 – Contabilidade Pública e 4 – Regimes Contábeis, atendendo às Normas Brasileiras de Contabilidade Aplicada ao Setor Público, o sistema contábil público estrutura-se nos seguintes subsistemas:

a) Subsistema de Informações Orçamentárias – registra, processa e evidencia os atos e fatos relacionados ao planejamento e à execução orçamentária, representados pelas contas que registram aprovação e execução do planejamento e orçamento, inclusive Restos a Pagar;

b) Subsistema de Informações Patrimoniais – registra, processa e evidencia os fatos financeiros e não financeiros relacionados com as variações do patrimônio público, subsidiando a administração com informações sobre alterações nos elementos patrimoniais, resultado econômico e resultado nominal;

c) Subsistema de Compensação – registra, processa e evidencia os atos de gestão cujos efeitos possam produzir modificações no patrimônio da entidade do setor público, bem como aqueles com funções específicas de controle, subsidiando a administração com informações sobre alterações potenciais nos elementos patrimoniais e acordos, garantias e responsabilidades.

2.2 Dos balancetes

Em razão dos registros contábeis serem efetuados através da escrituração dos três Subsistemas anteriormente descritos, fica evidente que cada subsistema possuirá o seu balancete.

Existe uma vinculação das contas apresentadas em cada balancete, com as classes que neles estarão representadas, até porque a elaboração dos balanços será baseada nos registros que estarão contidos nos balancetes.

Assim, no balancete do Subsistema de Informações Orçamentárias estarão representados os saldos das contas das classes 5 – Controles da Aprovação do Planejamento e Orçamento e 6 – Controles da Execução do Planejamento e Orçamento.

No balancete do Subsistema de Informações Patrimoniais estarão representados os saldos das contas das classes 1 – Ativo e 2 – Passivo e Patrimônio Líquido e, também, os saldos das contas das classes 3 – Variações Patrimoniais Diminutivas e 4 – Variações Patrimoniais Aumentativas. Portanto, o balancete do Subsistema de Informações Patrimoniais será utilizado para elaboração do balanço patrimonial e, também, para a elaboração da Demonstração das Variações Patrimoniais.

No balancete do Subsistema de Compensação estarão representados os saldos das contas 7 – Controles Devedores e 8 – Controles Credores, nas quais são feitos os controles de contas devedoras e credoras, que evidenciam os registros de bens, valores, direitos e obrigações que possam vir afetar o patrimônio. Em razão das suas características, as contas de compensação deverão ser incorporadas ao balanço patrimonial.

3 Balanço orçamentário

Encaminhando-nos para a abordagem do levantamento de balanço, de cada sistema de per si, *iniciando pelo Sistema Orçamentário, cujo balanço*, de acordo com o artigo 102, da Lei Federal nº 4.320/64, *"demonstra as receitas e despesas previstas em confronto com as realizadas"*.

Outrossim, podemos conceituar o *Balanço Orçamentário* como um quadro de contabilidade com duas seções, em que se distribuem as "receitas previstas" no orçamento como também as "realizadas", as "despesas fixadas" e as "realizadas", igualando-se as somas opostas com os resultados, o previsto e o realizado, e o déficit ou superávit.

O Balanço Orçamentário deve ser elaborado obedecendo-se a um modelo, agregado à Lei Federal nº 4.320/64, como Anexo nº 12, sendo em realidade um quadro onde se resume a receita do exercício, a nível de espécie, e a despesa a nível de créditos orçamentários e suplementares globais, em termos de previsão e fixação respectivamente, e de execução, ou seja, o quanto foi realizado, apresentando a seguir as diferenças entre ambas.

A seguir, vamos apresentar os dados relativos ao balancete de verificação em 31 de dezembro, para efeito de encerramento, e levantamento do Balanço Orçamentário.

3.1 Do balancete

BALANCETE DO SUBSISTEMA DE INFORMAÇÕES ORÇAMENTÁRIAS
do mês de dezembro de 20XX

Código da classe	Contas	Saldo devedor	Saldo credor
521.10.00.00	Previsão Inicial da Receita	60.000,00	0,00
521.11.00.00	Receitas Correntes	55.000,00	0,00
521.11.01.00	Receita Tributária	45.000,00	0,00
521.11.03.00	Receita Patrimonial	3.000,00	0,00
521.11.09.00	Outras Receitas Correntes	7.000,00	0,00
521.12.00.00	Receitas de Capital	5.000,00	0,00
521.12.01.00	Operações de Crédito	4.000,00	0,00
521.12.02.00	Alienação de Bens Móveis	1.000,00	0,00
522.11.00.00	Dotação Inicial	60.000,00	0,00
522.11.01.00	Despesas Correntes	40.000,00	0,00
522.11.02.00	Despesas de Capital	20.000,00	0,00
500.00.00.00	CONTROLES DA APROVAÇÃO DO PLANEJAMENTO E ORÇAMENTO (TOTAL DA CLASSE 5)	**120.000,00**	**0,00**
621.10.00.00	Receita a Realizar	0,00	4.000,00
621.11.00.00	Receitas Correntes	0,00	3.000,00
621.11.01.00	Receita Tributária	0,00	2.000,00
621.11.03.00	Receita Patrimonial	0,00	0,00
621.11.09.00	Outras Receitas Correntes	0,00	1.000,00
621.12.00.00	Receitas de Capital	0,00	1.000,00
621.12.01.00	Operações de Crédito	0,00	0,00
621.12.02.00	Alienação de Bens Móveis	0,00	1.000,00
621.20.00.00	Receita Realizada	0,00	56.000,00
621.21.00.00	Receitas Correntes	0,00	52.000,00
621.21.01.00	Receita Tributária	0,00	42.000,00
621.21.03.00	Receita Patrimonial	0,00	3.000,00
621.21.09.00	Outras Receitas Correntes	0,00	7.000,00
621.22.00.00	Receitas de Capital	0,00	4.000,00
621.22.01.00	Operações de Crédito	0,00	4.000,00
621.22.02.00	Alienação de Bens Móveis	0,00	0,00
622.11.00.00	Crédito Disponível	0,00	5.000,00
622.11.01.00	Despesas Correntes	0,00	1.000,00
622.11.02.00	Despesas de Capital	0,00	4.000,00
622.13.01.00	Crédito Empenhado a Liquidar	0,00	800,00
622.13.01.01	Despesas Correntes	0,00	800,00
622.13.01.02	Despesas de Capital	0,00	0,00
622.13.03.00	Crédito Empenhado Liquidado a Pagar	0,00	8.200,00
622.13.03.01	Despesas Correntes	0,00	4.200,00
622.13.03.02	Despesas de Capital	0,00	4.000,00
622.13.04.00	Crédito Empenhado Pago	0,00	46.000,00
622.13.04.01	Despesas Correntes	0,00	34.000,00
622.13.04.01	Despesas de Capital	0,00	12.000,00
600.00.00.00	CONTROLES DA EXECUÇÃO DO PLANEJAMENTO E ORÇAMENTO (TOTAL DA CLASSE 6)	0,00	120.000,00
	TOTAL DO SUBSISTEMA	**120.000,00**	**120.000,00**

3.2 Dos procedimentos para o encerramento

Verifica-se que os dados que constam no balancete do subsistema de informações orçamentárias demonstram os registros do resumo da receita orçamentária e da despesa orçamentária escriturados no exercício, que serão utilizados para a elaboração do Balanço Orçamentário.

Para tanto, a seguir serão apresentados os lançamentos de encerramento, na seguinte conformidade:

48 – Dos registros de encerramento das contas do Subsistema de Informações Orçamentárias

1 – Registro contábil do encerramento do saldo das contas 621.1 – Receita a Realizar, em contrapartida com as contas 521.1 – Previsão Inicial da Receita, por terem saldos que representam o valor previsto, mas não arrecadado.

D – 621.1	RECEITA A REALIZAR	4.000,00
D – 621.11	RECEITAS CORRENTES	3.000,00
D – 621.11.01	Receita Tributária	2.000,00
D – 621.11.09	Outras Receitas Correntes	1.000,00
D – 621.12	RECEITAS DE CAPITAL	1.000,00
D – 621.12.02	Alienação de Bens Móveis	1.000,00
C – 521.1	PREVISÃO INICIAL DA RECEITA	4.000,00
C – 521.11	RECEITAS CORRENTES	3.000,00
C – 521.11.01	Receita Tributária	2.000,00
C – 521.11.09	Outras Receitas Correntes	1.000,00
C – 521.12	RECEITAS DE CAPITAL	1.000,00
C – 521.12.02	Alienação de Bens Móveis	1.000,00

2 – Registro contábil do encerramento do saldo das contas 621.2 – Receita Realizada, em contrapartida com as contas 521.1 – Previsão Inicial da Receita, para efeito de fechamento de balanço.

D – 621.2	RECEITA REALIZADA	56.000,00
D – 621.21	RECEITAS CORRENTES	52.000,00
D – 621.21.01	Receita Tributária	43.000,00
D – 621.21.03	Receita Patrimonial	3.000,00
D – 621.21.09	Outras Receitas Correntes	6.000,00
D – 621.22	RECEITAS DE CAPITAL	4.000,00
D – 621.22.01	Operações de Crédito	4.000,00
C – 521.1	PREVISÃO INICIAL DA RECEITA	56.000,00
C – 521.11	RECEITAS CORRENTES	52.000,00
C – 521.11.01	Receita Tributária	42.000,00
C – 521.11.03	Receita Patrimonial	3.000,00
C – 521.11.09	Outras Receitas Correntes	7.000,00
C – 521.12	RECEITAS DE CAPITAL	4.000,00
C – 521.12.01	Operações de Crédito	4.000,00

Levantamento de Balanços **279**

3 – Registro contábil do encerramento do saldo das contas 622.11 – Crédito Disponível, em contrapartida com as contas 522.11 – Dotação Inicial, representando esse saldo a economia orçamentária do exercício, ou seja, o saldo da dotação não empenhado.

D – 622.11	CRÉDITO DISPONÍVEL	<u>5.000,00</u>
D – 622.11.01	DESPESAS CORRENTES	1.000,00
D – 622.11.02	DESPESAS DE CAPITAL	4.000,00
C – 522.11	DOTAÇÃO INICIAL	<u>5.000,00</u>
C – 522.11.01	DESPESAS CORRENTES	1.000,00
C – 522.11.02	DESPESAS DE CAPITAL	4.000,00

4 – Registro contábil da transferência do saldo das contas 622.03.01 – Crédito Empenhado a Liquidar e 622.13.03 – Crédito Empenhado a Pagar, para a conta 622.13.04 – Crédito Liquidado Pago, para constituir os RESTOS A PAGAR e, consequentemente, ser incluída como despesa orçamentária em atendimento ao art. 103, da Lei nº 4.320/64.

D – 622.13.00	CRÉDITO UTILIZADO	<u>9.000,00</u>
D – 622.13.01	CRÉDITO EMPENHADO A LIQUIDAR	<u>800,00</u>
D – 622.13.01.01	Despesas Correntes	800,00
D – 622.13.03	CRÉDITO EMPENHADO A PAGAR	<u>8.200,00</u>
D – 622.13.03.01	Despesas Correntes	4.200,00
D – 622.13.03.02	Despesas de Capital	4.000,00
C – 622.13.04	CRÉDITO EMPENHADO PAGO	<u>9.000,00</u>
C – 622.13.04.01	Despesas Correntes	9.000,00

5 – Registro contábil do encerramento do saldo das contas 622.13 – Crédito Utilizado, que correspondem à Despesa Realizada, em contrapartida com as contas 522.11 – Dotação Inicial (da Despesa Orçamentária) para efeito de fechamento de balanço.

D – 622.13.04	CRÉDITO EMPENHADO PAGO	<u>46.000,00</u>
D – 622.13.04.01	Despesas Correntes	34.000,00
D – 622.13.04.02	Despesas de Capital	12.000,00
C – 522.11	DOTAÇÃO INICIAL	<u>46.000,00</u>
C – 522.11.01	Despesas Correntes	34.000,00
C – 522.11.02	Despesas de Capital	12.000,00

6 – Registro contábil da Inscrição dos Restos a Pagar do exercício, que deverá compor a receita extraorçamentária, para compensar sua inclusão na despesa orçamentária, conforme o disposto no art. 103 da Lei nº 4.320/64.

6.1 – Registro contábil da Inscrição de Restos a Pagar Processados[2]

D – 532.7	Restos a Pagar Processados – Inscrição no Exercício	8.200,00
C – 632.7	Restos a Pagar Processados – Inscrição no Exercício	8.200,00
	Pela inscrição de Restos a Pagar Processados no Exercício	

---

[2] Este lançamento deve ser efetuado no dia 31-12 e corresponderá ao saldo da conta 622.13.03 – Crédito Empenhado a Pagar. No dia 1º-01 do exercício seguinte deverá ser estornado esse lançamento e transferido o valor para as contas D – 532.1 Restos a Pagar Processados Inscritos e C – 632.1 Restos a Pagar Processados a Pagar. Mais detalhes veja Capítulo 8 – Restos a Pagar.

6.2 – Registro contábil da Inscrição de Restos a Pagar não Processados[3]

D – 531.7	Restos a Pagar não Processados – Inscrição no Exercício	800,00
C – 631.7	Restos a Pagar não Processados – Inscrição no Exercício	800,00
	Pela inscrição de Restos a Pagar não processados no exercício	

3.3 Observações

Providenciados os lançamentos de encerramento conforme o disposto, verifica-se o seguinte:

1. Que o lançamento nº 1 demonstra que o saldo da conta 621.11 RECEITA A REALIZAR, evidencia que não foi arrecadada a importância de R$ 4.000,00 da receita prevista para o exercício e, em vista disso, foi efetuada a escrituração em contrapartida da conta 521.10 PREVISÃO INICIAL DA RECEITA, no mesmo valor, para ressaltar que a RECEITA REALIZADA foi menor do que a RECEITA PREVISTA para o exercício.

2. Que o lançamento nº 2 representa a transferência dos saldos das contas 621.20 – RECEITA REALIZADA, no valor de R$ 56.000,00, relativo à receita arrecadada, em contrapartida com as contas 521.10 – PREVISÃO INICIAL DA RECEITA, nos mesmos valores, para o encerramento das contas, aliás, só para constar, o período de vigência da Lei de Orçamento Anual inicia em 1º de janeiro e termina em 31 de dezembro, por isso, essas contas são encerradas.

3. Que o lançamento nº 3 ressalta a transferência do saldo na conta 622.11 – CRÉDITO DISPONÍVEL, refletindo a *economia orçamentária*, no valor de R$ 4.000,00 havida no exercício, em contrapartida da conta 522.11 – DOTAÇÃO INICIAL, que em suma representa o total de créditos orçamentários disponíveis para empenhamento para fins de encerramento das contas.

4. Que o lançamento nº 4 traduz que a existência de saldo na conta 622.13.01 – CRÉDITO EMPENHADO A LIQUIDAR é a consequência de saldo de despesa empenhada e não liquidada no valor de R$ 800,00, portanto, não paga e o saldo da conta 622.13.03 – CRÉDITO EMPENHADO LIQUIDADO A PAGAR corresponde ao saldo da despesa empenhada e liquidada no valor R$ 8.200,00, também não paga, identificam os valores que deverão ser inscritos como RESTOS A PAGAR, em atendimento ao art. 103, da Lei nº 4.320/64, e esse registro é feito para considerá-los como despesa realizada.

5. Que o lançamento nº 5 representa a transferência dos saldos das contas 622.13.04 – CRÉDITO EMPENHADO PAGO, no valor de R$ 46.000,00, relati-

---

[3] Este lançamento deve ser efetuado no dia 31-12 e corresponderá ao saldo da conta 622.13.01 – Crédito Empenhado a Liquidar. No dia 1º-01 do exercício seguinte deverá ser estornado esse lançamento e transferido o valor para as contas D – 531.1 Restos a Pagar não Processados Inscritos e C – 631.1 Restos a Pagar não Processados a Liquidar. Mais detalhes veja Capítulo 8 – Restos a Pagar.

vo à despesa realizada, em contrapartida com as contas 522.11 – DOTAÇÃO INICIAL, nos mesmos valores, para o encerramento das contas, aliás, relembrando, o período de vigência da Lei de Orçamento Anual, inicia em 1º de janeiro e termina em 31 de dezembro, por isso, essas contas são encerradas.

6. Que os lançamentos constantes do item 6 dizem respeito à inscrição dos restos a pagar, que, atendendo o dispositivo legal (art. 103 da Lei nº 4.320/64), os restos a pagar do exercício serão computados na receita extraorçamentária para compensar sua inclusão na despesa orçamentária, na seguinte disposição:

6.1 O lançamento 6.1, em consequência com o saldo da conta 622.13.03 – CRÉDITO EMPENHADO LIQUIDADO A PAGAR, foi efetuado o registro na conta 532.7 – RP PROCESSADOS – INSCRIÇÃO NO EXERCÍCIO no valor de R$ 8.200,00, em contrapartida com a conta 632.7 – RP PROCESSADOS – INSCRITOS NO EXERCÍCIO no mesmo valor. Observe-se que no dia 1º-01 do exercício seguinte, deverá ser estornado esse lançamento, transferindo os valores para as contas RP Processados Inscritos.

6.2 O lançamento 6.2 também é coerente como saldo na conta 622.13.01 – CRÉDITO EMPENHADO A LIQUIDAR, e foi efetuado o registro na conta 531.7 – RP NÃO PROCESSADOS – INCRIÇÃO NO EXERCÍCIO no valor de R$ 800,00, em contrapartida com a conta 631.7 – RP NÃO PROCESSADOS – INSCRITOS NO EXERCÍCIO no mesmo valor. Aqui vale a observação de que no dia 1º-01 do exercício seguinte deverá ser estornado esse lançamento, transferindo os valores para as contas RP não Processados Inscritos.

6.3 Apenas para deixar claro que, conforme pode-se verificar, os únicos saldos que são transferidos para o exercício seguinte das contas que aqui foram demonstradas são os relativos à inscrição dos Restos a Pagar, processados e não processados. Os demais saldos perdem a eficácia, pois, por se referirem à Lei Orçamentária Anual, sua vigência termina em 31 de dezembro.

RAZONETES DAS OPERAÇÕES

D	521.1 – Previsão Inicial da Receita		C
B	60.000,00	4.000,00	(1)
		56.000,00	(2)
	60.000,00	60.000,00	
	0,00	0,00	

D	521.11 – Receitas Correntes		C
B	55.000,00	3.000,00	(1)
		52.000,00	(2)
	55.000,00	55.000,00	
	0,00	0,00	

D	521.11.01 – Receita Tributária		C
B	45.000,00	3.000,00	(1)
		42.000,00	(2)
	45.000,00	45.000,00	
	0,00	0,00	

D	521.11.03 – Receita Patrimonial		C
B	3.000,00	3.000,00	(2)
	3.000,00	3.000,00	
	0,00	0,00	

D	521.11.09 – Outras Receitas Correntes		C
B	7.000,00	7.000,00	(2)
	0,00	0,00	

D	521.12 – Receitas de Capital		C
B	5.000,00	1.000,00	(1)
		4.000,00	(2)
	5.000,00	5.000,00	
	0,00	0,00	

Contabilidade Pública • Kohama

D	521.12.01 – Operações de Crédito		C
B	4.000,00	4.000,00	(2)

D	521.12.02 – Alienação de Bens Móveis		C
B	1.000,00	1.000,00	(1)

D	522.11 – Dotação Inicial		C
B	60.000,00	5.000,00	(3)
		55.000,00	(5)
	60.000,00	60.000,00	
	0,00	0,00	

D	522.11.01 – Despesas Correntes		C
B	40.000,00	1.000,00	(3)
		39.000,00	(5)
	40.000,00	40.000,00	
	0,00	0,00	

D	522.11.02 – Despesas de Capital		C
B	20.000,00	4.000,00	(3)
		16.000,00	(5)
	20.000,00	20.000,00	
	0,00	0,00	

D	621.1 – Receita a Realizar		C
(1)	4.000,00	4.000,00	B
	0,00	0,00	

D	621.11 – Receitas Corentes		C
(1)	3.000,00	3.000,00	B
	0,00	0,00	

D	621.11.01 – Receitas Tributárias		C
(1)	3.000,00	3.000,00	B
	0,00	0,00	

D	621.11.03 – Receita Patrimonial		C
	0,00	0,00	

D	621.11.09 – Outras Receitas Correntes		C
	0,00	0,00	

D	621.12 – Receitas de Capital		C
(1)	1.000,00	1.000,00	B
	0,00	0,00	

D	621.12.01 – Operações de Crédito		C
(1)	0,00	0,00	

D	621.12.02 – Alienação de Bens Móveis		C
(1)	1.000,00	1.000,00	B
	0,00	0,00	

D	621.2 – Receitas a Realizar		C
(2)	56.000,00	56.000,00	B
	0,00	0,00	

D	621.21 – Receitas Correntes		C
(2)	52.000,00	52.000,00	B
	0,00	0,00	

D	621.21.01 – Receita Tributária		C
(2)	42.000,00	42.000,00	B
	0,00	0,00	

D	621.21.03 – Receita Patrimonial		C
(2)	3.000,00	3.000,00	B
	0,00	0,00	

D	621.21.09 – Outras Receitas Correntes		C
(2)	7.000,00	7.000,00	B
	0,00	0,00	

D	621.12 – Receitas de Capital		C
(2)	4.000,00	4.000,00	B
	0,00	0,00	

D	621.12.01 – Operações de Crédito		C
(2)	4.000,00	4.000,00	B
	0,00	0,00	

D	621.12.02 – Alienação de Bens Móveis		C
	0,00	0,00	

D	622.11 – Crédito Disponível	C
(3)	5.000,00	5.000,00	B
	0,00	0,00	

D	622.11.01 – Despesas Correntes	C
(3)	1.000,00	1.000,00	B
	0,00	0,00	

D	622.11.02 – Despesas de Capital	C
(2)	4.000,00	4.000,00	B
	0,00	0,00	

D	622.13 – Crédito Utilizado	C
(4)	9.000,00	9.000,00	B
	0,00	0,00	

D	622.13.01 – Crédito Empenhado a Liquidar	C
(4)	800,00	800,00	B
	0,00	0,00	

D	622.13.01.01 – Despesas Correntes	C
(4)	800,00	800,00	B
	0,00	0,00	

D	622.13.03 – Crédito Empenhado Liquidado a Pagar	C
(4)	8.200,00	8.200,00	B
	0,00	0,00	

D	622.13.03.01 – Despesas Correntes	C
(4)	4.200,00	4.200,00	B
	0,00	0,00	

D	622.13.03.02 – Despesas de Capital	C
(4)	4.000,00	4.000,00	B
	0,00	0,00	

D	622.13.04 – Crédito Empenhado Pago	C
(5)	55.000,00	46.000,00	B
		9.000,00	4
	0,00	0,00	

D	622.13.04.01 – Despesas Correntes	C
(5)	39.000,00	34.000,00	B
		5.000,00	4
	0,00	0,00	

D	622.13.04.02 – Despesas de Capital	C
(5)	16.000,00	12.000,00	B
		4.000,00	4
	0,00	0,00	

D	531.7 – RP não Processado Inscrição no Exercício	C
(6.2)	800,00	

D	532.7 – RP Processado Inscrição no Exercício	C
(6.1)	8.200,00	

D	631.7 – RP não Processado Inscrição no Exercício	C
		800,00	(6.2)

D	632.7 – RP Processado Inscrição no Exercício	C
		8.200,00	(6.2)

LEGENDA – (B) Saldo do balancete
(1 a 6) Valores dos lançamentos nos 1 a 6

3.4 Do Balanço Orçamentário

ANEXO 12

\

Encerrado em 31 de dezembro de 20XX

Receitas Orçamentárias	Previsão inicial	Previsão atualizada	Receitas realizadas	Saldos
RECEITAS	60.000,00	60.000,00	56.000,00	(4.000,00)
RECEITAS CORRENTES	55.000,00	55.000,00	52.000,00	(3.000,00)
RECEITA TRIBUTÁRIA	45.000,00	45.000,00	42.000,00	(3.000,00)
Impostos	41.000,00	41.000,00	39.000,00	(2.000,00)
Taxas	4.000,00	4.000,00	3.000,00	(1.000,00)
RECEITA PATRIMONIAL	3.000,00	3.000,00	3.000,00	0,00
Receitas Imobiliárias	1.000,00	500,00	500,00	0,00
Receitas de Valores Mobiliários	1.500,00	2.200,00	2.200,00	0,00
Outras Receitas Patrimoniais	500,00	300,00	300,00	0,00
OUTRAS RECEITAS CORRENTES	7.000,00	7.000,00	7.000,00	0,00
Multas e Juros de Mora	4.000,00	4.000,00	4.000,00	0,00
Receitas Diversas	3.000,00	3.000,00	3.000,00	0,00
RECEITAS DE CAPITAL	5.000,00	5.000,00	4.000,00	0,00
OPERAÇÕES DE CRÉDITO	4.000,00	4.000,00	4.000,00	(1.000,00)
Operações de Crédito Internas	4.000,00	4.000,00	4.000,00	0,00
ALIENAÇÃO DE BENS	1.000,00	1.000,00	0,00	(1.000,00)
Alienação de Bens Móveis	1.000,00	1.000,00	0,00	(1.000,00)
SUBTOTAL DAS RECEITAS (1)	60.000,00	60.000,00	56.000,00	(4.000,00)
OPERAÇÕES DE CRÉDITO REFINANCIAMENTO (II) Operações de Crédito Internas Operações de Crédito Externas				
SUBTOTAL C/ REFINANCIAMENTO (III) = (I + II)	60.000,00	60.000,00	56.000,00	(4.000,00)
DÉFICIT (IV)				
TOTAL V = (III + IV)	60.000,00	60.000,00	56.000,00	(4.000,00)

Despesas orçamentárias	Dotação inicial (d)	Dotação atualizada (e)	Despesas empenhadas (f)	Despesas liquidadas (g)	Despesas pagas (h)	Saldo da dotação (I = e – f)
DESPESAS	60.000,00	60.000,00	55.000,00	54.200,00	46.000,00	5.000,00
DESPESAS CORRENTES	40.000,00	40.000,00	39.000,00	38.200,00	34.000,00	1.000,00
Pessoal e Enc. Sociais	20.000,00	20.000,00	20.000,00	20.000,00	18.000,00	0,00
Outras Desp. Correntes	20.000,00	20.000,00	19.000,00	18.200,00	16.000,00	1.000,00
DESPESAS DE CAPITAL	20.000,00	20.000,00	16.000,00	16.000,00	12.000,00	4.000,00
Investimentos	20.000,00	20.000,00	16.000,00	16.000,00	12.000,00	4.000,00
SUBTOTAL DAS DESPESAS (VI)	60.000,00	60.000,00	55.000,00	54.200,00	46.000,00	5.000,00
AMORTIZAÇÃO DA DÍVIDA – REFINANCIAMENTO (VII) Amortização da Dívida Interna Amortização da Dívida Externa						
SUBTOTAL C/ REFINANCIAMENTO (VIII) = (VI + VII)	60.000,00	60.000,00	55.000,00	54.200,00	46.000,00	5.000,00
SUPERÁVIT (IX)	–	–	1.000,00	–	–	(1.000,00)
TOTAL (X) = (VIII + IX)	60.000,00	60.000,00	56.000,00	54.200,00	46.000,00	4.000,00

3.5 Considerações sobre o Balanço Orçamentário

a) Observe-se que o Balanço Orçamentário é um quadro com duas seções, "receita" e "despesa", e cada uma apresenta as colunas representativas da movimentação ocorrida.

b) O Balanço Orçamentário apresenta o total da previsão da receita atualizada, no valor de R$ 60.000,00, idêntica à previsão inicial que também foi de R$ 60.000,00, o que demonstra não ter havido nenhuma alteração.

c) Verifica-se que na coluna das receitas realizadas houve um movimento que totalizou o valor de R$ 56.000,00, cujo montante foi inferior ao da previsão da receita atualizada, ficando evidenciado, como se vê da coluna de saldos, que houve um saldo de R$ 4.000,00, que, no caso, corresponde ao valor previsto e não arrecadado.

d) Na parte da despesa nota-se que o total da despesa fixada atualizada no valor de R$ 60.000,00, ou seja, o mesmo valor da despesa fixada na lei orçamentária, o que equivale dizer, que não houve autorização de créditos adicionais.

e) Quanto à execução orçamentária houve uma diferença entre o valor da despesa empenhada (R$ 55.000,00) e o valor da despesa fixada (R$ 60.000,00), o que nos revela ter havido um saldo orçamentário, conforme se vê pelo saldo da dotação (R$ 5.000,00), ou seja, do total da despesa fixada atualizada no valor de R$ 60.000,00 foi utilizado através de empenhamento da despesa a importância de R$ 55.000,00, demonstrando ter havido uma economia orçamentária no valor de R$ 5.000,00, correspondente ao valor que deixou de ser empenhado, embora autorizado e disponível para empenhamento.

f) Por outro lado, tendo sido realizada a receita no valor de R$ 56.000,00 e, conforme está registrado, a despesa empenhada foi no valor de R$ 55.000,00, pode-se inferir que existe uma diferença de R$ 1.000,00, que se refere ao superávit apurado, aliás, como está demonstrado como resultado do balanço orçamentário, ou seja, superávit da execução orçamentária do exercício.

4 Balanço financeiro

Em seguida, vamos para o Sistema Financeiro, onde podemos dizer que o *Balanço Financeiro* é um quadro de contabilidade com duas seções, "receita" e "despesa", em que se distribuem as entradas e as saídas de numerário, demonstrando-se as operações de tesouraria e de dívida pública, igualando-se as duas somas com os "saldos de caixa", o inicial e o existente.

Observe-se que, tal como acontece nas figuras de ficção, o balanço financeiro poderia ser representado como um grande cofre, onde no início do exercício sabemos quanto está nele guardado (caixa/bancos) e disponível; na movimentação dinâmica, tudo o que entrar em numerário ou depósito bancário será considerado **Receita**, quer de origem orçamentária, quer de origem não orçamentária, sendo acrescido aos valores já existentes no cofre; ao contrário, também por força da movimentação dinâmica, tudo o que for retirado do cofre em numerário ou saque bancário será considerado **Despesa** e pode ser de origem orçamentária ou extraorçamentária, sendo deduzido dos valores existentes no cofre. Fatalmente, registrando-se todas essas movimentações teremos a seguinte situação: Saldo inicial (anterior) + entradas (receitas) – saídas (despesas) = saldo existente (atual).

Guardadas as devidas proporções, o que o balanço financeiro demonstra é exatamente essa equação, ou seja, os movimentos ocorridos, através das operações financeiras.

Assim, o levantamento do Balanço Financeiro, como deve-se proceder para qualquer levantamento de balanço, dependerá sempre do levantamento de *balancetes prévios*, também chamados de *verificação*, elaborados em 31 de dezembro, seguidos da feitura dos lançamentos de encerramento com vistas ao balanço geral. Os procedimentos a serem seguidos devem, como já procuramos deixar patenteado, ser dispostos por um trâmite devidamente organizado, desde a escrituração dos atos e fatos, feitura de lançamentos, passando-se para o levantamento dos balancetes, culminando-se com a elaboração dos Balanços Gerais, enfeixando-se os movimentos gerais do exercício, de modo a oferecê-los como resultado alcançado pela atuação da administração.

4.1 Apreciações preliminares

De acordo com as normas gerais editadas e com o Manual de Contabilidade Aplicada ao Setor Público, o balanço financeiro é um quadro com duas seções:

1) a seção Ingressos, que demonstra as receitas orçamentárias e os recebimentos extraorçamentários, nas seguintes especificações:

   a) Receita Orçamentária (I);

   b) Transferências Financeiras Recebidas (II);

   c) Recebimentos Extraorçamentários (III);

   d) Saldo em Espécie do Exercício Anterior (IV); e,

   e) Total (V) = (I + II + III + IV)

2) a seção Dispêndios, que demonstra as despesas orçamentárias e os pagamentos extraorçamentários, nas seguintes especificações:

   a) Despesa Orçamentária (VI);

   b) Transferências Financeiras Concedidas (VII);

   c) Pagamentos Extraorçamentários (VIII);

   d) Saldo em Espécie para o Exercício Seguinte (IX); e,

   e) Total (X) = (VI + VII + VIII + IX)

Consoante pode se verificar, a elaboração do balanço financeiro se utiliza das informações da execução orçamentária da receita e despesa e ainda as relativas aos restos a pagar inscritos no exercício, que já fizeram parte do balanço orçamentário, e também das informações relativas às transferências recebidas e concedidas, além das que dizem respeito ao saldo em espécie do exercício anterior e do que passa para o exercício seguinte.

Obviamente, essas informações deverão ser incluídas no balanço financeiro, por se referirem a receita orçamentária recebida e os dispêndios referentes à despesa orçamentária e que estão demonstradas na classe 5 – Controles da Aprovação do Planejamento e Orçamento e na classe 6 – Controles da Execução do Planejamento e Orçamento, do subsistema de informações orçamentárias.

Também, no que se refere às transferências financeiras recebidas e concedidas, necessita colher as informações que estão demonstradas na classe 4 – Variações Patrimoniais Aumentativas e na classe 3 – Variações Patrimoniais Diminutivas, que fazem parte do balancete do subsistema de informações patrimoniais.

E, ainda, necessita das informações sobre os recebimentos e pagamentos extraorçamentários e o saldo em espécie do exercício anterior e o saldo em espécie para o exercício seguinte, que estão demonstradas na classe 1 – Ativo e na classe 2 – Passivo, que fazem parte do balancete do subsistema de informações patrimoniais. Neste particular, deve-se alertar que incluem-se, aqui também, os restos a pagar inscritos, pois, em razão do disposto no art. 103 da Lei nº 4.320/64, para compensar o valor da despesa orçamentária considerada como realizada, porém não paga no exercício em que foram emitidos os empenhos e, por via de consequência, se incluem também os pagamentos efetuados dos restos a pagar no exercício, mas que foram inscritos em exercícios anteriores.

4.2 Busca e apropriação de dados

Conforme pode-se inferir, pelas informações descritas, o balanço financeiro não possui um balancete específico, daí por que necessita de informações: do subsistema de informações orçamentárias, relativas aos ingressos (recebimentos) das receitas orçamentárias e aos dispêndios (gastos) da despesas orçamentárias; do subsistema de informações patrimoniais, relativas aos ingressos (recebimentos) extraorçamentários e de transferências financeiras recebidas, além do saldo em espécie do exercício anterior e os dispêndios (pagamentos) extraorçamentários e de transferências financeiras concedidas, além do saldo em espécie para o exercício seguinte.

288 Contabilidade Pública • Kohama

1 – Iniciando a operacionalização da busca e apropriação dos dados, vamos fazer a coleta dos dados relativos aos ingressos da receita orçamentária e dos restos a pagar inscritos no exercício, e também dos dispêndios da despesa orçamentária e dos restos a pagar pagos no exercício, que, no nosso caso, serão somente os relativos ao exercício atual, não existindo os relativos ao exercício anterior.

INGRESSOS

RECEITA ORÇAMENTÁRIA	R$ 56.000,00
Ordinária	R$ 52.000,00
Vinculada	R$ 4.000,00
Operações de Crédito	R$ 4.000,00
RECEBIMENTOS EXTRAORÇAMENTÁRIOS	R$ 9.000,00
Inscrição de Restos a Pagar Processados	R$ 8.200,00
Inscrição de Restos a Pagar não Processados	R$ 800,00

DISPÊNDIOS

DESPESA ORÇAMENTÁRIA	R$ 46.000,00
Ordinária	R$ 46.000,00
PAGAMENTOS EXTRAORÇAMENTÁRIOS	R$
Pagamentos de Restos a Pagar Processados	R$ 0,00
Pagamentos de Restos a Pagar não Processados	R$ 0,00

2 – Em seguida, com relação à existência de transferências financeiras recebidas ou concedidas, verificamos que não houve movimentação dessa espécie, portanto, não há dados a serem apropriados.

3 – No que se refere aos valores restituíveis, verificamos a existência no balancete do Subsistema de Informações Patrimoniais, do seguinte movimento:

RECEBIMENTOS EXTRAORÇAMENTÁRIOS	R$ 5.500,00
Valores Restituíveis	R$ 5.500,00
PAGAMENTOS EXTRAORÇAMENTÁRIOS	R$ 5.000,00
Valores Restituíveis	R$ 5.000,00

4 – Em seguida, vamos fazer a coleta do saldo em espécie do período anterior e do saldo em espécie para o exercício seguinte:

Saldo em espécie do exercício anterior	R$ 0,00
Saldo em espécie para o exercício seguinte	R$ 10.500,00

5 – E, por último, utilizando as informações que foram compiladas, que estão acima expostas, podemos proceder à elaboração do balanço financeiro, que consistirá na devida apropriação dos dados obtidos.

4.3 Do balanço financeiro

ANEXO 13
BALANÇO FINANCEIRO
Encerrado em 31 de Dezembro de 20XX

Ingressos			Dispêndios		
Especificação	Exercício atual	Exercício anterior	Especificação	Exercício atual	Exercício anterior
RECEITA ORÇAMENTÁRIA (I)	56.000,00	–	DESPESA ORÇAMENTÁRIA (VI)	55.000,00	–
Ordinária	52.000,00	–	Ordinária	55.000,00	–
Vinculada	4.000,00	–			
Operações de Crédito	4.000,00	–	TRANSFERÊNCIAS FINANCEIRAS		
TRANSFERÊNCIAS FINANCEIRAS RECEBIDAS (II)	–	–	CONCEDIDAS (VII)	–	–
			PAGAMENTOS EXTRAORÇAMEN-TÁRIOS (VIII)	5.000,00	–
RECEBIMENTOS EXTRAORÇAMEN-TÁRIOS (III)	14.500,00	–	Pagamentos de RP Processados	–	–
Inscrição de RP Processados	8.200,00	–	Pagtos. de RP não Processados	–	–
Inscrição de RP não Processado	800,00	–	Valores Restituíveis	5.000,00	–
Valores Restituíveis	5.500,00	–			
			Saldo em espécie para o exercício seguinte (IX)	10.500,00	–
Saldo em espécie do exercício anterior (IV)	–	–			
TOTAL (V) = (I + II + III + IV)	70.500,00	–	TOTAL (X) = (VI + VII + VIII + IX)	70.500,00	–

4.4 Considerações sobre o balanço financeiro

a) O balanço financeiro é um quadro com duas seções "receita" e "despesa", que se igualam com os saldos do exercício anterior, e o saldo que passa para o exercício seguinte. Tanto na parte da receita quanto na parte da despesa, há distinção entre os recebimentos e os pagamentos de origem orçamentários e extraorçamentários.

b) Observe-se que no balanço financeiro devem ser demonstrados os "movimentos do exercício", isto é, a somatória das operações realizadas durante o exercício, e não os saldos das contas. Os únicos saldos são os das disponibilidades existentes no exercício anterior e as que passam para o exercício seguinte.

c) Para se conhecer o resultado financeiro apurado no exercício, necessária se faz a somatória da receita orçamentária arrecadada com os recebimentos extraorçamentários (56.000,00 + 14.500,00 = 70.500,00) e da despesa orçamentária realizada com os pagamentos extraorçamentários (55.000,00 + 5.000,00

= 60.000); a diferença apurada (70.500,00 – 60.000,00 = 10.500,00) será o resultado financeiro do exercício. Portanto, no caso, o resultado é um superávit financeiro do exercício no valor de R$ 10.500,00.

d) E esse saldo financeiro apurado pode ser facilmente conferido se verificarmos o saldo que passa para o exercício seguinte e dele deduzirmos o saldo do exercício anterior (10.500,00 – 0,00 = 10.500,00), obteremos um resultado que, por ser positivo, demonstra ter havido um aumento financeiro (superávit de R$ 10.500,00, que coincide com o do item *c*.

5 Do balanço patrimonial

Passando para o levantamento do Balanço Patrimonial, podemos dizer que é o quadro de contabilidade com duas seções, "ativo" e "passivo", nas quais se distribuem os elementos do "patrimônio público", igualando-se a duas somas com a conta "patrimônio líquido", especificamente com a conta Resultados Acumulados, que pode ser "superávit" ou "déficit", que representariam aumento patrimonial ou diminuição patrimonial, respectivamente.

A Lei nº 4.320/64, a respeito do balanço patrimonial, diz:

"Art. 105. O Balanço Patrimonial demonstrará:

I – O Ativo Financeiro;

II – O Ativo Permanente;

III – O Passivo Financeiro;

IV – O Passivo Permanente;

V – O Saldo Patrimonial;

VI – As Contas de Compensação.

Observa-se no conceito constante do Manual de Contabilidade Aplicada ao Setor Público que o balanço patrimonial é a demonstração contábil que evidencia, qualitativa e quantitativamente, a situação patrimonial da entidade pública, por meio de contas representativas do patrimônio público, *além das contas de compensação*.

Aliás, o fato de terem sido mencionadas as *contas de compensação* como integrantes do balanço patrimonial atende ao inciso VI do art. 105, da Lei nº 4.320/64, até porque o § 5º desse mesmo artigo diz: "Nas contas de compensação serão registrados os bens, valores, obrigações e situações não compreendidas nos parágrafos anteriores e que, imediata ou indiretamente, possam vir a afetar o patrimônio." Sobre as contas de compensação, abordaremos o assunto logo a seguir.

5.1 Apreciações preliminares

De acordo com as normas gerais editadas e com o Manual de Contabilidade Aplicada ao Setor Público, o balanço patrimonial é um quadro com duas seções:

1) A seção Ativo, que demonstra as contas representativas do ativo nas seguintes especificações:

   a) Ativo Circulante – devem ser classificados os ativos que estiverem disponíveis para realização imediata, ou tiverem a expectativa de realização até o término do exercício seguinte.

   b) Ativo Não Circulante – devem ser classificados os ativos que não estiverem disponíveis para realização imediata e não tiverem a expectativa de realização até o término do exercício seguinte.

   c) Total – devem ser os valores totais da somatória do ativo circulante mais o ativo não circulante.

2) A seção Passivo, que demonstra as contas representativas do passivo nas seguintes especificações:

   a) Passivo Circulante – devem ser classificados os passivos que forem exigíveis até o término do exercício seguinte, ou corresponderem a valores de terceiros ou retenções em nome deles, quando for fiel depositária, independentemente do prazo de exigibilidade.

   b) Passivo Não Circulante – devem ser classificados os passivos exigíveis após o término do exercício seguinte.

   c) Total do Passivo – deve ser os valores da somatória do passivo circulante mais o passivo não circulante.

   d) Patrimônio Líquido – devem ser classificadas as contas que compreendem os valores residuais positivos entre o valor do Ativo e do Passivo. Quando o resultado apurado apresentar o ativo maior que o passivo, a denominação que lhe será atribuída é de "superávit", porém, quando o passivo for maior que o ativo, a denominação que será atribuída é de "déficit" ou também "passivo a descoberto".

   e) Total do Patrimônio Líquido – deve ser o valor da somatória das contas que compõe o Patrimônio Líquido.

   f) Total – deve ser a somatória dos valores do passivo mais o Total do Patrimônio Líquido.

Obviamente, as informações que deverão ser incluídas no balanço patrimonial são aquelas que escrituram e registram as alterações ocorridas no patrimônio e que estão consubstanciadas no subsistema de informações patrimoniais, identificadas nas classes 1 – Contas do Ativo e na classe 2 – Contas do Passivo e Patrimônio Líquido.

5.2 Do balancete

O Balanço Patrimonial depende, para a sua elaboração, da existência do balancete de verificação levantado em 31 de dezembro, onde fique evidenciada a situação das contas para o encerramento do exercício, oriunda de todo o trabalho de registro escritural, lançamentos contábeis etc.

O balancete de verificação do Subsistema de Informações Patrimoniais apresenta as contas do ativo e do passivo patrimoniais e também as contas das variações patrimoniais aumentativas e diminutivas, pois nelas são efetuados os registros que escrituram contabilmente os fatos financeiros e não financeiros em contrapartida com as variações que são refletidas no patrimônio público, e são representadas pelas contas que integram o Ativo, Passivo, Patrimônio Líquido, Variações Patrimoniais Diminutivas e Variações Patrimoniais Aumentativas.

Observações: O Subsistema de Informações Patrimoniais compreende a escrituração contábil da classe 1 – Ativo e da classe 2 – Passivo e Patrimônio Líquido e, também, da classe 3 – Variações Patrimoniais Diminutivas e classe 4 – Variações Patrimoniais Aumentativas. Nas primeiras vamos encontrar os saldos das contas que serão utilizados na elaboração do balanço patrimonial e, nas outras, os saldos das contas que serão utilizados na elaboração da demonstração das variações patrimoniais.

Porém, para elaboração do balanço patrimonial faltará, ainda, o resultado patrimonial do exercício, que é obtido através do confronto entre os totais das variações patrimoniais aumentativas e das variações patrimoniais diminutivas, daí por que iremos iniciar a execução do trabalho de encerramento e apropriação dos dados do subsistema de informações patrimoniais, pelos procedimentos de encerramento das variações patrimoniais. E, em seguida, iremos apresentar as contas de compensação, que também farão parte do conjunto de informações relativas ao balanço patrimonial.

Portanto, feita a explicação necessária, vamos em seguida apresentar um exemplo de balancete de verificação do Subsistema de Informações Patrimoniais, preparado com os seguintes valores:

BALANCETE DO SUBSISTEMA DE INFORMAÇÕES PATRIMONIAIS
do mês de dezembro de 20XX

Código da classe	Contas	Saldo devedor	Saldo credor
110.00.00.00	ATIVO CIRCULANTE	17.200,00	0,00
111.10.00.00	Caixa e Equivalente de Caixa em Moeda Nacional	10.000,00	0,00
113.60.00.00	Depósitos Restituíveis e Valores Vinculados	500,00	0,00
115.60.00,00	Almoxarifado	6.700,00	0,00
120.00.00.00	ATIVO NÃO CIRCULANTE	30.300,00	500,00
121.12.03.00	Dívida Ativa Tributária	3.000,00	0,00
123.10.00.00	Bens Móveis	9.300,00	0,00
123.20.00.00	Bens Imóveis	18.000,00	0,00
123.81.01.01	Depreciação Acumulada – Veículos	0,00	500,00
100.00.00.00	ATIVO (TOTAL DA CLASSE 1)	47.500,00	500,00
210.00.00,00	PASSIVO CIRCULANTE	0,00	10.500,00
211.10.00.00	Pessoal a Pagar	0,00	2.000,00
212.10.00.00	Parcela a C. Prazo de Empréstimos e Financiamentos	0,00	1.800,00
213.10.00.00	Fornecedores e Contas a Pagar Nacionais a C. Prazo	0,00	6.200,00
215.50.00.00	Valores Restituíveis	0,00	500,00
220.00.00.00	PASSIVO NÃO CIRCULANTE	0,00	2.200,00
222.10.00,00	Empréstimos a Longo Prazo	0,00	2.200,00
230.00.00.00	PATRIMÔNIO LÍQUIDO	0,00	0,00
237.00.00.00	Resultados Acumulados	0,00	0,00
200.00.00.00	PASSIVO E PATRIMÔNIO LÍQUIDO (TOTAL DA CLASSE 2)	0,00	12.700,00
311.10.00.00	Remuneração a Pessoal – RPPS	20.000,00	0,00
331.10.00.00	Consumo de Material	4.000,00	0,00
332.30.00.00	Serviços de Terceiros – PJ	7.500,00	0,00
333.10.00.00	Depreciação	500,00	0,00
300.00.00.00	VAR. PATR. DIMINUT. (TOTAL DA CLASSE 3)	32.000,00	0,00
411.20.00.00	Imposto s/ Patrimônio e a Renda	0,00	6.000,00
411.30.03.00	Imposto s/ a Produção e a Circulação	0,00	35.000,00
412.10.00.00	Taxas pelo Exercício do Poder de Polícia	0,00	4.000,00
433.10.00.00	Valor Bruto de Exploração de Bens e Direitos e Prestação de Serviços	0,00	6.000,00
442.30.00.00	Juros e Encargos de Mora s/ Créditos Tributários	0,00	4.000,00
457.00.00.00	Transferências de Pessoas Físicas	0,00	8.300,00
463,20.00.00	Ganhos por Incorporação de Ativos por Nascimento	0,00	3.000,00
400.00.00.00	VAR. PATR. AUMENT. (TOTAL DA CLASSE 4)	0,00	66.300,00
	TOTAL DO BALANCETE	79.500,00	79.500,00

5.3 Dos procedimentos para o encerramento das variações patrimoniais

Como pode-se observar, o balancete do Subsistema de Informações Patrimoniais, além das contas do ativo e do passivo e patrimônio público, correspondentes às classes 1 e 2, contém também as contas das variações patrimoniais aumentativas e diminutivas que são identificadas nas classes 3 e 4.

Em razão de o levantamento do balanço necessitar do resultado patrimonial, que é obtido através do confronto entre as variações patrimoniais aumentativas e as variações patrimoniais diminutivas, iniciaremos os procedimentos de encerramento, trabalhando as contas relativas às variações patrimoniais, no sentido de apurarmos o resultado patrimonial do exercício, que servirá para o encerramento do balanço patrimonial.

Portanto, vamos então iniciar o trabalho que nos possibilitará a apuração do resultado patrimonial que será o obtido através da demonstração das variações patrimoniais e, por via de consequência, ao mesmo tempo, elaboraremos a demonstração das variações patrimoniais que será identificada como Anexo 15.

5.3.1 Da demonstração das variações patrimoniais

A Demonstração das Variações Patrimoniais evidenciará as alterações verificadas no patrimônio, resultantes ou independentes da execução orçamentária, e indicará o resultado patrimonial do exercício.[4]

5.3.1.1 Considerações

A Demonstração das Variações Patrimoniais **Quantitativas** é um quadro de contabilidade com duas seções, "Variações Patrimoniais Diminutivas" e "Variações Patrimoniais Aumentativas", para a sua organização utiliza-se das informações registradas nas contas da classe 3 – Variações Patrimoniais Diminutivas e nas contas da classe 4 – Variações Patrimoniais Aumentativas, que são escrituradas com a finalidade de controlar e consolidar os elementos que alteraram o patrimônio durante o exercício, identificado por contas que, por si só, refletem o tipo de variação ocorrida e onde o **Resultado Patrimonial** do exercício é obtido através da diferença entre a soma das Variações Patrimoniais Aumentativas e a soma das Variações Patrimoniais Diminutivas.

Ainda que mal parafraseando, a Demonstração das Variações Patrimoniais Quantitativas está para a entidade do setor público, assim como a Demonstração de Lucros e Perdas está para a entidade privada de fins lucrativos. Assim, enquanto para a entidade privada de fins lucrativos o resultado do exercício é demonstrado através do "lucro" ou

---

[4] Art. 104, de Lei nº 4.320/64.

"prejuízo", porquanto a sua contabilidade é organizada visando esse objetivo, para a entidade pública, que não tem fins lucrativos, importa-lhe demonstrar o "déficit" ou "superávit" patrimonial, para observar se houve aumento ou diminuição, o que é feito através dessa demonstração das variações patrimoniais, resultante da contabilidade devidamente organizada para essa finalidade.

Há que se considerar, ainda, a Demonstração das Variações Patrimoniais *Qualitativas* onde serão apresentadas as alterações ocorridas no patrimônio durante o exercício, relativas à incorporação e desincorporação de ativos, e também as correspondentes à incorporação e desincorporação de passivos. Devem ser utilizadas para integrarem essa demonstração das variações patrimoniais qualitativas apenas as provenientes de receitas e despesas de capital, pois, em tese, corresponderão às alterações que provocam modificações na composição nos elementos patrimoniais sem alterar o patrimônio líquido, por se referirem aos casos de mutação patrimonial.

5.3.1.2 Da apuração do resultado patrimonial

Para a apuração do resultado patrimonial do exercício, utilizaremos aos dados apresentados no balancete do subsistema de informações patrimoniais, especificamente os registrados nas contas da classe 3 – Variações Patrimoniais Diminutivas e da classe 4 e, para tanto, necessário se faz o registro contábil dos seguintes lançamentos:

49 – Dos registros relativos à apuração do resultado patrimonial

1 – Transferência dos saldos das contas da classe 4 – Variações Patrimoniais Aumentativas, em contrapartida com a conta 237 – Resultados Acumulados, para fins de encerramento e apuração do resultado patrimonial do exercício.

D – 411	IMPOSTOS	41.000,00
D – 411.20	Imposto s/ Patrimônio e a Renda	6.000,00
D – 411.30	Imposto s/ a Produção e Circulação	35.000,00
D – 412	TAXAS	4.000,00
D – 412.10	Taxas pelo Exercício do Poder de Polícia	4.000,00
D – 433	EXPLORAÇÃO DE BENS E DIREITOS E PRESTAÇÃO DE SERVIÇOS	6.000,00
D – 433.10	Valor Bruto da Exploração de Bens e Direitos e Prestação de Serviços	6.000,00
D – 442	JUROS E ENCARGOS DE MORA	4.000,00
D – 442.30	Juros e Encargos de Mora de Créditos Tributários	4.000,00
D – 457	TRANSFERÊNCIAS DE PESSOAS FÍSICAS	8.300,00
D – 463	GANHOS COM INCORPORAÇÃO DE ATIVOS	3.000,00
D – 463.20	Ganhos com Incorporação de Ativos por Nascimento	3.000,00
C – 237	RESULTADOS ACUMULADOS	66.300,00

2 – Transferência dos saldos das contas da classe 3 – Variações Patrimoniais Diminutivas, em contrapartida com a conta 237 – Resultados Acumulados, para fins de encerramento e apuração do resultado patrimonial do exercício.

D – 237	RESULTADOS ACUMULADOS	32.000,00
C – 311	REMUNERAÇÃO A PESSOAL	20.000,00
C – 311.10	Remuneração de Pessoal RPPS	20.000,00
C – 331	USO DE MATERIAL DE CONSUMO	4.000,00
C – 331.10	Consumo de Material	4.000,00
C – 332	SERVIÇOS	7.500,00
C – 332.30	Serviços de Terceiros – PJ	7.500,00
C – 333	DEPRECIAÇÃO, AMORTIZAÇÃO E EXAUSTÃO	500,00
C – 333.10	Depreciação	500,00

RAZONETES DAS OPERAÇÕES

D	311.10 – Remuneração a Pessoal RPPS	C	D	331.10 – Consumo de Materiais	C	D	332.30 – Serviços de Terceiros PJ	C
(B)	20.000,00	20.000,00 (2)	(B)	4.000,00	4.000,00 (2)	(B)	7.500,00	7.500,00 (2)
	0,00	0,00		0,00	0,00		0,00	0,00

D	333.10 – Depreciação	C	D	411.20 – Imposto s/ Patrimônio e a Renda	C	D	411.30.03 – Imposto s/ Produção e Circulação	C
(B)	500,00	500,00 (2)	(1)	6.000,00	6.000,00 B	(1)	35.000,00	35.000,00 B
	0,00	0,00		0,00	0,00		0,00	0,00

D	412.10 – Taxa p/ Exercício do Poder de Polícia	C	D	433.10 – Valor Bruto Expl. Bens e Dir. e Pr. Serv.	C	D	442.30 – Juros e Encarg. de Mora s/ Créd. Tributário	C
(1)	4.000,00	4.000,00 B	(1)	6.000,00	6.000,00 B	(1)	4.000,00	4.000,00 B
	0,00	0,00		0,00	0,00		0,00	0,00

D	457.0 – Transferência de Pessoas Físicas	C	D	463.20 – Ganhos p/ Inc. de Ativos p/ Nascimento	C	D	237 – Resultados Acumulados	C
(1)	8.300,00	8.300,00 B	(1)	3.000,00	3.000,00 B	(2)	32.000,00	66.300,00 (1)
	0,00	0,00		0,00	0,00			34.300,00 (s)

LEGENDA – (B) Saldo do balancete
(1 e 2) Valores dos lançamentos 1 e 2
(s) Saldo Final

5.3.1.3 Apreciação

Providenciados os lançamentos de encerramento para a apuração do resultado das variações patrimoniais quantitativas, conforme a apresentação dos registros contábeis, verifica-se o seguinte:

1 – Através do lançamento 1 foi efetuada a transferência dos saldos das contas das variações patrimoniais aumentativas para a conta de Resultados Acumulados, que representa as alterações ocorridas no patrimônio, de forma ativa, ou seja, que provocaram aumento patrimonial, que somaram o total de R$ 66.300,00.

2 – Através do lançamento 2 foi efetuada a transferência dos saldos das contas das variações patrimoniais diminutivas para a conta de Resultados Acumulados, que representa as alterações ocorridas no patrimônio, de forma passiva, ou seja, que provocaram diminuição patrimonial, que somaram o total de R$ 32.000,00.

3 – Pode-se inferir que a conta de Resultados Acumulados, tendo recebido por transferência os saldos das contas das variações patrimoniais aumentativas e, também os saldos das contas das variações patrimoniais diminutivas, o saldo que for resultante dessa conta, representará o resultado patrimonial do exercício.

5.3.1.4 Da demonstração das variações patrimoniais

ANEXO 15
DEMONSTRAÇÃO DAS VARIAÇÕES PATRIMONIAIS
Em 31 de dezembro de 20XX

VARIAÇÕES PATRIMONIAIS QUANTITATIVAS	Exercício atual	Exercício anterior
VARIAÇÕES PATRIMONIAIS AUMENTATIVAS	66.300,00	–
Impostos, Taxas e Contribuições de Melhoria	45.000,00	–
Impostos	41.000,00	–
Taxas	4.000,00	–
Contribuições	0,00	
Exploração e Venda de Bens, Serviços e Direitos	6.000,00	–
Exploração de Bens e Direitos e Prestação de Serviços	6.000,00	
Variações Patrimoniais Aumentativas Financeiras	4.000,00	–
Juros e Encargos de Mora	4.000,00	–
Transferências Recebidas	8.300,00	–
Transferências de Pessoas Físicas	8.300,00	–

VARIAÇÕES PATRIMONIAIS QUANTITATIVAS	Exercício atual	Exercício anterior
Valorização e Ganhos com Ativos	3.000,00	–
Ganhos com Incorporação de Ativos por Descoberta e Nascimento	3.000,00	–
Outras Variações Patrimoniais Aumentativas	0,00	–
VARIAÇÕES PATRIMONIAIS DIMINUTIVAS	32.000,00	–
Pessoal e Encargos	20.000,00	–
Remuneração a Pessoal	20.000,00	–
Benefícios Previdenciários	0,00	–
Benefícios Assistenciais	0,00	–
Uso de Bens, Serviços e Consumo de Capital Fixo	11.500,00	–
Uso de Material de Consumo	4.000,00	–
Serviços	7.500,00	–
Variações Patrimoniais Diminutivas Financeiras	0,00	–
Transferências Concedidas	0,00	–
Desvalorização e Perda de Ativos	500,00	–
Redução a Valor Recuperável e Provisão Para Perdas	500,00	–
Tributárias	0,00	–
Outras Variações Patrimoniais Diminutivas	0,00	–
Resultado Patrimonial do Exercício	34.300,00	

VARIAÇÕES PATRIMONIAIS QUALITATIVAS (decorrentes da execução orçamentária)	Exercício atual	Exercício anterior
Incorporação de Ativos Não Circulantes	16.000,00	–
Desincorporação de Passivos Não Circulantes	–	–
Incorporação de Passivos Não Circulantes	4.000,00	–
Desincorporação de Ativos Não Circulantes	–	–

5.4 Das contas de compensação

As contas de compensação são escrituradas nas classes 7 – Controles Devedores e 8 – Controles Credores, onde se registram, processam e evidenciam os atos de gestão cujos efeitos possam produzir modificações no patrimônio da entidade do setor público, bem como aqueles com funções específicas de controle, subsidiando a administração como: (I) Alterações potenciais nos elementos patrimoniais; e (II) Acordos, garantias e responsabilidades.

A Lei nº 4.320/64, no § 5º do art. 105, diz:

> "Nas Contas de Compensação serão registrados os bens, valores, obrigações e situações não compreendidas nos parágrafos anteriores e que, mediata ou imediatamente, possam a vir afetar o patrimônio."

5.4.1 Do balancete do subsistema de compensação

A seguir, será apresentado um exemplo de balancete do Subsistema de Compensação, que contém as seguintes contas:

BALANCETE DO SUBSISTEMA DE COMPENSAÇÃO

do mês de dezembro de 20XX

Código da classe	Contas	Saldo devedor	Saldo credor
712.30.00.00	Obrigações Contratuais	8.200,00	0,00
721.10.00.00	Controle da Disponibilidade de Recursos	56.500,00	0,00
732.00.00.00	Controle da Inscrição de Créditos em Dívida Ativa	3.000,00	0,00
700.00.00.00	CONTROLES DEVEDORES (TOTAL DA CLASSE 7)	67.700,00	0,00
812.30.00.00	Execução de Obrigações Contratuais	0,00	8.200,00
821.11.00.00	Execução da Disponibilidade de Recursos	0,00	1.000,00
821.12.00.00	Disponibilidade p/ Destinação de Recursos Comprometida por Empenho	0,00	800,00
821.13.00.00	Disponibilidade p/ Destinação de Recursos Comprometida por Liquidação e Entradas Compensatórias	0,00	8.700,00
821.14.00.00	Disponibilidade p/ Destinação de Recursos Utilizada	0,00	46.000,00
832..30.00.00	Créditos Inscritos em Dívida Ativa a Receber	0,00	3.000,00
800.00.00.00	CONTROLES CREDORES (TOTAL DA CLASSE 8)	0,00	67.700,00
	TOTAL DO SUBSISTEMA	67.700,00	67.700,00

5.4.2 Dos procedimentos para o encerramento do exercício

50 – Dos registros de encerramento das contas e compensação

No caso das contas de compensação deverão ser providenciados os lançamentos necessários ao encerramento do exercício, na seguinte conformidade:

1. Fazer o lançamento contábil da conta 821.14 – Disponibilidade por Destinação de Recursos Utilizada, em contrapartida com a conta 721.10 – Controle da Disponibilidade de Recursos, para fins de encerramento do exercício:

D – 821.14	Disponibilidade por Destinação de Recursos Utilizada	46.000,00
C – 721.10	Controle da Distribuição de Recursos	46.000,00

5.4.3 Apreciação

Para o encerramento do exercício, no que se refere às contas de compensação, conforme se observa, só foi feito um lançamento contábil.

Esse lançamento registrou o encerramento da conta 821.14 – Disponibilidade por Destinação de Recursos Utilizada no valor de R$ 46.000,00, que corresponde ao controle da disponibilidade de recursos referente à despesa orçamentária paga durante o exercício, em contrapartida com a conta 721.10 – Controle da Distribuição de Recursos, que também foi reduzida em R$ 46.000,00, pois, com esse ajuste, o saldo dessa conta de controle ficará ajustado com as importâncias que permanecem à disposição para utilização.

RAZONETES DAS OPERAÇÕES

	712.30 – Obrigações Contratuais			721.10 – Controle da Disponibilidade de Recursos			732.0 – Controle da Inscrição de Créditos em Dívida Ativa	
D		C	D		C	D		C
(B)	8.200,00		(B)	56.500,00	46.000,00 (1)	(B)	3.000,00	
			(s)	10.500,00				

	812.30 – Execução de Obrigações Contratuais			821.11 – Execução da Disponibilidade de Recursos			821.12 – Dispon. p/ Destinação de Recursos Comp. p/ Empenho	
D		C	D		C	D		C
	8.200,00	(B)		1.000,00	(B)		800,00	(B)

	821.13 – Dispon. p/ Destinação de Recursos Comprometida por Liquidação e Entradas Compensatórias			821.14 – Dispon. p/ Destinação de Recursos Utilizada			832.30 – Créditos Inscritos em Dívida Ativa a Receber	
D		C	D		C	D		C
	8.700,00	(B)	(1)	46.000,00	46.000,00 (B)		3.000,00	(B)

LEGENDA: (B) Saldo do balancete
(1) Valor do lançamento 1

O balancete do subsistema de compensação, ajustado com os valores relativos ao lançamento contábil de encerramento, ficará da seguinte forma:

BALANCETE DO SUBSISTEMA DE COMPENSAÇÃO
do mês de dezembro de 20XX

Código da classe	Contas	Saldo devedor	Saldo credor
712.30.00.00	Obrigações Contratuais	8.200,00	0,00
721.10.00.00	Controle da Disponibilidade de Recursos	10.500,00	0,00
732.00.00.00	Controle da Inscrição de Créditos em Dívida Ativa	3.000,00	0,00
700.00.00.00	CONTROLES DEVEDORES (TOTAL DA CLASSE 7)	21.700,00	0,00
812.30.00.00	Execução de Obrigações Contratuais	0,00	8.200,00
821.11.00.00	Execução da Disponibilidade de Recursos	0,00	1.000,00
821.12.00.00	Disponibilidade p/ Destinação de Recursos Comprometida por Empenho	0,00	800,00
821.13.00.00	Disponibilidade p/ Destinação de Recursos Comprometida por Liquidação e Entradas Compensatórias	0,00	8.700,00
821.14.00.00	Disponibilidade p/Destinação de Recursos Utilizada	0,00	0,00
832.30.00.00	Créditos Inscritos em Dívida Ativa a Receber	0,00	3.000,00
800.00.00.00	CONTROLES CREDORES (TOTAL DA CLASSE 8)	0,00	21.700,00
	TOTAL DO SUBSISTEMA	21.700,00	21.700,00

1) Nota-se que existem R$ 8.200,00 na conta de obrigações contratuais, que representa compromissos a serem executados e que se referem aos contratos das aquisições efetuadas, cuja despesa orçamentária foi liquidada, mas não foi paga. Por isso, permanece ainda a obrigação contratual até o devido pagamento.

2) Por outro lado, existe um saldo de R$ 10.500,00, na conta de Controle da Disponibilidade de recursos, ou seja, recursos recebidos e que se encontram disponíveis para efetuar pagamentos. Na realidade, verifica-se existir:

   a) R$ 9.000,00 de despesas orçamentárias que foram inscritas em restos a pagar, sendo R$ 8.200,00 de restos a pagar processados e R$ 800,00 de restos a pagar não processados;

   b) R$ 500,00, relativo ao saldo da Conta 215.50 – Valores Restituíveis;

   c) R$ 1.000,00, que ser refere ao saldo da conta 821.11 – Execução da Disponibilidade de Recursos não utilizado.

3) Fica evidente a existência de um saldo disponível de R$ 1.000,00 relativo a recursos recebidos, por não terem sido utilizados e nem comprometidos.

Feitas as abordagens que julgamos serem necessárias, a seguir será apresentado o quadro demonstrativo das contas de compensação, que deverá ser incluído logo em seguida do balanço patrimonial, pois dele deve fazer parte.

5.4.4 Do quadro demonstrativo das contas de compensação

QUADRO DEMONSTRATIVO DAS CONTAS DE COMPENSAÇÃO EM 31-12-20XX

Especificação			Especificação		
Saldo dos atos potenciais do ativo	Exercício atual	Exercício anterior	Saldo dos atos potenciais do passivo	Exercício atual	Exercício anterior
Obrigações Contratuais	8.200,00	–	Obrigações Contratuais a Executar	8.200,00	–
Controle da Disponibilidade de Recursos	10.500,00	–	Execução da Disponibilidade de Recursos	1.000,00	–
			DDR Comprometida p/ Empenho	800,00	–
			DDR Comprometida p/ Liquidação e Entradas Compensatórias	8.700,00	–
Controle da Inscrição de Créditos em Dívida Ativa	3.000,00	–	Créditos Inscritos em Dívida Ativa a Receber	3.000,00	–
Total	21.700,00	–	Total	21.700,00	–

O valor que está demonstrado refere-se às obrigações contratuais a executar que, conforme já informamos na referência 2 da pág. 301, correspondem às obrigações contratuais relativas aos compromissos assumidos com as aquisições que foram feitas através das despesas orçamentárias, já liquidadas, que foram inscritas em restos a pagar, que deverão ser pagas no exercício seguinte. Como não foram pagas, a obrigação contratual ainda permanece registrada.

5.5 Dos procedimentos para o levantamento do balanço patrimonial

O levantamento do balanço patrimonial tem como base as informações contidas no balancete do subsistema de informações patrimoniais, que apresenta os saldos das contas do ativo, do passivo e do patrimônio líquido, e também das contas das variações patrimoniais aumentativas e diminutivas.

Conforme já explicado, iniciamos o trabalho de encerramento do balanço patrimonial, elaborando o quadro da demonstração das variações patrimoniais, pois precisamos do resultado patrimonial do exercício, que é obtido através da diferença entre as variações patrimoniais aumentativas (classe 4) e as variações patrimoniais diminutivas (classe 3), que, conforme pode-se verificar, apresentou um "superávit" no valor de R$ 34.300,00.

De posse dessa informação, a respeito do resultado patrimonial do exercício, podemos elaborar o balanço patrimonial, lembrando que restará, ainda, a apresentação das contas de compensação, que deverá ser informada em quadro específico, até porque essas contas devem ser apresentadas no conjunto das contas do balanço patrimonial, o que, de acordo com o modelo aprovado nas normas que compõem o Manual de Contabilidade Aplicada ao Setor Público, deve ser apresentado logo a seguir do balanço patrimonial.

5.6 Do balanço patrimonial

BALANÇO PATRIMONIAL – ANEXO 14
Encerrado em 31 de Dezembro de 20XX

ATIVO			PASSIVO		
Especificação	Exercício atual	Exercício anterior	Especificação	Exercício atual	Exercício anterior
ATIVO CIRCULANTE	17.200,00	–	PASSIVO CIRCULANTE	10.500,00	–
Caixa e Equivalente de Caixa	10.000,00	–	Obrigações Trabalhistas, Previden-ciárias e Assistenciais	2.000,00	
Depósitos Restituíveis e Valores Vinculados	500,00	–	Parcela a Curto Prazo de Emprésti-mos e Financiamentos	1.800,00	–
Almoxarifado	6.700,00	–	Fornecedores e Contas a Pagar a Curto Prazo	6.200,00	–
ATIVO NÃO CIRCULANTE	29.800,00	–	Demais Obrigações de C. Prazo	500,00	–
Ativo Realizável a Longo Prazo	3.000,00	–			
Imobilizado	26.800,00	–	PASSIVO NÃO CIRCULANTE	2.200,00	–
Bens Móveis	9.300,00	–	Empréstimos a Longo Prazo	2.200,00	–
Bens Imóveis	18.000,00	–	TOTAL DO PASSIVO	12.700,00	–
(–) Depreciação Acumulada	(500,00)	–			
			PATRIMÔNIO LÍQUIDO	34.300,00	
			Patrimônio Social/Capital Social		
			Resultados acumulados	34.300,00	–
TOTAL DO ATIVO	47.000,00	–	TOTAL DO PASSIVO E PATRIMÔNIO LÍQUIDO	47.000,00	–

ATIVO FINANCEIRO	10.500,00	–	PASSIVO FINANCEIRO	9.500,00[5]	
ATIVO PERMANENTE	36.500,00	–	PASSIVO PERMANENTE	4.000,00	
			SALDO PATRIMONIAL	33.800,00	

---

[5] O Passivo Financeiro demonstrado é de R$ 8.700,00, e foi incluído mais R$ 800,00 relativo aos Restos a Pagar não Processado, perfazendo o total de R$ 9.500,00 e reduzindo o saldo Patrimonial para R$ 33.800,00.

5.7 Considerações sobre o balanço patrimonial

a) Também o balanço patrimonial é um quadro com duas seções: "ativo" e "passivo e patrimônio líquido", representando, respectivamente, os bens e direitos e as obrigações, pois, como já tivemos a oportunidade de dizer, o patrimônio é um conjunto de bens, direitos e obrigações avaliáveis em moeda corrente.

b) No Ativo Circulante são demonstrados os valores realizáveis a curto prazo, ou seja, os ativos como caixa ou equivalentes de caixa, créditos a curto prazo, aplicações de recursos em títulos e valores mobiliários, não destinadas a negociação e que não façam parte das atividades operacionais da entidade e que sejam realizáveis até o final do exercício seguinte; e o valor dos bens adquiridos, produzidos ou em processo de elaboração pela entidade com o objetivo de venda ou utilização própria no curso normal das atividades.

c) No Ativo Não Circulante são demonstrados os valores dos investimentos, bens imobilizados e créditos e valores realizáveis a longo prazo, entendido o longo prazo, quando o prazo de realização estiver para ocorrer após o término do exercício seguinte.

d) No Passivo Circulante são demonstrados os valores das obrigações realizáveis a curto prazo, ou seja, os passivos, como obrigações trabalhistas, previdenciárias e assistenciais, fornecedores e contas a pagar a curto prazo, valores de terceiros ou retenções em nome deles, parcela a curto prazo de empréstimos e financiamentos, entendido o curto prazo, como a obrigação que se espera exija desembolso de recursos financeiros até o final do exercício seguinte.

e) No Passivo Não Circulante são demonstrados os valores das obrigações realizáveis a longo prazo, ou seja, passivos, como empréstimos e financiamentos a longo prazo, fornecedores a longo prazo, entendido o longo prazo, como a obrigação com vencimento que exija desembolso de recursos financeiros após o término do exercício seguinte.

f) No Patrimônio Líquido são demonstrados os valores residuais dos ativos, depois de deduzidos todos os passivos. Aqui, por exemplo, são demonstrados os valores relativos aos resultados (patrimoniais) acumulados.

g) O Resultado Patrimonial do exercício está devidamente especificado, no resultado acumulado (R$ 34.300,00), demonstrando que no exercício houve uma situação positiva, pois o ativo foi superior ao passivo gerando um "superávit", ou seja, uma situação patrimonial positiva no exercício.

h) Observando o quadro em que são demonstrados os valores do ativo financeiro (R$ 10.500,00) e do passivo financeiro (R$ 8.700,00), bem como do ativo permanente (R$ 37.000,00 – R$ 500,00 relativo à depreciação acumulada = R$ 36.500,00) e do passivo permanente (R$ 4.000,00), pode-se inferir o seguinte:

I – Vê-se que o valor do Ativo Financeiro é	R$ 10.500,00
E, que o valor do Passivo Financeiro é	R$ 8.700,00
Saldo positivo	R$ 1.800,00
II – Por outro lado, houve inscrição de RP não Processado de	R$ 800,00
Superávit Financeiro	R$ 1.000,00

O saldo positivo que é apresentado, resultante da diferença entre o ativo financeiro e o passivo financeiro no valor de R$ 1.800,00, corresponde ao saldo positivo financeiro, que deduzidos os R$ 800,00 que foram inscritos em Restos a Pagar não Processados, ficaram R$ 1.000,00 que pode ser considerado "superávit financeiro apurado em balanço patrimonial", que de acordo com o inciso I, do art. 1º da Lei nº 4.320/64, considera-se como recurso hábil para abertura de créditos adicionais, no exercício seguinte, pois a lei diz textualmente "consideram-se recursos, para a abertura de créditos suplementares e especiais, o *superávit* financeiro apurado em balanço patrimonial do exercício anterior."

Apêndice – Plano de Contas

1 Conceito de plano de contas

É a estrutura básica da escrituração contábil, formada por um conjunto de contas previamente estabelecido, que permite as informações necessárias à elaboração de relatórios gerenciais e demonstrações contábeis conforme as características gerais da entidade, possibilitando a padronização de procedimentos contábeis.

a) Relação das Contas do Ativo e do Passivo e Patrimônio Líquido

A estrutura básica do Plano de Contas Aplicado ao Setor Público, na parte relativa ao Ativo, ao Passivo e ao Patrimônio Líquido é a seguinte:

Código	Título	Código	Título
1	**ATIVO**	**2**	**PASSIVO**
11	**Ativo Circulante**	**21**	**Passivo Circulante**
111	Disponível	211	Obrigações Trab., Previdenciárias e Assist. a Pagar a Curto Prazo
112	Créditos a Curto Prazo		
113	Demais Créditos e Valores a Curto Prazo	212	Emp. e Financ. a Curto Prazo
114	Investimentos e Aplicações Temporárias a Curto Prazo	213	Forn. e C. a Pagar a Curto Prazo
		214	Obrigações Fiscais a Curto Prazo
115	Estoques	215	Obrigações de Repartição a Outros Entes
		217	Provisões a Curto Prazo
12	**Ativo Não Circulante**	218	Demais Obrigações a Curto Prazo
121	Ativo Realizável a Longo Prazo	**22**	**Passivo Não Circulante**
122	Investimentos	221	Obrigações Trab., Prev. e Assistenciais a Pagar a Longo Prazo
123	Imobilizado		
124	Intangível	222	Emp. e Financ. a Longo Prazo
125	Diferido	223	Fornecedores e Contas a Pagar a Longo Prazo
		224	Obrigações Fiscais a Longo Prazo
		227	Provisões a Longo Prazo
		228	Demais Obrigações a Longo Prazo
		229	Resultado Diferido
		23	**Patrimônio Líquido**
		231	Patrimônio Social/Capital Social
		232	Adiant. p/ Futuro Aum. de Capital
		233	Reservas de Capital
		234	Ajustes de Avaliação Patrimonial
		235	Reservas de Lucros
		236	Demais Reservas
		237	Resultados Acumulados
		239	(–) Ações/Cotas em Tesouraria

1 Relação de Contas do Ativo

A relação das contas do Plano de Contas Aplicado ao Setor Público, na parte relativa ao Ativo, é a disposição ordenada nos códigos e títulos das contas, aplicável às três esferas de governo para fins de consolidação nacional e compatibilização com elaboração de relatórios e demonstrativos previstos na legislação.

A relação das contas a seguir foi adaptada do Plano de Contas Aplicado ao Setor Público e os entes da Federação, sendo necessário, poderão apresentar detalhes nos seus planos de contas, após os níveis detalhados pela STN no Plano de Contas Aplicado ao Setor Público.

Finalidade: As contas do Ativo são organizadas para registrar os atos e fatos relativos aos direitos, bens, créditos e valores a receber de curto e longo prazos e investimentos, imobilizado e intangível, que integram o Ativo Circulante e Ativo não Circulante.

1 – Plano de Contas – Relação de Contas do Ativo

(Adaptação feita com base no Plano de Contas Aplicado
ao Setor Público editado pela Secretaria do Tesouro Nacional)

1	**ATIVO**
11	**ATIVO CIRCULANTE**
111	**Disponível (Caixa e Equivalentes de Caixa)**
111.1	CAIXA E EQUIVALENTE DE CAIXA EM MOEDA NACIONAL
111.2	CAIXA E EQUIVALENTE DE CAIXA EM MOEDA ESTRANGEIRA
112	**Créditos a Curto Prazo**
112.1	CRÉDITOS TRIBUTÁRIOS A RECEBER
112.2	CLIENTES
112.3	CRÉDITOS DE TRANSFERÊNCIAS A RECEBER
112.4	EMPRÉSTIMOS E FINANCIAMENTOS CONCEDIDOS
112.5	DÍVIDA ATIVA TRIBUTÁRIA
112.6	DÍVIDA ATIVA NÃO TRIBUTÁRIA – CLIENTES
112.9	(–) AJUSTE DE PERDAS DE CRÉDITOS A CURTO PRAZO
113	**Demais Créditos e Valores a Curto Prazo**
113.1	ADIANTAMENTOS CONCEDIDOS
113.2	TRIBUTOS A RECUPERAR/COMPENSAR
113.3	CRÉDITOS A RECEBER POR DESCENTRALIZAÇÃO DE SERVIÇOS PÚBLICOS
113.4	CRÉDITOS POR DANOS AO PATRIMÔNIO
113.5	DEPÓSITOS RESTITUÍVEIS E VALORES VINCULADOS
113.50.01	DEPÓSITOS RESTITUÍVEIS – CAUÇÕES
113.8	OUTROS CRÉDITOS A RECEBER E VALORES A CURTO PRAZO
113.9	(–) AJUSTE DE PERDAS E DEMAIS CRÉDITOS E VALORES A CURTO PRAZO
114	**Investimentos e Aplicações Temporárias a Curto Prazo**
114.1	TÍTULOS E VALORES MOBILIÁRIOS
114.2	APLICAÇÃO TEMPORÁRIA EM METAIS PRECIOSOS
114.3	APLICAÇÃO EM SEGMENTO DE IMÓVEIS
115	**Estoques**
115.1	MERCADORIAS PARA REVENDA
115.2	PRODUTOS E SERVIÇOS ACABADOS
115.3	PRODUTOS E SERVIÇOS EM ELABORAÇÃO

115.4	MATÉRIAS-PRIMAS
115.5	MATERIAIS EM TRÂNSITO
115.6	ALMOXARIFADO
115.8	OUTROS ESTOQUES
115.9	(–) AJUSTES DE PERDAS DE ESTOQUE
119	**Variações Patrimoniais Diminutivas Pagas Antecipadamente**
119.1	PRÊMIOS DE SEGUROS A APROPRIAR
119.2	VAR. PATR. DIMIN. FINANCEIRAS A APROPRIAR
119.3	ASSINATURAS E ANUIDADES A APROPRIAR
119.4	ALUGUÉIS PAGOS A APROPRIAR
119.5	TRIBUTOS PAGOS A APROPRIAR
119.6	CONTRIBUIÇÕES CONFEDERATIVAS A APROPRIAR
119.7	BENEFÍCIOS A PESSOAL A APROPRIAR
119.8	DEMAIS VAR. PATR. DIMIN. A APROPRIAR
119.80.01	VALOR PAGO EM REGIME DE ADIANTAMENTO A APROPRIAR
12	**ATIVO NÃO CIRCULANTE**
121	**Ativo Realizável a Longo Prazo**
121.1	CRÉDITOS A LONGO PRAZO
121.10.1	CRÉDITOS TRIBUTÁRIOS A RECEBER
121.10.2	CLIENTES
121.10.3	EMPRÉSTIMOS E FINANCIAMENTOS CONCEDIDOS
121.10.4	DÍVIDA ATIVA TRIBUTÁRIA
121.10.5	DÍVIDA ATIVA NÃO TRIBUTÁRIA – CLIENTES
121.10.9	(–) AJUSTE DE PERDAS DE CRÉDITOS A LONGO PRAZO
121.2	DEMAIS CRÉDITOS E VALORES A LONGO PRAZO
121.20.1	ADIANTAMENTOS CONCEDIDOS A PESSOAL E A TERCEIROS
121.20.2	TRIBUTOS A RECUPERAR/COMPENSAR
121.20.3	CRÉDITOS A RECEBER POR DESCENTRALIZAÇÃO DA PRESTAÇÃO DE SERVIÇOS PÚBLICOS
121.20.4	CRÉDITOS POR DANOS AO PATRIMÔNIO PROVENIENTES DE CRÉDITOS ADMINISTRATIVOS
121.20.5	CRÉDITOS POR DANOS AO PATRIMÔNIO APURADOS EM TOMADAS DE CONTAS ESPECIAL
121.20.6	DEPÓSITOS RESTITUÍVEIS E VALORES VINCULADOS
121.20.8	OUTROS CRÉDITOS A RECEBER E VALORES A LONGO PRAZO

310 Contabilidade Pública • Kohama

121.20.9	(–) AJUSTE DE PERDAS E DEMAIS CRÉDITOS E VALORES A LONGO PRAZO
121.3	INVESTIMENTOS E APLICAÇÕES TEMPORÁRIAS A LONGO PRAZO
121.31	TÍTULOS E VALORES MOBILIÁRIOS
121.32	APLICAÇÃO TEMPORÁRIA EM METAIS PRECIOSOS
121.33	APLICAÇÃO EM SEGMENTO DE IMÓVEIS
121.39	(–) AJUSTE DE PERDAS DE INVESTIMENTOS E APLICAÇÕES TEMPORÁRIAS A LONGO PRAZO
121.4	ESTOQUES
121.41	MERCADORIAS PARA REVENDA
121.42	PRODUTOS E SERVIÇOS ACABADOS
121.43	PRODUTOS E SERVIÇOS EM ELABORAÇÃO
121.44	MATÉRIAS-PRIMAS
121.45	MATERIAIS EM TRÂNSITO
121.46	ALMOXARIFADO
121.47	ADIANTAMENTOS A FORNECEDORES
121.48	OUTROS ESTOQUES
121.49	(–) AJUSTE DE PERDAS DE ESTOQUE
121.9	VARIAÇÕES PATRIM. DIMINUTIVAS PAGAS ANTECIPADAMENTE
121.91	PRÊMIOS DE SEGUROS A APROPRIAR
121.92	VPD FINANCEIRAS A APROPRIAR
121.93	ASSINATURAS E ANUIDADES A APROPRIAR
121.94	ALUGUÉIS PAGOS A APROPRIAR
121.95	TRIBUTOS PAGOS A APROPRIAR
121.96	CONTRIBUIÇÕES CONFEDERATIVAS A APROPRIAR
121.97	BENEFÍCIOS A APROPRIAR
121.98	DEMAIS VPD A APROPRIAR
122	**Investimentos**
122.1	PARTICIPAÇÕES PERMANENTES
122.11	PARTICIPAÇÕES AVALIADAS PELO MÉTODO DE EQUIVALÊNCIA PATRIMO-NIAL
122.12	PARTICIPAÇÕES AVALIADAS PELO MÉTODO DE CUSTO
122.2	PROPRIEDADES PARA INVESTIMENTO
122.3	INVESTIMENTOS DO RPPS DE LONGO PRAZO
122.7	DEMAIS INVESTIMENTOS PERMANENTES
122.8	(–) DEPRECIAÇÃO ACUMULADA DE INVESTIMENTOS

Apêndice – Plano de Contas **311**

122.9	(–) REDUÇÃO AO VALOR RECUPERÁVEL DE INVESTIMENTOS
123	**Imobilizado**
123.1	BENS MÓVEIS
123.2	BENS IMÓVEIS
123.8	(–) DEPRECIAÇÃO, EXAUSTÃO E AMORTIZAÇÃO ACUMULADA
123.81	(–) DEPRECIAÇÃO ACUMULADA
123.82	(–) EXAUSTÃO ACUMULADA
123.83	(–) AMORTIZAÇÃO ACUMULADA
123.9	(–) REDUÇÃO AO VALOR RECUPERÁVEL DE IMOBILIZADO
124	**Intangível**
124.1	*SOFTWARES*
124.2	MARCAS, DIREITOS E PATENTES INDUSTRIAIS
124.3	DIREITO DE USO DE IMÓVEIS
124.8	(–) AMORTIZAÇÃO ACUMULADA
124.81	(–) AMORTIZAÇÃO ACUMULADA *SOFTWARES*
124.82	(–) AMORTIZAÇÃO ACUMULADA – MARCAS, DIREITOS E PATENTES
124.83	(–) AMORTIZAÇÃO ACUMULADA – DIREITO DE USO DE IMÓVEIS
124.9	(–) REDUÇÃO AO VALOR RECUPERÁVEL DE INTANGÍVEL
125	Diferido
125.1	GASTOS DE IMPLANTAÇÃO E PRÉ-OPERACIONAIS
125.2	GASTOS DE REORGANIZAÇÃO
125.9	(–) AMORTIZAÇÃO ACUMULADA

---

11 – Atributos das Contas Contábeis[1]

1 ATIVO

Função/Funcionamento – Compreende os recursos controlados por uma entidade como consequência de eventos passados e dos quais se espera que fluam benefícios econômicos ou potencial de serviços futuros à unidade.

Natureza do saldo – Devedor.

1.1 Ativo Circulante

Função/Funcionamento – Compreende os ativos que atendam a qualquer um dos seguintes critérios: sejam caixa ou equivalente de caixa; sejam realizáveis ou

---

[1] Texto elaborado de acordo com o Manual de Contabilidade Aplicada ao Setor Público, editado pela STN.

mantidos para venda ou consumo dentro do ciclo operacional da entidade; sejam mantidos primariamente para negociação; sejam realizáveis no curto prazo.

Natureza do Saldo – Devedor.

1.1.1 Caixa e Equivalente de Caixa

Função/Funcionamento – Registra o somatório dos valores em caixa e em bancos, bem como equivalentes, que representam recursos com livre movimentação para aplicação nas operações da unidade e para os quais não haja restrições para uso imediato.

Natureza do Saldo – Devedor.

1.1.2 Créditos a Curto Prazo

Função/Funcionamento – Registra os valores a receber por fornecimento de bens, serviços, créditos tributários, dívida ativa, transferências e empréstimos e financiamentos concedidos realizáveis em até doze meses das datas das demonstrações.

Natureza do Saldo – Devedor.

1.1.3 Demais Créditos e Valores a Curto Prazo

Função/Funcionamento – Registra os valores a receber por demais transações realizáveis no curto prazo.

Natureza do Saldo – Devedor.

1.1.4 Investimentos e Aplicações Temporárias a Curto Prazo

Função/Funcionamento – Representa os valores de aplicações de recursos em títulos e valores mobiliários, não destinados a negociação e que não façam parte das atividades operacionais da entidade, resgatáveis no curto prazo, além das aplicações temporárias em metais preciosos.

Natureza do Saldo – Devedor.

1.1.5 Estoques

Função/Funcionamento – Registra o valor dos bens adquiridos, produzidos ou em processo de elaboração pela entidade com o objetivo de venda ou utilização própria no curso normal das atividades.

Natureza do Saldo – Devedor.

1.1.9 Variações Patrimoniais Diminutivas Pagas Antecipadamente

Função/Funcionamento – Registra os pagamentos de Variações Patrimoniais Diminutivas (VPD) antecipadas, cujos benefícios ou prestação de serviço à entidade ocorrerão no curto prazo.

Natureza do Saldo – Devedor.

1.2 Ativo Não Circulante

Função/Funcionamento – Compreende o ativo não circulante, o ativo realizável a longo prazo, os investimentos, o imobilizado e o intangível.

Natureza do Saldo – Devedor.

1.2.1 Ativo Realizável a Longo Prazo

Função/Funcionamento – Registra os bens, direitos e despesas antecipadas realizáveis no longo prazo..

Natureza do Saldo – Devedor.

1.2.2 Investimento

Função/Funcionamento – Registra as participações permanentes em outras sociedades, bem como os bens e direitos não classificáveis no ativo circulante nem no ativo realizável a longo prazo e que não se destinem à manutenção da atividade da entidade.

Natureza do Saldo – Devedor.

1.2.3 Imobilizado

Função/Funcionamento – Registra os direitos que tenham por objeto bens corpóreos destinados à manutenção das atividades da entidade ou exercidos com essa finalidade, inclusive os decorrentes de operações que transfiram a ela os benefícios, os riscos e o controle desses bens.

Natureza do Saldo – Devedor.

1.2.4 Intangível

Função/Funcionamento – Registra os direitos que tenham por objeto bens incorpóreos destinados à manutenção da entidade ou exercidos com essa finalidade.

Natureza do Saldo – Devedor.

1.2.5 Diferido

Função/Funcionamento – Registra as despesas pré-operacionais e os gastos de reestruturação que contribuirão, efetivamente, para o aumento do resultado de mais de um exercício social e que não configurem tão somente uma redução de custos ou acréscimo na eficiência operacional. Compreende os saldos registrados até 2008 e que deverão ser integralmente amortizados até 2017.

Natureza do Saldo – Devedor

2 Relação de Contas do Passivo e Patrimônio Líquido

A relação das contas do Plano de Contas Aplicado ao Setor Público, na parte relativa ao Passivo e Patrimônio Líquido, é a disposição ordenada nos códigos e títulos das contas, aplicável às três esferas de governo, para fins de consolidação nacional e compatibilização com elaboração de relatórios e demonstrativos previstos na legislação.

A relação das contas a seguir foi adaptada do Plano de Contas Aplicado ao Setor Público e os entes da Federação, sendo necessário poderão apresentar detalhes nos seus planos de contas, após os níveis detalhados pela STN no Plano de Contas Aplicado ao Setor Público.

Finalidade – As contas do Passivo e Patrimônio Líquido são organizadas para registrar os atos e fatos relativos às obrigações e encargos assumidas pelas entidades do setor público a curto e longo prazos, bem como as relativas ao Patrimônio Líquido e às contingências e as provisões, que integram o Passivo Circulante, Passivo Não Circulante e Patrimônio Líquido.

2 – Plano de Contas – Relação de Contas do Passivo e Patrimônio Líquido
(Adaptação feita com base no Plano de Contas Aplicado
ao Setor Público editado pela Secretaria do Tesouro Nacional)

2	PASSIVO E PATRIMÔNIO LÍQUIDO
21	**PASSIVO CIRCULANTE**
211	**Obrigações Trabalhistas, Previdenciárias e Assistenciais a Pagar a Curto Prazo**
211.1	PESSOAL A PAGAR
211.2	BENEFÍCIOS PREVIDENCIÁRIOS A PAGAR
211.3	BENEFÍCIOS ASSISTENCIAIS A PAGAR
211.4	ENCARGOS SOCIAIS A PAGAR
212	**Empréstimos e Financiamentos a Curto Prazo**
212.1	EMPRÉSTIMOS A CURTO PRAZO – INTERNOS
212.2	EMPRÉSTIMOS A CURTO PRAZO – EXTERNOS
212.3	FINANCIAMENTOS A CURTO PRAZO – INTERNOS
212.4	FINANCIAMENTOS A CURTO PRAZO – EXTERNOS
212.5	JUROS E ENCARGOS A PAGAR DE EMPRÉSTIMOS E FINANCIAMENTOS A CURTO PRAZO – INTERNOS
212.6	JUROS E ENCARGOS A PAGAR DE EMPRÉSTIMOS E FINANCIAMENTOS A CURTO PRAZO – EXTERNOS
212.8	(–) ENCARGOS FINANCEIROS A APROPRIAR – INTERNOS
212.9	(–) ENCARGOS FINANCEIROS A APROPRIAR – EXTERNOS
213	**Fornecedores e Contas a Pagar a Curto Prazo**
213.1	FORNECEDORES E CONTAS A PAGAR NACIONAIS A CURTO PRAZO

Apêndice – Plano de Contas   315

213.2   FORNECEDORES E CONTAS A PAGAR ESTRANGEIROS A CURTO PRAZO

214   Obrigações Fiscais a Curto Prazo

214.1   OBRIGAÇÕES FISCAIS A CURTO PRAZO COM A UNIÃO

214.2   OBRIGAÇÕES FISCAIS A CURTO PRAZO COM OS ESTADOS

214.3   OBRIGAÇÕES FISCAIS A CURTO PRAZO COM OS MUNICÍPIOS

215   Obrigações de Repartição a Outros Entes

215.9   OUTRAS OBRIGAÇÕES A CURTO PRAZO

217   Provisões a Curto Prazo

217.1   PROVISÃO PARA RISCOS TRABALHISTAS A CURTO PRAZO

217.3   PROVISÕES PARA RISCOS FISCAIS A CURTO PRAZO

217.4   PROVISÃO PARA RISCOS CÍVEIS A CURTO PRAZO

217.5   PROVISÃO PARA REPARTIÇÃO DE CRÉDITOS A CURTO PRAZO

217.6   PROVISÃO PARA RISCOS DECORRENTES DE CONTRATOS DE PPP A CURTO PRAZO

217.9   OUTRAS PROVISÕES A CURTO PRAZO

218   Demais Obrigações a Curto Prazo

218.1   ADIANTAMENTOS A CLIENTES

218.2   OBRIGAÇÕES POR DANOS A TERCEIROS

218.3   ARRENDAMENTO OPERACIONAL A PAGAR

218.4   DEBÊNTURES E OUTROS TÍTULOS DA DÍVIDA A CURTO PRAZO

218.5   DIVIDENDOS E JUROS SOBRE O CAPITAL PRÓPRIO A PAGAR

218.8   VALORES RESTITUÍVEIS

218.80.01 CAUÇÕES

218.80.02 INSTITUTO DE PREVIDÊNCIA

218.80.03 IMPOSTO DE RENDA RETIDO NA FONTE

218.80.05 ASSOCIAÇÃO DE FUNCIONÁRIOS

218.80.09 VALORES RESTITUÍVEIS DE TRIBUTOS

218.9   OUTRAS OBRIGAÇÕES A CURTO PRAZO

22   PASSIVO NÃO CIRCULANTE

221   Obrigações Trabalhistas e Previdenciárias e Assistenciais a Pagar a Longo Prazo

221.1   PESSOAL A PAGAR

221.2   BENEFÍCIOS PREVIDENCIÁRIOS A PAGAR

221.3	BENEFÍCIOS ASSISTENCIAIS A PAGAR
221.4	ENCARGOS SOCIAIS A PAGAR
222	**Empréstimos e Financiamentos a Longo Prazo**
222.1	EMPRÉSTIMOS A LONGO PRAZO – INTERNOS
222.2	EMPRÉSTIMOS A LONGO PRAZO – EXTERNOS
222.3	FINANCIAMENTOS A LONGO PRAZO – INTERNOS
222.4	FINANCIAMENTOS A LONGO PRAZO – EXTERNOS
222.5	JUROS E ENCARGOS A PAGAR DE EMPRÉSTIMOS E FINANCIAMENTOS A LONGO PRAZO – INTERNOS
222.6	JUROS E ENCARGOS A PAGAR DE EMPRÉSTIMOS E FINANCIAMENTOS A LONGO PRAZO – EXTERNOS
222.8	(–) ENCARGOS FINANCIAMENTOS A APROPRIAR – INTERNOS
222.9	(–) ENCARGOS FINANCIAMENTOS A APROPRIAR – EXTERNOS
223	**Fornecedores e Contas a Pagar a Longo Prazo**
223.1	FORNECEDORES NACIONAIS E CONTAS A PAGAR A LONGO PRAZO
223.2	FORNECEDORES ESTRANGEIROS A LONGO PRAZO
224	**Obrigações Fiscais a Longo Prazo**
224.1	OBRIGAÇÕES FISCAIS A LONGO PRAZO COM A UNIÃO
224.2	OBRIGAÇÕES FISCAIS A LONGO PRAZO COM OS ESTADOS
224.3	OBRIGAÇÕES FISCAIS A LONGO PRAZO COM OS MUNICÍPIOS
227	**Provisões a Longo Prazo**
227.1	PROVISÃO PARA RISCOS TRABALHISTAS A LONGO PRAZO
227.2	PROVISÕES MATEMÁTICAS PREVIDENCIÁRIAS A LONGO PRAZO
227.3	PROVISÕES PARA RISCOS FISCAIS A LONGO PRAZO
227.4	PROVISÃO PARA RISCOS CÍVEIS A LONGO PRAZO
227.5	PROVISÃO PARA REPARTIÇÃO DE CRÉDITOS A LONGO PRAZO
227.6	PROVISÃO PARA RISCOS DECORRENTES DE CONTRATOS DE PPP A LONGO PRAZO
227.9	OUTRAS PROVISÕES A LONGO PRAZO
228	**Demais Obrigações a Longo Prazo**
228.1	ADIANTAMENTOS DE CLIENTES A LONGO PRAZO
228.2	OBRIGAÇÕES POR DANOS A TERCEIROS A LONGO PRAZO
228.3	DEBÊNTURES E OUTROS TÍTULOS DE DÍVIDA A LONGO PRAZO
228.4	ADIANTAMENTO PARA FUTURO AUMENTO DE CAPITAL

228.8	DEMAIS OBRIGAÇÕES A LONGO PRAZO
228.9	OUTRAS OBRIGAÇÕES A LONGO PRAZO
229	**Resultado Diferido**
229.1	VARIAÇÃO PATRIMONIAL AUMENTATIVA (VPA) DIFERIDA
229.2	(–) CUSTO DIFERIDO
23	**<u>PATRIMÔNIO LÍQUIDO</u>**
231	**Patrimônio Social e Capital Social**
231.1	PATRIMÔNIO SOCIAL
231.2	CAPITAL SOCIAL REALIZADO
232	**Adiantamento para Futuro Aumento de Capital**
233	**Reservas de Capital**
233.1	ÁGIO NA EMISSÃO DE AÇÕES
233.2	ALIENAÇÃO DE PARTES BENEFICIÁRIAS
233.3	ALIENAÇÃO DE BÔNUS DE SUBSCRIÇÃO
233.4	CORREÇÃO MONETÁRIA DO CAPITAL REALIZADO
233.9	OUTRAS RESERVAS DE CAPITAL
234	**Ajustes de Avaliação Patrimonial**
234.1	AJUSTES DE AVALIAÇÃO PATRIMONIAL DE ATIVOS
234.2	AJUSTES DE AVALIAÇÃO PATRIMONIAL DE PASSIVOS
235	**Reservas de Lucros**
235.1	RESERVA LEGAL
235.2	RESERVAS ESTATUTÁRIAS
235.3	RESERVAS PARA CONTINGÊNCIAS
235.4	RESERVA DE INCENTIVOS FISCAIS
235.5	RESERVAS DE LUCROS PARA EXPANSÃO
235.6	RESERVA DE LUCRO A REALIZAR
235.7	RESERVA DE RETENÇÃO DE PRÊMIO DA EMISSÃO DE DEBÊNTURES
235.9	OUTRAS RESERVAS DE LUCRO
236	**Demais Reservas**
236.1	RESERVA DE REAVALIAÇÃO
237	**Resultados Acumulados**
239	AÇÕES/COTAS EM TESOURARIA

318 Contabilidade Pública • Kohama

21 – Atributos das Contas Contábeis[2]

2 PASSIVO E PATRIMÔNIO LÍQUIDO

Função/Funcionamento – Passivo – Compreende as obrigações existentes da entidade oriundas de eventos passados de cuja liquidação se espera que resulte em fluxo de saída de recursos que incorporem benefícios econômicos ou serviços em potencial. Patrimônio líquido compreende a diferença entre o ativo e o passivo.

Natureza do Saldo – Credor.

2.1 Passivo Circulante

Função/Funcionamento – Representa as obrigações conhecidas e estimadas, que atendam a qualquer um dos seguintes critérios: tenham prazos estabelecidos ou esperados dentro do ciclo operacional da entidade; sejam mantidos primariamente para negociação; tenham prazos estabelecidos ou esperados no curto prazo; sejam valores de terceiros ou retenções em nome deles, quando a entidade do setor público for fiel depositária, independentemente do prazo de exigibilidade.

Natureza do Saldo – Credor.

2.1.1 Obrigações Trabalhistas, Previdenciárias e Assistenciais a pagar a Curto Prazo

Função/Funcionamento – Registra as obrigações referentes a salários ou remunerações, bem como os benefícios aos quais o empregado ou servidor tenha direito, aposentadorias, reformas, pensões e benefícios assistenciais, inclusive precatórios decorrentes dessas obrigações com vencimento no curto prazo.

Natureza do Saldo – Credor.

2.1.2 Empréstimos e Financiamentos a Curto Prazo

Função/Funcionamento – Registra as obrigações financeiras internas e externas da entidade a título de empréstimos, bem como as aquisições efetuadas diretamente com o fornecedor, com vencimentos no curto prazo.

Natureza do Saldo – Credor.

2.1.3 Fornecedores e Contas a Pagar a Curto Prazo

Função/Funcionamento – Registra as obrigações junto a fornecedores de matérias-primas, mercadorias e outros materiais utilizados nas atividades operacionais da entidade, bem como as obrigações decorrentes do fornecimento de utilidades e da prestação de serviços, tais como de energia elétrica, água, telefone, propaganda, aluguéis e todas as outras contas a pagar, inclusive os precatórios decorrentes dessas obrigações com vencimento no curto prazo.

Natureza do Saldo – Credor.

---

[2] Texto elaborado de acordo com o Manual de Contabilidade Aplicada ao Setor Público, editado pela STN.

Apêndice – Plano de Contas   **319**

2.1.4   Obrigações Fiscais a Curto Prazo

Função/Funcionamento – Registra obrigações das entidades com o governo relativas a impostos, taxas e contribuições com vencimento no curto prazo.

2.1.7   Provisões a Curto Prazo

Função/Funcionamento – Registra os passivos de prazos ou de valor incertos, com probabilidade de ocorrerem no curto prazo.

Natureza do Saldo – Credor.

2.1.8   Demais Obrigações a Curto Prazo

Função/Funcionamento – Registra as obrigações da entidade junto a terceiros não inclusas nos subgrupos anteriores, com vencimento no curto prazo, não classificadas anteriormente neste plano de contas encargos a pagar, benefícios assistenciais, inclusive os precatórios decorrentes dessas obrigações, com vencimento no curto prazo.

Natureza do Saldo – Credor.

2.2   Passivo Não Circulante

Função/Funcionamento – Compreende as obrigações conhecidas e estimadas que não atendam a nenhum dos critérios para serem classificadas como passivo circulante.

Natureza do Saldo – Credor.

2.2.1   Obrigações Trabalhistas Previdenciárias e Assistenciais a Pagar a Longo Prazo

Função/Funcionamento – Registra as obrigações referentes a salários ou remunerações, bem como os benefícios aos quais o empregado ou servidor tenha direito, aposentadorias, reformas, pensões e encargos a pagar, benefícios assistenciais, inclusive os precatórios decorrentes dessas obrigações, com vencimentos a longo prazo.

Natureza do Saldo – Credor.

2.2.2   Empréstimos e Financiamentos a Longo Prazo

Função/Funcionamento – Registra as obrigações financeiras da entidade a título de empréstimos, bem como as aquisições efetuadas diretamente com o fornecedor, com vencimento no longo prazo..

Natureza do Saldo – Credor.

2.2.3   Fornecedores e Contas a Pagar a Longo Prazo

Função/Funcionamento – Registra as obrigações junto a fornecedores de matérias-primas, mercadorias e outros materiais utilizados nas atividades operacionais da entidade, inclusive os precatórios dessas obrigações, com vencimentos no longo prazo. Registra também os precatórios com vencimento no longo prazo das obrigações decorrentes do fornecimento de utilidades e da prestação de serviços, tais como de energia elétrica, água, telefone, propaganda, aluguéis e todas as outras contas a pagar.

Natureza do Saldo – Credor.

2.2.4 Obrigações Fiscais a Longo Prazo

Função/Funcionamento – Registra as obrigações das entidades com o governo relativas a impostos, taxas e contribuições com vencimento no longo prazo.

Natureza do Saldo – Credor.

2.2.7 Provisões a Longo Prazo

Função/Funcionamento – Registra os passivos de prazo ou de valor incertos, com probabilidade de ocorrerem no longo prazo.

Natureza do Saldo – Credor.

2.2.8 Demais Obrigações a Longo Prazo

Função/Funcionamento – Registra obrigações da entidade junto a terceiros não inclusas nos subgrupos anteriores, inclusive os precatórios decorrentes dessas obrigações, com vencimento no longo prazo.

Natureza do Saldo – Credor.

2.2.9 Resultado Diferido

Função/Funcionamento – Registra o valor das Variações Patrimoniais Aumentativas já recebidas que efetivamente devem ser reconhecidas em resultado, em anos futuros e que não haja qualquer tipo de obrigação de devolução, por parte da entidade. Compreende também o saldo existente na antiga Conta de Resultado de Exercícios Futuros em 31 de dezembro de 2005.

Natureza do Saldo – Credor.

2.3 Patrimônio Líquido

Função/Funcionamento – Compreende o valor residual dos ativos depois de deduzidos todos os passivos.

Natureza do Saldo – Credor.

2.3.1 Patrimônio Social e Capital Social

Função/Funcionamento – Registra o patrimônio das autarquias, fundações e fundos.

Natureza do Saldo – Credor.

2.3.2 Adiantamento para Futuro Aumento de Capital

Função/Funcionamento – Registra os recursos recebidos pela entidade de seus acionistas ou quotistas destinados a serem utilizados para aumento de capital, quando não haja a possibilidade de devolução destes recursos.

Natureza do Saldo – Credor.

Apêndice – Plano de Contas **321**

2.3.3 Reservas de Capital

Função/Funcionamento – Registra os valores acrescidos ao patrimônio que não transitaram pelo resultado como Variações Patrimoniais Aumentativas (VPA).

Natureza do Saldo – Credor.

2.3.4 Ajustes de Avaliação Patrimonial.

Função/Funcionamento – Registra as contrapartidas de aumentos ou diminuições de valor atribuídos a elementos do ativo e do passivo, em decorrência da sua avaliação patrimonial a valor justo, nos casos previstos pela Lei nº 6.404/76, ou em normas expedidas pela comissão de valores mobiliários, enquanto não computadas no resultado do exercício em obediência ao regime de competência.

Natureza do Saldo – Devedor ou Credor.

2.3.5 Reservas de Lucros

Função/Funcionamento – Registra as reservas constituídas com parcelas do lucro líquido das entidades para finalidades específicas.

Natureza do Saldo – Credor.

2.3.6 Demais Reservas

Função/Funcionamento – Registra as demais reservas, não classificadas como reservas de capital ou de lucro, inclusive aquelas que terão seus saldos realizados por terem sido extintas pela legislação.

Natureza do Saldo – Credor.

2.3.7 Resultados Acumulados

Função/Funcionamento – Registra o saldo remanescente dos lucros ou prejuízos líquidos das empresas e os superávits ou déficits acumulados da administração direta, autarquias, fundações e fundos.

Natureza do Saldo – Devedor ou Credor.

2.3.9 (–) Ações/Cotas em Tesouraria

Função/Funcionamento – Registra o valor das ações ou cotas da entidade que foram adquiridas pela própria entidade.

Natureza do Saldo – Devedor.

b) Relação das Contas de Variação Patrimonial Diminutiva e Aumentativa

A estrutura básica do Plano de Contas Aplicado ao Setor Público, na parte relativa às Variações Patrimoniais Diminutivas e Aumentativas, é a seguinte:

Código	Título	Código	Título
3	**VARIAÇÃO PATRIMONIAL DIMINUTIVA**	**4**	VARIAÇÃO PATRIMONIAL AUMENTATIVA
31	**Pessoal e Encargo**	**41**	Impostos, Taxas e Contribuições de Melhoria
311	Remuneração de Pessoal	411	Impostos
312	Encargos Patronais	412	Taxas
313	Benefícios a Pessoal	413	Contribuições de Melhoria
319	Outras VPD – Pessoal e Encargos		
32	**Benefícios Previdenciários e Assistenciais**	**42**	Contribuições
321	Aposentadorias e Reformas	421	Sociais
322	Pensões	422	de Intervenção no Domínio Econômico
323	Benefícios de Prestação Continuada	423	de Iluminação Pública
324	Benefícios Eventuais	424	de Interesse das Categorias Profissionais
325	Políticas Públicas de Transferência de Rendas		
329	Outros Benefícios Previdenciários e Assistenciais	**43**	Exploração e Venda de Bens, Serviços e Direitos
33	**Uso de Bens, Serviços e Consumo de Capital Fixo**	431	Venda de Mercadorias
331	Uso de Material de Consumo	432	Venda de Produtos
332	Serviços	433	Exploração de Bens e Direitos e Prestação de Serviços
333	Depreciação, Amortização e Exaustão		
34	**Financeiras**		
341	Juros e Encargos de Empréstimos e Financiamentos Obtidos	**44**	Financeiras
342	Juros e Encargos de Mora	441	Juros e Encargos de Empréstimos e Financiamentos Concedidos
343	Variações Monetárias e Cambiais	442	Juros e Encargos de Mora
344	Descontos Financeiros Concedidos	443	Variações Monetárias e Cambiais
349	Outras VPD – Financeiras	444	Descontos Financeiros Obtidos
35	**Transferências e Delegações Concedidas**	445	Remuneração de Depósitos Bancários e Aplicações Financeiras
351	Intragovernamentais	449	Outras VPA – Financeiras
352	Intergovernamentais		
353	Instituições Privadas		
354	Multigovernamentais	**45**	Transferências Recebidas
355	Consórcios Públicos	451	Intragovernamentais
356	Ao Exterior	452	Intergovernamentais
357	Execução Orçamentária Delegada	453	de Instituições Privadas
359	Outras Transferências e Delegações Concedidas	454	de Instituições Multigovernamentais
36	**Desvalorização e Perda de Ativos**	455	de Consórcios Públicos
361	Reavaliação, Redução a Valor Recuperável e Ajuste de Perdas	456	do Exterior
362	Perdas com Alienação	457	Execução Orçamentária Delegada
363	Perdas Involuntárias	458	de Pessoas Físicas
364	Incorporação de Passivos	459	Outras Transferências e Delegações Recebidas
365	Desincorporação de Ativos		
37	**Tributárias**	**46**	Valorização e Ganhos com Ativos e Desincorporação de Passivos
371	Impostos, Taxas e Cont. de Melhoria	461	Reavaliação de Ativos
372	Contribuições	462	Ganhos com Alienação
38	**Custo das Mercadorias Vendidas, dos Produtos Vendidos e dos Serviços Prestados**	463	Ganhos com Incorporação de Ativos
381	Custo das Mercadorias Vendidas	464	Ganhos com Desincorporação de Passivos
382	Custo dos Produtos Vendidos	465	Reversão de Redução a Valor Recuperável
383	Custo dos Serviços Prestados		
39	**Outras Var. Patr. Diminutivas**	**49**	Outras Var. Patr. Aumentativas
391	Premiações	491	VPA a Classificar
392	Resultado Negativo de Participações	492	Resultado Positivo de Participações
394	Incentivos	497	Reversão de Provisões e Ajustes e Perdas
395	Subvenções Econômicas	499	Diversas VPA
396	Participações e Contribuições		
397	VPD de Constituição de Provisões		
399	Diversas VPD		

3 Relação de Contas das Variações Patrimoniais Diminutivas

A relação das contas do Plano de Contas Aplicado ao Setor Público, na parte relativa às Variações Patrimoniais Diminutivas, é a disposição ordenada nos códigos e títulos das contas, aplicável às três esferas de governo, para fins de consolidação nacional e compatibilização com elaboração de relatórios e demonstrativos previstos na legislação.

A relação das contas a seguir foi adaptada do Plano de Contas Aplicado ao Setor Público, e os entes da Federação, sendo necessário, poderão apresentar detalhes nos seus planos de contas, após os níveis detalhados pela STN no Plano de Contas Aplicado ao Setor Público.

Finalidade – As contas das Variações Patrimoniais Diminutivas são organizadas para registrar os atos e fatos relativos aos decréscimos no benefício econômico, resultante da saída de recurso, redução de ativo ou aumento do passivo.

3 – Plano de Contas – Relação de Contas da
Variação Patrimonial Diminutiva
(Adaptação feita com base no Plano de Contas Aplicado
ao Setor Público editado pela Secretaria do Tesouro Nacional)

3	**VARIAÇÃO PATRIMONIAL DIMINUTIVA**
31	**PESSOAL E ENCARGOS**
311	**Remuneração a Pessoal**
311.1	REMUNERAÇÃO A PESSOAL ATIVO CIVIL – ABRANGIDOS PELO RPPS
311.2	REMUNERAÇÃO A PESSOAL ATIVO CIVIL – ABRANGIDOS PELO RGPS
311.3	REMUNERAÇÃO A PESSOAL ATIVO MILITAR – ABRANGIDOS PELO RPPS
312	**Encargos Patronais**
312.1	ENCARGOS PATRONAIS – RPPS
312.2	ENCARGOS PATRONAIS – RGPS
312.3	ENCARGOS PATRONAIS – FGTS
312.4	CONTRIBUIÇÕES SOCIAIS GERAIS
312.5	CONTRIBUIÇÕES A ENTIDADES FECHADAS DE PREVIDÊNCIA
312.9	OUTROS ENCARGOS PATRONAIS
313	**Benefícios a Pessoal**
313.1	BENEFÍCIOS A PESSOAL – RPPS
313.2	BENEFÍCIOS A PESSOAL – RGPS
313.3	BENEFÍCIOS A PESSOAL – MILITAR

319	**Outras Variações Patrimoniais Diminutivas – Pessoal e Encargos**
319.1	INDENIZAÇÕES E RESTITUIÇÕES TRABALHISTAS
319.2	PESSOAL REQUISITADO DE OUTROS ÓRGÃOS
319.9	OUTRAS VPD DE PESSOAL E ENCARGOS
32	**BENEFÍCIOS PREVIDENCIÁRIOS E ASSISTENCIAIS**
321	**Aposentadorias e Reformas**
321.1	APOSENTADORIAS – RPPS
321.2	APOSENTADORIAS – RGPS
321.3	RESERVA REMUNERADA E REFORMAS – MILITAR
321.9	OUTRAS APOSENTADORIAS
322	**Pensões**
322.1	PENSÕES – RPPS
322.2	PENSÕES – RGPS
322.3	PENSÕES – MILITAR
322.9	OUTRAS PENSÕES
323	**Benefícios de Prestação Continuada**
323.1	BENEFÍCIOS DE PRESTAÇÃO CONTINUADA AO IDOSO
323.2	BENEFÍCIOS DE PRESTAÇÃO CONTINUADA AO PORTADOR DE DEFICIÊNCIA
323.9	OUTROS BENEFÍCIOS DE PRESTAÇÃO CONTINUADA
324	**Benefícios Eventuais**
324.1	AUXÍLIO POR NATALIDADE
324.2	AUXÍLIO POR MORTE
324.3	BENEFÍCIOS EVENTUAIS POR SITUAÇÕES DE VULNERABILIDADE TEMPORÁRIA
324.4	BENEFÍCIOS EVENTUAIS EM CASO DE CALAMIDADE PÚBLICA
324.9	OUTROS BENEFÍCIOS EVENTUAIS
325	**Políticas Públicas de Transferência de Renda**
329	**Outros Benefícios Previdenciários e Assistenciais**
329.1	OUTROS BENEFÍCIOS PREVIDENCIÁRIOS – RPPS
329.2	OUTROS BENEFÍCIOS PREVIDENCIÁRIOS – RGPS
329.3	OUTROS BENEFÍCIOS PREVIDENCIÁRIOS – MILITAR
329.9	OUTROS BENEFÍCIOS PREVIDENCIÁRIOS E ASSISTENCIAIS
33	**USO DE BENS, SERVIÇOS E CONSUMO DE CAPITAL FIXO**

331 Uso de Material de Consumo

331.1 CONSUMO DE MATERIAL

331.2 DISTRIBUIÇÃO DE MATERIAL GRATUITO

332 Serviços

332.1 DIÁRIAS

332.2 SERVIÇOS DE TERCEIROS – PF

332.3 SERVIÇOS DE TERCEIROS – PJ

332.4 CONTRATO DE TERCEIRIZAÇÃO POR SUBSTITUIÇÃO DE MÃO DE OBRA – ART. 18, § 1º, LC 101/00

333 Depreciação, Amortização e Exaustão

333.1 DEPRECIAÇÃO

333.2 AMORTIZAÇÃO

333.3 EXAUSTÃO

34 VARIAÇÕES PATRIMONIAIS DIMINUTIVAS FINANCEIRAS

341 Juros e Encargos de Empréstimos e Financiamentos Obtidos

341.1 JUROS E ENCARGOS DA DÍVIDA CONTRATUAL – INTERNA

341.2 JUROS E ENCARGOS DA DÍVIDA CONTRATUAL – EXTERNA

341.3 JUROS E ENCARGOS DA DÍVIDA MOBILIÁRIA

341.4 JUROS E ENCARGOS DE EMPRÉSTIMOS POR ANTECIPAÇÃO DE RECEITA ORÇAMENTÁRIA

341.8 OUTROS JUROS E ENCARGOS DE EMPRÉSTIMOS E FINANCIAMENTOS – INTERNOS

341.9 OUTROS JUROS E ENCARGOS DE EMPRÉSTIMOS E FINANCIAMENTOS – EXTERNOS

342 Juros e Encargos de Mora

342.1 JUROS E ENCARGOS DE MORA DE EMPRÉSTIMOS E FINANCIAMENTOS INTERNOS OBTIDOS

342.2 JUROS E ENCARGOS DE MORA DE EMPRÉSTIMOS E FINANCIAMENTOS EXTERNOS OBTIDOS

342.3 JUROS E ENCARGOS DE MORA DE AQUISIÇÃO DE BENS E SERVIÇOS

342.4 JUROS E ENCARGOS DE MORA DE OBRIGAÇÕES TRIBUTÁRIAS

342.9 OUTROS JUROS E ENCARGOS DE MORA

343 Variações Monetárias e Cambiais

343.1 VARIAÇÕES MONETÁRIAS E CAMBIAIS DA DÍVIDA CONTRATUAL INTERNA

343.2 VARIAÇÕES MONETÁRIAS E CAMBIAIS DA DÍVIDA CONTRATUAL EXTERNA

343.3 VARIAÇÕES MONETÁRIAS E CAMBIAIS DA DÍVIDA MOBILIÁRIA INTERNA

343.4 VARIAÇÕES MONETÁRIAS E CAMBIAIS DA DÍVIDA MOBILIÁRIA EXTERNA

343.9 OUTRAS VARIAÇÕES MONETÁRIAS E CAMBIAIS

344 Descontos Financeiros Concedidos

349 Outras Variações Patrimoniais Diminutivas Financeiras

349.1 JUROS E ENCARGOS EM SENTENÇAS JUDICIAIS

349.2 JUROS E ENCARGOS EM INDENIZAÇÕES E RESTITUIÇÕES

349.9 OUTRAS VARIAÇÕES PATRIMONIAIS DIMINUTIVAS FINANCEIRAS

35 TRANSFERÊNCIA E DELEGAÇÕES CONCEDIDAS

351 Transferências Intragovernamentais

352 Transferências Intergovernamentais

353 Transferências a Instituições Privadas

353.1 TRANSFERÊNCIAS A INSTITUIÇÕES PRIVADAS SEM FINS LUCRATIVOS

353.2 TRANSFERÊNCIAS A INSTITUIÇÕES PRIVADAS COM FINS LUCRATIVOS

354 Transferências a Instituições Multigovernamentais

355 Transferências a Consórcios Públicos

356 Transferências ao Exterior

357 EXECUÇÃO ORÇAMENTÁRIA DELEGADA

36 DESVALORIZAÇÃO E PERDA DE ATIVOS

361 Reavaliação, Redução a Valor Recuperável e Ajuste para Perdas

361.1 REAVALIAÇÃO DE IMOBILIZADO

361.2 REAVALIAÇÃO DE INTANGÍVEIS

361.3 REAVALIAÇÃO DE OUTROS ATIVOS

361.4 REDUÇÃO A VALOR RECUPERÁVEL DE INVESTIMENTOS

361.5 REDUÇÃO A VALOR RECUPERÁVEL DE IMOBILIZADO

361.6 REDUÇÃO A VALOR RECUPERÁVEL DE INTANGÍVEIS

361.7 VPD COM AJUSTE DE PERDAS DE CRÉDITOS E DE INVESTIMENTOS E APLICAÇÕES TEMPORÁRIAS

361.8 VPD COM AJUSTE DE PERDAS DE ESTOQUE

362 Perdas com Alienação

Apêndice – Plano de Contas   327

362.1   PERDAS COM ALIENAÇÃO DE INVESTIMENTOS

362.2   PERDAS COM ALIENAÇÃO DE IMOBILIZADO

362.3   PERDAS COM ALIENAÇÃO DE INTANGÍVEIS

362.9   PERDAS COM ALIENAÇÃO DE DEMAIS ATIVOS

363   Perdas Involuntárias

363.1   PERDAS INVOLUNTÁRIAS COM IMOBILIZADO

363.2   PERDAS INVOLUNTÁRIAS COM INTANGÍVEIS

363.3   PERDAS INVOLUNTÁRIAS COM ESTOQUES

363.9   OUTRAS PERDAS INVOLUNTÁRIAS

37   TRIBUTÁRIAS

371   Impostos, Taxas e Contribuições de Melhoria

371.1   IMPOSTOS

371.2   TAXAS

371.3   CONTRIBUIÇÕES DE MELHORIA

372   Contribuições

372.1   CONTRIBUIÇÕES SOCIAIS

372.2   CONTRIBUIÇÕES DE INTERVENÇÃO NO DOMÍNIO ECONÔMICO

372.3   CONTRIBUIÇÃO PARA O CUSTEIO DO SERVIÇO DE ILUMINAÇÃO PÚBLICA – COSIP

372.9   OUTRAS CONTRIBUIÇÕES

39   OUTRAS VARIAÇÕES PATRIMONIAIS DIMINUTIVAS

391   Premiações

391.1   PREMIAÇÕES CULTURAIS

391.2   PREMIAÇÕES ARTÍSTICAS

391.3   PREMIAÇÕES CIENTÍFICAS

391.4   PREMIAÇÕES DESPORTIVAS

391.5   ORDENS HONORÍFICAS

391.9   OUTRAS PREMIAÇÕES

392   Resultado Negativo de Participações

392.1   RESULTADO NEGATIVO DE EQUIVALÊNCIA PATRIMONIAL

394   Incentivos

394.1   INCENTIVOS À EDUCAÇÃO

394.2   INCENTIVOS À CIÊNCIA

328 Contabilidade Pública • Kohama

394.3 INCENTIVOS À CULTURA

394.4 INCENTIVOS AO ESPORTE

394.9 OUTROS INCENTIVOS

395 Subvenções Econômicas

396 Participações e Contribuições

396.1 PARTICIPAÇÕES DE DEBÊNTURES

396.2 PARTICIPAÇÕES DE EMPREGADOS

396.3 PARTICIPAÇÕES DE ADMINISTRADORES

396.4 PARTICIPAÇÕES DE PARTES BENEFICIÁRIAS

396.5 PARTICIPAÇÕES DE INSTITUIÇÕES OU FUNDOS DE ASSISTÊNCIA OU PREVIDÊNCIA DE EMPREGADOS

399 Diversas Variações Patrimoniais Diminutivas

399.1 COMPENSAÇÃO FINANCEIRA ENTRE RGPS/RPPS

399.2 COMPENSAÇÃO FINANCEIRA ENTRE REGIMES PRÓPRIOS

399.3 VARIAÇÃO PATRIMONIAL DIMINUTIVA COM BONIFICAÇÕES

399.4 AMORTIZAÇÃO DE ÁGIO EM INVESTIMENTOS

399.5 MULTAS ADMINISTRATIVAS

399.6 INDENIZAÇÕES E RESTITUIÇÕES

399.7 COMPENSAÇÕES AO RGPS

399.9 VARIAÇÕES PATRIMONIAIS DIMINUTIVAS DECORRENTES DE FATOS GERADORES DIVERSOS

---

31 – Atributos das Contas Contábeis[3]

3 VARIAÇÃO PATRIMONIAL DIMINUTIVA[4]

Função/Funcionamento – Representa o decréscimo no benefício econômico durante o período contábil sob a forma de saída de recurso ou redução de ativo ou incremento em passivo, que resulte em decréscimo no patrimônio líquido e que não seja proveniente de distribuição aos proprietários da entidade.

Natureza do Saldo – Devedor.

3.1 Pessoal e Encargos

Função/Funcionamento – Representa a remuneração do pessoal ativo civil, ou militar, correspondente ao somatório das variações patrimoniais diminutivas

---

[3] Texto elaborado de acordo com o Manual de Contabilidade Aplicada ao Setor Público, editado pela STN.

[4] Variação Patrimonial Diminutiva pode ser considerada Variação Patrimonial Passiva.

com subsídios, vencimentos, soldos e vantagens pecuniárias fixas ou variáveis estabelecidas em lei decorrentes do pagamento pelo efetivo exercício do cargo, emprego ou função de confiança no setor público. Compreende, ainda, obrigações trabalhistas de responsabilidade do empregador, incidentes sobre a folha de pagamento dos órgãos e demais entidades do setor público, contribuições a entidades fechadas de previdência e benefícios eventuais a pessoal civil e militar, destacados os custos de pessoal e encargos inerentes as mercadorias e produtos vendidos e serviços prestados.

Natureza do Saldo – Devedor.

3.1.1 Remuneração Pessoal

Função/Funcionamento – Registra remuneração do pessoal ativo civil ou militar, correspondente ao somatório das variações patrimoniais diminutivas com subsídios, vencimentos, soldos e vantagens pecuniárias fixas e variáveis estabelecidas em lei decorrentes do pagamento do efetivo exercício do cargo, emprego ou função de confiança no setor público, bem como as com contratos de terceirização de mão de obra que se refiram a substituição de servidores e empregados públicos.

Natureza do Saldo – Devedor.

3.1.2 Encargos Patronais

Função/Funcionamento – Registra os encargos trabalhistas de responsabilidade do empregador, incidente sobre a folha de pagamento dos servidores e empregados ativos, pertencentes aos órgãos e demais entidades do setor público, bem como as contribuições a entidades fechadas de previdência e ainda outras contribuições patronais.

Natureza do Saldo – Devedor.

3.1.3 Benefícios a Pessoal

Função/Funcionamento – Registra o valor total das variações patrimoniais diminutivas com benefícios devidos a pessoal civil e militar, tais como para pessoal civil: ajuda de custo, indenização de transporte, auxílio-moradia, auxílio-alimentação, auxílio-transporte, bem como outros decorrentes de acordo ou convenção coletiva no que se refere a empregados públicos. Para os militares: adicional de compensação orgânica não incorporada, gratificação de localidade especial, gratificação de representação, transporte, ajuda de custo, auxílio-fardamento, auxílio-alimentação e outros benefícios eventuais relativos ao local ou a natureza do trabalho. Estão excluídas deste grupo as despesas com vencimentos, soldos e quaisquer outras vantagens pecuniárias, bem como as despesas relacionadas aos benefícios previdenciários ou assistenciais, tais como: aposentadoria, auxílio--natalidade, salário-família, licença para tratamento de saúde, licença a gestante, a adotante e licença-maternidade, licença por acidente em serviço, assistência à

330 Contabilidade Pública • Kohama

saúde, garantia de condições individuais e ambientais de trabalho satisfatórias, pensão vitalícia e temporária, auxílio-funeral, auxílio-reclusão, auxílio-invalidez, assistência à saúde. Estão excluídas ainda as indenizações e restituições trabalhistas decorrentes da perda da condição de servidor ou empregado, tais como: férias, aviso-prévio indenizado e outras.

Natureza do Saldo – Devedor.

3.1.9 Outras Variações Patrimoniais Diminutivas – Pessoal e Encargos

Função/Funcionamento – Registra outras variações patrimoniais diminutivas, relacionadas com pessoal e encargos, não abrangidas nos grupos anteriores, tais como as indenizações e restituições trabalhistas.

Natureza do Saldo – Devedor.

3.2 Benefícios Previdenciários e Assistenciais

Função/Funcionamento – Representa as variações patrimoniais diminutivas relativas a aposentadorias, pensões, reformas, reserva remunerada e outros benefícios previdenciários de caráter contributivo, do Regime Próprio da Previdência Social (RPPS) e do Regime Geral da Previdência Social (RPGS), bem como as ações de assistência social, que são políticas de seguridade social não contributiva, visando ao enfrentamento da pobreza, a garantia dos mínimos sociais, ao provimento de condições para atender contingências sociais e a universalização dos direitos sociais.

Natureza do Saldo – Devedor.

3.2.1 Aposentadorias e Reformas

Função/Funcionamento – Registra os benefícios de prestação continuada assegurados pela previdência social com o objetivo de garantir meios indispensáveis de manutenção, por motivo de incapacidade, idade avançada e tempo de serviço.

Natureza do Saldo – Devedor.

3.2.2 Pensões

Função/Funcionamento – Registra os benefícios da previdência social que garante uma renda aos dependentes do segurado falecido.

Natureza do Saldo – Devedor.

3.2.3 Benefícios de Prestação Continuada

Função/Funcionamento – Registra os benefícios de prestação continuada.

Natureza do Saldo – Devedor.

3.2.4 Benefícios Eventuais

Função/Funcionamento – Registra as provisões suplementares e provisórias, prestadas aos cidadãos e as famílias em virtude de nascimento, morte, situações de vulnerabilidade temporária e de calamidade pública, as provisões relativas aos programas, projetos, serviços e benefícios diretamente vinculados ao campo da saúde, educação, integração nacional e das demais políticas setoriais não se incluem na modalidade de benefícios eventuais da assistência social.

Natureza do Saldo – Devedor.

3.2.5   Políticas Pública de Transferência de Renda

Função/Funcionamento – Compreende as políticas que visem contribuir para a redução da fome, da pobreza, da desigualdade e de outras formas de privação vividas pelas famílias mais excluídas, considerando três dimensões: o alívio imediato da pobreza, por meio da transferência de renda diretamente as famílias pobres e extremamente pobres; a contribuição para a redução da pobreza da geração seguinte por meio do reforço do direito ao acesso aos serviços de saúde e de educação, com o cumprimento das condicionalidades nessas áreas; e a articulação de ações complementares, de forma a desenvolver as capacidades das famílias beneficiárias.

Natureza do Saldo – Devedor.

3.2.9   Outros Benefícios Previdenciários e Assistenciais

Função/Funcionamento – Registra outras variações patrimoniais diminutivas, relacionadas com benefícios previdenciários ou assistenciais, não abrangidos nos grupos anteriores.

Natureza do Saldo – Devedor.

3.3   Uso de Bens, Serviços e Consumo de Capital Fixo

Função/Funcionamento – Representa o somatório das variações patrimoniais diminutivas com manutenção e operação da máquina pública, exceto despesas com pessoal e encargos que serão registradas em grupo específico (Despesas de Pessoal e Encargos). Compreende: diárias, material de consumo, material de distribuição gratuita, passagens e despesas de locomoção, serviços de terceiros, arrendamento mercantil operacional, aluguel, depreciação, amortização, exaustão, entre outras.

Natureza do Saldo – Devedor.

3.3.1   Uso de Material de Consumo

Função/Funcionamento – Registra as variações patrimoniais diminutivas provenientes da distribuição do material de consumo. Um material é considerado de consumo quando for de duração inferior a dois anos, frágil, perecível, incorporável, transformável ou cuja finalidade seja para consumo imediato ou para reposição.

Natureza do Saldo – Devedor.

332 Contabilidade Pública • Kohama

3.3.2 Serviços

Função/Funcionamento – Registra as variações patrimoniais diminutivas provenientes da prestação de serviço fornecida à entidade governamental.

Natureza do Saldo – Devedor.

3.3.3 Depreciação, Amortização e Exaustão

Função/Funcionamento – Registra o decréscimo no benefício de um bem durante o período contábil decorrente de depreciação, amortização e exaustão.

Natureza do Saldo – Devedor.

3.4 Financeiras

Função/Funcionamento – Representa o somatório das variações patrimoniais diminutivas com operações financeiras, tais como: juros incorridos, descontos concedidos, comissões, despesas bancárias e correções monetárias.

Natureza do Saldo – Devedor.

3.4.1 Juros e Encargos de Empréstimos e Financiamentos Obtidos

Função/Funcionamento – Registra a variação patrimonial diminutiva com juros e encargos de empréstimos e financiamentos contraídos com pessoas jurídicas de direito público ou privado.

Natureza do Saldo – Devedor.

3.4.2 Juros e Encargos de Mora

Função/Funcionamento – Registra a variação patrimonial diminutiva com juros e encargos a título de penalidade em virtude de atrasos e não cumprimento de prazos contratuais.

Natureza do Saldo – Devedor.

3.4.3 Variações Monetárias e Cambiais

Função/Funcionamento – Registra a variação patrimonial diminutiva proveniente de variações da nossa própria moeda em relação aos índices ou coeficientes aplicáveis por dispositivo legal ou contratual e a variação do valor da nossa moeda em relação a moedas estrangeiras. Ressalte-se será tratada como variação monetária apenas a correção monetária pós-fixada.

Natureza do Saldo – Devedor.

3.4.4 Descontos Financeiros Concedidos

Função/Funcionamento – Registra o valor da variação patrimonial diminutiva com descontos financeiros concedidos a clientes por pagamentos antecipados de duplicatas e outros títulos. Não se confundem com descontos nos preços de venda concedidos incondicionalmente, ou abatimentos de preços, que são deduções da receita.

Natureza do Saldo – Devedor.

3.4.9 Outras Variações Patrimoniais Diminutivas – Financeiras

Função/Funcionamento – Registra as variações patrimoniais diminutivas financeiras, não abrangidas nos subgrupos anteriores.

Natureza do Saldo – Devedor.

3.5 **Transferências e Delegações Concedidas**

Função/Funcionamento – Representa o somatório das variações patrimoniais diminutivas com transferências intergovernamentais, transferências intragovernamentais, transferências a instituições multigovernamentais, transferências a instituições privadas com ou sem fins lucrativos, transferências a convênios e transferências ao exterior, e execuções orçamentárias delegadas.

Natureza do Saldo – Devedor.

3.5.1 Transferências Intragovernamentais

Função/Funcionamento – Registra as variações patrimoniais diminutivas decorrentes das transferências financeiras relativas a execução orçamentária e de bens e valores, referentes as transações intragovernamentais.

Natureza do Saldo – Devedor.

3.5.2 Transferências Intergovernamentais

Função/Funcionamento – Registra as variações patrimoniais diminutivas decorrentes de transferências a União, Estados, Distrito Federal, Municípios, inclusive as entidades vinculadas, de bens e/ou valores.

Natureza do Saldo – Devedor.

3.5.3 Transferências a Instituições Privadas

Função/Funcionamento – Registra as variações patrimoniais diminutivas decorrentes de transferências financeiras a instituições privadas, inclusive de bens e/ou valores.

Natureza do Saldo – Devedor.

3.5.4 Transferências a Instituições Multigovernamentais

Função/Funcionamento – Registra as variações patrimoniais diminutivas decorrentes de transferências a instituições multigovernamentais, da qual o ente transferidor não participe.

Natureza do Saldo – Devedor.

3.5.5 Transferências a Consórcios Públicos

Função/Funcionamento – Registra as variações patrimoniais diminutivas decorrentes das transferências a consórcios públicos, do qual o ente transferidor participe.

Natureza do Saldo – Devedor.

334 Contabilidade Pública • Kohama

3.5.6 Transferências ao Exterior

Função/Funcionamento – Registra as variações patrimoniais diminutivas decorrentes de transferências a organismos e fundos internacionais, de governos estrangeiros e instituições privadas com ou sem fins lucrativos no exterior.

Natureza do Saldo – Devedor.

3.5.7 Execução Orçamentária Delegada

Função/Funcionamento – Registra as variações patrimoniais diminutivas, decorrentes de transferência de recursos financeiros, decorrentes de delegação ou descentralização aos entes (União, Estados, Distrito Federal ou Municípios) ou Consórcios Públicos para execução de ações de responsabilidade exclusiva do delegante.

Natureza do Saldo – Devedor.

3.6 Desvalorização e Perda de Ativos e Incorporação de Passivos

Função/Funcionamento – Representa o somatório das variações patrimoniais diminutivas com desvalorização e perdas de ativos, nos casos de reavaliação,, com redução a valor recuperável, com provisões para perdas com alienação e perdas involuntárias, e também a incorporação de passivos.

Natureza do Saldo – Devedor.

3.6.1 Reavaliação, redução a valor recuperável e ajustes para perdas

Função/Funcionamento – Registra as variações patrimoniais diminutivas relativas a reavaliação, redução a valor recuperável e ajuste para perdas.

Natureza do Saldo – Devedor.

3.6.2 Perdas com Alienação

Função/Funcionamento – Registra a perda com alienação de ativos, ou seja, quando o valor alienado do ativo é menor que o seu valor contábil de maneira que a diferença compreende a perda.

Natureza do Saldo – Devedor.

3.6.3 Perdas Involuntárias

Função/Funcionamento – Registra o desfazimento físico involuntário do bem, como o que resulta de sinistros como incêndio e inundações.

Natureza do Saldo – Devedor.

3.6.4 Incorporação de Passivos

Função/Funcionamento – Registra a contrapartida da incorporação de passivos, como nos casos de extinção e fusão de entidades ou de restos a pagar com prescrição interrompida.

Natureza do Saldo – Devedor.

Apêndice – Plano de Contas   335

3.6.5   Desincorporação de Ativos

Função/Funcionamento – Registra a contrapartida de desincorporação de ativos, no caso de ativos inservíveis e outros eventos sob controle da entidade.

Natureza do Saldo – Devedor.

3.7   Tributárias

Função/Funcionamento – Representa as variações patrimoniais diminutivas relativas aos impostos, taxas, contribuições de melhoria, contribuições sociais, contribuições econômicas e contribuições especiais.

Natureza do Saldo – Devedor.

3.7.1   Impostos, Taxas e Contribuições de Melhoria

Função/Funcionamento – Registra as variações patrimoniais diminutivas relativas as obrigações relativas a prestações pecuniárias compulsórias, em moeda ou cujo valor nela possa se exprimir, que não constitua sanção de ato ilícito, instituída em lei e cobrada mediante atividade vinculada. Como: Impostos, Taxas e Contribuições de Melhoria.

Natureza do Saldo – Devedor.

3.7.2   Contribuições

Função/Funcionamento – Registra as variações patrimoniais diminutivas com contribuições sociais, econômicas e outras, decorrentes da intervenção do Estado (União, Estados, Distrito Federal e Municípios) no domínio econômico e de interesse da categoria de profissionais.

Natureza do Saldo – Devedor.

3.8   Custo das Mercadorias Vendidas, dos Produtos Vendidos e dos Serviços Prestados

Função/Funcionamento - Registra as VPD relativas aos custos das Mercadorias Vendidas, dos Produtos Vendidos e dos Serviços Prestados.

Natureza do Saldo – Devedor.

3.8.1   Custo das Mercadorias Vendidas

Função/Funcionamento – Registra as VPD relativas aos custos apropriados às mercadorias vendidas, sendo registrados somente no momento da venda destas.

Natureza do Saldo – Devedor.

3.8.2   Custo dos Produtos Vendidos

Função/funcionamento – Registra as VPD relativas aos custos apropriados aos produtos, sendo registrados apenas no momento da venda destes.

Natureza do Saldo – Devedor.

3.8.3 Custo dos Serviços Prestados

Função/Funcionamento – Registra as VPD relativas aos custos apropriados aos serviços, sendo registrados apenas no momento da prestação destes.

Natureza do Saldo – Devedor.

3.9 Outras Variações Patrimoniais Diminutivas

Função/Funcionamento – Representa o somatório das variações patrimoniais diminutivas não incluídas nos subgrupos anteriores. Compreende: premiações, incentivos, equalizações de preços e taxas, participações e contribuições, resultado negativo com participações, dentre outros.

Natureza do Saldo – Devedor.

3.9.1 Premiações

Função/Funcionamento – Registra a aquisição de prêmios, condecorações, medalhas, troféus etc., bem como o pagamento de prêmios em pecúnia, inclusive decorrentes de sorteios lotéricos.

Natureza do Saldo – Devedor.

3.9.2 Resultado Negativo de Participações

Função/Funcionamento – Registra a apropriação do resultado negativo de participações, oriundo de prejuízos apurados nas empresas controladas e coligadas, dentre outros.

Natureza do Saldo – Devedor.

3.9.4 Incentivos

Função/Funcionamento – Registra os incentivos financeiros concedidos relativos a educação, a ciência e a cultura.

Natureza do Saldo – Devedor.

3.9.5 Subvenções Econômicas

Função/Funcionamento – Registra a variação patrimonial diminutiva com o pagamento de subvenções econômicas, a qualquer título, autorizadas em leis específicas, tais como: ajuda financeira a entidades privadas com fins lucrativos; concessão de bonificações a produtores, distribuidores e vendedores; cobertura, direta ou indireta, de parcela de encargos de empréstimos e financiamentos e dos custos de aquisição, de produção, de escoamento, de distribuição, de venda e de manutenção de bens, produtos e serviços em geral; e, ainda, outras operações com características semelhantes.

Natureza do Saldo – Devedor.

3.9.6 Participações e Contribuições

Função/Funcionamento – Registra as participações de terceiros nos lucros, não relativas a investimento dos acionistas, tais como: participações de debêntures, empregados, administradores e partes beneficiárias, mesmo na forma de instrumentos financeiros. Além da contribuição a instituições ou fundos de assistência ou previdência de empregados.

Natureza do Saldo – Devedor.

3.9.7 VPD de Constituição de Provisões

Função/Funcionamento – Registra a constituição de provisões, entendidas como passivos de vencimento ou montante incertos. Não se confundem com os passivos derivados de apropriação de competência, como férias e 13º salário.

Natureza do Saldo – Devedor.

3.9.7.1 VPD de Provisão para Riscos Trabalhistas

Função/Funcionamento – Registra os passivos de prazo ou valor incertos, relacionados a pagamento de reclamação trabalhista.

Natureza do Saldo – Devedor.

3.9.7.2 VPD de Provisões Matemáticas Previdenciárias a Longo Prazo

Função/Funcionamento – Registra a constituição de previsões de passivos de prazo e de valor incertos, relacionado a futuros benefícios previdenciários a serem pagos a contribuintes.

Natureza do Saldo – Devedor.

3.9.7.3 VPD de Previsões para Riscos Fiscais

Função/Funcionamento – Registra a constituição de previsões de passivos de prazo e valor incertos, relacionados ao pagamento de autuações fiscais.

Natureza do Saldo – Devedor.

3.9.7.4 VPD de Constituição de Previsão para Riscos Cíveis

Função/Funcionamento – Registra a constituição de previsões de passivos de prazo ou valor incertos, relacionados a pagamento de indenizações a fornecedores e clientes.

Natureza do Saldo – Devedor.

3.9.7.5 VPD de Previsão para Repartição de Créditos

Função/Funcionamento –Registra a constituição de provisões de passivos de prazo ou de valores incertos relacionados aos créditos tributários e não tributários reconhecidos no lançamento por parte do agente arrecadador, a serem repartidos com outros entes da federação.

Natureza do Saldo - Devedor.

3.9.7.6 VPD de Previsão para Riscos Decorrentes

Função/Funcionamento – Registra a constituição de provisões de passivos de prazo ou de valores incertos relacionados aos riscos da demanda, construção, disponibilidade ou outros riscos decorrentes de contratos de PPP.

Natureza do Saldo – Devedor.

3.9.9 Diversas Variações Patrimoniais Diminutivas

Função/Funcionamento – Registra outras variações patrimoniais diminutivas não classificadas em itens específicos.

Natureza do Saldo – Devedor.

3.9.9.5 Multas Administrativas

Função/Funcionamento – Registra as VPD provenientes de multas administrativas diversas.

Natureza do Saldo – Devedor.

3.9.9.6 Indenizações e Restituições

Função/Funcionamento – Registra as VPD provenientes de indenizações e/ou restituições diversas, não especificadas no plano de contas.

Natureza do Saldo – Devedor.

3.9.9.7 Compensações RGPS

Função/Funcionamento – Registra as compensações diversas ao Fundo do Regime Geral de Previdência Social, tais como recomposição do fundo em virtude de isenções, redução de alíquota ou base de cálculo e outros benefícios concedidos.

Natureza do Saldo – Devedor.

4 Relação de Contas das Variações Patrimoniais Aumentativas

A relação das contas do Plano de Contas Aplicado ao Setor Público, na parte relativa às Variações Patrimoniais Aumentativas, é a disposição ordenada nos códigos e títulos das contas, aplicável às três esferas de governo, para fins de consolidação nacional e compatibilização com elaboração de relatórios e demonstrativos previstos na legislação.

A relação das contas a seguir foi adaptada do Plano de Contas Aplicado ao Setor Público e os entes da Federação, sendo necessário poderão apresentar detalhes nos seus planos de contas, após os níveis detalhados pela STN no Plano de Contas Aplicado ao Setor Público.

Finalidade – As contas das Variações Patrimoniais Aumentativas são organizadas para registrar os atos e fatos relativos aos acréscimos no benefício econômico, resultante da entrada de recurso, redução do passivo ou aumento do ativo.

4 – Plano de Contas – Relação de Contas da Variação Patrimonial Aumentativa
(Adaptação feita com base no Plano de Contas Aplicado
ao Setor Público editado pela Secretaria do Tesouro Nacional)

4	**VARIAÇÃO PATRIMONIAL AUMENTATIVA**
41	**IMPOSTOS, TAXAS E CONTRIBUIÇÕES DE MELHORIA**
411	**Impostos**
411.1	IMPOSTOS SOBRE COMÉRCIO EXTERIOR
411.2	IMPOSTOS SOBRE O PATRIMÔNIO E A RENDA
411.3	IMPOSTOS SOBRE A PRODUÇÃO E A CIRCULAÇÃO
411.4	IMPOSTOS EXTRAORDINÁRIOS
411.9	OUTROS IMPOSTOS
412	**Taxas**
412.1	TAXAS PELO EXERCÍCIO DO PODER DE POLÍCIA
412.2	TAXAS PELA PRESTAÇÃO DE SERVIÇOS
413	**Contribuições de Melhoria**
413.1	CONTRIBUIÇÃO DE MELHORIA PELA EXPANSÃO DA REDE DE ÁGUA POTÁVEL E ESGOTO SANITÁRIO
413.2	CONTRIBUIÇÃO DE MELHORIA PELA EXPANSÃO DA REDE DE ILUMINAÇÃO PÚBLICA NA CIDADE
413.3	CONTRIBUIÇÃO DE MELHORIA PELA EXPANSÃO DA REDE DE ILUMINAÇÃO PÚBLICA RURAL
413.4	CONTRIBUIÇÃO DE MELHORIA PELA PAVIMENTAÇÃO E OBRAS COMPLEMENTARES
413.9	OUTRAS CONTRIBUIÇÕES DE MELHORIA
42	**CONTRIBUIÇÕES**
421	**Contribuições Sociais**
421.1	CONTRIBUIÇÕES SOCIAIS – RPPS
421.2	CONTRIBUIÇÕES SOCIAIS – RGPS
421.3	CONTRIBUIÇÃO SOBRE A RECEITA OU O FATURAMENTO
421.4	CONTRIBUIÇÃO SOBRE O LUCRO
421.5	CONTRIBUIÇÃO SOBRE A RECEITA DE CONCURSO DE PROGNÓSTICO
421.6	CONTRIBUIÇÃO DO IMPORTADOR DE BENS OU SERVIÇOS DO EXTERIOR
421.9	OUTRAS CONTRIBUIÇÕES SOCIAIS

422	**Contribuições de Intervenção no Domínio Econômico**
423	**Contribuição de Iluminação Pública**
424	**Contribuições de Interesse das Categorias Profissionais**
43	**EXPLORAÇÃO E VENDA DE BENS, SERVIÇOS E DIREITOS**
431	**Venda de Mercadorias**
431.1	VENDA BRUTA DE MERCADORIAS
431.9	(–) DEDUÇÕES DA VENDA BRUTA DE MERCADORIAS
432	**Venda de Produtos**
432.1	VENDA BRUTA DE PRODUTOS
432.9	(–) DEDUÇÕES DE VENDA BRUTA DE PRODUTOS
433	**Exploração de Bens e Direitos e Prestação de Serviços**
433.1	VALOR BRUTO DE EXPLORAÇÃO DE BENS E DIREITOS E PRESTAÇÃO DE SERVIÇOS
433.9	(–) DEDUÇÕES DO VALOR BRUTO DE EXPLORAÇÃO DE BENS E DIREITOS E PRESTAÇÃO DE SERVIÇOS
44	**VARIAÇÕES PATRIMONIAIS AUMENTATIVAS FINANCEIRAS**
441	**Juros e Encargos de Empréstimos e Financiamentos Concedidos**
441.1	JUROS E ENCARGOS DE EMPRÉSTIMOS INTERNOS CONCEDIDOS
441.2	JUROS E ENCARGOS DE EMPRÉSTIMOS EXTERNOS CONCEDIDOS
441.3	JUROS E ENCARGOS DE FINANCIAMENTOS INTERNOS CONCEDIDOS
441.4	JUROS E ENCARGOS DE FINANCIAMENTOS EXTERNOS CONCEDIDOS
442	**Juros e Encargos de Mora**
442.1	JUROS E ENCARGOS DE MORA SOBRE EMPRÉSTIMOS E FINANCIAMENTOS INTERNOS CONCEDIDOS
442.2	JUROS E ENCARGOS DE MORA SOBRE EMPRÉSTIMOS E FINANCIAMENTOS EXTERNOS CONCEDIDOS
442.3	JUROS E ENCARGOS DE MORA SOBRE FORNECIMENTOS DE BENS E SERVIÇOS
442.4	JUROS E ENCARGOS DE MORA SOBRE CRÉDITOS TRIBUTÁRIOS
442.9	OUTROS JUROS E ENCARGOS DE MORA
443	**Variações Monetárias e Cambiais**
443.1	VARIAÇÕES MONETÁRIAS E CAMBIAIS DE EMPRÉSTIMOS INTERNOS CONCEDIDOS

443.2 VARIAÇÕES MONETÁRIAS E CAMBIAIS DE EMPRÉSTIMOS EXTERNOS CONCEDIDOS

443.3 VARIAÇÕES MONETÁRIAS E CAMBIAIS DE FINANCIAMENTOS INTERNOS CONCEDIDOS

443.4 VARIAÇÕES MONETÁRIAS E CAMBIAIS DE FINANCIAMENTOS EXTERNOS CONCEDIDOS

443.9 OUTRAS VARIAÇÕES MONETÁRIAS E CAMBIAIS

444 Descontos Financeiros Obtidos

445 Remuneração de Depósitos Bancários e Aplicações Financeiras

445.1 REMUNERAÇÃO DE DEPÓSITOS BANCÁRIOS

445.2 REMUNERAÇÃO DE APLICAÇÕES FINANCEIRAS

449 Outras Variações Patrimoniais Aumentativas Financeiras

45 TRANSFERÊNCIAS E DELEGAÇÕES RECEBIDAS

451 Transferências Intragovernamentais

452 Transferências Intergovernamentais

453 Transferências das Instituições Privadas

453.1 TRANSFERÊNCIAS DAS INSTITUIÇOES PRIVADAS SEM FINS LUCRATIVOS

453.2 TRANSFERÊNCIAS DAS INSTITUIÇÕES PRIVADAS COM FINS LUCRATIVOS

454 Transferências das Instituições Multigovernamentais

455 Transferências de Consórcios Públicos

456 Transferências do Exterior

457 Execução Orçamentária Delegada

458 Transferências de Pessoas Físicas

459 Outras Transferências e Delegações Recebidas

46 VALORIZAÇÃO E GANHOS COM ATIVOS E DESINCORPORAÇÃO DE PASSIVOS

461 Reavaliação de Ativos

461.1 REAVALIAÇÃO DE IMOBILIZADO

461.2 REAVALIAÇÃO DE INTANGÍVEIS

461.9 REAVALIAÇÃO DE OUTROS ATIVOS

462 Ganhos com Alienação

462.1 GANHOS COM ALIENAÇÃO DE INVESTIMENTOS

462.2 GANHOS COM ALIENAÇÃO DE IMOBILIZADO

462.3 GANHOS COM ALIENAÇÃO DE INTANGÍVEIS

462.9 GANHOS COM ALIENAÇÃO DE DEMAIS ATIVOS

463 Ganhos com Incorporação de Ativos

463.1 GANHOS POR INCORPORAÇÃO DE ATIVOS POR DESCOBERTAS

463.2 GANHOS POR INCORPORAÇÃO DE ATIVOS POR NASCIMENTOS

463.3 GANHOS COM INCORPORAÇÃO DE ATIVOS APREENDIDOS

463.4 GANHOS COM INCORPORAÇÃO DE ATIVOS POR PRODUÇÃO

463.9 OUTROS GANHOS COM INCORPORAÇÃO DE ATIVOS

464 GANHOS COM A DESINCORPORAÇÃO DE PASSIVOS

465 REVERSÃO DE REDUÇÃO A VALOR RECUPERÁVEL

49 OUTRAS VARIAÇÕES PATRIMONIAIS AUMENTATIVAS

491 Variação Patrimonial Aumentativa a Classificar

492 Resultado Positivo de Participações

492.1 RESULTADO POSITIVO DE EQUIVALÊNCIA PATRIMONIAL

492.2 DIVIDENDOS E RENDIMENTOS DE OUTROS INVESTIMENTOS

497 Reversão de Provisões e Ajustes de Perdas

497.1 REVERSÃO DE PROVISÕES

497.2 REVERSÃO DE AJUSTES DE PERDAS

499 Diversas Variações Patrimoniais Aumentativas

499.1 COMPENSAÇÃO FINANCEIRA ENTRE RGPS/RPPS

499.2 COMPENSAÇÃO FINANCEIRA ENTRE REGIMES PRÓPRIOS

499.3 VARIAÇÃO PATRIMONIAL AUMENTATIVA COM BONIFICAÇÕES

499.4 AMORTIZAÇÃO DE DESÁGIO EM INVESTIMENTOS

499.5 MULTAS ADMINISTRATIVAS

499.6 INDENIZAÇÕES E RESTITUIÇÕES

499.9 VPA DECORRENTES DE FATOS GERADORES DIVERSOS

---

41 – Atributos das Contas Contábeis[5]

4 VARIAÇÃO PATRIMONIAL AUMENTATIVA[6]

Função/Funcionamento – Representa o aumento no benefício econômico durante o período contábil sob a forma de entrada de recurso ou aumento do ativo ou diminuição de passivo, que resulte em aumento do patrimônio líquido e que não seja proveniente de aporte dos proprietários.

Natureza do Saldo – Credor.

---

[5] Texto elaborado de acordo com o Manual de Contabilidade Aplicada ao Setor Público, editado pela STN.

[6] Variação Patrimonial Aumentativa, também pode ser considerada Variação Patrimonial Ativa.

Apêndice – Plano de Contas **343**

4.1   Impostos, Taxas e Contribuições de Melhoria

Função/Funcionamento – Representa toda a prestação pecuniária compulsória, em moeda ou cujo valor nela se possa exprimir, que não constitua sanção de ato ilícito, instituída em lei e cobrada mediante atividade administrativa plenamente vinculada, como: impostos, taxas e contribuições de melhoria.

Natureza do Saldo – Credor.

4.1.1   Impostos

Função/Funcionamento – Registra as receitas provenientes de impostos, recebidas pela União, pelos Estados, pelo Distrito Federal ou pelos Municípios, no âmbito de suas respectivas atribuições, pela prestação pecuniária compulsória que tem como fato gerador uma situação independente de qualquer atividade estatal específica, relativa ao contribuinte.

Natureza do Saldo – Credor.

4.1.2   Taxas

Função/Funcionamento – Registra as taxas cobradas pela União, pelos Estados, pelo Distrito Federal ou pelos Municípios, no âmbito de suas respectivas atribuições, tem como fato gerador o exercício regular do poder de polícia, ou a utilização, efetiva ou potencial, de serviço público específico e divisível, prestado ao contribuinte ou posto a sua disposição.

Natureza do Saldo – Credor.

4.1.3   Contribuições de Melhoria

Função/Funcionamento – Registra as receitas provenientes de contribuições de melhoria, cobrada pela União, pelos Estados, pelo Distrito Federal ou pelos Municípios, no âmbito de suas respectivas atribuições, sendo instituída para fazer face ao custo de obras públicas de que decorra valorização imobiliária, tendo como limite total a despesa realizada como limite individual o acréscimo de valor que da obra resultar para cada imóvel beneficiado.

Natureza do Saldo – Credor.

4.2   Contribuições

Função/Funcionamento – Representa toda prestação pecuniária compulsória, em moeda ou cujo valor se possa exprimir, que não constitua sanção de ato ilícito, instituída em lei e cobrada mediante atividade administrativa plenamente vinculada, como: contribuições.

Natureza do Saldo – Credor.

4.2.1   Contribuições Sociais

Função/Funcionamento – Registra as receitas provenientes de contribuições sociais. Compreendem como contribuições sociais: (a) as das empresas, incidentes sobre a remuneração paga ou creditada aos segurados a seu serviço; (b) as dos empregadores domésticos; (c) as dos trabalhadores, incidentes sobre o seu salário de contribuição; (d) as sobre a receita e faturamento; (e) as sobre o lucro; (f) do importador de bens ou serviços do exterior; (g) e outros.

Natureza do Saldo – Credor.

4.2.2 Contribuições de Intervenção no Domínio Econômico

Função/Funcionamento – Registra as contribuições de intervenção no domínio econômico, como, por exemplo, a cide-combustível.

Natureza do Saldo – Credor.

4.2.3 Contribuição de Iluminação Pública

Função/Funcionamento – Registra as contribuições de iluminação pública, nos termos do artigo 149-A da Constituição Federal, acrescentado pela Emenda Constitucional nº 39/02, sendo facultada a cobrança da contribuição na fatura de consumo de energia elétrica.

Natureza do Saldo – Credor.

4.2.4 Contribuições de Interesse das Categorias Profissionais

Função/Funcionamento – Registra as variações patrimoniais aumentativas provenientes de contribuições de interesse das categorias profissionais.

Natureza do Saldo – Credor.

43 Exploração e Venda de Bens, Serviços e Direitos

Função/Funcionamento – Representa o somatório das variações patrimoniais aumentativas auferidas, com a exploração e venda de bens, serviços e direitos, que resultem em aumento do patrimônio líquido, independentemente de ingresso, segregando-se a venda bruta das deduções como devoluções, abatimentos e descontos comerciais concedidos.

Natureza do Saldo – Credor.

4.3.1 Venda de Mercadorias

Função/Funcionamento – Registra as variações patrimoniais aumentativas auferidas, com a venda de mercadorias, que resultem em aumento do patrimônio líquido, segregando-se a venda bruta das deduções como devoluções, abatimentos e descontos comerciais concedidos.

Natureza do Saldo – Credor.

4.3.2 Venda de Produtos

Função/Funcionamento – Registra as variações patrimoniais aumentativas auferidas, com a venda de produtos, que resultem em aumento do patrimônio líquido, segregando-se a venda bruta das deduções como devoluções, abatimentos e descontos comerciais concedidos.

Natureza do Saldo – Credor.

4.3.3 Exploração de Bens e Direitos e Prestação de Serviços

Função/Funcionamento – Registra as variações patrimoniais aumentativas auferidas, com a prestação de serviços, que resultem em aumento do patrimônio líquido, segregando-se a venda bruta das deduções, como: devoluções, abatimentos e descontos comerciais concedidos.

44 Variações Patrimoniais Aumentativas Financeiras

Função/Funcionamento – Representa o somatório das variações patrimoniais aumentativas com operações financeiras. Compreende: descontos obtidos, juros auferidos, prêmio de resgate de títulos e debêntures, entre outros.

Natureza do Saldo – Credor.

4.4.1 Juros e Encargos de Empréstimos e Financiamentos Concedidos

Função/Funcionamento – Registra as variações patrimoniais aumentativas provenientes de juros e encargos de empréstimos e financiamentos concedidos.

Natureza do Saldo – Credor.

4.4.2 Juros e Encargos de Mora

Função/Funcionamento – Registra as variações patrimoniais aumentativas com penalidades pecuniárias decorrentes da inobservância de normas e com rendimentos destinados a indenização pelo atraso no cumprimento da obrigação representando o resultado das aplicações impostas ao contribuinte.

Natureza do Saldo – Credor.

4.4.3 Variações Monetárias e Cambiais

Função/Funcionamento – Registra as variações patrimoniais aumentativas provenientes de variações da nossa própria moeda em relação aos índices ou coeficientes aplicáveis por dispositivo legal ou contratual e a variação do valor da nossa moeda em relação as moedas estrangeiras. Ressalte-se será tratada como variação monetária apenas a correção monetária pós-fixada.

Natureza do Saldo – Credor.

4.4.4 Descontos Financeiros Obtidos

Função/Funcionamento – Registra as variações patrimoniais aumentativas decorrentes de descontos financeiros obtidos em virtude de liquidação antecipada de obrigações.

Natureza do Saldo – Credor.

4.4.5 Remuneração de Depósitos Bancários e Aplicações Financeiras

Função/Funcionamento – Registra as variações patrimoniais aumentativas decorrentes da remuneração do saldo diário dos depósitos da União existentes no banco central, bem como aplicação de recursos da conta única de acordo com a rentabilidade média intrínseca dos títulos do tesouro.

Natureza do Saldo – Credor.

346 Contabilidade Pública • Kohama

4.4.9 Outras Variações Patrimoniais Aumentativas – Financeiras

Função/Funcionamento – Registra as variações patrimoniais aumentativas provenientes de operações financeiras não compreendidas nos subgrupos anteriores.

Natureza do Saldo – Credor.

45 Transferências e Delegações Recebidas

Função/Funcionamento – Representa o somatório das variações patrimoniais aumentativas de transferências intergovernamentais, transferências intragovernamentais, transferências de instituições multigovernamentais, transferências de instituições privadas com ou sem fins lucrativos, transferências de convênios e transferências do exterior e execuções orçamentárias delegadas.

Natureza do Saldo – Credor.

4.5.1 Transferências Intragovernamentais

Função/Funcionamento – Registra as variações patrimoniais aumentativas decorrentes das transferências financeiras relativas a execução orçamentária, e de bens e valores, referentes as transações intragovernamentais.

Natureza do Saldo – Credor.

4.5.2 Transferências Intergovernamentais

Função/Funcionamento – Registra as variações patrimoniais aumentativas decorrentes de transferências da União, Estados, Distrito Federal e Municípios, inclusive as entidades vinculadas, de bens e/ou valores.

Natureza do Saldo – Credor.

4.5.3 Transferências das Instituições Privadas

Função/Funcionamento – Registra as variações patrimoniais aumentativas decorrentes das transferências financeiras das instituições privadas, inclusive de bens e valores.

Natureza do Saldo – Credor.

4.5.4 Transferências das Instituições Multigovernamentais

Função/Funcionamento – Registra as variações patrimoniais aumentativas decorrentes de transferências das instituições multigovernamentais, da qual o transferidor não participe.

Natureza do Saldo – Credor.

4.5.5 Transferências de Consórcios Públicos

Função/Funcionamento – Registra as variações patrimoniais aumentativas decorrentes das transferências de consórcios públicos, do qual o ente transferidor participe.

Natureza do Saldo – Credor.

Apêndice – Plano de Contas   347

4.5.6   Transferências do Exterior

Função/Funcionamento – Registra as variações patrimoniais aumentativas decorrentes de transferências de organismos e fundos internacionais, de governos estrangeiros e instituições privadas com ou sem fins lucrativos no exterior.

Natureza do Saldo – Credor.

4.5.7   Execução Orçamentária Delegada

Função/Funcionamento – Registra as variações patrimoniais aumentativas decorrentes de transferência de recursos financeiros, de delegação ou descentralização dos entes (União, Estados, Distrito Federal ou Municípios) ou Consórcios Públicos, para execução de ações de responsabilidade exclusiva do delegante.

Natureza do Saldo – Credor.

4.5.8   Transferências de Pessoas Físicas

Função/Funcionamento – Registra as variações patrimoniais aumentativas decorrentes de contribuições e doações a governos e entidades da administração descentralizada realizada por pessoas físicas.

Natureza do Saldo – Credor.

4.5.9   Outras Transferência e Delegações Recebidas

Função/Funcionamento – Registra as variações patrimoniais aumentativas decorrentes de demais transferências e delegações recebidas não compreendidas nas contas anteriores.

Natureza do Saldo – Credor.

46   Valorização e Ganhos com Ativos e Desincorporação de Passivos

Função/Funcionamento – Registra a variação patrimonial aumentativa com reavaliação e ganhos de ativos, bem como a desincorporação de passivos..

Natureza do Saldo – Credor.

4.6.1   Reavaliação de Ativos

Função/Funcionamento – Registra a variação patrimonial aumentativa relativa à adoção do valor de mercado ou de consenso entre as partes para bens do ativo, quando esse for superior ao valor líquido contábil.

Natureza do Saldo – Credor.

4.6.2   Ganhos com Alienação

Função/Funcionamento – Registra o ganho com alienação de ativos, ou seja, quando o valor alienado do ativo é maior que o seu valor contábil, de maneira que a diferença compreende o ganho.

Natureza do Saldo – Credor.

348 Contabilidade Pública • Kohama

4.6.3 Ganhos com Incorporação de Ativos

Função/Funcionamento – Registra a contrapartida da incorporação de novos ativos descobertos ou a contrapartida de incorporação de ativos semoventes nascidos, por exemplo.

Natureza do Saldo – Credor.

4.6.4 Ganhos com a Desincorporação de Passivos

Função/Funcionamento – Registra a contrapartida da desincorporação de passivos, inclusive as baixas decorrentes do cancelamento de restos a pagar.

Natureza do Saldo – Credor.

4.6.5 Reversão de Redução a Valor Recuperável

Função/Funcionamento – Registra a reversão da redução a valor recuperável previamente reconhecida como redutora do valor de ativos.

Natureza do Saldo – Credor.

4.9 Outras Variações Patrimoniais Aumentativas

Função/Funcionamento – Representa o somatório das variações patrimoniais aumentativas não incluídas nos subgrupos anteriores, tais como: resultado positivo da equivalência patrimonial, dividendos.

Natureza do Saldo – Credor.

4.9.1 Variação Patrimonial Aumentativa a Classificar

Função/Funcionamento – Registra os recursos referentes a variação patrimonial aumentativa recebidas e não classificadas.

Natureza do Saldo – Credor.

4.9.2 Resultado Positivo das Participações

Função/Funcionamento – Registra o resultado positivo das participações de caráter permanente no capital social de sociedades investidas.

Natureza do Saldo – Credor.

4.9.7 Reversão de Provisões e Ajuste de Perdas

Função/Funcionamento – Registra as variações patrimoniais aumentativas provenientes de reversões de provisões e ajustes de perdas.

Natureza do Saldo – Credor.

4.9.9 Diversas Variações Patrimoniais Aumentativas

Função/Funcionamento – Registra as variações patrimoniais aumentativas não classificadas em itens específicos.

Natureza do Saldo – Credor.

c) Relação das Contas de Controles da Aprovação e Execução do Planejamento e Orçamento

A estrutura básica do Plano de Contas Aplicado ao Setor Público, na parte relativa à *execução do orçamento*, é efetuada nas classes do Controle da Aprovação do Planejamento e Orçamento e Controles da Execução do Planejamento e Orçamento, conforme estrutura definida a seguir:

CÓDIGO	TÍTULO	CÓDIGO	TÍTULO
5	**CONTROLES DA APROVAÇÃO DO PLA-NEJAMENTO E ORÇAMENTO**	**6**	**CONTROLES DA EXECUÇÃO DO PLANEJA-MENTO E ORÇAMENTO**
5.1	**Planejamento Aprovado**	**6.1**	**Execução do Planejamento**
5.1.1	PPA[7] – Aprovado	6.1.1	Execução do PPA
5.1.2	PLOA[8]	6.1.2	Execução do PLOA
5.2	**Orçamento Aprovado**	**6.2**	**Execução do Orçamento**
5.2.1	Previsão da Receita	6.2.1	Execução da Receita
5.2.2	Fixação da Despesa	6.2.2	Execução da Despesa
5.3	**Inscrição de Restos a Pagar**	**6.3**	**Execução de Restos a Pagar**
5.3.1	Inscrição de RP Não Processado	**6.3.1**	**Execução de RP Não Processado**
5.3.2	Inscrição de RP Processado	6.3.1.1	RP Não Processado a liquidar
		6.3.1.2	RP Não Processado em Liquidação
		6.3.1.3	RP Não Processado liquidado a pagar
		6.3.1.4	RP Não Processado pago
		6.3.2	**Execução de RP Processado**
		6.3.2.1	RP Processado a pagar
		6.3.2.2	RP Processado pago

5 Relação de Contas dos Controles da Aprovação do Planejamento e Orçamento

A relação das contas do Plano de Contas Aplicado ao Setor Público, na parte relativa aos Controles da Aprovação do Planejamento e Orçamento, é a disposição ordenada nos códigos e títulos das contas, aplicável às três esferas de governo, para fins de consolidação nacional e compatibilização com elaboração de relatórios e demonstrativos previstos na legislação.

A relação das contas a seguir foi adaptada do Plano de Contas Aplicado ao Setor Público e os entes da Federação, sendo necessário poderão apresentar detalhes nos seus planos de contas, após os níveis detalhados pela STN no Plano de Contas Aplicado ao Setor Público.

---

[7]   PPA – Plano Plurianual Aprovado.

[8]   PLOA – Projeto de Lei Orçamentária Anual.

350   Contabilidade Pública • Kohama

Finalidade – As contas dos Controles da Aprovação do Planejamento e Orçamento são organizadas para registrar os atos e fatos relativos à aprovação/execução orçamentária.

5 – Plano de Contas – Relação de Contas dos Controles da Aprovação do Planejamento e Orçamento

(Adaptação feita com base no Plano de Contas Aplicado
ao Setor Público editado pela Secretaria do Tesouro Nacional)

5	**CONTROLES DA APROVAÇÃO DO PLANEJAMENTO E ORÇAMENTO**
51	**PLANEJAMENTO APROVADO**
511	**PPA Aprovado**
512	**PLOA**
52	**ORÇAMENTO APROVADO**
521	**Previsão da Receita**
521.1	PREVISÃO INICIAL DA RECEITA
521.11	RECEITAS CORRENTES
521.11.01	RECEITA TRIBUTÁRIA
521.11.03	RECEITA PATRIMONIAL
521.11.09	OUTRAS RECEITAS CORRENTES
521.12	RECEITAS DE CAPITAL
521.12.01	OPERAÇÕES DE CRÉDITO
521.12.02	ALIENAÇÃO DE BENS MÓVEIS
521.2	ALTERAÇÃO DA PREVISÃO DA RECEITA
521.21	PREVISÃO ADICIONAL DA RECEITA
521.29	(–) Anulação da Previsão da Receita
522	**Fixação da Despesa**
522.1	DOTAÇÃO ORÇAMENTÁRIA
522.11	DOTAÇÃO INICIAL
522.11.01	DESPESAS CORRENTES
522.11.02	DESPESAS DE CAPITAL
522.12	DOTAÇÃO ADICIONAL POR TIPO DE CRÉDITO
522.12.1	CRÉDITO ADICIONAL – SUPLEMENTAR
522.12.11	DESPESAS CORRENTES

522.12.12	DESPESAS DE CAPITAL
522.12.2	CRÉDITO ADICIONAL – ESPECIAL
522.12.21	CRÉDITOS ESPECIAIS – ABERTOS
522.12.21.1	DESPESAS CORRENTES
522.12.21.2	DESPESAS DE CAPITAL
522.12.22	CRÉDITOS ESPECIAIS – REABERTOS
522.12.22.1	DESPESAS CORRENTES
522.12.22.2	DESPESAS DE CAPITAL
522.12.23	CRÉDITOS ESPECIAIS REABERTOS – SUPLEMENTAÇÃO
522.12.23.1	DESPESAS CORRENTES
522.12.23.2	DESPESAS DE CAPITAL
522.12.3	CRÉDITO ADICIONAL – EXTRAORDINÁRIO
522.12.31	CRÉDITOS EXTRAORDINÁRIOS – ABERTOS
522.12.31.1	DESPESAS CORRENTES
522.12.31.2	DESPESAS DE CAPITAL
522.12.32	CRÉDITOS EXTRAORDINÁRIOS – REABERTOS
522.12.32.1	DESPESAS CORRENTES
522.12.32.2	DESPESAS DE CAPITAL
522.12.33	CRÉDITOS EXTRAORDINÁRIOS REABERTOS – SUPLEMENTAÇÃO
522.12.33.1	DESPESAS CORRENTES
522.12.33.2	DESPESAS DE CAPITAL
522.13	DOTAÇÃO ADICIONAL POR FONTE
522.19	CANCELAMENTO/REMANEJAMENTO DE DOTAÇÃO
522.2	MOVIMENTAÇÃO DE CRÉDITOS RECEBIDOS
522.21	DESCENTRALIZAÇÃO INTERNA DE CRÉDITOS – PROVISÃO
522.22	DESCENTRALIZAÇÃO EXTERNA DE CRÉDITOS – DESTAQUE
522.29	OUTRAS DESCENTRALIZAÇÕES DE CRÉDITOS
522.3	DETALHAMENTO DE CRÉDITO
522.9	OUTROS CONTROLES DA DESPESA ORÇAMENTÁRIA
53	**INSCRIÇÃO DE RESTOS A PAGAR**
531	**Inscrição de Restos a Pagas Não Processados**
531.1	RESTOS A PAGAR NÃO PROCESSADOS INSCRITOS
531.2	RESTOS A PAGAR NÃO PROCESSADOS – EXERCÍCIOS ANTERIORES

531.3	RESTOS A PAGAR NÃO PROCESSADOS RESTABELECIDOS
531.6	RP NÃO PROCESSADOS RECEBIDOS POR TRANSFERÊNCIA
531.7	RP NÃO PROCESSADOS – INSCRIÇÃO NO EXERCÍCIO
532	**Inscrição de Restos a Pagar Processados**
532.1	RESTOS A PAGAR PROCESSADOS INSCRITOS
532.2	RESTOS A PAGAR PROCESSADOS – EXERCÍCIOS ANTERIORES
532.6	RP PROCESSADOS RECEBIDOS POR TRANSFERÊNCIA
532.7	RP PROCESSADOS – INCRIÇÃO NO EXERCÍCIO

---

51 – Atributos das Contas Contábeis[9]

5   CONTROLES DA APROVAÇÃO DO PLANEJAMENTO E ORÇAMENTO

Função/funcionamento – Compreende as contas com função de registrar os atos e fatos relacionados à aprovação do plano plurianual, do projeto de lei orçamentária anual e do orçamento.

Natureza do Saldo – Devedor.

5.1   Planejamento Aprovado

Função/Funcionamento – Registra o somatório dos valores monetários previstos para a execução dos programas e ações (projetos, atividades e operações especiais) estabelecidos no Plano Plurianual e Projeto de Lei Orçamentária Anual.

Natureza do Saldo – Devedor.

5.1.1   PPA – Aprovado

Função/Funcionamento – Registra o somatório dos valores monetários previstos para a execução dos programas e ações (projetos, atividades e operações especiais) estabelecidos no Plano Plurianual.

Natureza do Saldo – Devedor.

5.1.2   PLOA (Projeto de Lei Orçamentária Anual)

Função/Funcionamento – Registra o somatório dos valores monetários previstos para a execução dos programas e ações (projetos, atividades e operações especiais) estabelecidos no Projeto de Lei Orçamentária Anual.

Natureza do Saldo – Devedor.

---

[9] Texto elaborado de acordo com o Manual de Contabilidade Aplicada ao Setor Público, editado pela STN.

5.2 Orçamento Aprovado

Função/Funcionamento – Registra o somatório dos valores relativos a previsão da receita, fixação da despesa e suas alterações na lei orçamentária anual, durante o exercício financeiro..

Natureza do Saldo – Devedor.

5.2.1 Previsão da Receita

Função/Funcionamento – Registra o somatório dos valores relativos a previsão da receita pública aprovada pela Lei Orçamentária Anual e suas alterações

Natureza do Saldo – Devedor.

5.2.2 Fixação da Despesa

Função/Funcionamento – Registra o somatório dos valores relativos a fixação da despesa pública aprovada pela Lei Orçamentária e suas alterações.

Natureza do Saldo – Devedor.

5.3 Inscrição de Restos a Pagar

Função/Funcionamento – Registra o somatório relativo ao valor da inscrição das despesas empenhadas e não pagas até o último dia do exercício financeiro.

Natureza do Saldo – Devedor.

5.3.1 Inscrição de Restos a Pagar não processados

Função/Funcionamento – Registra o somatório dos valores inscritos em Restos a Pagar não processados, relativos as despesas empenhadas e não liquidadas.

Natureza do Saldo – Devedor.

5.3.2 Inscrição de Restos a Pagar processados

Função/Funcionamento – Registra o somatório dos valores inscritos em Restos a Pagar processados.

Natureza do Saldo – Devedor.

6 Relação de Contas do Plano de Contas dos Controles da Execução do Planejamento e Orçamento

A relação das contas do Plano de Contas Aplicado ao Setor Público, na parte relativa aos Controles da Execução do Planejamento e Orçamento, é a disposição ordenada nos códigos e títulos das contas, aplicável às três esferas de governo, para fins de consolidação nacional e compatibilização com elaboração de relatórios e demonstrativos previstos na legislação.

A relação das contas a seguir foi adaptada do Plano de Contas Aplicado ao Setor Público e os entes da Federação, sendo necessário poderão apresentar detalhes nos seus planos de contas, após os níveis detalhados pela STN no Plano de Contas Aplicado ao Setor Público.

Finalidade – As contas dos Controles da Execução do Planejamento e Orçamento são organizadas para registrar os atos e fatos relativos à execução orçamentária.

6 – Plano de Contas – Relação de Contas dos Controles da Execução do Planejamento e Orçamento
(Adaptação feita com base no Plano de Contas Aplicado
ao Setor Público editado pela Secretaria do Tesouro Nacional)

6	CONTROLES DA EXECUÇÃO DO PLANEJAMENTO E ORÇAMENTO
61	EXECUÇÃO DO PLANEJAMENTO
611	Execução do PPA
612	Execução do PLOA
62	EXECUÇÃO DO ORÇAMENTO
621	Execução da Receita
621.1	RECEITA A REALIZAR
621.11	RECEITAS CORRENTES
621.11.01	RECEITA TRIBUTÁRIA
621.11.03	RECEITA PATRIMONIAL
621.11.09	OUTRAS RECEITAS CORRENTES
621.12	RECEITAS DE CAPITAL
621.12.01	OPERAÇÕES DE CRÉDITO
621.12.02	ALIENAÇÃO DE BENS MÓVEIS
621.2	RECEITA REALIZADA
621.21.01	RECEITA TRIBUTÁRIA
621.21.03	RECEITA PATRIMONIAL
621.21.09	OUTRAS RECEITAS CORRENTES
621.22	RECEITAS DE CAPITAL
621.22.01	OPERAÇÕES DE CRÉDITO
621.22.02	ALIENAÇÃO DE BENS MÓVEIS
621.3	(–) DEDUÇÕES DA RECEITA ORÇAMENTÁRIA
622	Execução da Despesa
622.1	DISPONIBILIDADES DE CRÉDITO
622.11	CRÉDITO DISPONÍVEL
622.11.01	DESPESAS CORRENTES
622.11.02	DESPESAS DE CAPITAL
622.12	CRÉDITO INDISPONÍVEL
622.13	CRÉDITO UTILIZADO

622.13.01	CRÉDITO EMPENHADO A LIQUIDAR
622.13.01.01	DESPESAS CORRENTES
622.13.01.02	DESPESAS DE CAPITAL
622.13.02	CRÉDITO EMPENHADO EM LIQUIDAÇÃO
622.13.02.01	DESPESAS CORRENTES
622.13.02.02	DESPESAS DE CAPITAL
622.13.03	CRÉDITO EMPENHADO LIQUIDADO A PAGAR
622.13.03.01	DESPESAS CORRENTES
622.13.03.02	DESPESAS DE CAPITAL
622.13.04	CRÉDITO EMPENHADO PAGO
622.13.04.01	DESPESAS CORRENTES
622.13.04.02	DESPESAS DE CAPITAL
622.13.99	(–) OUTROS CRÉDITOS UTILIZADOS
622.2	MOVIMENTAÇÃO DE CRÉDITOS CONCEDIDOS
622.21	DESCENTRALIZAÇÃO INTERNA DE CRÉDITOS – PROVISÃO
622.22	DESCENTRALIZAÇÃO EXTERNA DE CRÉDITOS – DESTAQUE
622.29	OUTRAS DESCENTRALIZAÇÕES DE CRÉDITOS
622.3	DETALHAMENTO DE CRÉDITO
622.9	OUTROS CONTROLES DA DESPESA ORÇAMENTÁRIA
63	**EXECUÇÃO DE RESTOS A PAGAR**
631	**Execução de Restos a Pagar Não Processados**
631.1	RESTOS A PAGAR NÃO PROCESSADOS A LIQUIDAR
631.2	RESTOS A PAGAR NÃO PROCESSADOS EM LIQUIDAÇÃO
631.3	RESTOS A PAGAR NÃO PROCESSADOS LIQUIDADOS A PAGAR
631.4	RESTOS A PAGAR NÃO PROCESSADOS PAGOS
631.5	RESTOS A PAGAR NÃO PROCESSADOS A LIQUIDAR BLOQUEADOS
631.6	RESTOS A PAGAR NÃO PROCESSADOS TRANSFERIDOS
631.7	RESTOS A PAGAR NÃO PROCESSADOS – INSCRITOS NO EXERCÍCIO
631.9	RESTOS A PAGAR NÃO PROCESSADOS CANCELADOS
632	**Execução de Restos a Pagar Processados**
632.1	RESTOS A PAGAR PROCESSADOS A PAGAR
632.2	RESTOS A PAGAR PROCESSADOS PAGOS
632.6	RESTOS A PAGAR PROCESSADOS TRANSFERIDOS
632.7	RESTOS A PAGAR PROCESSADOS – INSCRITOS NO EXERCÍCIO
632.9	RESTOS A PAGAR PROCESSADOS CANCELADOS

61 – Atributos das Contas Contábeis[10]

6 CONTROLES DA EXECUÇÃO DO ORÇAMENTO E PLANEJAMENTO

Função/Funcionamento – Compreendem contas com função de registrar os atos e fatos ligados à execução orçamentária.

Natureza do Saldo – Credor.

6.1 Execução do Planejamento

Função/Funcionamento – Registra o somatório dos valores monetários relativos a execução dos programas e ações (projetos, atividades e operações especiais) estabelecidos no plano plurianual e projeto de lei orçamentária anual.

Natureza do Saldo – Credor.

6.1.1 Execução do Plano Plurianual

Função/Funcionamento – Registra o somatório dos valores monetários relativos a execução dos programas e ações (projetos, atividades e operações especiais) estabelecidos no plano plurianual.

Natureza do Saldo – Credor.

6.1.2 Execução do Projeto de Lei Orçamentária Anual

Função/Funcionamento – Registra o somatório dos valores monetários de receitas e despesas previstos no projeto de lei orçamentária durante as suas fases de tramitação.

Natureza do Saldo – Credor.

6.2 Execução do Orçamento

Função/Funcionamento – Registra o somatório dos valores relativos a realização da receita, execução da despesa e suas alterações no orçamento geral da União, Estados, Distrito Federal e Municípios, durante o exercício financeiro.

Natureza do Saldo – Credor.

6.2.1 Execução da Receita

Função/Funcionamento – Registra o somatório dos valores relativos a realização da receita pública aprovada pela lei orçamentária anual e suas alterações.

Natureza do Saldo – Credor.

6.2.2 Execução da Despesa

Função/Funcionamento – Registra o somatório da disponibilidade de crédito orçamentário e da execução da despesa em suas diversas etapas.

Natureza do Saldo – Credor.

---

[10] Texto elaborado de acordo com o Manual de Contabilidade Aplicada ao Setor Público, editado pela STN.

6.3 Execução de Restos a Pagar

Função/Funcionamento – Registra o somatório dos valores relativos a transferência, liquidação e pagamento das despesas empenhadas e não pagas, no exercício financeiro de sua inscrição.

Natureza do Saldo – Credor.

6.3.1 Execução de RP não processado

Função/Funcionamento – Registra o somatório dos valores relativos a transferência, liquidação e pagamento das despesas empenhadas, não liquidadas no exercício financeiro de sua inscrição e não pagas.

Natureza do Saldo – Credor.

6.3.1.1 RP não processado a liquidar

Função/Funcionamento – Registra o somatório dos valores dos restos a pagar não processados ainda não liquidados, cujo fato gerador já ocorreu.

Natureza do Saldo – Credor.

6.3.1.2 RP não processado em liquidação

Função/Funcionamento – Registra o somatório dos valores dos RP não processados ainda não liquidados, cujo fato gerador já ocorreu.

Natureza do Saldo – Credor.

6.3.1.3 RP não processado liquidado a pagar

Função/Funcionamento – Registra o somatório dos valores dos restos a pagar não processados, liquidados após sua inscrição e ainda não pagos.

Natureza do Saldo – Credor.

6.3.1.4 RP não processado pago

Função/Funcionamento – Registra o somatório dos valores dos restos a pagar não processados, liquidados após a sua inscrição e pagos.

Natureza do Saldo – Credor.

6.3.2 Execução de RP Processado

Função/Funcionamento – Registra o somatório dos valores relativos a transferência, liquidação e pagamento das despesas empenhadas, liquidadas no exercício financeiro de sua inscrição e não pagas.

Natureza do Saldo – Credor.

358 Contabilidade Pública • Kohama

6.3.2.1 RP Processado a pagar

Função/Funcionamento – Registra o somatório dos valores dos restos a pagar processados e não pagos.

Natureza do Saldo – Credor.

6.3.2.2 RP Processado Pago

Função/Funcionamento – Registra o somatório dos valores dos RP processados pagos.

Natureza do Saldo – Credor.

d) Relação das Contas de Controles Devedores e Credores[11]

A estrutura básica do Plano de Contas Aplicado ao Setor Público, na parte relativa aos Controles Devedores e Credores, conforme estrutura definida a seguir:

Código	Título	Código	Título
7	**CONTROLES DEVEDORES**	8	**CONTROLES CREDORES**
71	**Atos Potenciais**	81	**Execução de Atos Potenciais**
711	Atos Potenciais do Ativo	811	Execução de Atos Potenciais Ativos
712	Atos Potenciais do Passivo	812	Execução de Atos Potenciais Passivos
72	**Administração Financeira**	82	**Execução da Administração Financeira**
721	Disponibilidade por Destinação	821	Execução das Disp. por Destinação
722	Programação Financeira	822	Execução da Programação Financeira
723	Inscrição do Limite Orçamentário	823	Execução do Limite Orçamentário
724	Controles da Arrecadação	824	Execução do Controle da Arrecadação
73	**Dívida Ativa**	83	**Execução da Dívida Ativa**
731	Controle do Encam. de Créditos para Inscrição em Dívida Ativa	831	Execução do Encaminhamento de Créditos para Inscrição em Dívida Ativa
732	Controle da Inscrição de Créditos em Dívida Ativa	832	Execução da Inscrição de Créditos em Dívida Ativa
74	**Riscos Fiscais**	84	**Execução de Riscos Fiscais**
741	Controle de Passivos Contingentes	841	Execução de Passivos Contingentes
742	Controle dos demais Riscos Fiscais	842	Execução de demais Riscos Fiscais
75	**Consórcios Públicos**	85	**Execução dos Consórcios Públicos**
78	**Custos**	88	**Apuração de Custos**
79	**Outros Controles**	89	**Outros Controles**

7 Relação de Contas dos Controles Devedores

A relação das contas do Plano de Contas Aplicado ao Setor Público, na parte relativa aos Controles Devedores, é a disposição ordenada nos códigos e títulos das contas, aplicá-

---

[11] Em princípio, as contas dos Controles Devedores e Controles Credores podem ser consideradas como Contas de Compensação, por possuírem as mesmas características e afinidades.

Apêndice – Plano de Contas **359**

vel às três esferas de governo, para fins de consolidação nacional e compatibilização com elaboração de relatórios e demonstrativos previstos na legislação.

A relação das contas a seguir foi adaptada do Plano de Contas Aplicado ao Setor Público e os entes da Federação, sendo necessário poderão apresentar detalhes nos seus planos de contas, após os níveis detalhados pela STN no Plano de Contas Aplicado ao Setor Público.

Finalidade – As contas dos Controles Devedores são organizadas para registrar os atos e fatos relativos a atos potenciais e controles específicos.

7 – Plano de Contas – Relação de Contas dos Controles Devedores
(Adaptação feita com base no Plano de Contas Aplicado
ao Setor Público editado pela Secretaria do Tesouro Nacional)

7	**CONTROLES DEVEDORES**
71	**ATOS POTENCIAIS**
711	**Atos Potenciais Ativos**
711.1	GARANTIAS E CONTRAGARANTIAS RECEBIDAS
711.11	RESPONSABILIDADE DE TERCEIROS POR VALORES, TÍTULOS E BENS
711.11.01	RESPONSÁVEIS POR ADIANTAMENTOS
711.13	CAUÇÕES EM TÍTULOS
711.14	CAUÇÕES EM SEGURO GARANTIA
711.15	CARTAS DE FIANÇAS BANCÁRIAS
711.17	GARANTIAS DE BENS IMÓVEIS CEDIDOS POR SERVIDÃO
711.2	DIREITOS CONVENIADOS E OUTROS INSTRUMENTOS CONGÊNERES
711.21	DIREITOS DE MATERIAIS CEDIDOS POR CONVÊNIOS
711.22	DIREITOS DE MATERIAIS CEDIDOS POR TERMO DE RESPONSABILIDADE
711.23	GARANTIAS DE BENS CEDIDOS EM COMODATO
711.3	DIREITOS CONTRATUAIS
711.9	OUTROS ATOS POTENCIAIS ATIVOS
712	**Atos Potenciais Passivos**
712.1	GARANTIAS E CONTRAGARANTIAS CONCEDIDAS
712.2	OBRIGAÇÕES CONVENIADAS E OUTROS INSTRUMENTOS CONGÊNERES
712.20.1	OBRIGAÇÕES P/ MATERIAIS RECEBIDOS POR CONVÊNIOS
712.20.2	OBRIGAÇÕES P/ MATERIAIS RECEBIDOS POR TERMO DE RESPONSABILI-DADE
712.20.3	GARANTIAS DE BENS RECEBIDOS EM COMODATO

712.3	OBRIGAÇÕES CONTRATUAIS
712.31	OBRIGAÇÕES CONTRATUAIS DE DESPESAS
712.33	OBRIGAÇÕES CONTRATUAIS DE BENS EM USUFRUTO
712.9	OUTROS ATOS POTENCIAIS PASSIVOS
72	**ADMINISTRAÇÃO FINANCEIRA**
721	**Disponibilidade por Destinação**
721.1	CONTROLE DA DISPONIBILIDADE DE RECURSOS
721.2	LIMITE DE RESTOS A PAGAR POR DESTINAÇÃO
721.3	RECURSO DIFERIDO POR DESTINAÇÃO
722	**Programação Financeira**
723	**Inscrição do Limite Orçamentário**
724	**Controles da Arrecadação**
73	**DÍVIDA ATIVA**
731	**Controle do Encaminhamento de Créditos para Inscrição em Dívida Ativa**
732	**Controle da Inscrição de Créditos em Dívida Ativa**
74	**RISCOS FISCAIS**
741	**Controle de Passivos Contingentes**
742	**Controle dos Demais Riscos Fiscais**
75	**Consórcios Públicos**
78	**CUSTOS**
79	**OUTROS CONTROLES**

---

71 – Atributos das Contas Contábeis[12]

| 7 | **CONTROLES DEVEDORES** |

Função/Funcionamento – Compreende as contas em que são registrados os Atos Potenciais e controles específicos.

Natureza do Saldo – Devedor.

| 7.1 | Atos Potenciais |

Função/Funcionamento – Compreende contas relacionadas às situações não compreendidas no patrimônio, mas que, direta ou indiretamente, possam a vir afetá-lo, exclusive as que dizem respeito a atos e fatos ligados à execução orçamentária e financeira e as contas com função precípua de controle.

Natureza do Saldo – Devedor.

---

[12] Texto elaborado de acordo com o Manual de Contabilidade Aplicada ao Setor Público, editado pela STN.

7.1.1 Atos Potenciais do Ativo

Função/Funcionamento – Registra os atos e fatos que possam vir a afetar o ativo da entidade governamental.

Natureza do Saldo – Devedor.

7.1.2 Atos Potenciais do Passivo

Função/Funcionamento – Registra os atos e fatos que possam vir a aumentar o passivo, ou a diminuir o ativo, da entidade governamental.

Natureza do Saldo – Devedor.

7.2 Administração Financeira

Função/Funcionamento – Compreende as contas de registro da programação financeira e de controle das disponibilidades.

Natureza do Saldo – Devedor.

7.2.1 Disponibilidades por Destinação

Função/Funcionamento – Compreende as contas que registram os controles sobre as disponibilidades por destinação de recursos.

Natureza do Saldo – Devedor.

7.2.2 Programação Financeira

Função/Funcionamento – Compreende as contas que registram as cotas, repasses e sub-repasses para atender despesas orçamentárias, restos a pagar autorizados e demais dispêndios extraorçamentários.

Natureza do Saldo – Devedor.

7.2.3 Inscrição do Limite Orçamentário

Função/Funcionamento – Compreende as contas que controlam o limite de empenho e movimentação de créditos orçamentários, conforme estabelecido em ato próprio dos poderes e do ministério público.

Natureza do Saldo – Devedor.

7.2.4 Controles da Arrecadação

Função/Funcionamento – Compreende as contas que registram o valor da arrecadação líquida da receita orçamentária, por meio de documentos de arrecadação como DARF, GRU, DAR, entre outros.

Natureza do Saldo – Devedor.

7.3 Dívida Ativa

Função/Funcionamento – Registra o controle dos créditos a serem inscritos em dívida ativa, dos que se encontram em processamento. Compreende as contas que controlam os créditos passíveis de serem encaminhados e inscritos em dívida ativa e de inscrição e tramitação dos créditos inscritos.

Natureza do Saldo – Devedor.

7.3.1 Controle do Encaminhamento de Crédito para Inscrição em Dívida Ativa

Função/Funcionamento – Registra os valores passíveis de serem encaminhados e inscritos em dívida ativa.

Natureza do Saldo – Devedor.

7.3.2 Controle da Inscrição de Crédito em Dívida Ativa

Função/Funcionamento – Compreende as contas que controlam os créditos passíveis de serem inscritos em dívida ativa pelo órgão responsável pela inscrição em divida ativa.

Natureza do Saldo – Devedor.

7.4 Riscos Fiscais

Função/Funcionamento – Compreende as contas que controlam os riscos fiscais que não preencham os requisitos para reconhecimento como passivo, conforme identificados no anexo de riscos fiscais da lei de diretrizes orçamentárias.

Natureza do Saldo – Devedor.

7.4.1 Controle de Passivos Contingentes

Função/Funcionamento – Compreende as contas que registram o controle dos riscos fiscais que não preencham os requisitos para reconhecimento como passivo, classificados como passivos contingentes, conforme identificados no anexo de riscos fiscais da lei de diretrizes orçamentárias.

Natureza do Saldo – Devedor.

7.4.2 Controle dos Demais Riscos Fiscais

Função/Funcionamento – Compreende as contas que registram os riscos fiscais que não preencham os requisitos para reconhecimento como passivo, não classificados como passivos contingentes, conforme identificados no anexo de riscos fiscais da Lei de Diretrizes Orçamentárias.

Natureza do Saldo – Devedor.

7.5 Consórcios Públicos

Função/Funcionamento – Registra as contas que controlam os atos referentes aos Consórcios Públicos (do ente consorciado e/ou do próprio consórcio), incluindo os controles do contrato de rateio, controle da prestação de contas, bem como as informações que serão consolidadas no ente consorciado para fins de elaboração dos demonstrativos dos consórcios, conforme Portaria STN 72/2012.

Natureza do Saldo – Devedor.

Apêndice – Plano de Contas **363**

7.8 Custos

Função/Funcionamento – Compreende as contas que controlam os custos dos bens e serviços produzidos.

Natureza do Saldo – Devedor.

7.9 Outros Controles

Função/Funcionamento – Compreende contas de controles não especificados anteriormente nos grupos dessa classe.

Natureza do Saldo – Devedor.

8 Relação de Contas dos Controles Credores

A relação das contas do Plano de Contas Aplicado ao Setor Público, na parte relativa aos Controles Credores, é a disposição ordenada nos códigos e títulos das contas, aplicável às três esferas de governo, para fins de consolidação nacional e compatibilização com elaboração de relatórios e demonstrativos previstos na legislação.

A relação das contas a seguir foi adaptada do Plano de Contas Aplicado ao Setor Público e os entes da Federação. Sendo necessário, poderão apresentar detalhes nos seus planos de contas, após os níveis detalhados pela STN no Plano de Contas Aplicado ao Setor Público.

Finalidade – As contas dos Controles Devedores são organizadas para registrar os atos e fatos relativos a execução de atos potenciais e controles específicos.

8 – Plano de Contas – Relação de Contas dos Controles Credores
(Adaptação feita com base no Plano de Contas Aplicado
ao Setor Público editado pela Secretaria do Tesouro Nacional)

8	**CONTROLES CREDORES**
81	**EXECUÇÃO DOS ATOS POTENCIAIS**
811	**Execução dos Atos Potenciais Ativos**
811.1	EXECUÇÃO DE GARANTIAS E CONTRAGARANTIAS RECEBIDAS
811.11	VALORES, TÍTULOS E BENS SOB RESPONSABILIDADE
811.17	EXECUÇÃO DE GARANTIAS DE BENS IMÓVEIS CEDIDOS POR SERVIDÃO
811.2	EXECUÇÃO DE DIREITOS CONVENIADOS E OUTROS INSTRUMENTOS CONGÊNERES
811.21	EXECUÇÃO DE DIREITOS CONVENIADOS
811.22	EXECUÇÃO DE DIREITOS POR TERMO DE RESPONSABILIDADE
811.23	EXECUÇÃO DE GARANTIAS DE BENS CEDIDOS EM COMODATO

811.3	EXECUÇÃO DE DIREITOS CONTRATUAIS
811.9	EXECUÇÃO DE OUTROS ATOS POTENCIAIS ATIVOS
812	**Execução de Atos Potenciais Passivos**
812.1	EXECUÇÃO DE GARANTIAS E CONTRAGARANTIAS CONCEDIDAS
812.2	EXECUÇÃO DE OBRIGAÇÕES CONVENIADAS E OUTROS INSTRUMENTOS CONGÊNERES
812.21	EXECUÇÃO DE OBRIGAÇÕES CONVENIADAS
812.22	EXECUÇÃO DE OBRIGAÇÕES POR TERMO DE RESPONSABILIDADE
812.23	EXECUÇÃO DE GARANTIAS DE BENS RECEBIDOS EM COMODATO
812.3	EXECUÇÃO DE OBRIGAÇÕES CONTRATUAIS
812.31	EXECUÇÃO DE OBRIGAÇÕES CONTRATUAIS DE DESPESAS
812.33	EXECUÇÃO DE OBRIGAÇÕES CONTRATUAIS DE USUFRUTO
812.9	EXECUÇÃO DE OUTROS ATOS POTENCIAIS PASSIVOS
82	**EXECUÇÃO DA ADMINISTRAÇÃO FINANCEIRA**
821	**Execução das Disponibilidades por Destinação**
821.1	EXECUÇÃO DA DISPONIBILIDADE DE RECURSOS
821.11	DISPONIBILIDADE POR DESTINAÇÃO DE RECURSOS
821.12	DISPONIBILIDADE POR DESTINAÇÃO DE RECURSOS COMPROMETIDA POR EMPENHO
821.13	DISPONIBILIDADE POR DESTINAÇÃO DE RECURSOS COMPROMETIDA POR LIQUIDAÇÃO E ENTRADAS COMPENSATÓRIAS
821.14	DISPONIBILIDADE POR DESTINAÇÃO DE RECURSOS UTILIZADA
821.2	EXECUÇÃO FINANCEIRA DO LIMITE DE RESTOS A PAGAR
821.21	DISPONIBILIDADE POR DESTINAÇÃO DE RECURSOS DE RESTOS A PAGAR PROCESSADO
821.21.01	DISPONIBILIDADE POR DESTINAÇÃO DE RECURSOS DE RESTOS A PAGAR PROCESSADO A PAGAR
821.21.02	DISPONIBILIDADE POR DESTINAÇÃO DE RECURSOS DE RESTOS A PAGAR PROCESSADO PAGO
821.22	DISPONIBILIDADE POR DESTINAÇÃO DE RECURSOS DE RESTOS A PAGAR NÃO PROCESSADO
821.22.01	DISPONIBILIDADE POR DESTINAÇÃO DE RECURSOS DE RESTOS A PAGAR NÃO PROCESSADO A LIQUIDAR
821.22.02	DISPONIBILIDADE POR DESTINAÇÃO DE RECURSOS DE RESTOS A PAGAR NÃO PROCESSADO A PAGAR
821.22.03	DISPONIBILIDADE POR DESTINAÇÃO DE RECURSOS DE RESTOS A PAGAR

NÃO PROCESSADO PAGO

821.3 EXECUÇÃO DO RECURSO DIFERIDO POR DESTINAÇÃO

822 Execução da Programação Financeira

822.13 DISPONIBILIDADE POR DESTINAÇÃO DE RECURSOS COMPROMETIDA POR LIQUIDAÇÃO

822.14 DISPONIBILIDADE POR DESTINAÇÃO DE RECURSOS UTILIZADA

823 Execução do Limite Orçamentário

824 Controles da Arrecadação

83 EXECUÇÃO DA DÍVIDA ATIVA

831 Execução do Encaminhamento de Créditos para Inscrição na Dívida Ativa

831.1 CRÉDITOS A ENCAMINHAR PARA A DÍVIDA ATIVA

831.2 CRÉDITOS ENCAMINHADOS PARA A DÍVIDA ATIVA

831.3 CANCELAMENTO DE CRÉDITOS ENCAMINHADOS PARA A DÍVIDA ATIVA

832 Execução da Inscrição de Créditos em Dívida Ativa

832.1 CRÉDITOS A INSCREVER EM DÍVIDA ATIVA

832.2 CRÉDITOS A INSCREVER EM DÍVIDA ATIVA DEVOLVIDOS

832.3 CRÉDITOS INSCRITOS EM DÍVIDA ATIVA A RECEBER

832.4 CRÉDITOS INSCRITOS EM DÍVIDA ATIVA RECEBIDOS

832.5 BAIXA DE CRÉDITOS INSCRITOS EM DÍVIDA ATIVA

84 EXECUÇÃO DOS RISCOS FISCAIS

841 Execução de Passivos Contingentes

842 Execução de Demais Riscos Fiscais

85 Execução de Consórcios Públicos

88 APURAÇÃO DE CUSTOS

89 OUTROS CONTROLES

---

81 – Atributos das Contas Contábeis[13]

8   CONTROLES CREDORES

Função/Funcionamento – Compreendem as contas em que são registradas a execução dos Atos Potenciais e controles específicos.

Natureza do Saldo – Credor.

---

[13] Texto elaborado de acordo com o Manual de Contabilidade Aplicada ao Setor Público, editado pela STN.

8.1 Execução de Atos Potenciais

Função/Funcionamento – Compreende contas relacionadas de situações não compreendidas no patrimônio, mas que, direta ou indiretamente, possam vir a afetá-lo, exclusive as que dizem respeito a atos e fatos ligados à execução orçamentária e financeira e as contas com função precípua de controle.

Natureza do Saldo – Credor.

8.1.1 Execução de Atos Potenciais do Ativo

Função/Funcionamento – Registra a execução dos atos e fatos que possam vir a afetar o ativo da entidade governamental.

Natureza do Saldo – Credor.

8.1.2 Execução de Atos Potenciais do Passivo

Função/Funcionamento – Registra a execução dos atos e fatos que possam vir a afetar o passivo da entidade governamental.

Natureza do Saldo – Credor.

8.2 Execução da Administração Financeira

Função/Funcionamento – Compreende as contas de registro da execução da programação financeira e de controle das disponibilidades.

Natureza do Saldo – Credor.

8.2.1 Execução das Disponibilidades por Destinação

Função/Funcionamento – Compreende as contas que registram a execução dos controles das disponibilidades por destinação de recursos.

Natureza do Saldo – Credor.

8.2.2 Execução da Programação Financeira

Função/Funcionamento – Compreende as contas que registram a execução das cotas, repasses de sub-repasses para atender a despesas orçamentárias, restos a pagar autorizados e demais dispêndios extraorçamentários.

Natureza do Saldo – Credor.

8.2.3 Execução do Limite Orçamentário

Função/Funcionamento – Compreende as contas que controlam a execução do limite de empenho e movimentação de créditos orçamentários, conforme estabelecido em ato próprio dos poderes e ministério público.

Natureza do Saldo – Credor.

Apêndice – Plano de Contas **367**

8.2.4 Execução dos Controles da Arrecadação

Função/Funcionamento – Compreende as contas que registram os valores discriminados da arrecadação da receita orçamentária, por meio de documentos de arrecadação como DARF, GRU, DAR, entre outros.

Natureza do Saldo – Credor.

8.3 Execução da Dívida Ativa

Função/Funcionamento – Compreende as contas que controlam a execução dos créditos passíveis de serem encaminhados e inscritos em dívida ativa.

Natureza do Saldo – Credor.

8.3.1 Execução do Encaminhamento de Créditos para Inscrição em Dívida Ativa

Função/Funcionamento – Compreende as contas que registram os valores a serem encaminhados e os já encaminhados para o órgão competente em inscrever em dívida ativa.

Natureza do Saldo – Credor.

8.3.2 Execução da Inscrição de Créditos em Dívida Ativa

Função/Funcionamento – Compreende as contas que registram os valores a serem inscritos em Dívida Ativa pelo órgão competente em inscrever em dívida ativa.

Natureza do Saldo – Credor.

8.4 Execução dos Riscos Fiscais

Função/Funcionamento – Compreende as contas que controlam a execução dos riscos fiscais que não preencham os requisitos para reconhecimento como passivo, conforme identificados no anexo de riscos fiscais da Lei de Diretrizes Orçamentárias.

Natureza do Saldo – Credor.

8.4.1 Execução de Passivos Contingentes

Função/Funcionamento – Compreende as contas que controlam a execução dos riscos fiscais que não preencham os requisitos para reconhecimento como passivo, classificados como passivos contingentes, conforme identificados no anexo de riscos fiscais da Lei de Diretrizes Orçamentárias.

Natureza do Saldo – Credor.

8.4.2 Execução dos Demais Riscos Fiscais

Função/Funcionamento – Compreende as contas que controlam a execução dos riscos fiscais que não preencham os requisitos para reconhecimento como passivo, não classificados como passivos contingentes, conforme identificados no anexo de riscos fiscais da Lei de Diretrizes Orçamentárias.

Natureza do Saldo – Credor.

8.5 Execução de Consórcios Públicos

Função/Funcionamento – Registra as contas que controlam a execução dos Consórcios Públicos (do ente consorciado e/ou do próprio consórcio), incluindo os controles do contrato de rateio, controle da Prestação de Contas, bem como as informações que serão consolidadas no ente consorciado para fins de elaboração dos demonstrativos dos consórcios conforme a Portaria STN 72/2012.

Natureza do Saldo – Credor.

8.8 Apuração de Custos

Função/Funcionamento – Compreende as contas que controlam a execução dos custos dos bens e serviços produzidos.

Natureza do Saldo – Credor.

8.9 Outros Controles

Função/Funcionamento – Compreende as contas de controles da execução não especificados anteriormente nos grupos dessa classe.

Natureza do Saldo – Credor.

ANEXO 3 (da Lei nº 4.320/64) Discriminação das Naturezas de Receita Orçamentária (Elaborado com base no Anexo da Portaria nº 163/2001 com as atualizações posteriores)

CÓDIGO	ESPECIFICAÇÃO
1000.00.00	RECEITAS CORRENTES
1100.00.00	RECEITA TRIBUTÁRIA
1110.00.00	IMPOSTOS
1111.00.00	Impostos sobre o Comércio Exterior
1111.01.00	Imposto sobre a Importação
1111.02.00	Imposto sobre a Exportação
1112.00.00	Impostos sobre o Patrimônio e a Renda
1112.01.00	Imposto sobre a Propriedade Territorial Rural
1112.02.00	Imposto sobre a Propriedade Predial e Territorial Urbana
1112.04.00	Imposto sobre a Renda e Proventos de Qualquer Natureza
1112.05.00	Imposto sobre Propriedade de Veículos Automotores
1112.07.00	Imposto sobre Transmissão *Causa Mortis* e Doação de Bens e Direitos

1112.08.00	Imposto sobre Transmissão *Inter Vivos* de Bens Imóveis e de Direitos Reais sobre Imóveis
1113.00.00	Impostos sobre a Produção e a Circulação
1113.01.00	Imposto sobre Produtos Industrializados
1113.02.00	Imposto sobre Operações Relativas à Circulação de Mercadorias e sobre Prestações de Serviços de Transporte Interestadual e Intermunicipal e de Comunicação
1113.03.00	Imposto sobre Operações de Crédito, Câmbio e Seguro e Relativas a Títulos e Valores Mobiliários
1113.05.00	Imposto sobre Serviços de Qualquer Natureza
1115.00.00	Impostos Extraordinários
1120.00.00	TAXAS
1121.00.00	Taxas pelo Exercício do Poder de Polícia
1122.00.00	Taxas pela Prestação de Serviços
1130.00.00	CONTRIBUIÇÃO DE MELHORIA
1200.00.00	RECEITAS DE CONTRIBUIÇÕES
1210.00.00	CONTRIBUIÇÕES SOCIAIS
1220.00.00	CONTRIBUIÇÕES DE INTERVENÇÃO NO DOMÍNIO ECONÔMICO
1230.00.00	CONTRIBUIÇÃO PARA ENTIDADES PRIVADAS DE SERVIÇO SOCIAL E DE FORMAÇÃO PROFISSIONAL
1300.00.00	RECEITA PATRIMONIAL
1310.00.00	EXPLORAÇÃO DO PATRIMÔNIO IMOBILIÁRIO
1320.00.00	RECEITAS DE VALORES MOBILIÁRIOS
1330.00.00	RECEITA DE DELEGAÇÃO DE SERVIÇOS PÚBLICOS MEDIANTE CONCESSÃO, PERMISSÃO, AUTORIZAÇÃO OU LICENÇA
1340.00.00	EXPLORAÇÃO DE RECURSOS NATURAIS
1350.00.00	EXPLORAÇÃO DO PATRIMÔNIO INTANGÍVEL
1360.00.00	RECEITA DA CESSÃO DE DIREITOS
1390.00.00	OUTRAS RECEITAS PATRIMONIAIS
1400.00.00	RECEITA AGROPECUÁRIA
1410.00.00	RECEITA DA PRODUÇÃO VEGETAL
1420.00.00	RECEITA DA PRODUÇÃO ANIMAL E DERIVADOS
1490.00.00	OUTRAS RECEITAS AGROPECUÁRIAS

1500.00.00	RECEITA INDUSTRIAL
1510.00.00	RECEITA DA INDÚSTRIA EXTRATIVA MINERAL
1520.00.00	RECEITA DA INDÚSTRIA DE TRANSFORMAÇÃO
1530.00.00	RECEITA DA INDÚSTRIA DE CONSTRUÇÃO
1590.00.00	OUTRAS RECEITAS INDUSTRIAIS
1600.00.00	RECEITA DE SERVIÇOS
1610.00.00	SERVIÇOS ADMINISTRATIVOS E COMERCIAIS GERAIS
1620.00.00	SERVIÇOS DE ATIVIDADES REFERENTES À NAVEGAÇÃO E AO TRANSPORTE
1630.00.00	SERVIÇOS E ATIVIDADES REFERENTES À SAÚDE
1640.00.00	SERVIÇOS E ATIVIDADES FINANCEIRAS
1690.00.00	OUTROS SERVIÇOS
1700.00.00	TRANFERÊNCIAS CORRENTES
1720.00.00	TRANSFERÊNCIAS INTERGOVERNAMENTAIS
1721.00.00	Transferências da União
1721.01.00	Participação na Receita da União
1721.01.01	Cota-Parte do Fundo de Participação dos Estados e do Distrito Federal
1721.01.02	Cota-Parte do Fundo de Participação dos Municípios
1721.01.05	Cota-Parte do Imposto sobre Propriedade Territorial Rural
1721.01.12	Cota-Parte do Imposto sobre Produtos Industrializados – Estados Exportadores de Produtos Industrializados
1721.01.30	COTA-PARTE DA CONTRIBUIÇÃO DO SALÁRIO-EDUCAÇÃO
1721.01.32	Cota-Parte do Imposto sobre Operações de Crédito, Câmbio e Seguro, ou Relativas a Títulos ou Valores Mobiliários – Comercialização do Ouro
1721.09.00	Outras Transferências da União
1721.09.01	Transferência Financeira – LC nº 87/96
1721.09.99	Demais Transferências da União
1722.00.00	Transferências dos Estados
1722.01.00	Participação na Receita dos Estados
1722.01.01	Cota-parte do ICMS
1722.01.02	Cota-parte do IPVA
1722.01.04	Cota-parte do IPI sobre Exportação
1722.09.00	Outras Transferências dos Estados

1723.00.00	**Transferências dos Municípios**
1724.00.00	**Transferências Multigovernamentais**
1724.01.00	Transferências de Recursos do Fundeb
1724.02.00	Transferências de Recursos da Complementação da União ao Fundeb
1730.00.00	TRANSFERÊNCIAS DE INSTITUIÇÕES PRIVADAS
1740.00.00	TRANSFERÊNCIAS DO EXTERIOR
1750.00.00	TRANSFERÊNCIAS DE PESSOAS
1760.00.00	TRANSFERÊNCIAS DE CONVÊNIOS
1900.00.00	OUTRAS RECEITAS CORRENTES
1910.00.00	MULTAS ADMINISTRATIVAS, CONTRATUAIS E JUDICIÁRIAS
1920.00.00	INDENIZAÇÕES, RESTITUIÇÕES E RESSARCIMENTOS
1930.00.00	BENS, DIREITOS E VALORES INCORPORADOS AO PATRIMÔNIO PÚBLICO
1940.00.00	RECEITAS DECORRENTES DE APORTES PERIÓDICOS PARA AMORTIZAÇÃO DE DÉFICIT ATUARIAL DO RPPS
1950.00.00	RECEITAS DECORRENTES DE COMPENSAÇÕES DO RGPS
1990.00.00	RECEITAS DIVERSAS
2000.00.00	RECEITAS DE CAPITAL
2100.00.00	OPERAÇÕES DE CRÉDITO
2110.00.00	OPERAÇÕES DE CRÉDITO INTERNAS
2120.00.00	OPERAÇÕES DE CRÉDITO EXTERNAS
2200.00.00	ALIENAÇÃO DE BENS
2210.00.00	ALIENAÇÃO DE BENS MÓVEIS
2220.00.00	ALIENAÇÃO DE BENS IMÓVEIS
2300.00.00	AMORTIZAÇÃO DE EMPRÉSTIMOS
2400.00.00	TRANSFERÊNCIAS DE CAPITAL
2420.00.00	TRANSFERÊNCIAS INTERGOVERNAMENTAIS
2421.00.00	Transferências da União
2421.01.00	Participação na Receita da União
2421.09.00	Outras Transferências da União
2421.09.99	Demais Transferências da União

2422.00.00	Transferências dos Estados
2.422.01.00	Participação na Receita dos Estados
2.422.09.00	Outras Transferências dos Estados
2423.00.00	Transferências dos Municípios
2430.00.00	TRANSFERÊNCIAS DE INSTITUIÇÕES PRIVADAS
2440.00.00	TRANSFERÊNCIAS DO EXTERIOR
2450.00.00	TRANSFERÊNCIAS DE PESSOAS
2470.00.00	TRANSFERÊNCIAS DE CONVÊNIOS
2500.00.00	OUTRAS RECEITAS DE CAPITAL
2520.00.00	INTEGRALIZAÇÃO DO CAPITAL SOCIAL
2570.00.00	RECEITA AUFERIDA POR DETENTORES DE TÍTULOS DO TESOURO NACIONAL RESGATADOS
2580.00.00	RECEITA AUFERIDA POR DETENTORES DE TÍTULOS DE ALIENAÇÃO DE CERTIFICAÇÃO DE POTENCIAL ADICIONAL DE CONSTRUÇÃO – CEPAC
2590.00.00	OUTRAS RECEITAS

ANEXO 4 (da Lei nº 4.320/64) Discriminação das Naturezas de Despesa Orçamentária (Elaborado com base no anexo da Portaria Interministerial nº 163/2001 com as atualizações posteriores)

CÓDIGO	ESPECIFICAÇÃO
3.0.00.00.00	DESPESAS CORRENTES
3.1.00.00.00	**PESSOAL E ENCARGOS SOCIAIS**
3.1.20.00.00	Transferências à União
3.1.20.41.00	Contribuições
3.1.30.00.00	Transferências a Estados e ao Distrito Federal
3.1.30.40.00	Contribuições
3.1.7.0.00.00	Transferências a Consórcios Públicos
3.1.8.0.00.00	Transferências ao Exterior
3.1.90.00.00	Aplicações Diretas
3.1.90.01.00	Aposentadorias, Reserva Remunerada e Reformas
3.1.90.03.00	Pensões
3.1.90.04.00	Contratação por Tempo Determinado
3.1.90.05.00	Outros Benefícios Previdenciários
3.1.90.11.00	Vencimento e Vantagens Fixas – Pessoal Civil
3.1.90.12.00	Vencimento e Vantagens Fixas – Pessoal Militar
3.1.90.13.00	Obrigações Patronais
3.1.90.16.00	Outras Despesas Variáveis – Pessoal Civil
3.1.90.17.00	Outras Despesas Variáveis – Pessoal Militar
3.1.90.67.00	Depósitos Compulsórios
3.1.90.91.00	Sentenças Judiciais
3.1.90.92.00	Despesas de Exercícios Anteriores
3.1.90.94.00	Indenizações e Restituições Trabalhistas
3.1.90.96.00	Ressarcimento de Despesas de Pessoal Requisitado
3.1.90.99.00	A Classificar
3.2.00.00.00	**JUROS E ENCARGOS DA DÍVIDA**
3.2.90.00.00	Aplicações Diretas
3.2.90.21.00	Juros sobre a Dívida por Contrato
3.2.90.22.00	Outros Encargos sobre a Dívida por Contrato
3.2.90.23.00	Juros, Deságios e Descontos sobre a Dívida Mobiliária
3.2.90.24.00	Outros Encargos sobre a Dívida Mobiliária

3.2.90.25.00	Encargos sobre Operações de Crédito por Antecipação da Receita
3.2.90.91.00	Sentenças Judiciais
3.2.90.92.00	Despesas de Exercícios Anteriores
3.2.90.93.00	Indenizações e Restituições
3.2.99.00.00	A Definir
3.2.99.99.00	A Classificar
3.3.00.00.00	**OUTRAS DESPESAS CORRENTES**
3.3.20.00.00	Transferências à União
3.3.20.41.00	Contribuições
3.3.22.00.00	Execução Orçamentária Delegada à União
3.3.30.00.00	Transferências a Estados e ao Distrito Federal
3.3.30.41.00	Contribuições
3.3.30.81.00	Distribuição Constitucional ou Legal de Receitas
3.3.30.93.00	Indenizações e Restituições
3.3.40.00.00	Transferências a Municípios
3.3.40.30.00	Material de Consumo
3.3.40.39.00	Outros Serviços de Terceiros PJ
3.3.40.41.00	Contribuições
3.3.40.81.00	Distribuição Constitucional ou Legal de Receitas
3.3.40.81.10	Transferências a Municípios – ICMS
3.3.40.81.20	Transferências a Municípios – IPVA
3.3.40.81.50	Transferências a Municípios – IPI
3.3.40.81.60	Transferências a Municípios – Outras Receitas
3.3.41.00.00	Transferências a Município – Fundo a Fundo
3.3.41.39.00	Outros Serviços de Terceiros – Pessoa Jurídica
3.3.41.41.00	Contribuições
3.3.41.92.00	Despesas de Exercícios Anteriores
3.3.42.00.00	Execução Orçamentária Delegada a Municípios
3.3.45.00.00	Transferências Fundo a Fundo aos Municípios à conta dos recursos de que tratam os §§ 1º e 2º da Lei Complementar nº 141, de 2012
3.3.46.00.00	Transferências Fundo a Fundo aos Municípios à conta dos recursos de que trata o art. 25 da Lei Complementar nº 141, de 2012

3.3.50.00.00	Transferências a Instituições Privadas sem Fins Lucrativos
3.3.50.14.00	Diárias – Civil
3.3.50.18.00	Auxílio Financeiro a Estudantes
3.3.50.20.00	Auxílio Financeiro a Pesquisadores
3.3.50.30.00	Material de Consumo
3.3.50.31.00	Premiações Culturais, Artísticas, Científicas, Desportivas e Outras
3.3.50.33.00	Passagens e Despesas com Locomoção
3.3.50.35.00	Serviços de Consultoria
3.3.50.36.00	Outros Serviços de Terceiros – Pessoa Física
3.3.50.39.00	Outros Serviços de Terceiros – Pessoa Jurídica
3.3.50.41.00	Contribuições
3.3.50.43.00	Subvenções Sociais
3.3.50.92.00	Despesas de Exercícios Anteriores
3.3.60.00.00	Transferências a Instituições Privadas com Fins Lucrativos
3.3.60.45.00	Subvenções Econômicas
3.3.60.92.00	Despesas de Exercícios Anteriores
3.3.70.00.00	Transferências a Instituições Multigovernamentais
3.3.70.41.00	Contribuições
3.3.80.00.00	Transferências ao Exterior
3.3.80.04.00	Contratações por Tempo Determinado
3.3.80.14.00	Diárias – Civil
3.3.80.30.00	Material de Consumo
3.3.80.33.00	Passagens e Despesas com Locomoção
3.3.80.34.00	Outras Despesas de Pessoal Decorrentes de Contratos de Terceirização
3.3.80.35.00	Serviços de Consultoria
3.3.80.36.00	Outros Serviços de Terceiros – Pessoa Física
3.3.80.37.00	Locação de Mão de Obra
3.3.80.39.00	Outros Serviços de Terceiros – Pessoa Jurídica
3.3.80.41.00	Contribuições
3.3.80.92.00	Despesas de Exercícios Anteriores
3.3.90.00.00	Aplicações Diretas
3.3.90.04.00	Contratação por Tempo Determinado
3.3.90.06.00	Benefício Mensal ao Deficiente Idoso
3.3.90.08.00	Outros Benefícios Assistenciais

3.3.90.10.00	Seguro Desemprego e Abono Salarial
3.3.90.14.00	Diárias – Civil
3.3.90.15.00	Diárias – Militar
3.3.90.18.00	Auxílio Financeiro a Estudantes
3.3.90.19.00	Auxílio – Fardamento
3.3.90.20.00	Auxílio Financeiro a Pesquisadores
3.3.90.26.00	Obrigações decorrentes da Política Monetária
3.3.90.27.00	Encargos pela Honra de Avais, Garantias, Seguros e Similares
3.3.90.28.00	Remuneração de Cotas de Fundos Autárquicos
3.3.90.29.00	Distribuição de Resultado de Empresas Estatais Dependentes
3.3.90.30.00	Material de Consumo
3.3.90.31.00	Premiações Culturais, Artísticas, Científicas, Desportivas e Outras
3.3.90.32.00	Material, Bem ou Serviço de Distribuição Gratuita
3.3.90.33.00	Passagens e Despesas de Locomoção
3.3.90.34.00	Outras Despesas de Pessoal Decorrentes de Contratos de Terceirização
3.3.90.35.00	Serviços de Consultoria
3.3.90.36.00	Outros Serviços de Terceiros – Pessoa Física
3.3.90.37.00	Locação de Mão de Obra
3.3.90.38.00	Arrendamento Mercantil
3.3.90.39.00	Outros Serviços de Terceiros – Pessoa Jurídica
3.3.90.41.00	Contribuições
3.3.90.45.00	Subvenções Econômicas
3.3.90.46.00	Auxílio – Alimentação
3.3.90.47.00	Obrigações Tributárias e Contributivas
3.3.90.48.00	Outros Auxílios Financeiros a Pessoas Físicas
3.3.90.49.00	Auxílio – Transporte
3.3.90.50.00	Serviços de Utilidade Pública
3.3.90.50.11	Energia Elétrica
3.3.90.50.12	Telefonia Fixa
3.3.90.50.13	Água e Esgoto
3.3.90.50.14	Gás Encanado
3.3.90.50.15	Outros Serviços de Utilidade Pública

3.3.90.50.17	Telefonia Móvel Celular
3.3.90.67.00	Depósitos Compulsórios
3.3.90.91.00	Sentenças Judiciais
3.3.90.92.00	Despesas de Exercícios Anteriores
3.3.90.93.00	Indenizações e Restituições
3.3.90.95.00	Indenização pela Execução de Trabalhos de Campo
3.3.90.96.00	Ressarcimento de Despesas de Pessoal Requisitado
3.3.90.98.00	Compensações ao RGPS
3.3.99.00.00	A Definir
3.3.99.99.00	A Classificar
4.0.00.00.00	DESPESAS DE CAPITAL
4.4.00.00.00	**INVESTIMENTOS**
4.4.20.00.00	Transferências à União
4.4.20.41.00	Contribuições
4.4.20.42.00	Auxílios
4.4.22.00.00	Execução Orçamentária Delegada à União
4.4.30.00.00	Transferências a Estados e ao Distrito Federal
4.4.30.41.00	Contribuições
4.4.30.42.00	Auxílios
4.4.22.00.00	Execução Orçamentária Delegada à União
4.4.40.00.00	Transferências a Municípios
4.4.40.41.00	Contribuições
4.4.40.42.00	Auxílios
4.4.41.00.00	Transferências a Municípios Fundo a Fundo
4.4.41.41.00	Contribuições
4.4.41.42.00	Auxílios
4.4.41.92.00	Despesas de Exercícios Anteriores
4.4.42.00.00	Execução Orçamentária Delegada a Municípios
4.4.45.00.00	Transferências Fundo a Fundo aos Municípios à conta de recursos de que tratam os §§ 1º e 2º do art. 24 da Lei Complementar nº 141, de 2012
4.4.46.00.00	Transferências Fundo a Fundo aos Municípios à conta de recursos de que trata o art. 25 da Lei Complementar nº 141, de 2012
4.4.50.00.00	Transferências a Instituições Privadas sem Fins Lucrativos

4.4.50.14.00	Diárias – Civil
4.4.50.30.00	Material de Consumo
4.4.50.36.00	Outros Serviços de Terceiros – Pessoa Física
4.4.50.39.00	Outros Serviços de Terceiros – Pessoa Jurídica
4.4.50.41.00	Contribuições
4.4.50.42.00	Auxílios
4.4.50.47.00	Obrigações Tributárias e Contributivas
4.4.50.51.00	Obras e Instalações
4.4.50.52.00	Equipamentos e Material Permanente
4.4.70.00.00	Transferências a Instituições Multigovernamentais
4.4.70.41.00	Contribuições
4.4.70.42.00	Auxílios
4.4.80.00.00	Transferências ao Exterior
4.4.80.41.00	Contribuições
4.4.80.42.00	Auxílios
4.4.80.51.00	Obras e Instalações
4.4.80.52.00	Equipamentos e Material Permanente
4.4.90.00.00	Aplicações Diretas
4.4.90.04.00	Contratação por Tempo Determinado
4.4.90.14.00	Diárias – Civil
4.4.90.15.00	Diárias – Militar
4.4.90.17.00	Outras Despesas Variáveis – Pessoal Militar
4.4.90.18.00	Auxílio Financeiro a Estudantes
4.4.90.20.00	Auxílio Financeiro a Pesquisadores
4.4.90.30.00	Material de Consumo
4.4.90.33.00	Passagens e Despesas de Locomoção
4.4.90.35.00	Serviços de Consultoria
4.4.90.36.00	Outros Serviços de Terceiros – Pessoa Física
4.4.90.37.00	Locação de Mão de Obra
4.4.90.39.00	Outros Serviços de Terceiros – Pessoa Jurídica
4.4.90.47.00	Obrigações Tributárias e Contributivas
4.4.90.51.00	Obras e Instalações
4.4.90.52.00	Equipamentos e Material Permanente
4.4.90.61.00	Aquisição de Imóveis
4.4.90.91.00	Sentenças Judiciais

4.4.90.92.00	Despesas de Exercícios Anteriores
4.4.90.93.00	Indenizações e Restituições
4.4.99.00.00	A Definir
4.4.99.99.00	A Classificar
4.5.00.00.00	**INVERSÕES FINANCEIRAS**
4.5.30.00.00	Transferências a Estados e ao Distrito Federal
4.5.30.41.00	Contribuições
4.5.30.42.00	Auxílios
4.5.40.00.00	Transferências a Municípios
4.5.40.41.00	Contribuições
4.5.40.42.00	Auxílios
4.5.42.00.00	Execução Orçamentária Delegada a Municípios
4.5.50.00.00	Transferências a Instituições Privadas sem Fins Lucrativos
4.5.50.66.00	Concessão de Empréstimos e Financiamentos
4.5.80.00.00	Transferências ao Exterior
4.5.80.66.00	Concessão de Empréstimos e Financiamentos
4.5.90.00.00	Aplicações Diretas
4.5.90.27.00	Encargos pela Honra de Avais, Garantias, Seguros e Similares
4.5.90.61.00	Aquisição de Imóveis
4.5.90.62.00	Aquisição de Produtos para Revenda
4.5.90.63.00	Aquisição de Títulos de Crédito
4.5.90.64.00	Aquisição de Títulos Representativos de Capital já Integralizado
4.5.90.65.00	Constituição ou Aumento de Capital de Empresas
4.5.90.66.00	Concessão de Empréstimos e Financiamentos
4.5.90.67.00	Depósitos Compulsórios
4.5.90.91.00	Sentenças Judiciais
4.5.90.92.00	Despesas de Exercícios Anteriores
4.5.90.93.00	Indenizações e Restituições
4.5.99.00.00	A Definir
4.5.99.99.00	A Classificar
4.6.00.00.00	**AMORTIZAÇÃO DA DÍVIDA**
4.6.90.00.00	Aplicações Diretas
4.6.90.71.00	Principal da Dívida Contratual Resgatado
4.6.90.72.00	Principal da Dívida Mobiliária Resgatado

4.6.90.73.00	Correção Monetária ou Cambial da Dívida Contratual Resgatada
4.6.90.74.00	Correção Monetária ou Cambial da Dívida Mobiliária Resgatada
4.6.90.75.00	Correção Monetária da Dívida de Operações de Crédito por Antecipação da Receita
4.6.90.76.00	Principal Corrigido da Dívida Mobiliária Refinanciado
4.6.90.77.00	Principal Corrigido da Dívida Contratual Refinanciado
4.6.90.91.00	Sentenças Judiciais
4.6.90.92.00	Despesas de Exercícios Anteriores
4.6.90.93.00	Indenizações e Restituições
4.6.95.00.00	Aplicação Direta à conta de recursos de que tratam os §§ 1º e 2º do art. 24 da Lei Complementar nº 141, de 2012
4.6.99.00.00	A Definir
4.6.99.99.00	A Classificar
9.9.99.99.99	**Reserva da Contingência**

ANEXO 5 (da Lei nº 4.320/64) Classificação Funcional – Programática – Funções e Subfunções de Governo (Elaborado com base na Portaria nº 42, de 14-4-1999)

Funções	Subfunções
01 – Legislativa	031 – Ação Legislativa 032 – Controle Externo
02 – Judiciária	061 – Ação Judiciária 062 – Defesa do Interesse Público no Processo Judiciário
03 – Essencial à Justiça	091 – Defesa da Ordem Jurídica 092 – Representação Judicial e Extrajudicial
04 – Administração	121 – Planejamento e Orçamento 122 – Administração Geral 123 – Administração Financeira 124 – Controle Interno 125 – Normatização e Fiscalização 126 – Tecnologia da Informação 127 – Ordenamento Territorial 128 – Formação de Recursos Humanos 129 – Administração de Receitas 130 – Administração de Concessões 131 – Comunicação Social
05 – Defesa Nacional	151 – Defesa Aérea 152 – Defesa Naval 153 – Defesa Terrestre
06 – Segurança Pública	181 – Policiamento 182 – Defesa Civil 183 – Informação e Inteligência
07 – Relações Exteriores	211 – Relações Diplomáticas 212 – Cooperação Internacional
08 – Assistência Social	241 – Assistência ao Idoso 242 – Assistência ao Portador de Deficiência 243 – Assistência à Criança e ao Adolescente 244 – Assistência Comunitária

Funções	Subfunções
09 – Previdência Social	271 – Previdência Básica 272 – Previdência do Regime Estatutário 273 – Previdência Complementar 274 – Previdência Especial
10 – Saúde	301 – Atenção Básica 302 – Assistência Hospitalar e Ambulatorial 303 – Suporte Profilático e Terapêutico 304 – Vigilância Sanitária 305 – Vigilância Epidemiológica 306 – Alimentação e Nutrição
11 – Trabalho	331 – Proteção e Benefícios ao Trabalhador 332 – Relações de Trabalho 333 – Empregabilidade 334 – Fomento ao Trabalho
12 – Educação	361 – Ensino Fundamental 362 – Ensino Médio 363 – Ensino Profissional 364 – Ensino Superior 365 – Educação Infantil 366 – Educação de Jovens e Adultos 367 – Educação Especial 368 – Educação Básica
13 – Cultura	391 – Patrimônio Histórico, Artístico e Arqueológico 392 – Difusão Cultural
14 – Direitos da Cidadania	421 – Custódia e Reintegração Social 422 – Direitos Individuais, Coletivos e Difusos 423 – Assistência aos Povos Indígenas
15 – Urbanismo	451 – Infraestrutura Urbana 452 – Serviços Urbanos 453 – Transportes Coletivos Urbanos
16 – Habitação	481 – Habitação Rural 482 – Habitação Urbana
17 – Saneamento	511 – Saneamento Básico Rural 512 – Saneamento Básico Urbano

Funções	Subfunções
18 – Gestão Ambiental	541 – Preservação e Conservação Ambiental 542 – Controle Ambiental 543 – Recuperação de Áreas Degradadas 544 – Recursos Hídricos 545 – Meteorologia
19 – Ciência e Tecnologia	571 – Desenvolvimento Científico 572 – Desenvolvimento Tecnológico e Engenharia 573 – Difusão e Conhecimento Científico e Tecnológico
20 – Agricultura	601 – Promoção da Produção Vegetal 602 – Promoção da Produção Animal 603 – Defesa Sanitária Vegetal 604 – Defesa Sanitária Animal 605 – Abastecimento 606 – Extensão Rural 607 – Irrigação
21 – Organização Agrária	631 – Reforma Agrária 632 – Colonização
22 – Indústria	661 – Promoção Industrial 662 – Produção Industrial 663 – Mineração 664 – Propriedade Industrial 665 – Normalização e Qualidade
23 – Comércio e Serviços	691 – Promoção Comercial 692 – Comercialização 693 – Comércio Exterior 694 – Serviços Financeiros 695 – Turismo
24 – Comunicações	721 – Comunicação Postal 722 – Telecomunicações
25 – Energia	751 – Conservação de Energia 752 – Energia Elétrica 753 – Combustíveis Minerais 754 – Biocombustíveis

Funções	Subfunções
26 – Transporte	781 – Transporte Aéreo 782 – Transporte Rodoviário 783 – Transporte Ferroviário 784 – Transporte Hidroviário 785 – Transportes Especiais
27 – Desporto e Lazer	811 – Desporto de Rendimento 812 – Desporto Comunitário 813 – Lazer
28 – Encargos Especiais	841 – Refinanciamento da Dívida Interna 842 – Refinanciamento da Dívida Externa 843 – Serviço da Dívida Interna 844 – Serviço da Dívida Externa 845 – Outras Transferências 846 – Outros Encargos Especiais 847 – Transferências para a Educação Básica

Bibliografia

ALOE, Armando. *Técnica orçamentária e contabilidade pública*. São Paulo: Atlas, 1963.

ANDRADE, Benedicto de. *Contabilidade pública*. São Paulo: Atlas, 1967.

ANGÉLICO, João. *Contabilidade pública*. São Paulo: Atlas, 1985.

CATHEREIN, Victor. *Philosophia moralis*. Herder, 1913.

Código Civil Brasileiro, Lei nº 3.071/16. Atualizada até 1979. São Paulo: Saraiva, 1980. Código de Contabilidade Pública, Decreto nº 15.783/22.

Código Tributário Nacional, Lei nº 5.172/66.

Constituição do Estado de São Paulo, de 1989.

Constituição Federal, de 1988.

D'AMORE, Domingos. *Apostila Revisão e Perícia Contábil*. PUC, 1954.

Decreto-lei nº 178/69 (Estado de São Paulo), que dispõe sobre inscrição e baixa em conta de Restos a Pagar.

Decreto-lei nº 200/67 (Federal), que dispõe sobre a Organização Federal – Reforma Administrativa.

DINIZ, Maria Helena. *Curso de Direito Civil*. v. 4. Direito das Coisas. São Paulo: Saraiva, 1981.

Equipe de professores da FEA-USP. *Contabilidade introdutória*. São Paulo: Atlas, 1977.

FERRAZ, Sergio. Bens públicos. Alienação. *Revista Procuradoria Geral do Estado*, texto conferência de 29-6-81.

FUHRER, Maximilianus Claudio Americo. *Resumo de Direito Civil*. São Paulo: Revista dos Tribunais, 1985.

HERRMANN JR., Frederico. *Contabilidade superior*. São Paulo: Atlas, 1970.

Lei Complementar nº 709/93, que dispõe sobre a Lei Orgânica do Tribunal de Contas do Estado.

Lei Complementar nº 101/2000, que estabelece normas de finanças públicas voltadas para a responsabilidade de gestão fiscal.

Lei nº 4.320/64, que estatui normas de Direito Financeiro para elaboração e controle dos Orçamentos e Balanços da União, dos Estados, dos Municípios e do Distrito Federal. São Paulo: Atlas, 1985.

Lei nº 8.666/93, que regulamenta o art. 37, inc. XXI, da Constituição Federal, institui normas para licitações e Contratos da Administração Pública e dá outras providências.

Lei nº 10.028/2000, que altera o Código Penal, Lei nº 1.079/50 e Decreto-lei nº 201/67.

Lei nº 10.320/68 (Estado de São Paulo), que dispõe sobre os sistemas de controle interno da gestão financeira e orçamentária do Estado.

LIMA, Ruy Cirne. Organização administrativa e serviço público no direito administrativo brasileiro. In: *Revista de Direito Público* – Pareceres, 54/54.

MACHADO JUNIOR, J. Teixeira. *A Lei nº 4.320 comentada. IBAM, 1975. Manual de Contabilidade do Governo, Subseção Fiscal e Financeira, ONU.*

Manual de Contabilidade Aplicada ao Setor Público, com as seguintes partes:

– Parte I – Procedimentos Contábeis Orçamentários, **Edição Conjunta da STN e SOF**;

– Parte II – Procedimentos Contábeis Patrimoniais, **Edição da STN**;

– Parte III – Procedimentos Contábeis Específicos, **Edição da STN**;

– Parte IV – Plano de Contas Aplicado ao Setor Público, **Edição da STN**;

– Parte V – Demonstrações Contábeis Aplicadas ao Setor Público, **Edição da STN**:

– Parte VI – Perguntas e Respostas, **Edição da STN**;

– Parte VII – Exercício Prático, **Edição da STN**;

– Parte VIII – Demonstrativo de Estatística e Finanças Públicas, **Edição Conjunta da STN e SOF**.

Manual de Despesa Nacional, Editado pela STN/SOF.

Manual de Receita Nacional, Editado pela STN/SOF.

Manual do Contador da Administração Pública. Edição da Imprensa Oficial do Estado, 1954 – Comemorativa ao IV Centenário da Cidade de São Paulo.

MATTOS, José Dalmo Belfort de. *Apostila de Direito Público*. São Paulo: PUC, 1955. MATTOS FILHO, José Dalmo Belfort de. *Apostila de Ciência da Administração*. São Paulo: PUC, 1954.

MAZAGÃO, Mário. *Curso de direito administrativo*. São Paulo: Max Limonad, 1959/1960.

MEIRELLES, Hely Lopes. *Autarquias e entidades paraestatais e Direito administrativo brasileiro*. São Paulo: Revista dos Tribunais, 1976.

MELLO, Celso Antonio Bandeira de. *Elementos de direito administrativo*. São Paulo: Revista dos Tribunais, 1981.

_____. *Prestação de serviços públicos e administração indireta*. São Paulo: Revista dos Tribunais, 1979.

MELLO, Oswaldo Aranha Bandeira de. *Princípios gerais de direito administrativo*. Rio de Janeiro: Forense, 1979.

Portaria nº 42/99 do Ministério do Orçamento e Gestão.

Portaria Interministerial nº 163/2001 – Dispõe sobre normas de consolidação das contas públicas no âmbito da União, Estados, Distrito Federal e Municípios e dá outras providências.

REIS, Heraldo da Costa. *A Lei nº 4.320 comentada*. IBAM, 1975.

SÁ, A. Lopes de. *Análise de balanços ao alcance de todos*. São Paulo: Atlas, 1969.

SANTOS, J. M. de Carvalho. *Código civil brasileiro interpretado*. Rio de Janeiro: Freitas Bastos, 1951/1953.

SHERWOOD, Frank. *Empresas públicas*. Rio de Janeiro: Fundação Getulio Vargas – FGV, 1964.

SOUZA, José Pedro Galvão de. *Iniciação à teoria do Estado*. São Paulo: Revista dos Tribunais, 1976.

SOUZA, Rubens Gomes de. *Compêndio de legislação tributária*. Rio de Janeiro: Edições Financeiras, 1954.

TACITO, Caio. O equilíbrio financeiro na concessão de serviço público. In: *Revista de Direito Administrativo* 63/1, 64/15 e 65/1.

TAVARES, A. de Lira. *Território nacional*. Americana, 1955.

SECRETARIA DA FAZENDA DO ESTADO DE SÃO PAULO. Texto programado de orçamento programa, 1968/1969.

WILKEN, Edgard da Silva. *Manual de contabilidade pública*. Rio de Janeiro: Aurora, 1959.

Índice dos Lançamentos

Estão relacionados os assuntos e os lançamentos efetuados nos respectivos Subsistemas Contábeis.

ASSUNTO	LANÇAMENTO	PÁGINA
Capítulo 6 – RECEITA PÚBLICA		
1. Arrecadação da receita extraorçamentária		
a) Pela Retenção de Tributos e Consignações		
– Registro da Retenção de Consignações, na apropriação da folha de pagamento, no Subsistema de Informações Patrimoniais –	SP nº 1	79
– Registro contábil do Controle da Disponibilidade de Recursos no Subsistema de Compensação –	SC nº 1	79
b) Pela apropriação da receita orçamentária		
– Registro contábil da Variação Patrimonial Aumentativa no Subsistema de Informações Patrimoniais –	SP nº 2	80
– Registro contábil no Subsistema de Informações Orçamentárias –	SO nº 1	80
– Registro contábil do Controle da Disponibilidade de Recursos no Subsistema de Compensação –	SC nº 2	80
2. Pela previsão da receita orçamentária (1º estágio)		
– Registro contábil no Subsistema de Informações Orçamentárias –	SO nº 2	85

390 Contabilidade Pública • Kohama

ASSUNTO	LANÇAMENTO	PÁGINA

3. Pelo Registro Contábil da receita orçamentária (2º estágio – lançamento)

– Registro contábil no Subsistema de Informações Patrimoniais – ... SP nº 3 ... 87

4. Pelo Registro Contábil da receita orçamentária (3º estágio – arrecadação e recolhimento)

a) No caso da arrecadação e o recolhimento da receita orçamentária que o fato gerador já tiver sido reconhecido;

– Registro contábil no Subsistema de Informações Patrimoniais – ... SP nº 4 ... 89

– Registro contábil no Subsistema de Informações Orçamentárias – ... SO nº 3 ... 90

– Registro contábil do Controle da Disponibilidade de Recursos no Subsistema de Compensação – ... SC nº 3 ... 90

b) No caso da arrecadação e recolhimento da receita orçamentária, quando o reconhecimento ocorre, quando do recebimento.

– Registro contábil da arrecadação e recolhimento no Subsistema de Informações Patrimoniais – ... SP nº 5 ... 90

– Registro contábil da arrecadação e recolhimento no Subsistema de Informações Orçamentárias – ... SO nº 4 ... 91

– Registro contábil do controle da disponibilidade de recursos, no Subsistema de Compensação – ... SC nº 4 ... 91

5. Pela restituição e anulação de receitas

a) Quando o despacho autorizatório que reconhece o direito creditório ocorre no mesmo exercício

– Registro contábil da autorização para a restituição no Subsistema de Informações Patrimoniais – ... SP nº 6 ... 93

b) Quando do pagamento da restituição

– Registro contábil do pagamento da restituição no Subsistema de Informações Patrimoniais – ... SP nº 7 ... 93

– Registro contábil do estorno da receita orçamentária, no Subsistema de Informações Orçamentárias – ... SO nº 5 ... 93

– Registro contábil do Controle da Disponibilidade de Recursos no Subsistema de Compensação – ... SC nº 5 ... 94

6. Pela Inscrição da Dívida Ativa

– Registro contábil do controle dos créditos a inscrever em dívida ativa no Subsistema de Compensação – ... SC nº 6 ... 95

– Registro contábil da inscrição da dívida ativa no Subsistema de Informações Patrimoniais – ... SP nº 8 ... 95

Índice dos Lançamentos   391

ASSUNTO	LANÇAMENTO	PÁGINA
– Registro contábil da Inscrição da dívida ativa no Subsistema de Compensação –	SC nº 7	95
7. Pelo Recebimento da Dívida Ativa		
– Registro contábil da transferência para o ativo circulante no Subsistema de Informações Patrimoniais –	SP nº 9	96
– Registro contábil da cobrança da dívida ativa no Subsistema de Informações Patrimoniais –	SP nº 10	96
– Registro contábil da receita orçamentária no Subsistema de Informações Orçamentárias –	SO nº 6	96
– Registro contábil da disponibilidade de recursos no Subsistema de Compensação –	SC nº 8	96
– Registro contábil do controle do crédito inscrito em dívida ativa recebido no Subsistema de Compensação –	SC nº 9	96
8. Cancelamento da Inscrição em Dívida Ativa		
– Registro contábil da baixa do crédito inscrito em dívida ativa no Subsistema de Compensação –	SC nº 10	97
9. Cancelamento da Inscrição da Dívida Ativa por Impossibilidade de Recebimento		
– Registro contábil da Variação Patrimonial Diminutiva no Subsistema de Informações Patrimoniais –	SP nº 11	97
10. Baixa do Controle de Inscrição da Dívida Ativa pelo recebimento e cancelamento do saldo não recebido		
– Registro contábil da baixa do controle de inscrição da Dívida Ativa no Subsistema de Compensação –	SC nº 11	97

Capítulo 7 – DESPESA PÚBLICA

11. Arrecadação da Receita Extraorçamentária		
– Pelo recebimento de cauções em dinheiro		
– Registro contábil de recebimento de caução no Subsistema de Informações Patrimoniais –	SP nº 13	114
– Registro contábil do controle da disponibilidade de recursos no Subsistema de Compensação –	SC nº 13	114
– Registro contábil do controle da disponibilidade de recursos comprometida no Subsistema de Compensação –	SC nº 14	114
12. Pelo recebimento de cauções em títulos e documentos		
– Registro contábil do recebimento de cauções em títulos e documentos, no Subsistema de Compensação –	SC nº 15	115

ASSUNTO	LANÇAMENTO	PÁGINA

13. Pelo pagamento da Despesa Extraorçamentária
  a) Pelo pagamento de retenções de consignações
  – Registro contábil do pagamento das retenções de consignações, no Subsistema de Informações Patrimoniais – .... SP nº 12 100
  – Registro contábil do controle das Disponibilidades de Recursos no Subsistema de Compensação – .... SC nº 12 100
  b) Pelo registro do controle das disponibilidades de recursos
  – Pela restituição de caução em dinheiro
  – Registro contábil da restituição em dinheiro no Subsistema de Informações Patrimoniais – .... SP nº 14 115
  – Registro do Controle por Destinação de recursos no Subsistema de Compensação – .... SC nº 16 115

14. Pela devolução de títulos e documentos caucionados
  – Registro contábil da restituição de cauções em títulos e documentos, no Subsistema de Compensação – ..... SC nº 17 115

15. Pela fixação da despesa orçamentária (1º estágio)
  – Registro contábil da Fixação da Despesa no Subsistema de Informações Orçamentárias – ...... SO nº 7 120

16. Pela emissão de empenhos (2º estágio)
  – Registro contábil da emissão de empenhos (2º Estágio), no Subsistema de Informações Orçamentárias – ...... SO nº 8 129
  – Registro contábil da Disponibilidade por destinação de Recursos Comprometida no Subsistema de Compensação – ...... SC nº 18 129
  – Registro contábil da Obrigação Contratual de Serviços no Subsistema de Compensação – ...... SC nº 19 129

17. Pela anulação de empenho
  – Registro contábil da anulação de empenhos, no Subsistema de Informações Orçamentárias – ...... SO nº 9 131
  – Registro contábil do estorno da disponibilidade por destinação de recursos comprometida, por anulação de empenhos – ...... SC nº 20 131

18. Pela liquidação da despesa orçamentária (3º estágio)
  a) Relativa à liquidação da folha de pagamento
  – Registro contábil da liquidação da folha de pagamento no Subsistema de Informações Orçamentárias – ...... SO nº 10 133
  – Registro contábil da Variação Patrimonial Diminutiva da despesa liquidada, no Subsistema de Informações Patrimoniais – ...... SP nº 15 133
  – Registro do Controle da Disponibilidade por Destinação de Recursos, no Subsistema de Compensação – ...... SC nº 21 134

ASSUNTO	LANÇAMENTO	PÁGINA

b) Relativa à despesa de Serviços de Terceiros

– Registro contábil da liquidação dos serviços de terceiros no Subsistema de Informações Orçamentárias – ... SO nº 11 ... 134

– Registro contábil da Variação Patrimonial Diminutiva da liquidação da despesa, no Subsistema de Informações Patrimoniais – ... SP nº 16 ... 134

– Registro contábil da baixa das obrigações contratuais no Subsistema de Compensação – ... SC nº 22 ... 134

– Registro contábil da Disponibilidade por Destinação de Recursos, no Subsistema de Compensação – ... SC nº 23 ... 134

c) Relativa à aquisição de material de consumo

– Registro contábil da liquidação da aquisição de material de consumo, no Subsistema de Informações Orçamentárias – ... SO nº 12 ... 135

– Registro contábil da liquidação da despesa orçamentária no Subsistema de Informações Patrimoniais – ... SP nº 17 ... 135

– Registro contábil da Disponibilidade por destinação de recursos, no Subsistema de Compensação – ... SC nº 24 ... 135

d) Relativa à aquisição do veículo

– Registro contábil da liquidação da aquisição de veículo, no Subsistema de Informações Orçamentárias – ... SO nº 13 ... 135

– Registro contábil da liquidação da despesa orçamentária no Subsistema de Informações Patrimoniais – ... SP nº 18 ... 135

– Registro contábil da Disponibilidade por destinação de recursos, no Subsistema de Compensação – ... SC nº 25 ... 136

19. Pelo pagamento da despesa orçamentária (4º estágio)

a) Pelo pagamento da despesa de pessoal

– Registro contábil do pagamento da despesa de pessoal, no Subsistema de Informações Patrimoniais – ... SP nº 19 ... 139

– Registro contábil do pagamento da despesa de pessoal, no Subsistema de Informações Orçamentárias – ... SO nº 14 ... 139

– Registro contábil da Disponibilidade por Destinação de Recursos Utilizada, no Subsistema de Compensação – ... SC nº 26 ... 139

b) Pelo pagamento da despesa de serviços de terceiros PJ

– Registro contábil do pagamento de despesas de serviços de terceiros, no Subsistema de Informações Patrimoniais – ... SP nº 20 ... 139

394 Contabilidade Pública • Kohama

ASSUNTO	LANÇAMENTO	PÁGINA
– Registro contábil do pagamento da despesa de serviços de terceiros, no Subsistema de Informações Orçamentárias –	SO nº 15	139
– Registro contábil da Disponibilidade por Distribuição de Recursos utilizada, no Subsistema de Compensação –	SC nº 27	140
c) Pelo pagamento da despesa com a aquisição de material de consumo		
– Registro contábil do pagamento de despesas de material de consumo, no Subsistema de Informações Patrimoniais –	SP nº 21	140
– Registro contábil do pagamento da despesa de material de consumo, no Subsistema de Informações Orçamentárias –	SO nº 16	140
– Registro contábil da Disponibilidade por Distribuição de Recursos utilizada, no Subsistema de Compensação –	SC nº 28	140
d) Pelo pagamento da despesa com a aquisição de um veículo		
– Registro contábil do pagamento de despesas de material de consumo, no Subsistema de Informações Patrimoniais –	SP nº 22	140
– Registro contábil do pagamento da despesa de um veículo, no Subsistema de Informações Orçamentárias –	SO nº 17	141
– Registro contábil da Disponibilidade por Distribuição de Recursos utilizada, no Subsistema de Compensação –	SC nº 29	141

Capítulo 8 – RESTOS A PAGAR

20. Pela Inscrição dos Restos a Pagar

a) Pela inscrição da despesa liquidada e não paga		
– Registro contábil da Inscrição de Restos a Pagar Processados, no Subsistema de Informações Orçamentárias –	SO nº 18	151
b) Pela inscrição da despesa empenhada e não liquidada		
– Registro contábil da Inscrição de Restos a Pagar não Processados, no Subsistema de Informações Orçamentárias –	SO nº 19	152

Índice dos Lançamentos   395

ASSUNTO	LANÇAMENTO	PÁGINA

21. Pela execução dos Restos a Pagar no exercício seguinte:

a) Para execução dos Restos a Pagar Processados

– Registro contábil da adequação necessária dos restos a pagar processados, no Subsistema de Informações Orçamentárias – ... SO nº 20 ... 152

– Registro contábil da adequação necessária para execução dos restos a pagar processados no Subsistema de Informações Orçamentárias – ... SO nº 21 ... 152

b) Para execução dos Restos a Pagar não Processados

– Registro contábil da adequação necessária dos restos a pagar não processados, no Subsistema de Informações Orçamentárias – ... SO nº 22 ... 152

– Registro contábil da adequação necessária para execução dos restos a pagar não processados no Subsistema de Informações Orçamentárias – ... SO nº 23 ... 152

22. Pela liquidação dos Restos a Pagar não Processados

I – De despesa de Material de Consumo

– Registro contábil da liquidação de restos a pagar não processado de Material de Consumo, no Subsistema de Informações Orçamentárias – ... SO nº 24 ... 153

– Registro contábil da obrigação de pagamento assumida pela Liquidação de Restos a Pagar não Processados, no Subsistema de Informações Patrimoniais – ... SP nº 23 ... 153

– Registro contábil da Disponibilidade de Recursos, no Subsistema de Compensação – ... SC nº 30 ... 153

II – De despesa de serviço de Terceiros – PJ

– Registro contábil da liquidação de restos a pagar não processados de Material de Consumo, no Subsistema de Informações Orçamentárias – ... SO nº 24 ... 154

– Registro contábil da liquidação de restos a pagar não processados de Serviço de Terceiro – PJ, no Subsistema de Informações Patrimoniais – ... SP nº 24 ... 154

– Registro contábil da Disponibilidade de Recursos, no Subsistema de Compensação – ... SC nº 31 ... 154

23. Pelos pagamentos de Restos a Pagar

I – Restos a Pagar Processados

– Registro contábil do Pagamento efetivo de Restos a Pagar, no Subsistema de Informações Patrimoniais – ... SP nº 25 ... 154

ASSUNTO	LANÇAMENTO	PÁGINA
– Registro contábil do pagamento dos Restos a Pagar Processados, no Subsistema de Informações Patrimoniais –	SO nº 25	154
– Registro contábil da Disponibilidade por Destinação de Recursos Utilizada, no Subsistema de Compensação –	SC nº 32	155

II – Restos a Pagar não Processados

– Registro contábil do Pagamento efetivo de Restos a Pagar, no Subsistema de Informações Patrimoniais –	SP nº 26	155
– Registro contábil do Pagamento efetivo de Restos a Pagar, no Subsistema de Informações Patrimoniais –	SP nº 27	155
– Registro contábil do pagamento de Restos a Pagar não Processados, no Subsistema de Informações Orçamentárias –	SO nº 26	155
– Registro contábil da Disponibilidade por Destinação de Recursos Comprometida – Utilizada, no Subsistema de Compensação –	SC nº 33	155

24. Pelo cancelamento de Restos a Pagar

– Registro contábil do cancelamento de restos a pagar não processados, no Subsistema de Informações Orçamentárias –	SO nº 27	156
– Registro contábil do cancelamento de restos a pagar não processados, no Subsistema de Compensação –	SC nº 34	156

Capítulo 9 – DÍVIDA PÚBLICA

25. Pela contratação da operação de crédito

– Registro contábil do direito contratual da operação de crédito a receber, no Subsistema de Compensação –	SC nº 35	164

26. Pela constituição da Dívida

a) Registros relativos à constituição da Dívida Flutuante

– Registro contábil da constituição da dívida flutuante, no Subsistema de Informações Patrimoniais –	SP nº 28	164
– Registro contábil da baixa do direito contratual da operação de crédito recebida no Subsistema de Compensação –	SC nº 36	164
– Registro contábil da disponibilidade de recursos, no Subsistema de Compensação –	SC nº 37	164
– Registro contábil da disponibilidade de recursos por entrada compensatória, no Subsistema de Compensação –	SC nº 38	165

Índice dos Lançamentos   397

ASSUNTO	LANÇAMENTO	PÁGINA

b) Registros relativos à constituição da Dívida Fundada

– Registro contábil da constituição da dívida fundada, no Subsistema de Informações Patrimoniais –   SP nº 29   165

– Registro contábil da Receita Orçamentária, no Subsistema de Informações Orçamentárias –   SO nº 28   165

– Registro contábil da disponibilidade de recursos, no Subsistema de Compensação –   SC nº 39   165

– Registro contábil da baixa do direito contratual da operação de crédito recebida no Subsistema de Compensação –   SC nº 40   165

27. Pelo Ajustamento da Dívida

a) Relativo à operação de crédito por antecipação da receita orçamentária (dívida flutuante)

– Registro contábil da liquidação da despesa de juros e encargos da dívida flutuante, no Subsistema de Informações Patrimoniais –   SP nº 30   166

b) Relativo à operação de crédito de longo prazo (dívida fundada)

– Registro contábil do ajustamento da dívida fundada e consolidada interna, no Subsistema de Informações Patrimoniais –   SP nº 31   166

1 – Ajuste relativo à taxa cambial

I – Quando o ajuste provocar variação patrimonial diminutiva

– Registro contábil do ajustamento da dívida fundada e consolidada externa por taxa cambial, no Subsistema de Informações Patrimoniais –   SP nº 32   166

II – Quando o ajuste provocar variação patrimonial aumentativa

– Registro contábil do ajustamento da dívida fundada e consolidada externa por taxa cambial, no Subsistema de Informações Patrimoniais –   SP nº 33   167

28. Pela amortização da dívida pública

a) Relativo à operação de crédito por antecipação da receita (dívida flutuante)

I – Pela emissão do empenho dos juros e encargos da dívida

– Registro contábil do Empenho das despesas de juros e encargos da dívida, no Subsistema de Informações Orçamentárias –   SO nº 29   167

ASSUNTO	LANÇAMENTO	PÁGINA
– Registro contábil da disponibilidade por destinação de recursos, no Subsistema de Compensação –	SC nº 41	168
II – Pela liquidação da despesa de juros e encargos da dívida		
– Registro contábil da Liquidação da despesa de juros e encargos da dívida, no Subsistema de Informações Orçamentárias –	SO nº 30	168
– Registro contábil da disponibilidade por destinação de recursos, no Subsistema de Compensação –	SC nº 42	168
III – Pelo pagamento da amortização da operação de crédito por antecipação da receita (dívida flutuante) e da despesa dos juros e encargos da dívida		
– Registro contábil do pagamento da amortização da dívida e dos juros e encargos da dívida, no Subsistema de Informações Patrimoniais –	SP nº 34	168
– Registro contábil orçamentário do pagamento dos juros e encargos da dívida, no Subsistema de Informações Orçamentárias –	SO nº 31	169
– Registros contábeis da disponibilidade por destinação de recursos, no Subsistema de Compensação –	SC nº 43	169
– Relativo ao pagamento dos juros e encargos da dívida		
– Relativo ao pagamento da operação de crédito por antecipação da receita (dívida flutuante)		
b) Relativo à Dívida Fundada ou Consolidada		
I – Pela emissão do empenho das despesas da dívida e dos juros e encargos da dívida		
– Registro contábil do Empenho das despesas da dívida e dos juros e encargos da dívida, no Subsistema de Informações Orçamentárias –	SO nº 32	169
– Registro contábil da disponibilidade por destinação de recursos, no Subsistema de Compensação –	SC nº 44	170
II – Pela liquidação das despesas da dívida e dos juros e encargos da dívida		
– Registro contábil da Liquidação das despesas da dívida e dos juros e encargos da dívida, no Subsistema de Informações Orçamentárias –	SO nº 33	170

ASSUNTO	LANÇAMENTO	PÁGINA
– Registro contábil da disponibilidade por destinação de recursos, no Subsistema de Compensação –	SC nº 45	170
III – Pelo pagamento do resgate da dívida fundada e da despesa dos juros e encargos da dívida		
– Registro contábil do pagamento do resgate da dívida e dos juros e encargos da dívida, no Subsistema de Informações Patrimoniais –	SP nº 35	170
– Registro contábil orçamentário do pagamento da dívida e dos juros e encargos da dívida, no Subsistema de Informações Orçamentárias –	SO nº 34	171
– Registros contábeis da disponibilidade por destinação de recursos, no Subsistema de Compensação –	SC nº 46	171
– Relativo ao pagamento do resgate da dívida fundada ou consolidada		171
– Relativo ao pagamento dos juros e encargos da dívida		171

Capítulo 10 – REGIME DE ADIANTAMENTO

29. Pelo registro do valor da despesa a ser entregue ao servidor

I – Pela emissão do empenho da despesa		
– Registro contábil do Empenho das despesas para aquisição de despesas miúdas e de pronto pagamento, no Subsistema de Informações Orçamentárias –	SO nº 35	184
– Registro contábil do controle da disponibilidade por destinação de recursos, no Subsistema de Compensação –	SC nº 47	184
II – Pela liquidação da despesa		
– Registro contábil da Liquidação da despesa de adiantamento, no Subsistema de Informações Orçamentárias –	SO nº 36	184
– Registro contábil da Liquidação da despesa de adiantamento, no Subsistema de Informações Patrimoniais –	SP nº 36	185
– Registro contábil do controle da disponibilidade por destinação de recursos, no Subsistema de Compensação –	SC nº 48	185

ASSUNTO	LANÇAMENTO	PÁGINA

III – Pelo pagamento da despesa

– Registro contábil do pagamento da despesa, no Subsistema de Informações Patrimoniais – — SP nº 37 — 185

– Registro contábil do pagamento da despesa, no Subsistema de Informações Orçamentárias – — SO nº 37 — 185

– Registro contábil do controle da disponibilidade por destinação de recursos, no Subsistema de Compensação – — SC nº 49 — 185

IV – Pelo registro da responsabilidade do servidor

– Registro contábil da responsabilidade do servidor do valor recebido para utilização pelo Regime de Adiantamento, no Subsistema de Compensação – — SC nº 50 — 185

30. Pela prestação de contas

a) Quando o recolhimento do saldo não aplicado ocorre no mesmo exercício

1. Relativo a apropriação da despesa efetuada, conforme documentos apresentados no valor de R$ 500,00, no Subsistema de Informações Patrimoniais – — SP nº 38 — 190

2. Relativos ao recolhimento do valor não aplicado

– Registro contábil da devolução do valor não aplicado, valor de R$ 500,00, no Subsistema de Informações Patrimoniais – — SP nº 39 — 190

– Registro contábil da anulação do empenho relativa ao valor restituído, no Subsistema de Informações Orçamentárias – — SO nº 38 — 190

– Registro contábil do controle da disponibilidade por destinação de recursos, no Subsistema de Compensação – — SC nº 51 — 190

b) Relativo à restituição do valor não aplicado no exercício seguinte

– Registro contábil da devolução do valor não aplicado, no Subsistema de Informações Patrimoniais – — SP nº 40 — 191

– Registro contábil da receita orçamentária relativa à devolução do valor não aplicado, no Sistema de Informações Orçamentárias – — SO nº 39 — 191

– Registros contábeis do controle da disponibilidade por destinação de recursos, no Subsistema de Compensação – — SC nº 52 — 191

ASSUNTO	LANÇAMENTO	PÁGINA

c) Baixa da responsabilidade do servidor

– Registro contábil da baixa da responsabilidade do servidor, do valor recebido para utilização pelo Regime de Adiantamento, no Subsistema de Compensação – ... SC nº 53 ... 192

Capítulo 11 – PATRIMÔNIO PÚBLICO

31. Registro das Variações Patrimoniais Aumentativas

– Registro contábil da Variação Patrimonial Aumentativa no Subsistema de Informações Patrimoniais – ... SP nº 2 ... 208

– Registro contábil no Subsistema de Informações Patrimoniais Lançamentos SP – ... SP nº 3 ... 208

– Registro contábil do ajustamento da dívida fundada e consolidada externa por taxa cambial, no Subsistema de Informações Patrimoniais – ... SP nº 33 ... 208

– Registro contábil do recebimento de uma doação de bens móveis, por transferência de pessoas físicas, no Subsistema de Informações Patrimoniais – ... SP nº 41 ... 208

– Registro contábil da incorporação, pelo nascimento de um animal, no Subsistema de Informações Patrimoniais – ... SP nº 42 ... 209

32. Registro das Variações Patrimoniais Diminutivas

– Registro contábil da Variação Patrimonial Diminutiva no Subsistema de Informações Patrimoniais – ... SP nº 15 ... 214

– Registro contábil da Variação Patrimonial Diminutiva, no Subsistema de Informações Patrimoniais – ... SP nº 30A ... 214

– Registro contábil da Variação Patrimonial Diminutiva, no Subsistema de Informações Patrimoniais – ... SP nº 16 ... 214

– Registro contábil da liquidação da despesa de juros e encargos da dívida flutuante, no Subsistema de Informações Patrimoniais – ... SP nº 30 ... 215

– Registro contábil do ajustamento da dívida fundada e consolidada interna, no Subsistema de Informações Patrimoniais – ... SP nº 31 ... 215

– Registro contábil do ajustamento da dívida fundada e consolidada externa por taxa cambial, no Subsistema de Informações Patrimoniais – ... SP nº 32 ... 216

– Registro contábil da Variação Patrimonial Diminutiva no Subsistema de Informações Patrimoniais – ... SP nº 11 ... 216

– Registro contábil de uma doação de bens móveis concedida por transferência a uma instituição privada sem fins lucrativos, no Subsistema de Informações Patrimoniais – ... SP nº 43 ... 216

402   Contabilidade Pública • Kohama

ASSUNTO	LANÇAMENTO	PÁGINA
– Registro contábil da Variação Patrimonial Diminutiva, relativa a depreciação de veículos, no Subsistema de Informações Patrimoniais –	SP nº 44	216

Capítulo 12 – CRÉDITOS ADICIONAIS

33. Pela abertura dos créditos adicionais

I – Relativa a *Créditos Suplementares*

– Registro contábil da abertura de Créditos Suplementares para execução da despesa no Subsistema de Informações Orçamentárias –	SO nº 40	224

II – Relativa a *Créditos Especiais*

– Registro contábil da abertura de Créditos Especiais para execução da despesa no Subsistema de Informações Orçamentárias –	SO nº 41	225

III – Relativa a *Créditos Extraordinários*

– Registro contábil da abertura de Crédito Extraordinário para execução da despesa no Subsistema de Informações Orçamentárias –	SO nº 42	225

34. Pela redução orçamentária para cobertura de créditos adicionais

– Registro contábil da redução de dotação para cobertura de Créditos Adicionais no Subsistema de Informações Orçamentárias –	SO nº 43	225

Capítulo 13 – FUNDOS ESPECIAIS

35. Pelo reconhecimento das receitas

– Registro contábil do reconhecimento das transferências da União, no Subsistema de Informações Patrimoniais –	SP nº 45	238
– Registro contábil do reconhecimento do crédito das receitas, no Subsistema de Informações Patrimoniais –	SP nº 46	239

36. Pela arrecadação da receitas de transferências da União

– Registro contábil da arrecadação das receitas dos Estados/Distrito Federal, no Subsistema de Informações Patrimoniais –	SP nº 47	239
– Registro contábil da arrecadação da receita de transferências da União, no Subsistema de Informações Orçamentárias –	SO nº 44	239
– Registro contábil do Controle da Disponibilidade de Recursos no Subsistema de Compensação –	SC nº 54	240

ASSUNTO	LANÇAMENTO	PÁGINA

37. Pela arrecadação da receita orçamentária

– Registro contábil da arrecadação das receitas dos Estados/Distrito Federal, no Subsistema de Informações Patrimoniais – · · · · · · · · · · · · SP nº 48 · · · 240

– Registro contábil da arrecadação das receitas dos Estados/Distrito Federal, no Subsistema de Informações Orçamentárias – · · · · · · · · · · · · SO nº 45 · · · 240

– Registro contábil do Controle da Disponibilidade de Recursos no Subsistema de Compensação – · · · SC nº 55 · · · 240

38. Pela dedução da receita de 20% das transferências da União para formação do Fundeb

– Registro contábil da dedução de 20%, das transferências da União para formação do Fundeb, no Subsistema de Informações Patrimoniais – · · · · SP nº 49 · · · 241

– Registro contábil da dedução de 20% das transferências da União para formação do Fundeb, no Subsistema de Informações Orçamentárias – · · · · SO nº 46 · · · 241

– Registro contábil do Controle da Disponibilidade de Recursos no Subsistema de Compensação – · · · SC nº 56 · · · 241

39. Pela dedução de 20% da receita orçamentária para formação do Fundeb

– Registro contábil da dedução de 20%, das receitas dos Estados/Distrito Federal para o Fundeb, no Subsistema de Informações Patrimoniais – · · · · SP nº 50 · · · 242

– Registro contábil da dedução de 20% das receitas dos Estados/Distrito Federal para o Fundeb, no Subsistema de Informações Orçamentárias – · · · · SO nº 47 · · · 242

– Registro contábil do Controle da Disponibilidade de Recursos no Subsistema de Compensação – · · · SC nº 57 · · · 242

Capítulo 14 – ASSUNTOS ESPECÍFICOS

40. Ajustamento do valor do bem (veículo), deduzindo-se o valor da depreciação acumulada, para obter o valor líquido contábil

– Registro contábil do ajustamento do valor líquido contábil do bem (veículo), no Subsistema de Informações Patrimoniais – · · · · · · · · · · · SP nº 51 · · · 255

41. Ajustamento da valorização obtida na venda do veículo

– Registro contábil do ajustamento do valor líquido contábil do veículo, no Subsistema de Informações Patrimoniais – · · · · · · · · · · · · · · · SP nº 52 · · · 255

404 Contabilidade Pública • Kohama

ASSUNTO	LANÇAMENTO	PÁGINA

42. Pelo recebimento do valor da alienação do veículo

– Registro contábil da arrecadação do valor de alienação do veículo, no Subsistema de Informações Patrimoniais – · SP nº 53 · 255

– Registro contábil da arrecadação da receita orçamentária, no Subsistema de Informações Orçamentárias – · SO nº 48 · 256

– Registro contábil do Controle da Disponibilidade de
Recursos no Subsistema de Compensação – · SC nº 58 · 256

**43. Ajustamento do valor do bem (computador), dedu-
zindo-se o valor da depreciação acumulada, para
obter o valor líquido contábil**

– Registro contábil do ajustamento do valor líquido contábil do computador, no Subsistema de Informações
Patrimoniais – · SP nº 54 · 256

**44. Ajustamento da desvalorização na venda do com-
putador** · SP nº 55 · 257

**45. Pelo recebimento do valor da alienação do compu-
tador**

– Registro contábil da arrecadação do valor de alienação do veículo, no Subsistema de Informações Patrimoniais – · SP nº 56 · 257

– Registro contábil da arrecadação da receita orçamentária, no Subsistema de Informações Orçamentárias – · SO nº 49 · 257

– Registro contábil do Controle da Disponibilidade de
Recursos no Subsistema de Compensação – · SC nº 59 · 257

46. Diversas Incorporações e Desincorporações

I – Doações

**a) Recebimento de uma biblioteca de pessoas
físicas**

– Registro contábil do recebimento de uma biblioteca por doação de pessoas físicas, no Subsistema de Informações Patrimoniais – · SP nº 57 · 260

**b) Pela doação de uma ambulância para um
Município**

– Registro contábil da doação de uma ambulância a um Município, no Subsistema de Informações Patrimoniais – · SP nº 58 · 261

II – Permuta

**a) Pela incorporação de Terras recebidas por
permuta de pessoas físicas**

ASSUNTO	LANÇAMENTO	PÁGINA
– Registro contábil do recebimento de Terras por permuta de pessoa física no Subsistema de Informações Patrimoniais –	SP nº 59	261
b) Pela desincorporação das Terras cedidas por permuta		
– Registro contábil da cessão de Terras por permuta, no Subsistema de Informações Patrimoniais –	SP nº 60	261
III – Pela desincorporação de um bem incorporado por Extravio		
– Registro contábil da desincorporação de um objeto de arte, por extravio, no Subsistema de Informações Patrimoniais –	SP nº 61	261
IV – Pela incorporação de Herança Vacante		
– Registro contábil da incorporação de uma Fazenda recebida por Herança Vacante, no Subsistema de Informações Patrimoniais –	SP nº 62	262

47. Empréstimos e Cessão de Bens

	LANÇAMENTO	PÁGINA
1. Empréstimo de Materiais por Convênio		
I – Materiais recebidos –	SC nº 60	263
II – Materiais Cedidos –	SC nº 61	263
2. Empréstimo de Materiais por Termo de Responsabilidade		
I – Materiais recebidos –	SC nº 62	263
II – Materiais cedidos –	SC nº 63	263
3. Empréstimo de Bens em Comodato		
I – Bens Recebidos –	SC nº 64	264
II – Bens cedidos –	SC nº 65	264
4. Bens Recebidos em Usufruto	SC nº 66	264
5. Servidão de Bens Imóveis	SC nº 67	264

Capítulo 15 – LEVANTAMENTO DE BALANÇOS

48. Dos registros de encerramento das contas do Subsistema de Informações Orçamentárias

	PÁGINA
1 – Registro contábil do encerramento do saldo das contas 621.1 – Receita a Realizar, em contrapartida com as contas 521.1 – Previsão Inicial da Receita, por terem saldos que representam o valor previsto, mas não arrecadado.	278
2 – Registro contábil do encerramento do saldo das contas 621.2 – Receita Realizada, em contrapartida com as contas 521.1 – Previsão Inicial da Receita, para efeito de fechamento de balanço.	278

406   Contabilidade Pública • Kohama

ASSUNTO	LANÇAMENTO	PÁGINA

3 – Registro contábil do encerramento do saldo das contas 622.11 – Crédito Disponível, em contrapartida com as contas 522.11 – Dotação Inicial, representando esse saldo a economia orçamentária do exercício, ou seja, o saldo da dotação não empenhado.   279

4 – Registro contábil da transferência do saldo das contas 622.03.01 – Crédito Empenhado a Liquidar e 622.13.03 – Crédito Empenhado a Pagar, para a conta 622.13.04 – Crédito Liquidado Pago, para constituir os RESTOS A PAGAR e, consequentemente, ser incluída como despesa orçamentária em atendimento ao art.103, da Lei nº 4.320/64.   279

5 – Registro contábil do encerramento do saldo das contas 622.13 – Crédito Utilizado, que correspondem à Despesa Realizada, em contrapartida com as contas 522.11 – Dotação Inicial (da Despesa Orçamentária) para efeito de fechamento de balanço.   279

6 – Registro contábil da Inscrição dos Restos a Pagar do exercício, que deverá compor a receita extraorçamentária, para compensar sua inclusão na despesa orçamentária, conforme o disposto no art. 103 da Lei nº 4.320/64.   279

  6.1 – Registro contábil da Inscrição de Restos a Pagar Processados   279

  6.2 – Registro contábil da Inscrição de Restos a Pagar não Processados   280

49. Dos registros relativos à apuração do resultado patrimonial

1 – Transferência dos saldos das contas da classe 4 – Variações Patrimoniais Aumentativas, em contrapartida com a conta 237 – Resultados Acumulados, para fins de encerramento e apuração do resultado patrimonial do exercício.   295

2 – Transferência dos saldos das contas da classe 3 – Variações Patrimoniais Diminutivas, em contrapartida com a conta 237 – Resultados Acumulados, para fins de encerramento e apuração do resultado patrimonial do exercício.   296

50. Dos registros de encerramento das contas e compensação

1. Fazer o lançamento contábil da conta 821.14 – Disponibilidade por Destinação de Recursos Utilizada, em contrapartida com a conta 721.10 – Controle da Disponibilidade de Recursos, para fins de encerramento do exercício.   299

Índice Remissivo

A

Abertura, 220

Abrangência, 28

Ação planejada e transparente, 41

Adiantamento comum, 177

Adiantamento em base mensal, 177

Adiantamento referente aos gastos de representação, 178

Adiantamento único, 177

Administração direta ou centralizada, 14

Administração indireta ou descentralizada, 15

Administração pública, 9

A importância da contabilidade no ciclo orçamentário, 54

Alcance, 180

Alienações de bens, 76

A limitação de empenho e movimentação financeira, 118

Alocação dos créditos orçamentários, 101

Amortização, 251

Amortização da dívida, 103

Amortizações de empréstimos, 76

Anexo 3 (da Lei nº 4.320/64): discriminação das naturezas de receita orçamentária, 366

Anexo 4 (da Lei nº 4.320/64): discriminação das naturezas de despesa orçamentária, 370

Anexo 5 (da Lei nº 4.320/64): classificação funcional-programática, 377

Anexo 12, 284

Anexo 13, 289

Anexo 15, 297

Anexo de metas fiscais, 43

Anexo de riscos fiscais, 44

Ano financeiro, 34

Anulação da receita orçamentária, 92

Anulação parcial ou total de dotações orçamentárias ou de créditos autorizados em lei, 223

Aplicações diretas, 106

Aposentadorias e reformas, 210

Apreciação, 297, 299

Apreciações preliminares, 286, 291

Apresentação de soluções, 57

Apropriação do valor dos bens ao produto da alienação (venda), 249, 254, 256

Apuração do resultado patrimonial, 295

A questão dos procedimentos de inscrição dos restos a pagar, 148

Arrecadação, 87

Arrecadação e recolhimento, 87

Associação das pioneiras sociais, 21

Assunção de obrigação no último ano do mandato ou legislatura, 146

Assunção de obrigações nos três primeiros anos do mandato ou legislatura, 147

Atividade, 62, 111

Atributos das contas contábeis, 311, 317, 328, 341, 350, 354, 358, 363

Aumento da despesa, 121

Autarquias, 15

Autorização, 220

Autorização legislativa, 220

Autorizações para créditos extraordinários, 222

Autorizações relativas aos créditos especiais, 221

Autorizações relativas aos créditos suplementares, 221

Avaliação, 53

Avaliação dos elementos patrimoniais, 249

Aziendas, 24

B

Balancete, 272

Balancete do subsistema de compensação, 299, 301

Balancete do subsistema de informações orçamentárias, 275, 277

Balancete do subsistema de informações patrimoniais, 293

Balanço, 272

Balanço financeiro, 285, 289

Balanço orçamentário, 276, 284

Balanço patrimonial – anexo 14, 303, 304

procedimentos para o levantamento do, 298

Bem-estar da comunidade, 1

Benefícios a pessoal, 210

Benefícios de prestação continuada, 210

Benefícios eventuais, 210

Bens de uso comum do povo, 194

Uso direto, 195

Uso imediato, 195

Bens de uso especial, 195

Bens dominicais, 196

Bens públicos (das entidades públicas), 194

Busca e apropriação de dados, 287

C

Calamidade pública, 220

Casos práticos, 254

Categorias de programação, 60

Categorias econômicas, 101

Categorias funcional-programáticas, 112

Caução e a fiança bancária, 77

Cauções, 78

Ciclo orçamentário, 49

avaliação, 53

elaboração, 49

estudo e aprovação, 51

execução, 52

Classificação, 218, 227

Classificação da despesa orçamentária segundo a natureza, 100

Classificação da receita pública, 68

Classificação econômica, 70

Classificação econômica da despesa orçamentária, 264

Classificação é feita em serviços de terceiros, 268

Classificação funcional-programática, 109

Codificação, 80, 111

Código de escrituração contábil, 113

Códigos de arrecadação, 81

Códigos de escrituração contábil, 82

Códigos orçamentários, 81

Códigos orçamentários da despesa, 112

Colégio de decisão, 65

Comoção intestina ou subversão interna, 220

Comodato, 262

Competência patrimonial, 69

Conceito de plano de contas, 306

Concessão, 4

Concessão de serviços, 3

Consequências da não execução daquela função, 63

Considerações sobre o balanço financeiro, 289

Considerações sobre o balanço orçamentário, 285

Considerações sobre o balanço patrimonial, 304

Consignações, 78

Consolidação do patrimônio público, 197

Constituem fundo especial de financiamento, 229

Constituem fundos de natureza contábil, 229

Constituem os fundos especiais de despesa, 228

Contabilidade pública, 25

    campo de atuação, 25

Contas de compensação, 298

Contribuição de melhoria, 72

Contribuições, 212

Contribuições de iluminação pública, 203

Contribuições de interesse das categorias profissionais, 204

Contribuições de intervenção no domínio econômico, 203

Contribuições de melhoria, 203

Contribuições sociais, 203

Controle de estoque, 259

Controle de estoque pela média ponderada móvel, 258

Controle dos adiantamentos, 179

Controle dos bens de almoxarifado, 257

Controle e exame das prestações de contas dos adiantamentos, 179

Convênio, 269

Cotas de despesa, 53

Cotas trimestrais, 52

Créditos especiais, 218

Créditos extraordinários, 219

    autorização para, 222

Créditos suplementares, 218

Critérios fixados na lei de diretrizes orçamentárias, 119

Cronograma de execução mensal de desembolso, 53

Custo com tributos, 213

Custo de pessoal e encargos, 210

Custo dos materiais, serviços e consumo de capital fixo, 211

Custos de outras VPD, 213

Custos e benefícios, 64

D

Definição de objetivos, 58

Delegação do poder público, 3

Demonstração das variações patrimoniais, 297

Demonstração das variações patrimoniais anexo nº 15, 202

Depreciação, 251, 252

Descontos financeiros concedidos, 211

Descontos financeiros obtidos, 205

Desempenho da arrecadação em relação à previsão, 88

Desincorporação ou baixa, 201

Despesa extraorçamentária, 99

Despesa não processada, 143

Despesa orçamentária, 99, 116

    fixação, 116

Despesa orçamentária, em termos de material de consumo e material permanente, 265

Despesa pública, 98

    classificação, 98

Despesas correntes, 101

Despesas de capital, 102

Desvalorização, 251

Determinação da situação, 56

Determinação de atividades para concretização dos objetivos, 58

Determinação dos recursos humanos, materiais e financeiros, 59

Diferentes níveis de esforço para executar a mesma função, 64

Diminutiva, 201

Direitos das entidades públicas, 196

Distrito federal, 11

Diversas incorporações e desincorporações, 259

Diversas variações patrimoniais aumentativas, 207

Diversas VPD, 213

Dívida ativa, 94

Dívida ativa não tributária, 94

Dívida ativa tributária, 94

Dívida flutuante, 159

Dívida flutuante, 159
Dívida fundada ou consolidada, 157, 162
Dívida fundada ou consolidada externa, 158
Dívida fundada ou consolidada interna, 158
Dívida pública, 157
Doação, 259

E

Elemento de despesa, 107
Empenho, 120
Empenho da despesa, 120
Empenho global, 127
Empenho ordinário ou normal, 124
Empenho por estimativa, 124
Empresas públicas, 19
Empréstimo, 262
Empréstimo e cessão de bens, 262
Encargos patronais, 209
Entidades paraestatais, 17
Entidades que compõem a administração indireta ou descentralizada, 15
Equilíbrio, 49
Equilíbrio financeiro, 5
Estabelecimento de prioridades, 57
Estado, 10
Estado federal, 11
Estados-membros, 11
Estágios, 83, 116
Estágios da receita pública, 83
Estimativa da receita, 84
Estruturação, 14
Estudo e aprovação, 51
Exaustão, 250
Excesso de arrecadação, 222
Execução do orçamento, 52
Exercício financeiro, 35
Exploração de bens e direitos e prestação de serviços, 204
Extravio, 260

F

Fiança, 78
Finalidades do regime de adiantamento, 173
Fixação, 116
Função, 109
Função administrativa ou executiva, 12
Função judicial, 13
Função normativa ou legislativa, 12
Fundações, 20
Fundo especial, 226
Fundos de natureza contábil, 229, 237
Fundos especiais de despesa, 228, 234
Fundos especiais de financiamento, 229, 235

G

Ganhos com alienação de ativos, 206
Ganhos, incorporação de ativos por descobertas e nascimentos, 206
Garantia contratual, 113
Grupos de natureza de despesa, 102

H

Herança jacente, 260
Herança vacante, 260

I

Imposto, 72
Impostos, 202
Impostos, taxas e contribuições de melhoria, 212
Incorporação ao patrimônio público, 198
   incorporação aumentativa, 198
   incorporação diminutiva, 198
Indicação e especificação de recursos, 222
Insubsistências ativas, 209
Insubsistências passivas, 202
Inventário, 272
Inversões financeiras, 103
Investimentos, 103

J

Juros e encargos da dívida, 103

Juros e encargos de empréstimos e financiamentos concedidos, 204

Juros e encargos de empréstimos e financiamentos obtidos, 211

Juros e encargos de mora, 204, 211

L

Lançamento, 85

Lei de diretrizes orçamentárias, 42

Lei de orçamentos anuais, 44

Levantamento de balanços, 272

Licitação, 113

Limitação de empenho e movimentação financeira, 89

Limite estabelecido em até 5%, 176

Linha reta ou taxa constante, 252

Liquidação da despesa, 131

Liquidação de empenhos globais, 132

Liquidação de empenhos ordinários ou normais, 132

Liquidação de empenhos por estimativa, 132

M

Manual de contabilidade aplicada ao setor público, 28

Medidas de desempenho, 64

Método da soma dos dígitos, 252

Método das partidas dobradas, 25

Método de utilidades produzidas, 253

Métodos da depreciação, 252

Modalidades de aplicação, 103

N

Não cancelamento de restos a pagar, 146

Nível corrente de esforço, 64

Nível de expansão de esforço, 64

Nível de meios, 61

Nível de objetivos, 61

Nota de anulação de empenhos, 131

Nota de empenho, 124

O

Obra, 62

Obrigações das entidades públicas, 196

Operacionalização, 234

Operacionalização da despesa, 235, 236

Operacionalização da receita, 234, 235, 237

Operacionalização do regime de adiantamento, 176

Operações correntes, 71

Operações de crédito, 76

Operações de crédito por antecipação da receita orçamentária, 78

Operações de crédito por antecipação de receita, 160

Orçamento, 98

    anualidade, 48

    clareza, 48

    elaboração, 49

    equilíbrio, 49

    exclusividade, 48

Orçamento anual, 44

Orçamento base zero, 63

Orçamento da seguridade social, 45

Orçamento de investimento das empresas, 45

Orçamento fiscal, 44

Orçamento por programas, 55

Ordem de pagamento, 136

Organização da administração pública, 12

Organização político-administrativa brasileira, 10

P

Pacote de decisão, 65

Pagamento, 138

Pagamento da despesa, 138

Participações e contribuições, 213

Patrimônio, 193

Patrimônio público, 193

Pensões, 210

PEPS ou FIFO (*First in, First out*), 258

Perdas com alienação, 212

Perdas involuntárias, 212

Permuta, 260

Pessoal civil ou militar
   remuneração, 206

Pessoal e encargos sociais, 102

Plano de contas – relação de contas da variação patrimonial aumentativa, 337

Plano de contas – relação de contas da variação patrimonial diminutiva, 323

Plano de contas – relação de contas do ativo, 308

Plano de contas – relação de contas do passivo e patrimônio líquido, 314

Plano de contas – relação de contas dos controles credores, 361

Plano de contas – relação de contas dos controles da aprovação do planejamento e orçamento, 348

Plano de contas – relação de contas dos controles da execução do planejamento e orçamento, 352

Plano de contas – relação de contas dos controles devedores, 357

Plano plurianual, 41

Planos de longo prazo, 40

Planos de médio prazo, 40

Poderes do estado, 12

Políticas públicas de transferência de renda, 210

Premiações, 213

Prestação de contas, 177

Prestação de serviço de utilidade pública por concessão, 3

Prestação de serviço de utilidade pública por permissão, 5

Prestação de serviço mista, 6

Prestação de serviço por permissão, 5

Previsão, 83

Previsões de receita, 83

Princípio da unidade de tesouraria, 226

Princípios e convenções contábeis geralmente aceitos, 33

Princípios orçamentários, 46

Procedimentos para o encerramento do exercício, 299

Procedimentos preliminares, 275

Processamento da receita pública, 67

Processo de planejamento-orçamento, 41, 55

Processo de tomada de contas, 178

Processo orçamentário, 55

Produto final, 61

Produtos de operações de crédito autorizadas, em forma que, juridicamente, possibilite o poder executivo realizá-las, 223

Produtos finais parciais, 61

Programa, 61, 109

Programação, 47

Programação financeira, 53

Programa complexo, 61

Programa simples, 61

Projeto, 61, 110

Proposta orçamentária, 50

Prosperidade pública, 1

Q

Quadro demonstrativo da consolidação do patrimônio público, 197

Quadro demonstrativo das contas de compensação, 302, 304

Questão da classificação dos convênios, 269

R

Razonetes das operações, 296

Reavaliação de ativos, 206

Reavaliações, 249

Receita de contribuições, 72

Receita derivada, 71

Receita extraorçamentária, 77

Receita orçamentária, 68

Receita pública, 66
   classificação, 68

Receitas correntes, 70

Receitas de capital, 74

Receitas de serviços, 73

Receitas patrimonial, agropecuária e industrial, 72

Receita tributária, 71

Recolhimento das receitas, 88

Reconhecimento da receita orçamentária, sob o enfoque orçamentário, 66

Reconhecimento da receita orçamentária, sob o enfoque patrimonial, 66

Reconhecimento da receita sob o enfoque orçamentário, 37, 69

Reconhecimento da receita sob o enfoque patrimonial, 37, 68

Recursos legalmente vinculados a finalidade específica, 118

Réditos, 24

Redução a valor recuperável e provisão para perdas, 212

Regime contábil adotado no Brasil, 36

Regime de adiantamento, 172

Regime de caixa, 36

Regime de competência, 36

Regimes, 34

Regimes contábeis, 33
    princípios, 33

Relação das contas de controles da aprovação e execução do planejamento e orçamento, 346

Relação das contas de controles devedores e credores, 356

Relação das contas de variação patrimonial diminutiva e aumentativa, 321

Relação das contas do ativo e do passivo e patrimônio líquido, 306

Relação de contas das variações patrimoniais aumentativas, 337

Relação de contas das variações patrimoniais diminutivas, 323

Relação de contas do ativo, 307

Relação de contas do passivo e patrimônio líquido, 313

Relação de contas do plano de contas dos controles da execução do planejamento e orçamento, 351

Relação de contas dos controles credores, 361

Relação de contas dos controles da aprovação do planejamento e orçamento, 347

Relação de contas dos controles devedores, 356

Remuneração de depósitos bancários e aplicações financeiras, 205

Restituição da receita orçamentária, 92

Restituição e anulação de receitas, 91

Restos a pagar, 142

Restos a pagar de despesas processadas, 143

Resultado negativo de participações, 213

Resultado positivo de participações, 207

Resultantes da anulação parcial ou total de dotações orçamentárias ou de créditos autorizados em lei, 223

Rumos alternativos de ação, 63

S

Serviço de utilidade pública, 3

Serviço privativo do estado, 2

Serviços públicos, 1

Serviços sociais autônomos, 21

Servidão, 262

Sistema contábil público brasileiro, 27

Sistema de planejamento integrado, 40

Sociedades de economia mista, 19

Subfunção, 109

Subsistema de compensação, 26, 276

Subsistema de informações orçamentárias, 26

Subsistema de informações patrimoniais, 26, 276

Subsistemas contábeis, 27

Subvenções econômicas, 213

Superávit financeiro apurado em balanço patrimonial do exercício anterior, 222

Superveniências ativas, 202

Superveniências passivas, 209

T

Tarefa, 62

Taxas, 203

Territórios federais, 12

Transferências correntes, 70, 73

Transferências das instituições multigovernamentais, 205

Transferências das instituições privadas, 205

Transferências de capital, 74, 76

Transferências de consórcios públicos, 205

Transferências de pessoas físicas, 205

Transferências do exterior, 205

Transferências intergovernamentais, 205

Tributo, 72

    taxa, 72

U

UEPS ou LIFO (*Last In, First Out*), 258

Unidade orçamentária, 52

Universalidade, 47

Usufruto, 262

V

Valorização, 249

Variação patrimonial, 198

    procedimento para o encerramento, 290

    qualitativas, 198

    quantitativas, 201

Variações monetárias e cambiais, 205, 211

Variações patrimoniais aumentativas, 202

Variações patrimoniais aumentativas a classificar, 207

Variações patrimoniais aumentativas – contribuições, 203

Variações patrimoniais aumentativas – exploração e venda de bens, serviços e direitos, 204

Variações patrimoniais aumentativas – financeiras, 204

Variações patrimoniais aumentativas – outras variações patrimoniais aumentativas, 207

Variações patrimoniais aumentativas – transferências recebidas, 205

Variações patrimoniais aumentativas – tributária, 202

Variações patrimoniais aumentativas – valorizações e ganhos com ativos, 206

Variações patrimoniais diminutivas, 209

Variações patrimoniais diminutivas – benefícios previdenciários e assistenciais, 210

Variações patrimoniais diminutivas de instituições financeiras, 213

Variações patrimoniais diminutivas – desvalorização e perdas de ativos, 212

Variações patrimoniais diminutivas – financeiras, 211

Variações patrimoniais diminutivas – outras variações patrimoniais diminutivas, 213

Variações patrimoniais diminutivas – pessoal e encargos, 209

Variações patrimoniais diminutivas – transferências concedidas, 212

Variações patrimoniais diminutivas – tributárias, 212

Variações patrimoniais diminutivas – uso de bens, serviços e consumo de capital fixo, 211

Venda de mercadorias, 204

Vendas de produtos, 204

Vigência, 221